KB084410

삼국지

정사 비교 고증 완역판

삼국지

2

나관중 지음 | 모종강 정리
송도진 옮김

글항아리

차 례

일러두기

1. 역자가 번역의 기본으로 삼은 소설 『삼국지三國志』의 판본은 역사적으로 가장 압도적으로 유행하고 보편적으로 읽히는 세칭 '모종강본毛宗崗本' 120회본이다. 2009년 평황출판사鳳凰出版社에서 간행된 '교리본校理本' 『삼국연의』(선보권沈伯俊 교리)를 기본으로 삼고, 부가적으로 2013년 런민문학출판사人民文學出版社에서 간행된 『삼국연의』 제3판을 채택했다. 그 외에 모종강毛宗崗의 비평이 실려 있는 평황출판사의 모종강 비평본 『삼국연의』(2010)와 중화서국中華書局의 모륜毛綸, 모종강 점평點評 『삼국연의』(2009) 등 관련 서적들을 추가로 참조했다.

2. 소설 『삼국지』는 매회 두 구절의 제목을 제시하여 전체 줄거리를 예시했는데, 제목이 길고 번잡하여 역자가 간단한 제목을 새로 붙였다.

3. 독자들의 이해를 돕고 소설과 실제 역사와의 차이를 살펴볼 수 있도록 매회 말미에 【실제 역사에서는……】을 추가해 역사서에 기록된 내용을 소개했다. 정사正史 자료를 기본으로 삼았으며, 소설과 역사가 상이한 경우에는 그 내용을 소개하여 독자들이 비교할 수 있도록 했으며, 역자의 비평은 최대한 지양했다.

4. 소설 『삼국지』에는 내용상 이치에 맞지 않는 부분 혹은 지명, 관직명, 정확한 연대, 허구 인물, 등장인물의 한자 성명이나 자 혹은 직책, 출신 지역, 연령 등 상당히 많은 부분에 오류가 있다. 오류는 주석을 통해 '오류'라고 명시하고, 교리본을 기초로 정사 자료를 일일이 대조하여 이를 바로잡았다. 또한 이해하기 어려운 개념이나 역사적 사실 등 설명이 필요하다고 판단되는 내용도 함께 소개했다. 일부는 【실제 역사에서는……】에서 지적하기도 했다.

5. 오류 가운데 전체에 걸쳐 반복되는 것은 처음 등장할 때 주석을 통해 바로잡고 '이하 동일'이라 표기했다.

6. 주석 혹은 【실제 역사에서는……】은 기본적으로 정사인 진수陳壽 『삼국지』와 배송지裴松之 주석, 『후한서』와 이현李賢 주석, 『진서』, 『자치통감』을 기본으로 삼았고, 필요한 경우에는 『사기』와 『한서』, 왕선겸王先謙의 『후한서집해』와 노필盧弼의 『삼국지집해』를 참조했다. 또한 일부 소개 자료는 2007년 상하이런민출판사上海人民出版社에서 간행된 『삼국연의 보증본補證本』를 참조했으며, 역자의 의견이나 비평은 최대한 지양했다.

7. 맞춤법과 외래어 표기는 국립국어원 표준국어대사전 및 외래어표기법을 따랐다. 독자들이 이해하기 어려운 한자어나 고사성어, 고유명사 등은 한자를 병기했으며, 본문에 등장하는 고사성어 및 인용문의 원문, 출처, 상세한 배경 등을 주석을 통해 최대한 자세히 소개하고자 했다.

8. 지명은 『후한서』 「군국지」를 기본으로 하여 주석에 명시했고, 현재와 다른 명칭으로 사용되는 지명은 현재 중국에서 사용되는 정식 지명으로 적었다.

9. 본문에 등장하는 도량형은 후한 시기의 기준으로 표기했으며, 독자들의 이해를 돕기 위해 주석 혹은 【실제 역사에서는……】에서 상세히 설명했고, 현재 사용되는 도량형으로 환산하여 제시했다.

10. 날짜와 계절은 모두 음력으로, 시간은 시진時辰으로, 밤은 고대 관습에 따라 오경五更으로 표기했다.

11. 본문에 표기된 서기 연도는 독자의 이해를 돕기 위해 역자가 표기한 것이다.

12. 최대한 원전에 충실하게 번역했으나 매끄러운 번역을 위해 부득이 단어를 보충한 부분이 있음을 미리 밝혀둔다.

13. 후한 13자사부刺史部 명칭 중에 涼州와 揚州는 우리말 발음상의 혼동을 피하고 이를 구별하기 위해 涼州는 '양주涼州'로, 揚州는 '양주'로 표기했다.

14. 독자들에게 생소한 어휘는 쉽게 이해되고 많이 사용되는 단어를 선택했음을 밝혀둔다. 예를 들어 '경사京師', '경京', '도都' 등은 '도성'으로, '채寨'는 '군영'으로 표기했으나 【실제 역사에서는……】에서는 원문 그대로 번역했다.

15. 대화체에 자주 등장하는 '모某(아무개)'는 문맥상 변경하기 곤란한 경우를 제외하고는 '저' 혹은 '제가'로 번역했음을 밝혀둔다.

16. 모종강의 정통론과 서술 기법, '재자서才子書'의 목록에서 삼국지를 첫 번째로 해야 한다는 당위성과 우수성을 분석·설명한 「삼국지 읽는 법讀三國志法」을 6권 마지막에 부록으로 실었다.

영웅론과
원술의 죽음

조조는 술을 데우며 영웅을 논하고,
관공은 계책으로 성을 열게 하고 차주를 베다

曹操煮酒論英雄,
關公賺城斬車胄

동승 등이 마등에게 물었다.

"공은 어떤 사람을 쓰려고 하오?"

마등이 말했다.

"이곳에서 예주목[1] 유현덕을 보았는데 어찌하여 그에게 부탁하지 않았소?"

동승이 말했다.

"이 사람은 비록 황숙이라고는 하나 지금은 조조에게 빌붙어 있으니 어찌 이 일을 하려 하겠소?"

마등이 말했다.

"내가 지난번 사냥터에서 살펴보니 조조가 사람들의 축하를 받을 때 현덕의 뒤에 있던 운장이 칼을 잡고 조조를 죽이려 했는데 현덕이 눈짓으로 말렸소. 그것은 현덕이 조조를 죽여 일을 도모하고 싶지 않아서가 아니라 조조의 심복 부하가 많은 것이 한스러운 데다 힘이 미치지 못하는 것을 염려했기 때문이오. 공이 부탁을 시도해본다면 틀림없이 승낙할 것이오."

오석이 말했다.

"이 일은 너무 서둘러서는 안 되니 여유를 가지고 상의해야 할 것이오."

모두 흩어졌다.

이튿날 컴컴한 밤에 동승은 조서를 가슴에 품고 현덕의 공관으로 갔다. 문을 지키는 아역이 보고했다. 현덕이 나와 맞이하며 작은 누각으로 청해 들어가 자리에 앉았고 관우와 장비가 곁에서 시립했다. 현덕이 말했다.

"국구께서 깊은 밤에 이곳에 오신 것을 보니 틀림없이 무슨 일이 있으시군요."

동승이 말했다.

"대낮에 말을 타고 방문하면 혹여 조조가 의심할까 염려되어 일부러 컴컴한 밤에 찾아온 것이오."

현덕은 술을 가져오라 명하고 대접했다. 동승이 말했다.

"지난번 사냥터에서 운장이 조조를 죽이려 하는 것을 장군께서 눈짓을 보내고 고개를 가로저어 물러나게 한 것은 무엇 때문이오?"

깜짝 놀란 현덕이 말했다.

"공께서 어떻게 그것을 아시오?"

"사람들은 보지 못했으나 저 혼자만 보았지요."

현덕은 감출 수가 없어서 마침내 입을 열었다.

"제 아우가 조조의 분수에 넘치는 행동을 보고서 자기도 모르게 화를 낸 것일 뿐입니다."

동승이 얼굴을 가리고 울면서 말했다.

"조정의 신하들이 모두 운장과 같았으면 어찌 태평하지 않을까 근심하겠소!"

현덕은 조조가 그를 시켜 의향을 떠보는 것이 아닌지 염려되어 이내 거짓말을 했다.

"조승상께서 나라를 다스리는데 어찌하여 태평하지 않다고 걱정하십니까?"

동승이 안색을 바꾸며 벌떡 일어나 말했다.

"공이 바로 한나라 황숙이기에 간을 잘라내고 쓸개를 가르는 마음으로 알려주는 것인데 공은 어찌하여 속이시오?"

현덕이 말했다.

"국구께서 혹시 속임수가 있을까 염려되어 시험해본 것일 뿐이오."

이에 동승은 옥대 속에 감춰진 조서를 꺼내 보여줬고 현덕은 비통하고 분함을 견딜 수가 없었다. 또한 서약서를 보여줬는데 거기에는 여섯 사람의 이름이 적혀 있었다. 첫째는 거기장군 동승, 둘째는 공부시랑工部侍郎 왕자복,² 셋째는 장수교위 충집, 넷째는 의랑 오석, 다섯째는 소신장군昭信將軍³ 오자란, 여섯째는 서량태수 마등이었다. 현덕이 말했다.

"공께서 이미 조서를 받들어 역적을 토벌하시는데 이 비가 감히 개나 말의 하찮은 힘이라도 보태 충성을 다하겠소."

동승은 절하고 감사하며 이내 서명하기를 요청했다. 현덕 또한 '좌장군 유비'라고 적고 서명한 다음 동승에게 건넸고 수령했다. 동승이 말했다.

"다시 세 사람을 더 청해서 모두 열 사람의 의사가 모이면 국적을 도모할 것이오."

현덕이 말했다.

"천천히 실행하셔야지 절대로 경솔하게 새나가서는 안 될 것이오."

함께 오경까지 상의하다 동승은 작별하고 떠났다.

현덕 또한 조조가 꾀를 써서 해치려는 것을 방비하고자 자신이 거처하는 처소 후원에 채소를 심고 직접 물을 주면서 재능과 의도를 감추고 다른 사람의 주의나 의심을 피하는 도회鞱晦의 계책을 썼다. 관우와 장비 두 사람이 말했다.

"형님은 천하의 대사에 마음을 두지 않고 소인들의 일을 배우시니 무엇 때문이오?"

현덕이 말했다.

"이 일은 두 아우가 몰라도 되네."

두 사람은 더 이상 말하지 않았다.

관우와 장비가 없었던 어느 날 현덕이 후원에서 채소에 물을 주고 있는데 허저와 장료가 수십 명을 데리고 후원으로 들어와 말했다.

"승상께서 명이 있으시니 사군께서는 가시지요."

현덕이 놀라며 물었다.

"무슨 급한 일이라도 있소?"

허저가 말했다.

"모르겠습니다. 저더러 모셔 오라고만 했습니다."

현덕은 두 사람을 따라 승상부로 들어가 조조를 만났다. 조조가 웃으며 말했다.

"댁에서 좋은 큰일을 하신다지요!"

놀란 현덕은 안색이 흙빛으로 변했다. 조조는 현덕의 손을 잡고 곧장 후원으로 들어가 말했다.

"현덕께서 채소밭 가꾸는 일을 배우기가 쉽지 않지요!"

현덕은 비로소 마음을 놓고 대답했다.

"그다지 일도 없고 해서 심심풀이로 하고 있을 뿐입니다."

조조가 말했다.

"마침 가지 끝에 매실이 푸르고 무성한 것을 보니 갑자기 작년에 장수를 정벌하러 갔을 때가 생각납니다. 길에서 물이 떨어져 군사들 모두 목이 말랐는데, 그때 한 가지 계책이 생겨서 채찍으로 허공을 가리키며 '앞에 매화나무 숲이 있다'고 말했었죠. 군사들이 그 말만 듣고서도 새콤한 매실 맛을 생각하고는 입에 군침이 돌아 갈증을 해소했었지요. 지금 이 매실을 보니 그때가 생각나지 않을 수 없구려. 또 술도 잘 데워졌기에 사군과 작은 정자에서 한잔 마시려고 청했소."❶

현덕은 그제야 마음이 안정되었다. 그를 따라 작은 정자에 이르니 이미 술잔과 안주들이 준비되어 있었다. 소반에는 푸른 매실과 데워진 술이 담긴 술 단지 하나가 있었다. 두 사람은 마주 앉아 가슴을 열고 마음껏 마셨다.

술이 거나하게 취했을 때 별안간 검은 구름이 짙게 끼더니 소나기가 쏟아질 듯했다. 하인이 멀리 가리키며 하늘 밖에 비를 뿌리는 용이 매달려 물을 빨아올린다[4]고 하자 조조는 현덕과 함께 정자 난간에 기대어 그 장관을 보았다. 조조가 말했다.

"사군께선 용의 변화를 아시오?"

"아직 자세히는 모릅니다."

조조가 설명했다.

"용은 커질 수도 있고 작아질 수도 있으며 오를 수도 있고 숨을 수도 있는데, 커지면 구름을 일으키고 안개를 토해내지만 작아지면 비늘과 껍데기를 보이지 않게 형체를 감추고, 올라갈 때는 우주[5] 사이로 솟구쳐 날아오르지만 숨을 때는 파도 속으로 깊이 잠긴다고 하오. 바야흐로 지금은 봄기운이 한창 무르익었으니 용이 변화할 시기로 마치 사람이 뜻을 얻어 사해를 종횡하는 것과 같지요. 무릇 용은 세상의 영웅과 비교할 수 있는 것이지요. 현덕께서는 오랫동안 사방을 다니며 경험했으니 틀림없이 당대의 영웅을 아실 것이오. 한번 누군지 지적해서 말씀해보시지요."

현덕이 말했다.

"이 비의 식견 없는 안목으로 어찌 영웅을 알아보겠습니까?"

"겸손이 너무 지나치시구려."

"이 비는 승상의 은혜와 보호 덕택에 조정에서 벼슬을 하고 있습니다. 천하의 영웅은 참으로 알지 못합니다."

"그 얼굴을 모른다 하더라도 그 이름은 들었을 것 아니오."

"회남의 원술은 군사와 양식이 충분히 준비되어 있으니 영웅이라 할 만하지 않습니까?"

조조가 웃으며 말했다.

"무덤 속에 있는 해골이니 결국에는 반드시 내가 사로잡을 것이오!"

현덕이 말했다.

"하북의 원소는 4대째 삼공을 지낸 집안인 데다 문하에 관리를 지냈던 사람과 뛰어난 부하도 많고, 지금은 기주 땅에 호랑이처럼 버티고 앉아 있으니 영웅이라 할 수 있지 않겠습니까?"

조조가 웃으며 말했다.

"원소는 겉으로는 강력해 보이지만 실제로는 나약한 인물인 데다 꾀를 꾸미기는 좋아하나 결단력이 없으며, 큰일을 이루는 데 몸을 아끼고 작은 이익을 보면 목숨을 걸고 덤비니 영웅이 아니지요."

현덕이 말했다.

"팔준八俊이라 불리며 그 위엄은 구주[6]를 누르고 있으니 유경승劉景升(유표의 자)이야말로 영웅이라 할 만하지 않습니까?"

"유표는 헛된 명성만 있을 뿐 실속은 없으니 영웅이 아니지요."

"그렇다면 혈기가 넘치고 강동의 지도자인 손백부孫伯符(손책의 자)가 바로 영웅이 아니겠습니까?"

"손책은 아비의 이름을 빌렸으니 영웅이 아니지요."

"익주의 유계옥劉季玉(유장劉璋의 자)은 영웅이라 할 만하지 않습니까?"

"유장은 비록 한나라 종실이라고는 하나 집 지키는 개에 불과할 뿐이니 어찌 영웅이라 할 만하겠소?"

"장수, 장로, 한수韓遂 등의 무리는 모두 어떻습니까?"

조조가 손뼉을 치며 깔깔 웃었다.

"그런 평범한 소인들이야 어찌 입에 올릴 만한 가치가 있겠소!"

현덕이 말했다.

"이 사람들을 제외하고 나면 이 비는 정말 모르겠습니다."

조조가 말했다.

"무릇 영웅이라는 것은 가슴에는 큰 뜻을 품고 뱃속에는 좋은 계책이 있어야 하며 속에 우주를 품을 도리가 있어야 하고 천지를 삼키고 내뱉는 뜻이 있는 자여야 하지요."

"누가 그것에 해당될 수 있겠습니까?"

조조는 손가락으로 현덕을 가리킨 다음에 자신을 가리키며 말했다.

"지금 천하의 영웅은 오직 사군과 나 조조뿐이오!"

그 말을 들은 현덕은 소스라치게 놀라며 손에 들었던 숟가락과 젓가락을 자기도 모르게 땅에 떨어뜨리고 말았다. 이때 마침 하늘에서 비가 내리려는

지 천둥소리가 크게 일어났다. 현덕은 태연하게 머리를 숙이고 젓가락을 집으며 말했다.

"천둥이 한바탕 위력을 떨치는 바람에 이 지경이 되었습니다."

조조가 웃으며 말했다.

"장부도 천둥을 두려워하시오?"

"성인도 빠른 번개와 세찬 바람에는 얼굴빛을 바꾸셨다고 하는데[7] 어찌 두렵지 않겠습니까?"

조조의 말을 듣고서 젓가락을 떨어뜨렸으나 가볍게 실수를 덮어 숨겼다. 조조도 더 이상 현덕을 의심하지 않았다. 후세 사람이 이 일을 찬탄한 시가 있다.

> 마지못해 호랑이 굴에 잠시 몸 굽히고 있는데
> 영웅임이 드러났으니 사람 놀라 죽을 지경이네
> 천둥소리 둘러대면서 교묘하게 덮었으니
> 적당한 때에 응변하는 솜씨 정말로 귀신같구나
> 勉從虎穴暫趨身, 說破英雄驚殺人
> 巧借聞雷來掩飾, 隨機應變信如神 ❷

내리던 비가 막 멈추자 후원으로 뛰어들어오는 두 사람이 보였다. 손에 보검을 들고 정자 앞으로 돌진하자 좌우에서 저지하려 했으나 막을 수 없었다. 조조가 보니 바로 관우와 장비였다. 알고 보니 두 사람은 성 밖에서 활쏘기를 하고 돌아왔는데 허저와 장료가 현덕을 청해 데리고 갔다는 말을 듣고 허둥지둥 승상부로 알아보러 왔다가 후원에 있다는 말을 듣고는 일이 잘못

될까 염려되어 돌진해 들어온 것이었다. 그런데 현덕이 조조와 마주 앉아 술을 마시는 게 보였다. 두 사람은 검을 어루만지며 자리에 섰다. 조조가 두 사람에게 무엇 때문에 왔냐고 물었다. 운장이 말했다.

"승상께서 형님과 술을 드신다는 소리를 듣고 검무로 흥이나 돋우려고 특별히 왔습니다."

조조가 웃으며 말했다.

"이것은 '홍문회'[8]도 아닌데 어찌 항장項莊과 항백項伯을 쓰겠소?"

현덕 또한 웃었다. 조조가 명했다.

"술을 가져와 두 번쾌樊噲[9]의 놀란 가슴을 진정시켜주거라."

관우와 장비는 절하며 감사했다.

잠시 후 술자리가 끝나고 현덕은 조조에게 작별하고 돌아왔다. 운장이 말했다.

"우리 두 사람은 거의 놀라 죽을 뻔했습니다!"

현덕이 젓가락을 떨어뜨린 일을 관우와 장비에게 말했다. 관우와 장비가 그 뜻을 묻자 현덕이 말했다.

"내가 채소밭 가꾸는 것을 배우는 이유는 바로 조조로 하여금 내가 큰 뜻이 없음을 알게 하기 위함이었는데, 뜻하지 않게 조조가 나를 가리키며 영웅이라고 했기 때문에 내가 놀라 젓가락을 떨어뜨린 것이라네. 또 조조가 의심을 품을까 두려워서 일부러 천둥소리를 무서워하는 척하며 그것을 덮어 감춘 것뿐이라네."

관우와 장비가 말했다.

"형님께서는 참으로 안목이 높으십니다!"❸

조조는 이튿날 또 현덕을 청했다. 한창 술을 마시고 있는데 만총滿寵이 원소를 염탐하러 갔다가 돌아왔다는 보고가 들어왔다. 조조가 불러들여 묻자 만총이 대답했다.

"공손찬이 이미 원소에게 격파되었습니다."

현덕이 급히 물었다.

"상세한 상황을 말씀해주시오."

만총이 말했다.

"공손찬이 원소와의 싸움에서 불리해지자 주변을 둥그렇게 성으로 둘러 쌓았는데 둘레 위에 높이가 10장이나 되는 '역경루易京樓'라는 누각을 세웠고 군량을 30만 곡이나 쌓아놓고 스스로 지키고 있었습니다. 전사들의 출입이 끊이지 않았는데 혹여 원소에게 포위되기라도 하면 그들은 공손찬의 군대가 구원해주기를 청했습니다. 그러면 공손찬이 '한 사람을 구하면 뒤에서 싸우는 자들이 남이 구해줄 것을 바라며 죽기로 싸우려 들지 않을 것이다'라고 말하며 구해주지 않았다고 합니다. 이 때문에 원소의 군사들이 쳐들어오면 항복하는 자가 많았습니다. 결국 형세가 고립된 공손찬이 사람을 시켜 허도로 편지를 보내 구원을 요청하려 했는데 뜻하지 않게 도중에 원소군에게 그 편지를 빼앗기고 말았습니다. 공손찬이 다시 장연에게 편지를 보내 불을 지르는 것을 신호로 삼아 밖에서 공격하고 안에서 내응하기로 은밀하게 약속했답니다. 그런데 편지를 전달하는 사람이 또 원소군에게 사로잡혔고 도리어 성 밖에서 장연이 불을 놓은 것처럼 하여 적을 유인했답니다. 그래서 공손찬이 직접 출전했다가 복병이 사방에서 일어나는 바람에 군마의 태반이 꺾였다고 합니다. 하는 수 없이 물러나 성안에서 지키기만 했는데 원소군이 땅을 파서 곧바로 공손찬이 거처하는 누각 아래까지 뚫고 들어가 불을 질렀다고 합니다. 결국 공손찬은 달아날 길이 없게 되자 먼저 처자식을 죽인 다음에 스스로 목을 매어 자살했고 온 집안 식구가 불에 타 죽었다고 합니다. 지금 원소는 공손찬의 군대까지 얻어 그 위엄과 기세가 대단히 왕성합니다. 그리고 원소의 아우 원술은 회남에 있는데 교만하고 사치가 지나친 데다 군사와 백성을 돌보지 않아 그의 무리가 모두 배반했다고 합니다. 그래서 원술이 사람을 시켜 황제의 칭호를 원소에게 넘기겠다고 했답니다. 원술이 직접 원소에게 옥새를 가져다주기로 약속했고 지금 회남을 버리고 하북으로 돌아가려고 한답니다. 두 사람이 힘을 합친다면 급히 수복하기는 어려울 것 같습니다. 승상께서는 서둘러 그들을 도모하셔야 할 것입니다."❹

공손찬이 이미 죽었다는 말을 들은 현덕은 지난날 자신을 천거해준 은혜를 회상하며 슬픔을 이길 수 없었고, 또 조자룡의 행방도 어찌되었는지 알수가 없어 마음이 놓이지 않았다. 속으로 생각했다.

'내가 이때를 이용해 몸을 벗어날 계책을 찾지 않으면 다시 어느 때를 기다린단 말인가?'

즉시 일어나 조조에게 말했다.

"원술이 원소에게로 간다면 틀림없이 서주를 지나갈 것입니다. 이 비에게 한 부대의 군사를 주신다면 도중에 차단하고 공격하여 원술을 사로잡을 수 있을 것입니다."

조조가 웃으며 말했다.

"내일 황제께 아뢰고 즉시 군대를 일으키시오."

이튿날 현덕은 황제를 만나 아뢰었다. 조조는 현덕에게 5만 명의 인마를 주어 총지휘하게 하고 주령朱靈과 노소路昭¹⁰ 두 사람을 동행하게 했다. 현덕이 황제에게 작별을 고하자 황제는 그를 보내면서 눈물을 흘렸다. 현덕은 숙소로 돌아와 밤새 무기와 안장, 말을 수습하고 장군인將軍印을 건 후 길을 재촉하며 떠났다. 동승은 십리장정[11]까지 쫓아 나와 전송했다. 현덕이 말했다.

"국구께서는 참고 견디십시오. 제가 이번에 가면 반드시 황명을 완수하고 보고할 내용이 있을 것입니다."

동승이 말했다.

"공께서는 관심을 기울이시어 황제의 마음을 저버리지 마시오."

두 사람은 헤어졌다. 관우와 장비가 말 위에서 물었다.

"형님께서는 이번 출정을 왜 이렇게 급히 서두르십니까?"

현덕이 말했다.

"나는 바로 새장 속의 새이고 그물에 걸린 물고기 신세였네. 이번 출정은 물고기가 넓은 바다로 들어가고 새가 푸른 하늘로 날아오르는 것으로 이제야 새장과 그물의 속박을 받지 않게 되었구나!"

관우와 장비에게 명하여 주령과 노소를 재촉해 군마를 신속하게 진군하도록 했다.

이때 곽가와 정욱은 돈과 양식을 대조 조사하고 돌아왔다가 비로소 조조가 이미 현덕을 서주로 보내 군대를 진격시켰다는 사실을 알고 당황하여 들어와서 간언했다.

"승상께서는 무슨 까닭으로 유비에게 군대를 감독하게 하셨습니까?"

조조가 말했다.

"원소에게 가는 원술을 차단하려는 것뿐이오."

정욱이 말했다.

"옛날에 유비가 예주목으로 있을 때 저희가 그를 죽이라고 청했으나 승상께서 듣지 않으셨고, 오늘은 또 그에게 군사까지 주셨으니 이것은 용을 풀어 바다로 들어가게 한 것이고 호랑이를 산으로 돌아가도록 놓아주신 것입니다. 나중에 그를 다스릴 수 있겠습니까?"

곽가가 말했다.

"승상께서 유비를 놓아주고 죽이지 않더라도 그를 가게 하신 것은 역시 적절하지 않습니다. 옛사람이 이르기를 '하루 적을 놓아주면 만세의 근심거리가 된다—日縱敵, 萬世之患'[12]고 했습니다. 승상께서는 살펴주시기 바랍니다."

그 말을 옳게 여긴 조조는 즉시 허저에게 군사 500명을 거느리고 현덕을 쫓아가서 반드시 돌아오게 하도록 명했다. 허저는 명에 응낙하고 현덕을 쫓아갔다.❺

한편 현덕이 한참 행군하고 있는데 뒤에서 갑자기 먼지가 일어나는 것이 보이자 관우와 장비에게 일렀다.

"틀림없이 조조의 군사가 쫓아오는 것이네."

즉시 군영을 세운 뒤 관우와 장비에게 각기 무기를 잡고 양쪽에 서 있게 했다. 허저는 배치된 병력과 정돈된 갑옷을 보고는 말에서 내려 군영으로 들어가 현덕을 만났다. 현덕이 말했다.

"공은 무슨 상관이 있기에 이곳에 오셨소?"

허저가 말했다.

"승상께서 명령을 전달하셨는데 특별히 청하건대 승상께서 별도로 상의할 일이 있으시니 장군께서는 돌아오라고 하십니다."

현덕이 말했다.

"장수가 밖에 있을 때는 황제의 명령도 때에 따라 받지 않는 것도 있다'고 했소. 나는 황제를 만나 뵈었고 또한 승상의 말씀도 들었소. 지금은 별도로 다른 의견이 없으니 공은 속히 돌아가서 나를 위해 승상께 아뢰어주시오."

허저는 곰곰이 생각했다.

'승상께서는 저 사람과 줄곧 좋은 관계였고 이번에 또 내게 싸워 죽이라고 한 적도 없으니 그의 말을 전달하기만 하고 별도로 결정을 기다리는 것이 좋겠구나.'

결국 현덕과 작별하고 군사를 이끌어 돌아갔다. 돌아온 허저는 조조를 만나 현덕의 말을 들은 그대로 전했다. 조조는 머뭇거리며 결정을 내리지 못했다. 정욱과 곽가가 말했다.

"유비가 군사를 돌리려 하지 않는 것을 보면 그 마음이 변했다는 것을 알 수 있습니다."

조조가 말했다.

"주령과 노소 두 사람이 그곳에 있으니 현덕이 감히 마음을 바꾸지는 못할 것으로 생각되오. 하물며 내가 이미 그를 보냈거늘 무엇을 다시 후회하겠소?"

마침내 다시는 현덕을 쫓지 않았다. 후세 사람이 현덕을 찬탄한 시가 있다.

말에게 여물 먹이고 병기 손질하여 총총히 떠나니
오로지 옥대에서 나온 천자의 말씀 생각나네
쇠 우리를 부수고 뛰쳐나와 달아나는 맹수 같으니
자물쇠 끊고 포부를 펼쳐보지 못한 교룡 달아나네
束兵秣馬去匆匆, 心念天言衣帶中
撞破鐵籠逃虎豹, 頓開金鎖走蛟龍

한편 마등은 현덕이 이미 떠난 것을 본 데다 변방에서 오는 보고도 다급하여 역시 서량주[13]로 돌아갔다.

현덕의 군대가 서주에 이르자 자사 차주車冑가 나와 영접했다. 관부의 공식 연회를 마치자 손건과 미축 등이 모두 와서 배알했다. 현덕은 집으로 돌아가 가족을 살피는 한편 사람을 보내 원술의 상황을 탐문하게 했다. 정탐꾼이 돌아와 보고했다.

"원술의 사치가 너무 지나쳐 뇌박雷薄과 진란陳蘭이 모두 숭산[14]으로 갔습니다. 원술의 세력은 아주 쇠약해져 황제의 칭호를 원소에게 양보하는 편지를 보냈다고 합니다. 원소가 사람을 시켜 원술을 부르자 원술이 인마와 황제가 쓰는 물건들을 수습하여 먼저 서주로 오고 있다고 합니다."

현덕은 원술이 장차 이를 것을 알고 이에 관우, 장비, 주령, 노소와 5만 명의 군사를 이끌고 나갔는데 마침 선봉으로 오고 있던 기령과 마주쳤다. 장비는 아무 말 없이 곧바로 기령에게 달려들었다. 10합을 싸우지도 못하고 장비가 크게 고함을 지르며 기령을 찔러 말 아래로 떨어뜨리자 패한 군사들이 달아났다. 그러자 원술이 직접 군사를 이끌고 싸우러 왔다. 현덕은 군사를 세 길로 나누어 주령과 노소는 왼쪽에, 관우와 장비는 오른쪽에 두고 현덕 자신은 군사를 이끌고 중앙에 있었다. 현덕이 원술과 마주치자 문기 아래서 원술을 꾸짖으며 욕했다.

"이 대역무도한 놈아, 나는 지금 영명한 조서를 받들어 네놈을 토벌하러 왔도다! 네놈은 마땅히 손을 묶고 투항하여 죄인에서 면하도록 해라."

원술도 맞받아 욕을 퍼부었다.

"돗자리 짜고 짚신이나 삼던 미천한 놈이 어찌 감히 나를 가볍게 보느냐!"

원술이 군사들을 호령하며 달려들었다. 현덕은 잠시 뒤로 물러나며 좌우 양쪽 군사들을 진격시켰다. 유비의 군사들에게 죽임을 당한 원술의 군사들이 온 들판에 널렸고 흘린 피는 도랑을 이루었으며, 달아난 병사들은 그 수를 헤아릴 수 없었다. 또한 숭산에 있던 뇌박과 진란에게 돈과 군량, 마초까지 약탈당했다. 원술은 수춘으로 돌아가려 했으나 다시 도적떼에게 기습당하여 강정¹⁵에 머무는 수밖에 없었다. ❻

남아 있는 군사는 1000여 명에 불과했는데 모두 늙고 쇠약한 무리뿐이었다. 마침 여름의 한더위에 접어들던 때라 양식마저 모두 떨어져 그나마 남아 있던 보리 30곡도 군사들에게 나눠줬다. 정작 식구들은 먹을 것이 없어 굶어 죽는 자가 속출했다. 그런데도 원술은 거친 밥 먹기를 꺼리고 밥을 삼킬 수가 없었다. 주방 사람에게 갈증을 풀고자 꿀물을 가져오라 했다. 그러자 주방 사람이 말했다.

"있는 것이라곤 핏물뿐인데 어찌 꿀물이 있겠는가!"

침상에 앉아 있던 원술은 외마디 소리를 크게 지르더니 땅바닥에 가꾸러져 한 말 남짓 피를 토하고 죽었다. 이때가 건안 4년(199) 6월이었다. 후세 사람이 원술을 탄식한 시가 있다.

한나라 말기에 사방에서 영웅들이 일어났으니
실없는 원술이 그중에서 가장 제멋대로였네
대대로 높은 벼슬 지낸 한나라 생각하지 않고
혼자서만 제왕의 자리에 앉고자 욕심부렸네

난폭하고 포악하면서 공연히 전국새 자랑하고
교만과 사치로 하늘의 길조라 멋대로 말했네
갈증에 꿀물 생각났으나 목도 축이지 못하고
빈 침상에 홀로 누워 피를 토하며 죽어갔구나

漢末刀兵起四方, 無端袁術太猖狂

不思累世爲公相, 便欲孤身作帝王

强暴枉誇傳國璽, 驕奢妄說應天祥

渴思蜜水無由得, 獨臥空床嘔血亡

원술이 이미 죽자 조카[16] 원윤袁胤이 그의 영구와 처자식을 데리고 여강廬江으로 달아났으나 서구徐璆에게 모조리 죽임을 당했다. 옥새를 손에 넣은 서구는 허도로 달려와서 조조에게 바쳤다. 조조는 크게 기뻐하며 서구를 고릉태수[17]로 봉했다. 이때 옥새는 조조에게 돌아갔다.❼

한편 원술이 이미 죽었다는 것을 알게 된 현덕은 표문을 써서 조정에 올려 진술하고 조조에게도 서신을 보냈다. 주령과 노소를 허도로 돌려보내고 군마를 남겨 서주를 지키게 했다. 그러는 한편 직접 성을 나가 여기저기 흩어졌던 백성을 불러들이고 다시 본업에 돌아와 종사하도록 했다.

허도로 돌아온 주령과 노소는 조조를 찾아뵙고 현덕이 군마를 서주에 그대로 남게 했다고 보고했다. 조조가 성내며 두 사람을 참수하려 하자 순욱이 말했다.

"모든 권한이 유비에게 있었으니 두 사람도 어쩌할 도리가 없었을 것입니다."

조조는 이에 그들을 용서했다.❽

순욱이 다시 말했다.

"차주에게 편지를 보내 안에서 유비를 도모하게 하십시오."

그 계책을 따르기로 한 조조는 은밀하게 사람을 시켜 차주를 만나 자신의 명령을 전달하게 했다. 차주는 즉시 진등을 청해 그 일을 상의했다. 진등이 말했다.

"이것은 지극히 쉬운 일입니다. 지금 유비가 성을 나가 백성을 부르고 있는데 며칠 안으로 돌아올 것입니다. 장군께서는 군사들을 옹성[18] 곁에 매복시키고 그를 맞이하는 것처럼 꾸며 현덕의 말이 도착하기를 기다렸다가 한칼에 그의 목을 베십시오. 아무개는 성 위에서 화살을 쏘아 후군을 저지할 테니 큰일을 이룰 수 있을 것입니다."

차주는 그 계책을 따르기로 했다.

진등은 돌아와서 부친 진규를 만나 그 일을 자세히 이야기했다. 진규는 진등에게 먼저 현덕에게 가서 사실을 알리게 했다. 부친의 명을 받은 진등은 그 사실을 알리기 위해 나는 듯이 말을 몰아 달리다가 마침 관우, 장비와 마주쳤고 상황이 이러이러하다고 알렸다. 관우와 장비는 먼저 돌아오는 길이었고 현덕은 뒤에서 따라오고 있었는데 그 소식을 들은 장비가 즉시 가서 차주를 죽이려 하자 운장이 말했다.

"그가 옹성 곁에 군사를 매복시키고 우리를 기다리고 있다 하니 그대로 갔다가는 틀림없이 실수할 것이네. 내게 차주를 죽일 계책이 있는데, 밤을 틈타 서주로 오는 조조의 군대로 꾸며서 차주를 맞이하러 나오게 한 다음 그때 기습해 그를 죽이는 것이네."

장비는 그 말을 따르기로 했다. 부하 군사들에게는 원래 조조의 깃발이 있었으며 갑옷도 똑같았다. 그날 밤 삼경에 성 바깥에 이르러 성문을 열라고 소리 질렀다. 성 위에서 누구냐고 묻자 조승상이 보낸 장문원張文遠(장료의 자)의 인마라고 대답했다. 보고를 들은 차주는 급히 진등을 청해 상의했다.

"나가서 영접하지 않으면 진실로 의심받을까 염려되고, 그렇다고 나가서 그들을 맞이하자니 또 속임수가 있을까 두렵소."

차주는 이에 성에 올라 회답했다.

"컴컴한 밤이라 분간하기 어려우니 날이 밝으면 대면하기로 합시다."

성 아래에서 대답했다.

"유비가 알게 될까 걱정되니 빨리 성문을 여시오!"

차주가 머뭇거리면서 결정하지 못하자 성 밖에서는 문을 열라고 소리 지르며 전부 아우성이었다. 결국 차주는 갑옷을 입고 말에 올라 1000명의 군사를 이끌며 성을 나갔다. 차주가 조교를 지나가면서 크게 소리 질렀다.

"문원은 어디 계시오?"

그때 불빛 속에서 운장이 나타나더니 칼을 잡은 채 말고삐를 놓고 곧장 차주에게 달려들며 고함을 질렀다.

"필부 놈이 어찌 감히 속임수를 써서 나의 형님을 죽이려 하느냐!"

깜짝 놀란 차주는 몇 합을 싸우지도 못했는데 관우를 막아낼 수 없자 말을 돌려 이내 물러났다. 조교 가에 이르렀는데 성 위에서 진등이 어지럽게 화살을 쏘아댔고 차주는 성을 돌아 달아났다. 운장은 그의 뒤를 쫓아 손을 들더니 한칼에 찍어 말 아래로 떨어뜨렸다. 수급을 잘라내고 돌아와 성 위를 바라보며 큰 소리로 외쳤다.

"역적 차주는 내가 죽였노라. 나머지 무리는 죄가 없으니 투항한다면 죽이지 않겠노라!"

군사들이 창을 거꾸로 돌리며 투항했고 군사와 백성이 모두 안정되었다.

운장은 차주의 머리를 가지고 현덕을 맞이하며 차주가 해치려 했던 일과 이미 머리를 베어낸 사실을 자세히 보고했다. 현덕이 깜짝 놀라 말했다.

"조조가 오면 어찌한단 말인가?"

운장이 말했다.

"이 아우가 장비와 함께 맞서 싸우겠습니다."❾

현덕은 후회해 마지않으면서 마침내 서주로 들어왔다. 백성과 어르신들이 길에 엎드리며 맞이했다. 부중에 도착한 현덕이 장비를 찾았으나 장비는 이미 차주의 일가를 모조리 죽인 뒤였다. 현덕이 말했다.

"조조의 심복을 죽였으니 어찌 가만히 있으려 하겠느냐?"

진등이 말했다.

"저에게 조조를 물리칠 계책이 하나 있습니다."

홀로 호랑이 굴에서 이왕 벗어났으니

묘한 계책으로 전쟁을 멈추게 해야지

旣把孤身離虎穴, 還將妙計息狼煙

진등은 어떤 계책을 내놓았을까?

제21회 영웅론과 원술의 죽음

❶

『세설신어世說新語』「가휼假譎」은 다음과 같이 기록하고 있다.

"위무魏武(조조)가 행군할 때 길을 잃었는데 삼군三軍이 모두 목이 말라 참기 어려워하자, 이에 영을 내려 말했다.

'앞에 큰 매화나무 숲이 있는데 많은 매실이 열려 있다. 달콤하고 시큼하니 가서 갈증을 해소하도록 하라.'

사졸들이 듣고서 모두 입안 가득 침이 고여 갈증을 잊었다."

❷

조조가 유비를 영웅이라 한 말은 사실이다. 『삼국지』「촉서·선주전」과 『자치통감』 권63 「한기 55」는 다음과 같이 기록하고 있다.

"조공이 선주에게 아무런 생각 없이 말했다. '지금 천하의 영웅은 오직 사군(유비)과 이 조조뿐이오. 본초(원소의 자) 같은 무리는 언급할 가치도 없소.' 선주는 마침 밥을 먹고 있었는데 이 말을 듣고는 숟가락과 젓가락을 떨어뜨렸다."

배송지 주 동진東晉 상거常璩가 편찬한 『화양국지華陽國志』에 따르면 "그때 마침 번개가 치자 유비가 조조에게 '성인께서 말씀하시기를 맹렬한 천둥이나 사나운 바람에도 반드시 얼굴빛을 바꾸며 불안을 나타냈다'(『논어』,「향당鄕黨」)고 했는데 진실로 그러합니다. 한차례 천둥의 위력이 이 정도까지 이를 수 있습니다'라고 말했다"고 기록하고 있다.

❸

『삼국지』「촉서·선주전」에 따르면 "선주는 다시 처자식을 얻어 조공을 따라 허현으로 돌아왔다. 조공은 표를 올려 선주를 좌장군에 임명했고 [유비에] 대한 예우도 갈수록 정중해져 밖으로 나갈 때도 같은 수레에 탔으며 자리에 앉을 때도 동석했다"고 기록하고 있어, 당시 조조가 유비를 상당히 우대했음을 알 수 있다.

❹

공손찬의 최후

공손찬의 죽음에 관한 소설의 내용과 실제 역사의 기록은 대부분 흡사하지만 일치하지 않는 부분도 있다.『삼국지』「위서·공손찬전」은 공손찬의 죽음에 대해 다음과 같이 기록하고 있다.

"공손찬의 군대는 여러 차례 패하자 즉시 역경易京(허베이성 슝현雄縣 서북쪽, 공손찬이 유주를 할거할 때 건설한 성보城堡)으로 도망쳐 굳게 지키기만 했다. 그는 역경 주위에 열 갈래 길로 참호를 파고 참호 안쪽에 경京(사람이 쌓은 높은 언덕의 의미로 높은 대를 말한다)을 축조했는데, 모두 높이가 대여섯 장이나 되었으며 위에 누각을 세웠다. 중간 참호 안에는 더욱 높은 토대를 수축했는데 그 높이가 10장에 이르렀고 공손찬 자신은 그 위에 머물렀으며 거기에 300만 곡의 양곡을 쌓아놓았다."

공손찬은 이런 방법으로 원소를 지치게 할 생각이었다. 원소가 장수를 파견해 공손찬을 공격했지만 몇 년이 지나도록 함락시킬 수 없었다.『후한서』「공손찬전」에 의하면 원소는 건안 3년(198)에 공격해서 건안 4년(199)에 공손찬을 멸망시킨다.

건안 4년(199), 원소는 전군을 출동시켜 역경을 포위 공격했다. 공손찬은 자신의 아들을 파견해 흑산적黑山賊(흑산은 산 명칭으로 허난성 후이셴輝縣 서북쪽)에게 구원을 요청했고 다시 자신이 직접 돌기突騎(적진 깊숙이 돌격하는 정예 기병)를 인솔하여 성 밖으로 나간 뒤 서산西山(허베이성 슝현 서북부의 산)에서 흑산의 무리와 함께 기주를 횡행하며 원소의 뒤를 끊으려고 했다. 구원병이 도착한 다음에 안팎으로 원소를 공격하기로 하고 사람을 시켜 아들에게 편지를 보내 구원병이 도착하는 시간을 정해 불을 신호로 삼기로 했다. 그러나 원소의 정찰병이 그 편지를 손에 넣었고 약속한 날짜에 따라 불을 질렀다. 공손찬은 구원병이 도착한 것으로 여기고 즉시 성을 나가 교전을 준비했다. 원소는 복병을 배치하여 공격했고 공손찬은 대패하자 다시 물러나 성을 굳게 지키기만 했다. 원소군은 땅굴을 파서 돌격해 누각을 무너뜨리고 공손찬이 있는 중경中京(공손찬이 거주하던 중앙의 큰 토대)에 점점 가까이 갔다. 공손찬은 반드시 질 것을 스스로 알고 처자식을 모조리 죽였으며 스스로 목숨을 끊었다.”

그리고 『후한서』 「공손찬전」에서는 “건안 3년(198), 원소는 다시 대대적으로 공손찬을 공격했다. 공손찬은 자신의 아들 공손속公孫續을 파견해 흑산黑山의 각 수령에게 구원을 요청하고 자신은 돌기突騎를 인솔하여 성 밖으로 나가 서산西山을 따라 나아가 원소의 뒤를 끊으려고 했다. 원소의 군대가 점차 진공하여 역경성에 접근하자 공손찬의 무리는 날마다 줄어들었고 이에 후퇴하여 삼중영三重營(외外, 중中, 내內 3중의 군영과 보루)을 축조하고 자신의 안전을 확보했다.

건안 4년(199), 흑산적 수령 장연은 공손속과 함께 군사 10만 명을 이끌고 세 갈래 길로 공손찬을 구원하러 왔다. 구원병이 아직 당도하지 않았을 때 공손찬은 비밀리에 사자를 파견해 공손속에게 서신을 전달하려 했는데 원소의 정찰병 손에 들어가고 말았다. 그 서신에서 약정한 시간에 원소가 불을 지르자 공손찬은 구원병이 도착한 것으로 여기고 즉시 성을 나가 교전을 벌였다. 원소는 이미 매복병을 배치한 터라 공손찬은 결국 대패하여 다시 철수해서는 역경의 삼중성三重城 가운데 남아 있는 이중二重과 삼중三重의 중성中城과 소성小城을 방어했다. 공손찬은 스스로 반드시 온전하지 못할 것이라 헤아리고 자신의 자매와 처자식을 모조리 목매달아 죽인 다음 스스로 분신했다. 원소의 군사들은 신속하게 누대樓臺로 올라 그를 참살했다” 고 기록하고 있다.

또한 『삼국지』 「위서·공손찬전」 배송지 주 『영웅기』에서는 "공손찬은 장수들에게 집집마다 각기 높은 누각을 만들게 했는데 누각이 이내 1000개에 이르렀다. 공손찬은 누각에 철문을 만들고 누각 위에 기거하면서 좌우를 물리치고 첩과 시녀들에게 시중들도록 했으며 문서는 위로 끌어올리게 했다"고 했고, 『자치통감』 권63 「한기 55」와 『영웅기』에서는 "원소의 공격은 땅굴을 파서 길을 만들어 그 누각 아래까지 파고 들어가는 것이었다. 나무를 이용하여 누각을 떠받쳤는데 이미 누각의 절반까지 도달했다고 헤아렸을 때 원소의 군사가 나무 기둥에 불을 지르자 누각이 눈 깜짝할 사이에 무너졌다. 이렇게 점차 공손찬이 거주하던 중경으로 공격해 들어갔다"고 기록하고 있다.

상기 역사 기록에 따르면 소설처럼 공손찬은 스스로 목매어 죽은 것이 아니라 처자식을 목매달아 죽인 다음 분신했다.

❺

『삼국지』 「위서·무제기」는 다음과 같이 기록하고 있다.

"원술은 진국陳國에서 패한 다음 점차 곤궁해졌고 이에 원소의 아들 원담袁譚은 청주에서 사람을 파견해 원술을 영접하게 했다. 원술은 하비로부터 북쪽으로 가려 했지만, 조공이 유비와 주령朱靈을 보내 원술을 도중에 차단하고 공격하게 했다. 정욱과 곽가는 조공이 유비를 파견해 출전시켰다는 소식을 듣고는 조공에게 말했다.

'유비를 달아나게 해서는 안 됩니다!'

조공은 후회하여 사람을 파견해 유비를 추적하도록 했지만 따라잡지 못했다."

또한 동소도 조조의 유비 파견을 우려했는데, 『삼국지』 「위서·동소전」은 다음과 같이 기록하고 있다.

"태조가 유비에게 명하여 원술을 막게 하자 동소가 말했다.

'유비는 용맹하고 뜻이 원대하며 또 관우와 장비가 그를 보좌하고 있으니 아마도 유비의 속마음을 헤아리기 어려울 것입니다.'

'내가 이미 그에게 허락했소'라고 태조가 말했다."

❻

이때 유비는 원술의 가는 길을 차단하고 싸우지 않았다

『삼국지』「위서·원술전」에 "원술은 황제의 칭호를 원소에게 양도하고자 준비했고 자신은 청주의 원담에게로 가서 의탁하려고 했지만 도중에 병으로 죽었다"고 기록되어 있고, 『삼국지』「위서·무제기」에서는 "원술은 진국陳國에서 패한 이후로 점차 곤궁해졌고 이에 원소의 아들 원담은 청주에서 사람을 파견해 원술을 영접하게 했다. 원술은 하비로부터 북쪽으로 가려 했지만, 조공이 유비와 주령을 보내 원술을 도중에 차단하고 공격하게 했다. 때마침 원술이 병으로 죽었다"고 했다. 또한 『삼국지』「촉서·선주전」에는 "원술이 서주를 거쳐 원소가 있는 북쪽으로 가려고 하자 조공은 선주를 파견해 주령과 노초路招를 감독하며 원술을 차단하고 공격하도록 했다. 도착하기도 전에 원술은 병으로 죽었다"고 기록되어 있다. 이때 유비는 원술과 싸우지 않았으며 이미 길에서 죽은 다음이었다는 것을 알 수 있다.

❼

원술의 처자식은 어떻게 되었을까?

『삼국지』「위서·원술전」에는 원술이 죽은 다음에 "그의 처자식은 원술의 옛 부하였던 여강태수 유훈劉勳에게 의탁했는데 손책이 유훈을 격파한 이후에 또다시 손책이 거두어 보살폈다. 원술의 딸은 손권의 후궁으로 들어갔고, 아들 원요袁燿는 낭중郎中에 임명되었으며 원요의 딸은 손권의 아들 손분孫奮에게 시집갔다"고 기록되어 있어 소설의 내용처럼 서구에게 살해되지는 않았다.

서구徐璆는 누구인가?

『후한서』「서구전」은 다음과 같이 기록하고 있다.

"헌제가 허현으로 천도하자 특별히 정위廷尉의 직분으로 서구를 불러들였고, 서구는 직무를 맡고자 응당 도성으로 향했으나 길에서 도리어 원술의 위협을 받게 되었다. 원술은 서구에게 상공上公(후한 시기의 최고 직급으로 태부太傅를 말한다)의 고위직을 수여하고자 했다. 서구가 이에 탄식하며 말했다.

'공승龔勝, 포선鮑宣(전한 후기 충신으로 왕망王莽과 합작하지 않은 대신)이 어떤 사람인가? 내 그들을 모방하여 반드시 죽겠노라!'

원술은 감히 그를 핍박하지 못했다. 원술이 죽고 군대가 패한 사이에 서구는 원술이 도적질한 전국새를 손에 넣었다. 허도로 돌아온 후 전국새를 바치고, 아울러 이전에 조정에서 수여한 여남汝南, 동해東海 두 군郡의 인수를 돌려보냈다.

후에 서구는 태상太常에 임명되었고, 조정에서는 그를 통해 부절을 보내 조조를 승상으로 임명했다. 조조는 승상을 서구에게 양보했으나 서구는 감히 감당할 수 없어 승낙하지 않았다."

전국새의 행방과 조조의 손에 들어오게 된 과정

『삼국지』「오서·손견전」배송지 주『오서』에 따르면 "손견은 낙양으로 진입한 후 한나라의 종묘를 청소하고 태뢰太牢를 마련하여 제사를 지냈다. 손견의 군대는 성 남쪽 견관정甄官井(견관 부서의 우물로, 견관은 돌을 쪼고 도자기 흙의 일을 관장했다. 견관정은 허난성 뤄양洛陽 동남쪽에 위치해 있다) 가에 주둔했는데, 아침마다 오색의 기운이 출현하여 전군이 놀라 기이하게 여겼고 감히 우물을 긷는 자가 없었다. 손견이 사람을 시켜 우물 속으로 들여보냈고 결국 한나라 전국새를 찾아내어 얻게 되었다. '수명어천受命於天, 기수영창旣壽永昌'이라 적혀 있었고, 사방 4촌에 위 손잡이에는 오룡五龍이 휘감겨 있었으며 용 위쪽에 한쪽 모서리가 부서져 있었다. 당초 황문黃門(환관) 장양 등이 난을 일으키고 천자를 위협하여 달아날 때 좌우의 따르는 자들이 흩어졌는데, 그중에 옥새를 관장하던 자가 우물 속으로 던진 것이었다"고 기록하여, 전국새는 한나라 황실에서 손견의 수중으로 넘어가게 된다.

그런데 이 부분에 대해『강표전』은 다르게 기록하고 있다.『강표전』의 기록에 따르면 "『한헌제기거주漢獻帝起居注』에 따르면 '천자가 하상河上(황하 가)으로부터 돌아온 뒤 누각 위에서 육새六璽를 되찾았다'고 하고, 또 태강太康(진晉 무제武帝 사마염司馬炎의 세 번째 연호, 280~289) 연간 초에 손호孫皓가 금새金璽 여섯 개를 진나라로 보냈는데, 옥으로 된 것이 아니므로 그것은(손견이 견관정에서 얻었다는 전국새) 가짜임이 분명하다"고 했다.

『강표전』의 기록을 우희虞喜가 비판하는데, 우희는 『지림志林』에서 다음과 같이 기록하고 있다.

"천자육새天子六璽라는 것은 황제지새皇帝之璽, 황제행새皇帝行璽, 황제신새皇帝信璽, 천자지새天子之璽, 천자행새天子行璽, 천자신새天子信璽라는 글이 새겨진 여섯 개의 옥새다. 이 여섯 개의 옥새는 밀봉하는 상주문이 다르므로 이처럼 문자가 다른 것이다. 『한헌제기거주』에서 말한 '천자가 하상으로부터 돌아온 뒤 누각 위에서 육새를 되찾았다'고 한 것은 바로 이를 말하는 것이다. 그러나 전국새라는 것은 바로 한 고조가 차고 있던 진秦나라 황제의 옥새이며 대대로 전수하므로 전국새라 부르는 것이다. 전국새는 육새에 포함되지 않는데 어찌 그에 관한 설명을 종합적으로 할 수 있겠는가? 응씨應氏(응소應劭)의 『한관漢官』과 황보皇甫(황보밀皇甫謐)의 『세기世紀(제왕세기帝王世紀)』에서 그 육새를 논하였는데 그 문장의 내용과 이치가 모두 서로 부합된다. 『한관』에서는 전국새에 '하늘로부터 천명을 받으니 오래도록 장수하며 또 강녕하리라受命於天, 既壽且康'라고 적혀 있다고 했다. '차강且康'과 '영창永昌' 두 글자가 서로 다른데 두 사람 중에 어느 것이 맞는지는 알 수가 없다. 금옥金玉(진귀한 보물)의 정교함은 대개 빛의 기운이 있으며 신기神器(제왕의 인새印璽)의 진귀한 보물에 더해져 눈부시게 빛이 나 더욱 뚜렷하니 일대의 기이한 물건이요 장래의 희귀한 것인데, 잘못 이해한 까닭에 억지로 그것을 가짜라고 하니 또한 날조한 것이 아니겠는가! 진수陳壽가 「파로전破虜傳(손견전)」을 지으면서 또한 이 설을 삭제했는데도 모두가 『기거주起居注』에 미혹되어 육새가 다른 명칭이고 전국새와 함께 일곱 개 임을 알지 못하는 것이다. 오나라 시기에는 옥을 깎지 못하였으므로 오나라 천자가 금으로 옥새를 만든 것이다. 옥새가 금으로 만들어졌으나 그 문장은 다르지 않다. 오나라가 항복하면서 옥새를 보낸 것은 천자육새天子六璽이고 이전에 손견이 얻은 옥새는 바로 옛사람이 남긴 옥새로 사용하지 못했던 것이다. 천자의 옥새는 지금 난해한 점이 없으나 그 의미를 통달하지 못했을 따름이다."

또한 배송지는 "손견은 의를 일으킨 사람들 중에 가장 충성스럽고 절개가 굳은 인물로 칭송받는데, 만약 한나라의 옥새를 얻고서 몰래 숨기고 말을 하지 않았다면 이것은 음흉하게 다른 뜻을 품은 것으로 어찌 충신이라 할 수 있겠는가? 오나라 사서(『오서』)는 나라를 찬란하게 하고자 했으나 손견의 고상한 덕을 훼손한 것을 알지 못했다. 만일 그렇게 하여 이를 자손에게 전했다면 설령 육새의 숫자에 들지는 않았더라도 일반 사람이 가지고 있을 것은 아니며 손호가 항복할 때 또한 육새만 보내고 전국새를 소장해서는 안 되는 것이다. 하늘로부터 천명을 받는 것인데 어찌 귀명歸命(손호. 손호는 진에 항복한 후 귀명후歸命侯에 봉해졌다)의 일가가 취할 수 있단 말인가? 만약 우희의 말대로라면 이 옥새(전국새)가 아직도 손씨 가문에 있는 것이다. 필부가 벽璧(옥)을 간직해도 죄가 있다고 말하는데 하물며 전국새는 어떠하겠는가!"라고 비평했다.

『자치통감』 권59 「한기 51」에서도 "전국새는 잃어버렸으나 나머지 옥새는 모두 되찾았다"고 기록되어 있는데, 상기 기록들을 종합해보면 전국새는 손견의 손에 넘어간 것이 확실하며 그 과정도 소설의 내용과 같다.

그 이후 과정은 정확한 기록이 없지만 상식적으로 판단하여 손견 사망 후 그 아들인 손책에게 전국새가 넘어갔음을 어렵지 않게 알 수 있다. 그런데 손책의 소유에서 전국새가 원술에게 넘어가는 과정에는 약간 문제가 있다. 소설에서는 손책이 원술에게 의탁하고 있다가 전국새를 넘겨주는 조건으로 원술로부터 병력을 빌리는 것으로 묘사하고 있지만 역사는 다르게 기록하고 있다. 『산양공재기山陽公載記』에 따르면 "원술이 장차 본분을 뛰어넘어 제멋대로 황제를 칭하려 했는데, 손견이 전국새를 얻었다는 말을 듣고는 이에 손견의 부인을 구금하고 전국새를 빼앗았다"고 기록하고 있다. 하지만 이 역사 기록에 대해 『삼국지집해』에서 노필은 "원술이 제멋대로 천자를 칭한 것은 건안 2년(197)으로 이때 손책은 이미 파견되어 부릉阜陵으로 가서 모친을 맞이하고 곡아曲阿에 이르렀는데, 원술이 어찌 그녀를 구금할 수 있겠는가?"라고 하면서 부정적인 견해를 밝혔다.

이후 원술의 수중에 떨어진 전국새는 조정으로 돌아오게 되는데, 『후한서』 「서구전徐璆傳」에 따르면 "원술이 죽고 군대가 패한 사이에 서구는 원술이 도적질한 전국새를 손에 넣었다. 허도로 돌아온 후 전국새를 바쳤다"고 기록하고 있고, 이현 주석에 따르면 "위무魏武(조조)가 그에게 말하기를 '내게 있소. 그대가 여기로 가지고 왔다는 것을 듣지 못했소'라고 했다. 당시 서구가 손에 넣었고 그것을 바쳤다"고 기록하여 전국새는 최종적으로 조조의 손에 들어오게 된다.

❽
주령은 어떤 장수였을까?

『삼국지』「위서·서황전」에 주령에 관한 내용이 있다.

"청하淸河 사람 주령은 원소의 부하 장수였다. 태조가 도겸을 정벌할 때 원소는 주령으로 하여금 세 군영의 군사들을 통솔하여 태조를 돕도록 했고 주령은 싸움에서 공을 세웠다. 원소가 파견한 장수들은 전투가 끝난 다음 모두 원소의 진영으로 돌아갔는데 주령은 '내가 많은 인물을 관찰했지만 조공 같은 인물은 없었소. 이 사람이 바로 진정으로 현명한 군주요. 지금 이미 현명한 군주를 만났는데 다시 어디로 가겠소?'라고 말하고는 마침내 가지 않고 남았다. 그가 인솔했던 병사들도 그를 흠모했으므로 모두 주령을 따랐다. 주령은 후에 훌륭한 장수가 되어 명성이 서황 등의 다음으로 자자했으며, 관직은 후장군後將軍에 이르렀고 고당정후高唐亭侯로 봉해졌다."

❾
관우는 차주를 죽이지 않았다

『삼국지』「위서·무제기」는 유비가 "하비에 이르러 즉시 서주자사 차주를 살해하고 군사를 이끌어 패현에 주둔했다"고 기록하고 있고, 「촉서·선주전」에도 "선주는 하비를 점거했다. 주령 등이 돌아가자 선주는 곧바로 서주자사 차주를 죽이고 관우를 남겨 하비를 지키게 했으며 하고 자신은 소패로 돌아갔다"고 기록되어 있다. 또한 『삼국지』「촉서·관우전」과 『자치통감』 권63 「한기 55」에 따르면 "선주는 서주자사 차주를 습격해 살해했다. 관우를 하비에 남겨두어 지키게 했으며 태수의 직무를 대리하도록 했고 자신은 소패로 돌아갔다"고 기록하고 있어 소설의 내용과는 달리 관우가 아니라 유비가 차주를 살해했다고 할 수 있다. 유비가 차주를 죽인 역사 기록은 여러 곳에서 볼 수 있다.

제 22 회

진림의 격문

원소와 조조는 각기 마보군 삼군을 일으키고,
관우와 장비는 함께 왕충과 유대 두 장수를 사로잡다

袁曹各起馬步三軍,
關張共擒王劉二將

진등은 현덕에게 계책을 바치며 말했다.

"조조가 두려워하는 자는 원소입니다. 원소는 기주, 청주, 유주, 병주의 각 군을 차지하고 호랑이처럼 버티고 있으며 갑옷 입은 장병이 백만 명이고 문관과 무장이 매우 많은데 지금 어찌하여 편지를 써서 저들에게 사람을 보내 구원을 청하지 않습니까?"

현덕이 말했다.

"원소는 줄곧 나와 왕래도 없었고 게다가 또 그의 아우를 방금 격파했는데 어찌 도우려 하겠소?"

진등이 말했다.

"이곳에 원소와는 3대째 내려오며 집안끼리 교분이 깊은 분이 계신데 그분의 편지 한 통을 얻어 원소에게 보내면 원소는 반드시 도우러 올 것입니다."

유비가 누구냐고 묻자 진등이 말했다.

"그분은 바로 공께서 평소에 몸을 굽혀 예로써 존경하던 분이신데 어찌하여 잊으셨습니까?"

현덕이 문득 깨닫더니 말했다.

"혹시 정강성鄭康成 선생이 아니시오?"

진등이 웃으며 말했다.

"그렇습니다."

원래 정강성은 이름이 현玄으로, 배우기를 좋아하고 재주가 많으며 일찍이 마융馬融에게서 글을 배웠다. 마융은 강연을 할 때마다 반드시 진홍색 휘장을 설치했는데 앞에는 생도들을 모아놓고 뒤에는 노래 부르는 기녀들을 배치했으며 좌우에는 시녀들이 둘러싸도록 배열했다. 정현은 3년 동안 강연을 들으면서 단 한 번도 곁을 쳐다보지 않아 마융은 그를 매우 기특하게 여겼다. 마침내 정현이 배움을 마치고 돌아가려는데 마융이 칭찬하며 말했다.

"내 학문의 깊은 진리를 터득한 자는 오직 정현 한 사람뿐이다!"❶

정현의 집에서는 시녀들도 모두 '모시'¹에 능통했다. 한 하녀가 일찍이 정현의 뜻을 어기자 정현이 계단 앞에서 무릎을 꿇게 했는데, 그때 다른 하녀가 그녀를 놀리며 말했다.

"호위호니중²인고?"

그러자 벌을 받고 있던 하녀가 응수했다.

"박언왕소, 봉피지노³라네."

그 집안의 하녀들도 이렇듯 고상하고 멋이 있었다.⁴ 환제桓帝(재위 146~167) 때 정현의 벼슬은 상서⁵에 이르렀으나, 후에 십상시의 난으로 관직을 버리고 시골로 돌아와 서주 땅에 살고 있었다.⁶ 현덕은 탁군에 있을 때 이미 그를 스승으로 모셨고, 서주목이 되었을 때도 언제나 정현의 오두막에 가서 가르침을 청하며 극진한 예로써 공경했다.

바로 그때 현덕은 이 사람을 생각해내고는 크게 기뻐하며 즉시 진등과 함께 친히 정현의 집으로 가서 편지를 써달라고 부탁했다. 정현은 흔쾌히 허락하고 한 통의 편지를 써서 현덕에게 건넸다. 현덕은 즉시 손건을 보내 밤새 원소에게로 달려가 편지를 전달하게 했다. 정현의 편지를 읽고 난 원소는 혼자 생각했다.

'현덕이 나의 아우를 공격해 멸망시켰으니 본래는 도와줘서는 안 되는데, 정상서鄭尙書의 부탁이 중하니 가서 도와주지 않을 수 없구나.'❷

마침내 문무관원들을 모아놓고 군사를 일으켜 조조를 정벌할 일을 논의했다. 모사 전풍田豊이 말했다.

"해마다 군사를 일으켜 백성은 피폐해지고 곳간에는 쌓아둔 양식이 없는데 다시 대군을 일으키는 것은 불가합니다. 마땅히 먼저 사람을 보내 공손찬과 싸워 승리한 것을 천자께 헌첩[7]하시고, 만일 통하지 않는다면 이에 표문을 올려 조조가 우리 왕로를 가로막았다고 아뢰신 다음에 군사를 일으켜 여양[8]에 주둔시키십시오. 그리고 다시 하내에 선박을 증대하고 병기를 보수해 설치한 후 정예병을 변경 지역에 나누어 주둔시키십시오. 그리하면 3년 안에 대사는 결정될 것입니다."

모사 심배審配가 말했다.

"그렇지 않습니다. 명공의 영명하고 위풍당당함으로써 하삭[9]의 강성함을 어루만지셨으니 군사를 일으켜 역적 조조를 토벌하는 것은 손바닥 뒤집는 것처럼 쉬운 일입니다. 구태여 시간을 끌 필요가 있겠습니까?"

모사 저수沮授가 말했다.

"적을 굴복시켜 승리하는 책략은 강성함에 있는 것이 아닙니다. 조조는 법령을 이미 시행하고 있으며 사졸들은 정예화되어 있어 공손찬같이 앉아서 포위되어 곤경에 빠진 자와는 다릅니다. 지금 헌첩을 올리자는 좋은 계책을 버리고 명분 없는 군사를 일으키는 것은 삼가 명공을 위해 취해서는 안 될 일입니다."

모사 곽도郭圖가 말했다.

"아닙니다. 조조를 치는 일이 어찌 명분이 없다고 하십니까? 공께서는 때에 맞춰 조기에 대업을 결정하셔야 합니다. 원컨대 정상서의 말씀에 따라 유비와 함께 대의에 기대어 역적 조조를 섬멸하는 것은 위로는 하늘의 뜻에 합치되고 아래로는 민심에 부합되는 것으로 진실로 커다란 행운입니다!"

네 사람의 논쟁이 정해지지 않자 원소는 주저하며 결정을 내리지 못했다. 그때 갑자기 허유許攸와 순심荀諶이 안으로 들어왔다. 원소가 말했다.

"두 사람의 식견이 넓으니 잠시 어떤 주장을 할지 봅시다."

두 사람이 예를 마치자 원소가 말했다.

"정상서께서 편지를 보내셨는데 내게 군사를 일으켜 유비를 도와 조조를 공격하라고 하셨소. 군사를 일으키는 것이 옳은 일이오? 아니면 군사를 일으키지 않는 것이 옳은 일이오?"

두 사람이 한목소리로 대답했다.

"명공께서 많은 무리로 적은 무리를 정복하고 강함으로 약함을 공격하는 것은 한나라 역적을 토벌하여 왕실을 지탱하는 것이니 군사를 일으키는 것이 옳습니다."

원소가 말했다.

"두 사람의 의견이 내 마음과 딱 들어맞소."

바로 군사를 일으킬 일을 상의했다. 먼저 손건을 시켜 정현에게 회답하고 아울러 현덕과 약속하여 호응할 준비를 했다. 그러는 한편 심배와 봉기逢紀를 통군統軍[10]으로, 전풍, 순심, 허유를 모사로 삼았으며 안량과 문추는 장군으로 삼아 마군 15만 명, 보병 15만 명으로 도합 정예병 30만 명을 일으켜 여양을 향해 진군하기로 했다. 군사 배치가 정해지자 곽도가 나서며 말했다.

"명공께서 거사를 일으켜 조조를 토벌하니 반드시 조조의 악행을 열거하셔야 합니다. 각 군에 격문을 전해 조조의 죄상을 선포하고 토벌에 나선 이유를 설명한 다음에야 명분이 서고 사리에 맞게 될 것입니다."

원소는 그 말에 따라 즉시 서기[11] 진림陳琳에게 격문의 초안을 쓰라고 명했다. 진림은 자가 공장孔璋으로 평소에 재주와 명망을 겸하고 있었다. 영제 때 주부[12]로 있었는데 하진에게 간언했으나 하진이 듣지 않았고 다시 동탁의 난을 만나 기주로 피란했다가 원소에게 기실[13]로 등용되었다. 붓을 쥐자마자 바로 초안을 세웠다. 격문[14]은 다음과 같다.

"무릇 듣건대 현명한 군주는 위태로운 국면에서 변란을 평정할 책략을 제정하고 충성스런 신하는 환난에서 권력을 확립할 대책을 모색한다고 했다. 그렇기 때문에 먼저 비상한 사람이 있은 다음에야 비상한 일을 이루고, 비상한 일이 일어난 다음에야 비상한 공훈을 세울 수 있는 것이다. 무릇 비상이라는 것은 보통 사람이 헤아릴 수 있는 것이 아니다.

옛날 진나라는 강대했지만 군주는 도리어 연약하여 조고[15]가 권력을 잡고 조정의 대권을 독단적으로 통제해 자기 마음대로 전횡하고 권력을 남용하니, 그 당시 사람들은 협박에 못 이겨 감히 바른말을 하지 못했다. 끝내 2세 황제는 망이궁望夷宮에서 자살했으며[16] 조종은 불타고 파괴되어 그 오욕은 지금까지도 영원히 세인의 본보기가 되고 있다. 여후呂后(한고조 유방의 황후) 말년에 이르러서는 조카인 여산呂産과 여록呂祿이 정권을 잡아 안으로는 남군과 북군 이군의 통솔을 겸하는 동시에 밖으로는 양나라와 조나라를 통치했으며,[17] 주요 정사를 독단적으로 결정하고 궁중의 공무를 처리하여 아래 신하가 위의 황제를 능가하니 질서와 기강이 무너져 천하의 인심이 실망과 상심으로 아파했다. 이에 강후 주발과 주허후 유장[18]이 분노하여 군대를 일으키니 흉포한 역적들을 주살하고 태종[19]을 받들어 세워 비로소 도덕 교화를 흥성시킬 수 있었고 광명을 선명하게 드러낼 수 있었다. 이것이 바로 대신이 임기응변을 실행한 모범이라 하겠다.

사공 조조를 말하자면, 그 할아비인 중상시 조등은 좌관左棺, 서황徐璜[20]과 더불어 온갖 요사스러운 나쁜 짓을 다 하고 도철[21]같이 탐욕스러운 데다 흉악하고 잔인하여 교화를 손상하고 백성을 학대했다. 그 아비인 조숭은 휴양[22]을 구걸하여 조등의 아들이 되었고 부정한 뇌물로 벼슬길에 올랐다. 또한 황금과 옥, 진귀한 보물을 수레에 실어 권문세가에 날라 바치고 삼공의 중신 직위[23]를 도적질하여 국가와 사직을 조종했다. 조조는 환관 조등이 남긴 악인으로서[24] 본래는 양호한 도덕 수양이 없는 데다 날쌔고 교활하며 사납고 병기의 예봉에 의지하여[25] 난을 일으키기 좋아하고 재앙을 즐기는 자다.

막부[26]께서는 용맹스러운 용사들을 통솔하시어 흉악한 역적인 환관들을 쓸어버렸으나, 뒤이어 동탁이 직권을 초월하여 나라를 망치는 시국을 만났다.[27] 이에 검을 들고 북을 울려 동하[28]에서 명령을 발포하고 영웅들을 널리 모아 과거의 결점이나 과실을 헤아리지 않고 인재를 등용했다. 그리하여 마침내 조조에게 모략의 논의에 참여할 수 있는 기회를 제공했다. 조조에게 일부 군대를 내어준 것은 길들여진 매와 사냥개 같은 재주가 있어 그 날카로운 발톱과 예리한 이빨을 믿고 맡길 만했기 때문이다. 그러나 조조는 안목이 좁고 우둔했으며 경거망동하여 가볍게 진격하고 쉽게 물러나다 여러 차례 상처를 입고 실패하니 병졸과 장수를 모두 잃고 말았다. 그러나 막부께서는 그럴 때마다 언제나

재차 그에게 정예 부대를 나누어주고 병기를 주어 완비할 수 있도록 정돈 및
보충해주고 안정시켜주었다. 또한 표문을 올려 동군태수를 맡게 하고 연주자
사로 천거했으며 호문虎文(호랑이 도안으로 장식한 관복)을 입혀주고 그의 위신을
세워주었는데 이는 진나라 군사처럼 승리하여[29] 공을 세워 속죄의 보고를 받
고자 기대한 것이었다. 그러나 조조는 도리어 그러한 자력을 빙자하여 제멋대
로 날뛰면서 흉악한 짓을 자행하고 백성을 침탈하여 상해를 입혔으며 충성스
럽고 선량한 인사들을 잔인하게 해쳤도다.

이전에 구강[30]태수 변양邊讓은 걸출한 인재로 천하에 잘 알려졌으나, 정의롭고
직언을 잘하며 강직해서 아부하지 않는다고 하여 목이 잘려 내걸리는 혹형을
당했고 처자식마저 잿더미가 흩어져 사라지듯이 살해되고 말았다. 이때부터
문인 학사들은 분노하며 비통해했고 백성의 원망은 더욱 널리 퍼져 한 사람이
팔을 치켜들어 부르기만 해도 주 전체가 일어나 한목소리로 호응하는 지경에
이르렀다. 이 때문에 조조는 서주에서 대패하고 여포에게 지반도 빼앗겼으며,
궁벽한 동방에서 떠돌아다녔으나 발붙일 땅조차 없었다. 막부께서는 오로지
줄기인 중앙의 권력은 강하게 하고 곁가지인 지방의 세력은 약화시키려는 뜻으
로 여포 같은 반역의 행렬에 가입하기를 원치 않았다. 이에 다시 깃발을 쳐들
고 투구를 쓰며 갑옷을 걸치고는 맹렬한 기세로 정벌에 나서니 징과 북소리가
진동하는 곳마다 여포의 무리가 궤멸되어 도주했으며 죽음의 재난에 직면한
조조를 구제하고 방백[31]의 지위를 회복시켜주었다. 막부께서는 연주 땅의 백성
에게 은덕을 베풀지는 못했으나 조조에게는 도리어 커다란 은혜가 있었다.

후에 천자가 낙양으로 환도하셨을 때 도적의 무리가 공격했다. 당시 기주는
북쪽 변경의 공손찬이 침범해왔기 때문에 막부께서는 그 난국에서 떠날 겨를
이 없었고, 종사중랑[32] 서훈徐勳을 보내 조조에게 교묘[33]를 보수하고 어린 황

제를 보좌하며 호위토록 했다. 그러나 조조는 방종한 결심으로 독단적으로 처리해 천자를 강제로 옮기고 궁중을 맡아 관리하며 통치했다. 왕후 백관을 모욕하고 법령을 위반하며 기강을 어지럽히고, 혼자서 삼대[34]를 통솔 및 주재하여 조정을 독단적으로 전행하며, 작위를 봉하거나 상을 하사하는 것을 자기 뜻대로 하고 형벌을 주거나 사형에 처하는 일을 전적으로 구두에 의지하며, 자신이 총애하는 사람은 오종[35]까지 빛내주고 자신이 미워하는 자는 삼족을 멸하였으니 이를 모여서 의논하는 자들은 공개적으로 살육하고 불만을 품은 자는 트집 잡아 도륙했다. 그리하여 백관은 입을 다물고 침묵을 지키며 거리에서는 눈짓으로 소통할 뿐이고 상서는 조회 때 기록이나 하며 공경들은 직위만 채울 따름이다.

태위 양표楊彪는 이사[36]를 역임한 나라의 최고 관직을 누린 원로대신이었다. 그러나 조조는 화난 눈으로 흘겨볼 정도의 하찮은 개인 원한으로 죄가 아닌데도 채찍질하고 온갖 혹형까지 가하며 제멋대로 학대하고 법률과 제도를 돌보지 않았다. 또 의랑 조언趙彦은 충심으로 직언하며 정직하게 말하였는데 그의 건의가 받아들일 만하여 황제께서 그의 의견을 청취하고 태도를 고치며 벼슬을 더해주셨다. 그러나 조조는 황상을 미혹시키고 조정에 진언하는 언로를 차단한 채 자기 마음대로 잡아다가 조언을 살해하고는 황제께 보고조차 하지 않았다. 또한 양효왕梁孝王은 선제(경제)[37]의 모친이 같은 아우시니 그 능묘는 존귀하고 엄숙한 곳으로 그 위의 뽕나무와 가래나무, 소나무와 잣나무라도 마땅히 귀중하게 여기고 보호해야 한다. 그러나 조조는 도리어 군사와 관부의 벼슬아치들을 거느리고 직접 파혜치며 관곽을 부쉈으며 시신을 드러내놓고는 금은보화를 약탈했다. 황제께서는 지금에 이르러서도 눈물을 흘리시고 선비와 백성도 슬퍼하고 있도다!

조조는 또 특별히 무덤을 파헤치는 '발구중랑장發丘中郞將'과 금을 찾아내는 '모금교위摸金校尉'를 설치하여 지나는 곳마다 제멋대로 파헤치고 횡포한 짓을 벌이니 시신이 드러나지 않는 곳이 없었다. 몸은 삼공의 지위에 있으나 행동은 도적의 행태를 하고 있으며 나라를 더럽히고 백성을 해치니 그 독은 귀신에까지 미쳤도다! 게다가 그 정치는 주도면밀하고 가혹하고 잔인하여 금령은 어디에나 있고, 새를 잡을 때 몰래 쏘는 화살이 산간 오솔길에 가득하며 함정을 파고 길을 막아 사람들이 손을 들기만 하면 그물에 걸리고 발을 움직이면 함정에 빠지게 되었다. 이 때문에 연주와 예주 등지의 백성은 근본적으로 생존할 방법이 없으며 황제가 계신 도성 안에는 억울함을 호소하는 원망 소리만이 가득하다. 전적을 두루 살펴보아도 무도한 신하 중에 탐욕스럽고 흉악하며 잔혹하기로 조조보다 심한 자는 없었노라!

막부께서는 당시 조정 밖의 간신들을 조사하느라 미처 정돈하지 못했고 조조에게 특별히 관용을 베풀어 그가 개과천선하여 교정하고 바로잡기를 희망했노라. 그러나 조조는 승냥이와 이리 같은 야심으로 못된 생각을 감추고 이에 나라의 대들보 같은 대신을 부러뜨려 한실을 고립시키고 약화시켰으며 충성스럽고 정직한 신하들을 제거하고 오로지 효웅이 되려 하고 있다. 지난해 북을 두드리며 북쪽으로 공손찬을 정벌하러 갔을 때 강대한 도적이 포악하게 대항하여 포위당한 다음에도 1년 동안이나 저항했다. 조조는 공손찬이 격파되지 않는 틈을 이용해 은밀하게 서신을 교환하며 겉으로는 천자의 군대를 돕는 척하면서 안으로는 막부를 불시에 습격하려 했다. 그러나 그 편지를 전달하던 사자가 잡혀 그 음모가 탄로 났고 공손찬 또한 평정되어 죽임을 당했기 때문에 칼끝이 꺾여 그 음모 또한 실현되지 못했다.

지금은 오창敖倉에 군대를 주둔시키고 황하를 견고한 방어선으로 삼고 있으니 결국은 자신의 역량이 아닌 사마귀가 앞발을 도끼같이 들고 커다란 수레가 대로를 지나가지 못하게 막으려는 것이다.[38]

막부께서는 한실의 신령스러운 위력을 받들어 천지의 적의 전차를 물리치고 승리를 거두고자 하니, 긴 극을 든 전사가 백만 명이요, 용맹하고 날랜 기병이 무수히 많으며, 중황백, 하육, 오획[39] 같은 용사는 용맹을 떨쳐 두려움이 없고 좋은 활과 강한 쇠뇌의 위세는 빠르고 맹렬하며, 병주자사 고간高幹은 태항산[40]을 넘고 청주자사 원담袁譚은 제수와 탑수[41]를 건너며, 대군이 황하에 배를 띄워 선봉에 선다면 형주의 유표는 원현과 섭현[42]으로 진군하여 뒤를 공격할 것이다. 천둥처럼 진동하고 호랑이처럼 진군하여 맹렬한 불길로 시든 뿌리가 잘려 바람에 흩날리는 민망초를 태우고 망망대해를 뒤엎어 숯불에 물을 뿌리듯이 한다면 그 누가 멸망하지 않겠는가?

또한 조조의 군관과 사병 가운데 싸울 수 있는 자는 모두 유주와 기주 땅 출신이거나 혹은 막부의 옛 군영의 부하인데, 모두 오랫동안 가족과 이별하여 고향으로 돌아가고 싶은 생각에 눈물 흘리며 북쪽만 바라보고 있다. 그 나머지 사람도 연주와 예주의 백성과 여포와 장양의 잔여 무리로 협박에 못 이겨 잠시 무턱대고 따르니, 각기 상처를 입고 원한이 쌓여 조조를 적으로 여기고 있는 사람들이다. 그들의 군대를 되돌리고 높은 언덕에 올라 북치고 나팔 불며 백기를 휘날리면서 항복의 길을 열어준다면 반드시 흙이 무너지듯 와해될 것이며 칼날에 피를 적시는 전쟁은 필요 없을 것이다.

바야흐로 지금 한실은 쇠약해져 법도가 무너지고 있는데, 황제를 보좌할 신하는 아무도 없으며 팔다리가 되는 좌우 신하들 중에는 적을 물리쳐 승리할 세력이 없다. 방기[43] 안에 있는 영리하고 능력 있는 신하들은 모두 고개를 숙이고 날개를 늘어뜨리고 있어 황제께서 의지할 곳이 없으며, 비록 충성스럽고 의로운 신하가 있다 할지라도 포학하게 구는 신하에게 핍박당하는데 어찌 그 절개를 펼 수 있겠는가?

또한 조조는 부하 정예병 700명으로 궁궐을 에워싸고 지키니 대외적으로는 황제를 보위한다는 핑계를 대지만 실제로는 인질로 구금하고 있는 것이다. 찬탈반역의 싹이 이것으로 인해 일어날까 두려워 군대를 이끌고 달려가도다. 지금이야말로 충신의 간장과 뇌수가 땅에 널리는 희생을 무릅쓰고 충성을 다할 때이며 열사들이 공을 세울 기회이거늘 어찌 노력하지 않는단 말인가!

조조는 또 황제의 명령을 사칭하며 황제의 직권을 대행하고 사자를 보내 군대를 파견하게 했다. 멀리 떨어진 주군이 듣고서 군대를 보내주거나 다수의 뜻을 위배하고 반란을 도와주다가 명예를 잃고 천하의 웃음거리가 되는 것이 염려되니 이는 명철한 사람이 취할 게 아니다.

당일로 유주, 병주, 청주, 기주 등 네 개의 주에서 동시에 진군할 것이다. 격문이 형주에 이르면 유표는 바로 군사를 통솔하여 건충장군[44] 장수張繡와 협력하고 위엄과 기세를 떨칠 것이다. 주와 군에서도 각기 의병을 정돈하여 경계에 배치하고 무력과 위세를 뽐내며 함께 사직을 바로잡는다면 비상한 공적이 여기에서 나타나리라.

조조의 수급을 얻는 자에게는 오천호후五千戶侯로 봉하고 5000만 전의 상금을 내릴 것이다. 조조의 부곡部曲, 편장偏將, 비장神將, 장교, 각 관리 가운데 항복하는 자는 그 죄를 묻지 않을 것이다. 이 은덕과 신의를 널리 알리고 표기된 상금을 천하에 포고하니 황제께서 핍박당하는 난에 처하셨음을 모두 알도록 할지어다. 모두 격문의 율령을 준수하여라!"

격문을 읽은 원소는 크게 기뻐하며 즉시 이 격문을 주군에 두루 전달하라 명하고 아울러 각 수륙 주요 길과 관문, 험준한 요충지에도 걸게 했다.

격문이 허도까지 전해졌을 때 조조는 두통을 앓아 침상에 누워 있었다. 좌우에서 전해준 격문을 본 조조는 솜털이 일어서고 등골이 오싹하여 온몸에 식은땀을 흘렸고, 어느 결에 두통이 사라지더니 침상에서 획 일어나 조홍을 돌아보며 일렀다. ❸

"이 격문은 누가 지은 것이냐?"

조홍이 말했다.

"진림이 썼다고 들었습니다."

조조가 웃으며 말했다.

"이 격문에 있는 일들은 반드시 무략武略(군사 모략)으로 성공할 수 있는 것이다. 진림의 글이 비록 훌륭하지만 원소의 무략이 부족한데 어찌하겠느냐!"

즉시 모사들을 모아놓고 적에 맞설 계책을 상의했다.

공융이 소식을 듣고서 조조를 찾아와 말했다.

"원소의 세력이 워낙 강대하니 싸워서는 안 되고 화친하셔야 합니다."

순욱이 말했다.

"원소는 쓸모없는 사람이거늘 구태여 화친을 의논할 필요가 있겠소?"

공융이 말했다.

"원소는 땅이 넓은 데다 백성도 강하오. 그 부하들인 허유, 곽도, 심배, 봉기는 모두 지모가 있는 인사들이고, 전풍과 저수는 모두 충신이며 안량과 문추는 용맹함이 삼군의 으뜸이오. 나머지 고람高覽, 장합張郃, 순우경淳于瓊 등도 모두 당대의 명장인데, 어찌하여 원소를 쓸모없는 사람이라고 말하시오?"

순욱이 웃으며 말했다.

"원소의 군사가 많다고는 하나 아직 정돈되어 있지 않소. 전풍은 완강하여 윗사람과 대립하고, 허유는 탐욕스럽고 지혜롭지 못하며, 심배는 독단적이며 꾀가 없고, 봉기는 지나치게 과감하여 쓸모가 없지요. 이 사람들은 세력은 있으나 남을 수용하지 못하니 반드시 안에서 변고가 발생할 것이오. 또한 안량과 문추는 필부의 용맹으로 단판에 사로잡을 수 있소. 그 밖에 평범한 무리야 백만이 있다 한들 말할 가치도 없소!"

공융은 잠자코 있었다. 조조가 하하 웃으며 말했다.

"모두가 순문약荀文若(순욱의 자)의 예측을 벗어나지 않을 것이오."

마침내 전군 유대劉岱와 후군 왕충王忠[45]을 불러 5만 명을 이끌고 승상의 깃발을 앞세워 서주로 가서 유비를 공격하게 했다. 원래 유대는 이전에 연주자사였는데, 조조가 연주를 차지하자 조조에게 항복했고 조조는 그를 편장[46]으로 삼아 왕충과 함께 군대를 이끌게 한 것이었다. 조조 자신은 대군 20만 명을 이끌고 여양으로 진격해서 원소를 저지하기로 했다. 정욱이 말했다.

"유대와 왕충이 임무를 완수하지 못할까 염려됩니다."

조조가 말했다.

"나 역시 유비의 적수가 아니라는 것을 알지만 잠시 허장성세[47]를 부리는 것이오."

두 장수에게 분부했다.

"경솔하게 진격해서는 안 된다. 내가 원소를 격파하고 다시 군대를 통솔해 유비를 깨뜨릴 것이다."

유대와 왕충은 군대를 이끌고 떠났다. ❹

조조 자신은 군대를 이끌고 여양에 도착했다. 양군은 80리를 떨어져 각기 도랑을 깊이 파고 보루를 높이 쌓으며 서로 대치하기만 한 채 8월부터 10월에 이르도록 싸우지 않고 지키기만 했다. 원래 허유는 심배가 군대를 통솔하는 것을 탐탁하게 생각하지 않았고 저수 또한 원소가 자신의 계책을 쓰지 않는 것을 원망하고 있어 각기 서로 화합하지 못하고 나아가 싸울 계획을 세우지 않았다. 원소도 의심을 품고 있어 군대를 진격시킬 생각을 하지 않았다. 조조는 이에 여포의 수하였다가 항복한 장수 장패를 불러 청주와 여주를 지키게 하고, 우금과 이전에게는 황하 가에 군사를 주둔시키도록 했으며 조인에게는 대군을 총지휘하면서 관도[48]에 주둔하게 했다. 그러고는 조조 자신은 한 부대를 이끌고 끝내 허도로 돌아가버렸다.

한편 유대와 왕충은 군사 5만 명을 이끌고 서주에서 100리 떨어진 곳에 군영을 세웠다. 중군에 허세로 '조승상'의 깃발만 세우고는 감히 군사를 진격시키지 못하고 하북의 소식만 알아봤다. 현덕 또한 조조의 허실을 알지 못해 감히 독단적으로 움직이지 못하고 하북의 소식을 탐문했다. 그때 별안간 조조가 사람을 보내 유대와 왕충에게 나가 싸우라고 재촉했다. 두 사람이 군영 안에서 상의하던 중 유대가 말했다.

"승상께서 성을 공격하라고 재촉하시니 자네가 먼저 진격하게나."

왕충이 말했다.

"승상께서는 자네를 먼저 보냈네."

유대가 말했다.

"내가 주장인데 어떻게 먼저 진격하겠나?"

왕충이 말했다.

"나와 자네가 함께 군사를 이끌고 가세나."

유대가 말했다.

"그럼 제비뽑기해서 뽑힌 사람이 가는 것으로 하세."

왕충이 '선先' 자를 뽑자 군사를 절반으로 나누어 서주를 공격하러 왔다.

군마가 이르렀다는 소식을 전해 들은 현덕은 진등을 청해 상의하며 말했다.

"원소가 비록 여양에 군대를 주둔했으나 모사들이 화합하지 못해 오히려 진격하지 못하고 있다 하오. 그리고 조조는 어디에 있는지조차도 모르는 상황이오. 들자 하니 여양의 군중에 조조의 깃발이 없다고 하던데 어떻게 이곳에 도리어 그의 깃발이 있는 것이오?"

진등이 말했다.

"조조의 계략은 각양각색이라 틀림없이 하북을 중요시해 직접 감독하면서 도리어 그곳에는 깃발을 세우지 않고 이곳에 깃발을 세워 허세를 부리며 과장하고 있는 것입니다. 제 생각에 조조는 틀림없이 이곳에 있지 않습니다."

현덕이 말했다.

"두 아우 중에 누가 허실을 알아보겠는가?"

장비가 말했다.

"이 아우가 가보겠소."

현덕이 말했다.

"자네는 사람됨이 성급하고 사나워서 가면 안 되네."

장비가 말했다.

"조조가 있으면 잡아오겠소!"

운장이 말했다.

"이 아우가 가서 동정을 살펴보겠소."

현덕이 말했다.

"운장이 간다면 내 안심하겠네."

이에 운장은 3000명의 인마를 이끌고 서주를 나갔다.

이때는 마침 초겨울이라 검은 구름이 가득 덮였고 눈꽃이 어지럽게 흩날렸다. 군마들은 모두 내리는 눈을 무릅쓰고 진을 벌렸다. 운장은 칼을 들고 말을 달리며 왕충에게 이야기나 나누자고 크게 소리 질렀다. 왕충이 나와서 말했다.

"승상께서 이곳으로 오셨거늘 무엇 때문에 항복하지 않는가?"

운장이 말했다.

"내게 할 말이 있으니 승상께 진 앞으로 나오시라고 해라."

왕충이 말했다.

"승상께서 어찌 가볍게 너 같은 놈을 만나려 하시겠느냐!"

운장이 크게 노하여 앞을 향해 말을 달렸다. 왕충이 창을 잡고 달려나와 맞섰다. 두 말이 서로 어우러지나 싶더니 운장이 말을 돌려 달아났다. 왕충이 그 뒤를 쫓았다. 산비탈을 돌아설 때 운장이 갑자기 말을 돌리더니 외마디 소리를 크게 지르고 칼을 춤추듯 휘두르며 곧장 왕충에게 달려들었다. 왕충이 저지하지 못하고 말을 몰아 달아나려 할 때 운장이 보도를 왼손으로 바꾸어 들고 오른손으로는 왕충의 갑옷을 졸라맨 끈을 꽉 붙잡으며 말안장 아래로 끌어내리자 왕충은 말 위에서 가로로 매달린 채 잡혀서 본진으로 돌아왔다. 왕충의 군사들은 사방으로 흩어져 달아났다. 운장은 왕충을 압송해 서주로 돌아와 현덕에게 보였다. 현덕이 물었다.

"너는 누구냐? 현재 어떤 직책에 있는데 감히 '조승상'을 사칭하느냐!"

왕충이 말했다.

"어찌 감히 사칭할 수 있겠습니까? 허장성세하라는 명령을 받들어 의병疑兵(허장성세로 적을 현혹시키는 군대) 노릇을 하게 했습니다. 실은 승상께서는 이곳에 계시지 않습니다."

현덕은 의복, 술, 음식을 주게 하고 잠시 감옥에 가두었다가 유대를 잡은 다음에 다시 상의하기로 했다. 운장이 말했다.

"형님께서 화해할 뜻이 있음을 알고 사로잡아 온 것입니다."

현덕이 말했다.

"내가 익덕이 성질이 조급하고 사나워 왕충을 죽일까 염려되어 가지 못하게 한 것이네. 이런 사람은 죽여야 이익될 것이 없으니 살려두어 화해의 여지로 삼을 만하네."

장비가 말했다.

"둘째 형님이 왕충을 잡았으니 나는 가서 유대를 사로잡아 오겠소!"

현덕이 말했다.

"유대는 이전에 연주자사를 지냈고 호뢰관에서 동탁을 토벌할 때도 제후 중에 한 진鎭을 담당했었네. 오늘 전군前軍이 되었으니 가볍게 대적할 수 없네."

장비가 말했다.

"이런 놈은 말할 가치도 없소! 나도 둘째 형님처럼 사로잡아 오겠소."

현덕이 말했다.

"다만 그의 목숨을 해쳐서 큰일을 그르칠까 걱정되네."

"그놈을 죽이면 내가 그놈 대신 목숨을 내놓겠소!"

현덕은 마침내 군사 3000명을 내줬다. 장비는 군사를 이끌고 전진했다.

한편 유대는 왕충이 사로잡혔다는 것을 알고 견고히 지키기만 하고 나오지 않았다. 장비는 매일 군영 앞에서 욕설을 퍼부었으나 유대는 장비를 알아보고 더욱 감히 나오지 못했다. 며칠을 지키고 있는데도 유대가 나오지 않자 장비는 한 가지 계책을 생각해냈는데, 이날 밤 이경에 군영을 기습하겠다고 영을 전하고는, 대낮에 도리어 군막에서 술을 마셨다. 취한 척하면서 죄를 지은 군사를 찾아 한바탕 때린 다음 군영 안에 묶고는 말했다.

"내가 오늘 밤 출병할 때 제기[49]를 지내겠다!"

그러고는 은밀하게 좌우 측근을 시켜 그를 풀어주었다. 풀려난 군사는 군영을 벗어나 곧장 유대의 군영으로 달아나서 장비가 군영을 습격할 것이라고 알렸다. 유대는 항복한 병졸이 몸에 중상을 입은 것을 보고는 마침내 그 말을 믿어 군영을 비워두고 밖에 군사를 매복시켰다. 이날 밤 장비는 군사를 세 길로 나눈 뒤 중간에는 30여 명을 두어 군영을 기습해 불을 지르게 하고, 양쪽 두 길의 군사들은 적의 군영 뒤에 있다가 불길이 일어나는 것을 신호로 양쪽에서 협공하게 했다. 삼경쯤에 장비는 직접 정예병을 이끌고 먼저 유대의 퇴로를 끊었고, 중간에 있던 30여 명은 유대 군영 안으로 쳐들어가 불을 질렀다. 유대의 복병들이 몰려오자 장비의 군사가 일제히 쏟아져 나왔다. 유대의 군사들은 혼란에 빠졌고 장비의 군사들이 얼마나 되는지도 모른 채 패하여 각자 뿔뿔이 흩어졌다. 유대는 패한 군사 한 부대를 이끌고 길을 찾아 달아나다 뜻밖에도 장비와 맞닥뜨렸다. 좁은 길에서 마주쳤기에 급히 피할 방도가 없어 어쩔 수 없이 두 말이 어우러졌으나 단 1합 만에 장비에게 사로잡히고 말았다. 나머지 무리도 모두 항복했다. 장비는 사람을 시켜 서주에 보고하게 했다. 현덕이 듣고서 운장에게 일렀다.

"익덕이 원래 거칠고 우악스럽더니 이제는 지혜까지 쓸 줄 아니 내 근심이 사라졌네!"

이에 친히 곽을 나가 장비를 맞이했다. 장비가 말했다.

"형님은 내 성질이 조급하고 사납다고 말씀하시더니 오늘은 어떻소?"

현덕이 말했다.

"내가 자극하는 말을 쓰지 않았다면 어떻게 책략을 쓰려 했겠는가!"

장비가 껄껄 웃었다. 현덕은 유대가 묶인 채 오고 있는 것을 보고는 황망히 말에서 내려 그의 포박을 풀어주며 말했다.

"막내 아우 장비가 잘못하여 장군을 불쾌하게 했소. 죄를 용서해주시기 바라오."

즉시 서주로 맞이해 들이고는 왕충도 석방하여 함께 대접했다. 현덕이 말했다.

"전에 차주가 이 비를 해치려 했기 때문에 그를 죽이지 않을 수 없었습니다. 승상께서는 이 비가 배반한 것으로 잘못 의심하셔서 두 장군을 보내 죄를 물으려 하신 것 같습니다. 이 비는 승상의 커다란 은혜를 입었기에 그것을 갚기 위해 충성을 바치려는 생각뿐인데 어찌 감히 배반하겠습니까? 두 장군께서 허도로 돌아가시면 이 비를 위해 잘 말씀해주십시오. 그렇게만 된다면 이 비는 다행이라 여기겠습니다."

유대와 왕충이 말했다.

"우리는 사군께서 죽이지 않으신 깊은 은혜를 입었으니 마땅히 승상께 알맞게 말씀드릴 것입니다. 우리 두 집안의 가족을 걸어서라도 사군을 보증해드리겠습니다."

현덕은 감사를 표했다. 이튿날 원래 거느렸던 군마를 모조리 돌려주고 곽 밖에까지 나가 전송했다. 유대와 왕충이 10여 리도 못 갔는데 갑자기 한바탕 북소리가 울리더니 장비가 길을 막아서며 크게 호통을 쳤다.

"우리 형님은 참으로 분별이 없으셔! 적장을 잡았는데 어째서 이렇게 놓아 보낸단 말인가?"

장비의 엄포에 유대와 왕충은 말 위에서 부들부들 떨기만 했다. 장비가 고리눈을 부릅뜨고 창을 잡은 채 쫓아오는데 그때 등 뒤에서 한 사람이 나는 듯이 말을 달려오며 크게 소리 질렀다.

"무례하게 굴지 마라!"

그를 보니 다름 아닌 운장이었다. 유대와 왕충은 비로소 마음을 놓았다. 운장이 말했다.

"형님께서 풀어주셨는데 아우는 어째서 법령을 따르지 않는가?"

장비가 말했다.

"이번에 놓아주면 다음에 또 올 것이오."

운장이 말했다.

"그들이 다시 오기를 기다렸다가 죽여도 늦지 않네."

유대와 왕충은 계속해서 작별을 고했다.

"승상께서 삼족을 멸하신다 해도 오지 않을 것이오. 장군께서는 너그러이 용서해주십시오."

장비가 말했다.

"조조가 직접 온다 하더라도 모조리 죽여 갑옷 한 조각도 돌아가지 못할 것이다! 이번만큼은 잠시 너희 두 머리를 붙여두어 보내주겠노라!"❺

유대와 왕충은 머리를 감싸고 쥐새끼들처럼 달아났다.

운장과 익덕은 돌아와서 현덕을 만나 말했다.

"조조는 틀림없이 다시 올 것입니다."

손건도 현덕에게 일렀다.

"서주⁵⁰는 적의 공격을 받기 쉬운 곳이라 오래 머물 수 없으니, 군대를 나누어 소패에 주둔시키고 하비성도 지키면서 기각지세⁵¹로 조조를 방비하는 편이 나을 듯합니다."

현덕은 그 말에 따라 운장으로 하여금 하비성을 지키게 하고, 감, 미 두 부인 또한 하비에 머물게 했다. 감부인은 소패 사람이었고 미부인은 바로 미축의 누이동생이었다. 손건, 간옹, 미축, 미방은 서주를 지키고 현덕은 장비와 함께 소패에 주둔했다.

유대와 왕충은 돌아와 조조를 찾아뵙고 유비가 배반하지 않았다는 일을 자세하게 말했다. 조조는 화를 내며 욕설을 퍼부었다.

"나라를 욕되게 한 무리를 남겨두어 무엇에 쓰겠는가!"

좌우에 두 사람을 끌어내어 목을 베라 큰 소리로 명령했다.

개돼지가 어찌 호랑이와 싸워 이길 수 있겠는가
물고기와 새우 따위가 쓸데없이 용과 다투었구나
犬豕何堪共虎鬪, 魚蝦空自與龍爭

두 사람의 목숨은 어떻게 될 것인가?

제22회 진림의 격문

❶

『후한서』「정현전」은 정현과 스승인 마융馬融을 다음과 같이 기록하고 있다.

"정현은 산동 지역에 가르침을 청할 만한 사람이 없었기 때문에 서쪽 함곡관으로 들어가 탁군 사람인 노식盧植의 관계를 통해 부풍扶風(우부풍右扶風을 말한다. 관직명 이며 정치 지구의 명칭이다) 마융을 스승으로 모셨다.

마융에게는 400여 명의 문하생이 있었는데 대청에 올라 직접 그의 수업을 들을 수 있는 뛰어난 재능을 가진 자는 50여 명에 불과했다. 마융은 평소에 거만하여 정 현이 그의 문하에 있은 지 3년이 지나도 그를 대면할 수 없었고 마융은 학업이 우수 한 제자를 시켜 정현에게 수업을 전수하게 했다. 정현은 밤낮없이 깊이 연구하며 소 리 내어 읽었는데 태만하거나 싫증을 낸 적이 없었다. 마침 마융이 학생들을 불러 모아 도참圖讖과 위서緯書를 토론했는데 정현이 산술에 정통하다는 말을 듣고는 누 각 위로 정현을 부르자 정현은 이 기회를 이용하여 마융에게 학습하면서 해결이 어 려웠던 문제를 가르쳐주기를 청했고 질문을 마치자 작별을 고하고는 고향으로 돌아 갔다. 마융은 탄식하면서 학생들에게 말했다.

'정현이 지금 떠났으니 나의 학술이 동방에까지 전해지리라.'"

정현이 현덕을 위해 원소에게 편지를 썼다는 역사 기록은 없다

『후한서』「정현전」은 정현과 원소를 다음과 같이 기록하고 있다.

"이때 기주에서 군사를 통솔하던 대장군 원소가 사자를 파견해 정현을 초청하고 빈객들을 대접하는 대회에 참가하게 했는데 정현이 가장 늦게 당도했는데도 원소는 정현을 상좌에 청했다. 정현은 키가 8척으로 1곡斛(20리터)의 술을 마셨고 이목구비가 수려했으며 용모와 자태가 온화하고 출중했다. 원소의 빈객들 대부분은 준걸이었을 뿐만 아니라 재능이 출중했고 언사에 능숙했다. 그들은 정현이 유학자인 것을 보고는 그가 학식이 깊고 해박하며 고금을 통달한 사람이라 인식하지 못하고 앞다투어 기이한 문제들을 제출했는데 백가의 학설이 한꺼번에 제기되었다. 정현은 문제의 유형에 따라 일일이 변론하며 대답했고 대답한 문제들이 모두 제기했던 문제의 범위를 뛰어넘어 듣지 못했던 지식을 듣게 되자 경탄하며 탄복하지 않는 자가 없었다. 당시 여남의 응소應劭(자는 중원仲瑗으로 여남군 남돈南頓, 허난성 샹청項城 사람. 효렴으로 천거되어 거기장군 하묘何苗의 부름을 받아 연掾에 임명되었고 헌제 때 태산泰山태수에 임명되었다. 흥평 원년(194)에 태위를 지냈던 조숭(조조의 부친)이 그의 아들 조덕曹德과 함께 낭야에서 태산으로 들어갔다가 군郡에 도착하기도 전에 죽임을 당했다. 응소는 조조의 처벌을 두려워하여 군을 버리고 기주로 달아나 원소에게 귀의했다) 또한 원소에게 귀순했었는데 스스로를 칭찬하며 말했다.

'전에 태산太山태수 응중원應仲瑗이 그대를 섬겨 스승으로 삼고 싶다고 했는데 어떻소?'

정현이 웃으면서 대답했다.

'중니仲尼의 제자는 네 과목(덕행, 언어, 정사, 문학)으로 학생을 시험봤는데 안회顔回, 단목사端木賜(자공子貢) 같은 사람은 자신의 직함과 가문을 말하지 않았습니다.'

이에 응소는 얼굴 가득 부끄러운 기색을 띠었다. 원소는 정현을 천거하여 무재茂才(즉 '수재秀才'로 특출나고 재능 있는 사람을 말한다. 한나라 이래로 인원을 천거하는 과목 중 하나였다. 후한 시기에는 광무제光武帝를 피휘하기 위해 '무재茂才'로 변경했다)로 삼고 상서를 올려 좌중랑장左中郎將(광록훈光祿勳에 속했으며 좌서낭관左署郞官을 관장했다)으로 추천하려 했으나 정현은 모두 부임하지 않았다. 조정의 공거公車(조정에서 초빙하는 인원에게 보내는 기관에서 배치한 거마를 가리키며 또한 관서의 명칭이기도 한데, 위위衛尉의 부속 기구로 장관은 공거령公車令이다. 궁전의 경호와 상서를 수리하고 불러서 임용하는 사무를 담당했다)가 정현을 불러 대사농大司農(구경九卿 중의 하나로 국가의 조세, 돈과 곡식, 재정 수입과 지출을 관장했다)으로 임명하고 그에게 안거安車(고대의 소형 마차. 옛날에는 수레에 서서 탑승했는데 앉을 수 있었으므로 안거라 했다. 연로한 고급 관원과 귀부인에게 전용으로 제공되었다) 한 량을 제공했는데 그가 지나는 곳마다 현지 관리가 영접하고 호송하도록 규정했다. 정현은 이에 병을 핑계로 자청하여 집으로 돌아갔다.

이때 원소가 조조와 관도官渡에서 서로 대치하게 되었는데 원소는 자신의 아들 원담袁譚을 사자로 보내 정현을 핍박하여 군을 따라 직무를 담당하게 했다. 정현은 어쩔 수 없이 병을 무릅쓰고 길에 올라 원성현元城縣(치소는 허베이성 다밍大名 동쪽)에 당도했으나 병세가 위중해져 더 이상 군을 따라 나아갈 수 없었고 이해 6월 세상을 떠나니 이때 나이 74세였다."

❸

진림의 격문이 조조의 두통을 치유했을까?

『삼국지』 「위서·왕찬전王粲傳」은 다음과 같이 기록하고 있다.

"진림은 기주로 피란 갔으며 원소는 그에게 공문서의 초안을 관장하도록 했다. 원소가 실패한 후 진림은 태조에게 귀순했다. 태조가 그에게 말했다.

'경은 이전에 본초(원소)를 위해 격문을 쓸 때, 단지 나의 죄상만 열거해야 했고 악인을 증오하는 것은 단지 그 본인에게 국한되어야 하거늘 어찌하여 위로 나의 부친과 조부에까지 이르렀는가?' 진림이 사죄하자 태조는 그의 재능을 아껴 추궁하지 않았다."

또한 배송지 주『전략』에는 "진림은 많은 서신과 격문의 초고를 작성하여 태조에게 올렸다. 태조는 이전에 두통으로 괴로웠는데, 이날 고통이 심해져 누워 있다가 진림이 지은 문장을 읽고서는 안정되어 자리에서 일어나며 말했다. '이 문장이 내 병을 낫게 하는구나.' 여러 차례 후하게 상을 하사했다"고 기록하고 있어, 이 당시 소설에 나오는 격문이 조조의 두통을 사라지게 했다는 기록은 없지만 진림이 조조에게 귀의한 이후에 진림의 문장이 조조의 두통을 안정시킨 것은 사실인 듯하다.

❹

유대라는 인물은 두 명이었다

역사 기록에 따르면 유대라는 인물은 두 명이 있었다.

첫 번째 유대라는 사람은 소설 속의 사람으로 『삼국지』 「촉서·선주전」에 "조공은 유대劉岱와 왕충王忠을 보내 공격하게 했지만 이기지 못했다"는 기록과 『자치통감』 권63 「한기 55」에 "건안 4년(199), 조조는 사공장사司空長史, 패국 사람 유대와 중랑장, 부풍扶風 사람 왕충에게 군사를 이끌고 유비를 공격하게 했으나 이기지 못했다"는 기록, 그리고 『삼국지』 「위서·무제기」 배송지 주 『위무고사魏武故事』에 "유대는 자가 공산公山으로 패국 사람이다. 사공장사司空長史로 정벌의 공이 있어 열후에 봉해졌다"고 기록되어 있으며 「무제기」의 다른 몇 가지 기록에 의해서 정확하게 유대라는 인물이 두 명이었음을 알 수 있다.

또 다른 사람은 동래東萊 사람 유대인데 유요劉繇의 형으로 후한 말기에 연주자사를 역임했다. 『삼국지』 「위서·무제기」에 따르면 초평初平 원년(190)에 제후들의 동탁 토벌 때 연주자사로 참가하여 교모橋瑁를 죽였고 초평 3년(192) 황건적과 싸우다 죽임을 당했다고 기록하고 있다. 소설에서 조조가 유대와 왕충을 보내 유비를 치게 한 때는 건안 4년(199) 12월로 이때 연주자사였던 동래 사람 유대는 죽은 지 7년이 지났으니 이 사람은 결코 아니다.

소설에 등장하는 유대는 바로 『자치통감』과 「위서·무제기」에서 언급하는 '사공장사, 패국 사람 유대'다. 소설에서는 이 패국 사람 유대를 연주자사를 지냈던 동래 사람 유대라고 했는데 나관중의 혼동인지 아니면 의도인지는 모르겠지만 사실과 다르다.

⑤

유대와 왕충이 사로잡혔을까?

『삼국지』「위서·무제기」에 따르면 "건안 4년(199), 조공이 유대와 왕충을 파견해 치게 했지만 이기지 못했다"고 기록하고 있고, 배송지 주 『헌제춘추』에는 "유비가 유대 등에게 일렀다. '너희 100명을 보냈어도 어찌하지 못했으니, 조공이 직접 온다 해도 알 수 없을 것이다!'"라고 기록하고 있다. 이 기록으로 봐서는 소설처럼 정말 체포되었다가 풀려난 것으로 추측할 수 있다.

제 23 회

기인 예형과
들통난 옥대 속의 조서

예정평은 벌거벗으며 역적을 욕하고,
길태의는 독약을 쓰려다가 형벌을 받다

襧正平裸衣罵賊,
吉太醫下毒遭刑

조조가 유대와 왕충의 목을 치려고 하자 공융이 간언했다.

"두 사람은 본래 유비의 적수가 되지 못하는 사람인데 그들을 참수한다면 장병들의 마음을 잃을까 염려됩니다."

조조는 이에 그들의 죽음은 면해주었으나 작위와 녹봉을 박탈하고 자신이 직접 군대를 일으켜 현덕을 정벌하려 했다. 공융이 말했다.

"지금은 몹시 추운 한겨울이라 군대를 움직여서는 안 되고 봄이 오기를 기다려도 늦지 않습니다. 우선 사람을 시켜 장수와 유표를 무마하고 투항하게 한 다음에 다시 서주를 도모하십시오."

조조는 그 말을 따르기로 하고 먼저 유엽을 장수에게 보내 설득하게 했다. 양성襄城에 도착한 유엽은 먼저 가후를 만나 조공의 덕이 크고 훌륭하다며 케케묵은 말로 설명했다. 이에 가후는 유엽을 집안에 머물게 하고 이튿날 장수를 만나 조공이 유엽을 파견해 투항을 권한다고 말했다. 한창 논의하고 있는데 느닷없이 원소의 사자가 당도했다는 보고가 들어왔다. 장수가 들이라고 명하자 사자는 원소의 서신을 올렸다. 장수가 편지를 읽어보니 역시 투항을 권하는 내용이었다. 가후가 사자에게 물었다.

"근래에 군대를 일으켜 조조를 격파하겠다고 했다는데 승부는 어찌 되었소?"

사자가 말했다.

"추운 한겨울이라 잠시 싸움을 멈췄습니다. 지금 장군과 형주 유표는 모두 나라의 걸출한 인물이라 청하는 것일 뿐입니다."

가후가 껄껄 웃으며 말했다.

"그대는 즉시 돌아가서 본초(원소의 자)에게 '그대의 형제도 받아들일 수 없으면서 어찌 천하의 걸출한 인물을 받아들일 수 있겠는가!'라고 전하시오."

면전에서 편지를 찢어버리고는 사자를 큰 소리로 꾸짖어 쫓아냈다.

장수가 말했다.

"바야흐로 지금 원소는 강하고 조조는 약한데, 편지를 찢어버리고 사자를 꾸짖었으니 원소가 쳐들어오기라도 한다면 어떻게 감당할 것이오?"

가후가 말했다.

"조조를 따르는 것이 좋을 듯합니다."

장수가 말했다.

"나는 이전에 조조와는 원한을 가지고 있는데 어찌 받아들이겠소?"

가후가 말했다.

"조조를 따르는 것은 세 가지 이유가 있기 때문입니다. 조공은 천자의 영명한 조서를 받들어 천하를 정벌하고 있으니 이는 그를 따라야 하는 첫 번째 이유입니다. 원소는 강성하여 우리가 적은 세력으로 그를 따르면 틀림없이 우리를 중하게 여기지 않을 것이나 조조는 약하기 때문에 우리를 얻으면 반드시 기뻐할 것이니 이는 그를 따라야 하는 두 번째 이유입니다. 조공은 오패[1]의 뜻이 있어 반드시 사사로운 원한은 풀어버리고 사해에 덕을 밝힐 것이니 이는 그를 따라야 하는 세 번째 이유입니다. 원컨대 장군께서는 의심하지 마십시오."

가후의 말을 따르기로 한 장수는 유엽을 청해 만났다. 유엽이 조조의 덕을 칭송하면서 말했다.

"승상께서 지난날의 원한을 기억하신다면 어찌 저를 보내 장군과 우호 관계를 맺으려 하시겠습니까?"

장수가 크게 기뻐하며 즉시 가후 등과 함께 허도로 가서 투항했다.

조조를 만난 장수가 계단 아래에서 절을 올렸다. 조조는 황망히 부축해 일으키며 장수의 손을 잡고는 말했다.

"작은 실수가 있었던 것은 마음에 두지 마시오."

마침내 장수를 양무장군揚武將軍으로 임명하고 가후를 집금오사[2]로 봉했다. ❶

그러고는 조조는 즉시 장수에게 명하여 유표에게 편지를 써서 투항하도록 했다. 가후가 나아가 말했다.

"유경승劉景升(유표의 자)은 명사들과 교제하기를 좋아하니 지금 문장을 잘 쓰기로 이름난 선비를 보내 설득해야만 항복할 것입니다."

조조가 순유에게 물었다.

"누구를 보내야 좋겠소?"

순유가 말했다.

"공문거孔文擧(공융의 자)가 그 일을 감당할 만합니다."

조조는 그렇게 하기로 했다. 순유가 나가서 공융을 만나 말했다.

"승상께서 글재주에 명성이 있는 선비를 사자로 선발하시려 합니다. 공께서 이 일을 맡아주시겠소?"

공융이 말했다.

"내 친구 중에 예형禰衡이라는 사람이 있는데 자는 정평正平이라 하고 그 재주가 저보다는 10배나 낫습니다. 이 사람은 황제 좌우에 있을 만할 인물일 뿐만 아니라 사자의 임무도 감당할 만하지요. 내가 그 사람을 천자께 천거하겠소."

이에 즉시 황제에게 표문을 올려 아뢰었다. 그 표문은 다음과 같다.

"신이 듣건대 홍수로 각지가 범람하자[3] 요임금께서 치수하고자 사방으로 재덕이 출중한 인재를 찾으셨다고 합니다. 또 옛날에 세종[4]께서는 천자의 대통을 계승하시어 선대의 기업[5]을 더욱 발전시키고자 군신들에게 탐문하여 공업을 발양시킬 수 있는 인재를 구했는데 많은 재능 있는 인사가 소리에 응답하듯이 모여들었다고 합니다. 폐하께서는 총명하시고 사리에 밝으시며 덕과 재능이 비범하시어 선대의 기업을 계승하셨고 힘든 재난의 시운을 만나도 부지런히 일하시고 공손하셨으며 태양이 서쪽으로 기울어도 식사를 생각할 겨를도 없었습니다. 사악[6]의 신령이 강림하시어 기이한 인재들이 함께 출현했습니다. 신이 보건대 처사[7]인 평원 사람 예형은 나이는 스물넷이고 자는 정평으로 훌륭한 품성과 충성스러운 절개가 있고 성실하며 영재로서 출중합니다. 처음에는 육예[8]의 서적들을 두루 섭렵했고 학문의 기예에 입문하여 그 심오한 이치를 터득했으며, 눈으로 한 차례 문자를 봤을 뿐인데 즉시 입으로 암송하고 귀로 잠시 들은 것도 마음속에 잊지 않고 기억합니다. 성정은 도의에 부합되고 사상에는 신조가 있는 듯합니다. 상홍양[9]의 암산과 장안세[10]의 암기력도 예형에 견주어보면 그들도 실제로는 이상할 것이 없습니다. 게다가 예형은 충성스럽고 과감하며 정직하고 서리와 눈 같은 고결한 정조를 품고 있으며, 선을 보면 놀란 듯 깨닫고 악을 보면 원수처럼 증오합니다. 임좌[11]의 정의를 견지하고 국군에게 대항한 행동이나 사어[12]의 자신을 격려하며 정직을 엄수한 절개도 예형보다 우월할 수는 없을 것입니다. 수백 마리의 맹금이 한 마리의 물수리보다 못하다고 하니, 조정에서 예형을 등용하면 틀림없이 볼만한 것이 많으리라 여겨집니다. 그가 말재간을 부리고 고담준론을 펼치며 한껏 문사를 운용하면 기세가 넘쳐나고, 난제와 곤혹스러운 문제를 풀어내니 적수를 마주해도 여유가 있습니다. 옛날 가의[13]가 속국을 주관하는 관원으로 시험 삼아 임용되기를 요청하고는 선우[14]를 묶어 자신의 소임을 다했고, 종군[15]은 긴 밧줄로 강력한 남월[16] 국왕을 포로로 잡았습니다. 이 두 사람은 모두 젊은 나이에 강개하고 격앙하여 전대의 사람들이 찬양했습니다. 근래에 노수와 엄상[17] 또한 뛰어난 재주로 발탁되어 상서랑으로 임용되었으니, 예형도 마땅히 그들과 견줄 만합니다. 잠룡潛龍이 광활한 하늘로 거침없이 뛰어오르고, 대붕大鵬이 높은 하늘에서 날개를 펼쳐 선회하며 자미궁 주위에서 명성을 발양하고 무지개 곁에서 몸을 구부리며 빛을 발산할 수 있다면 이는 제왕과 접촉이 밀접한 관서의 인재가 넘치고 명당 사방의 정문에 단정하고 엄숙한 분위기를 증대시키는 것을 표명하는 것입니다. 천상의 음악에는 반드시 신기하고도 아름다운 풍광이 출현하고, 제왕이 거주하는 궁전의 밀실에는 틀림없이 비상한 보물들이 저장되어 있을 것입니다. 그러나 예형 같은 인재는 많이 얻을 수 없습니다. '격초'와 '양아'[18]의 지극히 기묘한 음성의 춤추는 자태는 기예를 하는 사람들이 탐내는 바이고, '비토'와 '요뇨'[19]처럼 재빠르게 질주하는 준마는 왕량과 백락[20]이 급히 구하는 대상입니다. 신 등이 어떻게 감히 예형 같은 인재를 보고드리지 않겠습니까? 폐하께서는 너그럽고 신중하게 선비를 선발하시되 반드시 그 능력을 시험해보셔야 하니 예형을 거친 무명옷의 빈천한 자로 불러서 만나보십시오. 살펴보시고 채택할 만한 재주가 없다면 신 등은 폐하를 기만한 죄를 받겠습니다."❷

황제는 표문을 읽고 조조에게 건네주었다. 조조는 즉시 사람을 시켜 예형을 불렀다. 예를 마쳤는데도 조조는 앉으라고 하지 않았다. 예형이 하늘을 우러러보며 탄식했다.

"천지가 비록 넓다고는 하나 어찌하여 사람 하나 없단 말인가!"

조조가 말했다.

"내 수하에 있는 수십 명 모두가 당대의 영웅이거늘 어째서 사람이 없다고 말하는가?"

예형이 말했다.

"들려주시지요."

조조가 말했다.

"순욱, 순유, 곽가, 정욱은 생각이 깊고 지혜가 원대하니 비록 소하蕭何, 진평陳平이라 할지라도 미치지 못할 것이다. 장료, 허저, 이전, 악진은 용맹을 당해낼 수 없으니 비록 잠팽岑彭과 마무馬武라 할지라도 미치지 못할 것이다. 여건과 만총은 종사이고 우금과 서황은 선봉이다. 하후돈은 천하에 뛰어난 재주를 가지고 있고 조자효曹子孝(조인의 자)는 세간에서 말하는 복장[21]이다. 어찌하여 사람이 없다고 하는가?"

예형이 웃으며 말했다.

"공의 말씀은 틀렸소! 그런 인물들은 나도 알고 있소. 순욱은 초상집 문상이나 병문안을 시킬 만하고, 순유는 무덤이나 지키고 관리할 만하며, 정욱은 문 닫는 일을, 곽가는 사詞나 부[22]를 읽는 일을 시킬 만하오. 또한 장료는 북치고 징이나 울리게 하고 허저는 소나 말을 기르게 하고, 이전은 편지를 전달하거나 격문을 발송하게 하고 여건은 칼이나 갈고 검을 주조하는 일을 시키면 제격일 것이오. 만총은 술 마시고 술지게미나 먹는 일을, 우금은 담틀을 지고 담장이나 쌓는 일을, 서황은 돼지 도살이나 개를 잡는 일을 시킬 만하오. 게다가 하후돈은 자기 신체나 온전하게 보전할 생각만 하는 '완체장군'[23]으로, 조자효는 돈이나 요구하는 '요전태수要錢太守'라 부를 만하오. 나머지는 모두 옷걸이와 밥통같이 입고 먹는 것밖에 모르는 쓸모없는 인간이고, 주량이나 많은 술통과 고기 자루 같은 무능한 작자들뿐이오!"

조조가 성내며 말했다.

"너는 무엇을 할 수 있단 말이냐?"

예형이 말했다.

"천문과 지리에 모르는 것이 없고 삼교구류[24]를 모두 깨우쳤소. 위로는 임금을 요, 순 같은 성군으로 만들 수 있고, 아래로는 공자와 안연과 같이 은덕을 베풀 수 있소. 어찌 속세의 사람과 함께 의논하리오!"❸

이때 옆에 있던 장료가 검을 뽑아 그를 베려고 했다. 조조가 말했다.

"고리鼓吏[25]가 한 명 부족했는데 조만간 천자를 알현하고 경축하는 연회가 열릴 것이니 예형에게 그 직분을 맡기도록 해라."

예형은 전혀 사양하지 않고 하겠다고 대꾸하며 떠났다. 장료가 말했다.

"저놈 말하는 것이 불손한데 어찌하여 죽이지 않습니까?"

조조가 말했다.

"저놈이 평소에 헛된 명성이 있다는 것을 원근에서 모두 들어 알고 있다. 오늘 저놈을 죽이면 천하 사람들이 반드시 나를 도량이 작다고 말할 것이다.

저자가 스스로 능력 있다고 여기므로 북 두드리는 것으로 욕보이는 것이다."

이튿날 조조는 성청省廳에다 대연회를 열어 손님들을 대접하며 고리에게 북을 두드리라 명했다. 북을 두드린 지 오래된 관리가 말했다.

"북을 두드리려면 반드시 새 옷으로 갈아입어야 한다."

그러나 예형은 입고 있던 옷을 그대로 입고 들어왔다. 즉시 '어양삼과漁陽三撾'라는 곡을 두드렸는데 음절이 매우 깊고 심오하여 쿵쿵 하는 북소리가 마치 종과 경磬 소리인 듯했다. 앉아 있던 손님들이 그 소리를 듣고 감정이 격앙되어 눈물을 흘리지 않는 자가 없었다. 좌우에서 고함을 질렀다.

"어째서 옷을 갈아입지 않았느냐!"

그러자 예형은 그 자리에서 낡아 찢어진 옷을 벗어버리고 알몸으로 서서 온몸을 드러냈다. 자리에 있던 손님들이 모두 얼굴을 가렸다. 예형은 이에 천천히 바지를 입는데 안색이 조금도 변하지 않았다. 조조가 꾸짖었다.

"묘당²⁶에서 어찌 이리도 무례한가!"

예형이 말했다.

"군주를 속이고 기만하는 것을 바로 무례하다고 말하는 것이오. 나는 부모에게서 받은 모습을 드러내어 깨끗한 몸을 보였을 따름이오!"

조조가 말했다.

"네놈이 깨끗하다면 누가 더럽다는 것이냐?"

예형이 말했다.

"그대는 어진 사람과 어리석은 사람을 분간하지 못하니 눈이 더럽고, 『시경』과 『서경』을 읽지 않으니 입이 더러우며, 충언을 받아들이지 않으니 귀가 더럽고, 고금을 이해하지 못하니 몸이 더러우며, 제후들을 용납하지 않으니 뱃속이 더럽고, 항상 찬역의 뜻을 품고 있으니 마음이 더럽다. 나는 천하의 명사이거늘 북 두드리는 관리로 등용했으니 마치 양화가 중니를 업신여기고[27] 장창이 맹자를 비방한 것[28]과 같을 뿐이로다! 왕업과 패업을 이루고자 한다면서 이렇게 사람을 업신여길 수 있단 말인가?"

이때 자리에 있던 공융은 조조가 예형을 죽일까 염려되어 조용히 나아가 말했다.

"예형의 죄는 서미胥靡(노역에 복무하는 노예 혹은 죄수)와 같으나 밝은 임금(은나라 고종)이 꿈에 보고 얻었다는 명왕지몽[29]의 인물에는 부족해 보입니다."

조조가 예형을 가리키며 말했다.

"너를 사자로 삼아 형주로 보내겠다. 유표가 와서 항복한다면 바로 너를 공경으로 등용하겠다."

예형은 가려 하지 않았으나, 조조는 말 세 필을 준비시키고 두 사람으로 하여금 양쪽에서 끼고 가라고 했고, 수하의 문무들에게는 동문 밖에서 술자리를 마련하고 예형을 전송하게 했다.

순욱이 말했다.

"예형이 오면 일어나지 마시오."

예형이 이르러 말에서 내려 들어와보니 모두 단정하게 앉아 있었다. 예형이 소리 높여 통곡했다. 순욱이 물었다.

"어찌하여 우는 것이오?"

예형이 말했다.

"죽은 시체 담은 널 가운데를 지나가는데 어찌 울지 않겠소?"

모두 말했다.

"우리가 송장이면 너는 대가리 없는 미친 귀신이다!"

예형이 말했다.

"나는 한나라의 신하지 조만曹瞞(조조의 아명은 아만阿瞞)의 패거리가 아니거늘 어찌 머리가 없다는 것이냐?"

모두 예형을 죽이려 했다. 순욱이 급히 막아서며 말했다.

"쥐나 참새같이 아무런 능력 없고 천한 것을 잡는 데 어찌 칼을 더럽힐 수 있겠소!"

예형이 말했다.

"나는 쥐나 참새지만 오히려 인성이라도 있지, 너희는 나나니 벌레라고 이를 만하다!"

사람들은 그를 증오하며 흩어졌다.❹

형주에 도착한 예형은 유표를 만났다. 비록 유표의 덕을 칭송하긴 했지만 비꼬고 조롱했기에 유표는 기분이 나빴다. 유표는 예형에게 강하로 가서 황조黃祖를 만나게 했다. 어떤 사람이 유표에게 물었다.

"예형이 주공을 농락했는데 어찌하여 죽이지 않으셨습니까?"

유표가 말했다.

"예형이 여러 번 조조를 모욕했는데도 조조가 죽이지 않은 것은 인망을 잃을까 염려했기 때문이오. 내게 그를 사자로 보낸 것은 내 손을 빌려 죽이려 한 것으로 내가 어진 이를 해쳤다는 소리를 들으려고 한 것이오. 내가 지금 황조를 만나라고 보낸 것은 내게도 생각이 있다는 것을 조조가 알게 하려는 것이오."

모두 유표를 칭찬했다.

이때 원소가 유표에게 파견한 사신이 당도했다. 유표가 여러 모사에게 물었다.

"원본초가 또 사신을 보냈고 조맹덕도 예형을 보내 이곳에 있으니 누구를 따르는 것이 좋겠소?"

종사중랑장[30] 한숭韓嵩이 나서며 말했다.

"지금 두 영웅이 서로 대립하고 있으니 장군께서 장차 천하를 도모하고자 하신다면 이 틈을 이용해 적을 격파하셔야 합니다. 그렇지 않다면 유리한 쪽을 선택해 따르셔야 합니다. 지금 조조는 용병에 능숙하고 재덕이 출중한 인재들이 여럿 그에게 귀순했기에 그 세력은 틀림없이 먼저 원소를 취하고 난 다음에 군대를 강동[31]으로 향하게 할 것이니 장군께서 저지할 수 없을까 걱정됩니다. 형주를 바치고 조조에게 귀순한다면 조조는 반드시 장군을 중하게 대접할 것입니다."

유표가 말했다.

"자네가 일단 허도로 가서 그 동정을 살펴본 다음에 다시 상의하는 것으로 하세."

한숭이 말했다.

"군신 간에는 각기 정해진 본분이 있습니다. 저는 지금 장군을 섬기고 있으니 비록 끓는 물에 뛰어들고 타는 불을 밟는다 할지라도 절대로 명령에 따라 복종할 것입니다. 장군께서 위로는 천자께 순응하시고 아래로는 조공을 따르실 수 있다면 저도 할 수 있으나, 의심하여 결정하지 않으시다가 제가 도성에 이르렀을 때 천자께서 제게 관직이라도 하사하신다면 저는 천자의 신하가 되어 다시는 장군을 위해 죽지 않을 것입니다."

유표가 말했다.

"자네는 일단 먼저 가서 살펴보게. 내게 따로 생각이 있다네."

한숭이 유표에게 작별하고 허도로 가서 조조를 만났다. 조조는 결국 한숭을 시중으로 임명했고 영릉[32] 태수를 겸하게 했다. 그러자 순욱이 말했다.

"한숭은 동정을 살피러 온 것이고 작은 공적도 없는데 이런 중한 직책을 더해주셨습니다. 그리고 예형 또한 아무런 소식도 없는데 승상께서는 보내고도 묻지 않으시니 어째서입니까?"

조조가 말했다.

"예형은 나를 몹시 모욕했으므로 유표의 손을 빌려 죽일 것인데 구태여 다시 물을 필요가 있겠소?"

즉시 한숭을 형주로 돌아가게 하면서 유표를 설득하게 했다. 돌아가서 유표를 만난 한숭은 조정의 성덕을 칭송했고 유표에게 아들을 보내 조정에 들어가서 천자를 모시도록 권했다. 유표가 크게 성내며 말했다.

"네놈이 두마음을 품었구나!"

한숭의 목을 베려고 하자 한숭이 크게 소리 질렀다.

"장군께서 저를 저버리셨지 저는 장군을 배반하지 않았습니다!"

괴량이 말했다.

"한숭이 떠나기 전에 먼저 그런 말을 한 적이 있습니다."

유표는 결국 그를 용서했다.❺

이때 어떤 사람이 황조가 예형을 참수했다고 보고했다. 유표가 그 까닭을 묻자 대답했다.

"황조가 예형과 함께 술을 마시고 둘 다 취하게 되었습니다. 황조가 예형에게 '그대가 허도에 있었을 때 어떤 인물들이 있었는가'라고 묻자, 예형이 '큰아이 공문거와 작은아이 양덕조가 있는데, 이 두 아이를 제외하면 달리 인물이 없다'고 대답했습니다. 황조가 '나 같은 사람은 어떠한가'라고 묻자 예형이 '그대는 사당 안의 귀신과 같아 비록 제사를 받을 수는 있어도 영험이 없는 것이 한스럽다'고 말했습니다. 황조가 크게 노하여 '네놈이 나를 흙이나 나무로 만든 인형쯤으로 여기는구나'라고 하더니 마침내 그의 목을 뱄습니다. 예형은 죽음에 이르러서도 욕설을 그치지 않았다고 합니다."

예형이 죽었다는 소식을 들은 유표 또한 탄식해 마지않으며 앵무주[33]가에 매장하게 했다. 후세 사람이 예형을 탄식한 시가 있다.

황조의 자질은 덕망 있는 동료가 아니라서
예형이 이곳 강변에서 옥구슬 부서졌구나
지금에야 앵무주 곁을 지나며 옛일 생각하니
단지 푸른 강물만 무정하게 흘러가는구나
黃祖才非長者儔, 禰衡珠碎此江頭
今來鸚鵡洲邊時, 惟有無情碧水流 ❻

한편 예형이 죽었다는 것을 알게 된 조조는 웃으면서 말했다.
"썩어빠진 선비의 날카로운 혀가 도리어 제 몸을 찔러 죽였구나!"
유표가 항복하지 않을 것으로 여기고 즉시 군대를 일으켜 죄를 물으려고 했다. 순욱이 간언했다.
"원소도 아직 평정하지 못했고 유비도 멸망시키지 못했는데 강한江漢으로 보내고자 하신다면 마치 심장과 배를 버리고 팔다리를 돌보는 것과 같습니다. 먼저 원소를 멸망시킨 다음에 유비를 없애야 강한을 쓸어버리고 평정할 수 있습니다."
조조는 순욱의 말을 따르기로 했다.

한편 동승은 유현덕이 떠난 이후부터 밤낮으로 왕자복 등과 상의했으나 쓸 만한 계책이 없었다. 건안 5년(200) 정월 초하루, 황제를 배알하고 경축할 때 조조의 오만함과 전횡이 더욱 심해진 것을 보고는 분개하다 결국 병이 나고 말았다. 국구가 병에 걸린 것을 알게 된 황제는 황실의 태의를 보내 치료하게 했다. 이 태의는 낙양 사람으로 성이 길吉이고 이름이 태太[34]이며 자가 칭평稱平이라 하는데 사람들이 모두 길평吉平이라 부르는 당대의 명의였다. 동승의 부중에 당도한 길평은 약을 써서 치료하며 밤낮으로 곁을 떠나지 않았는데 항상 동승이 연달아 한숨만 쉬는 것을 보았지만 감히 묻지를 못했다.

마침 정월 대보름이라 길평이 작별하고 가려고 하자 동승이 만류하여 두 사람은 함께 술을 마셨다. 초경 남짓까지 마시다가 피곤해서 졸던 동승이 옷을 입은 채 잠이 들었다. 그때 갑자기 왕자복 등 네 명이 왔다는 보고가 들어오자 동승이 나가서 맞아들였다. 왕자복이 말했다.

"대사가 이루어졌소!"

동승이 말했다.

"자세히 들려주시오."

왕자복이 말했다.

"유표가 원소와 연합하여 군사 50만 명을 일으키고 열 갈래로 나누어 쳐들어온다고 하오. 또한 마등은 한수와 연합해서 서량[35]의 군대 72만 명을 일으켜 북쪽에서 쳐들어온다고 하오. 조조는 허창의 병마를 모조리 일으켜 제각기 나누고 적에게 맞서기 위해 출병시켰기 때문에 성안이 텅 비었소. 다섯 집의 하인들을 모은다면 1000여 명은 될 것이오. 오늘 밤에 승상부에서 크게 연회를 열어 정월 대보름을 경축하는 틈을 타 승상부를 포위하고 쳐들어가서 조조를 죽입시다. 이 기회를 놓쳐서는 안 될 것이오!"

동승이 크게 기뻐하며 즉시 집안의 노비들을 불러 각기 병기를 수습하게 하고 자신도 갑옷을 입고 창을 잡고는 말에 올라 내문 앞에서 모여 동시에 병사들을 진군하기로 약속했다. 깊은 밤 이경을 알리는 북소리가 울리자 무리가 모두 당도했다. 동승이 손에 보검을 들고 곧장 걸어서 들어가니 조조가 후당에서 연회를 베풀고 있는 것이 보였다. 동승이 크게 소리 질렀다.

"역적 조조는 달아나지 마라!"

한칼에 찍으니 조조가 그대로 나가자빠졌다. 그때 순식간에 깨어나니 한바탕 헛된 꿈이었다. 입으로는 여전히 '역적 조조'라고 욕을 하면서 그치지 않았다. 길평이 앞으로 다가서며 소리 질렀다.

"네가 조공을 해치려 드는구나?"

동승은 놀라고 두려워 대답할 수 없었다. 길평이 말했다.

"국구께서는 당황하지 마십시오. 아무개가 비록 의원이기는 하나 한나라를 잊은 적이 없습니다. 국구께서 여러 날 계속 탄식하시는 것을 보고서도 감히 묻지를 못했습니다. 꿈결에 하신 말씀에서 이미 진정을 드러내셨으니 바라건대 속이지 마십시오. 제가 쓰일 곳이 있다면 비록 구족이 멸족되는 일이 있더라도 후회하지 않겠습니다!"

동승이 얼굴을 가리고 울면서 말했다.

"그대가 진심이 아닐까 두렵소!"

길평이 즉시 손가락을 깨물어 맹세했다. 동승이 이에 옥대 속에 있던 조서를 꺼내 길평에게 보여주면서 말했다.

"지금까지 일을 도모하지 못한 것은 유현덕과 마등이 각기 떠났기에 어찌해볼 도리가 없었기 때문이오. 이렇게 마음만 쓰다 병이 되고 말았소."

길평이 말했다.

"여러 공께서는 마음 쓰지 마십시오. 역적 조조의 목숨은 저의 수중에 있습니다."

동승이 그 까닭을 묻자 길평이 말했다.

"역적 조조는 항상 두통을 앓고 있어 통증이 골수로 들어가면 발작을 하는데 그럴 때마다 저를 불러 치료하게 하지요. 조만간 또 부를 것이고 그때 독약 한 첩만 쓰면 틀림없이 죽을 것입니다. 구태여 무기를 들 필요가 있겠습니까?"

"그렇게만 된다면 한나라의 종묘사직을 구하는 것은 모두 그대에게 달려 있을 것이오!"

길평은 작별하고 돌아갔다.

동승은 속으로 남몰래 기뻐하며 걸어서 후당으로 들어가다가 문득 하인 진경동秦慶童이 시첩 운영雲英과 어두운 곳에서 소곤소곤 얘기하는 것을 보게 되었다. 크게 노한 동승은 좌우 시종들을 불러 그들을 잡아 죽이려 했다. 부인이 죽음만은 면해달라 설득했기에 그 두 사람의 등을 각기 40대씩 때리고 진경동은 냉방에 가두었다. 앙심을 품은 진경동은 야밤에 자물쇠를 비틀어 끊고 담을 뛰어넘어 달아나 곧장 조조의 승상부로 들어가서 기밀이 있다고 고했다. 조조는 밀실로 불러들여 그 내용을 물었다. 진경동이 아뢰었다.

"왕자복, 오자란, 충집, 오석, 마등 다섯 사람이 집주인 부중에서 기밀을 상의했는데 틀림없이 승상을 도모하려는 것입니다. 집주인이 하얀 비단 한 폭을 꺼냈는데 무슨 글이 쓰여 있는지는 모르겠습니다. 또 요 며칠 사이에 길평이 손가락을 깨물고 맹세를 했는데 저도 그 모습을 보았습니다."

조조는 부중에 진경동을 숨겼고 동승은 다른 지방으로 달아난 것으로 생각해 추적하지 않았다.

이튿날 조조는 두통을 앓는 척하면서 길평을 불러 약을 쓰게 했다. 길평은 혼자 생각했다.

'이 역적 놈은 끝장이다!'

은밀하게 독약을 감추고 승상부로 들어갔다. 조조는 침상에 누워 길평에게 약을 지으라고 했다. 길평이 말했다.

"약 한 첩이면 이 병은 즉시 나을 것입니다."

약탕관을 가져오게 하여 그 자리에서 약을 달였다. 약이 반쯤 달여졌을 때 길평은 몰래 독약을 타고 직접 가져다 올렸다. 독이 있는 것을 알고 있는 조조는 일부러 시간을 질질 끌면서 복용하지 않았다. 길평이 말했다.

"데워졌을 때 복용하고 땀을 조금 흘리시면 즉시 나을 것입니다."

조조가 일어나며 말했다.

"너는 이미 유가의 경전을 읽었으니 틀림없이 예의를 알 것이다. 군주에게 병이 있어 약을 마실 때는 신하가 먼저 맛을 보고, 아비가 병이 있어 약을 마시면 아들이 그것의 맛을 본다고 했다. 너는 나의 심복이거늘 어찌하여 먼저 맛을 보고서 올리지 않느냐?"

길평이 말했다.

"약은 병을 치료하는 것인데 어찌 다른 사람이 맛을 보겠습니까?"

일이 이미 누설되었음을 알아차린 길평은 성큼 앞으로 다가와 조조의 귀를 잡아당기고 약을 부어 넣으려 했다. 조조가 약을 밀쳐 바닥에 쏟아부었는데 벽돌이 모두 갈라지고 튀어나왔다. 조조가 말을 꺼내기도 전에 좌우 측근들이 이미 길평을 잡아 끌어내렸다. 조조가 말했다.

"내게 어찌 병이 있겠느냐. 일부러 너를 시험해본 것뿐이다! 네놈이 과연 나를 해칠 마음이 있었구나!"

즉시 20여 명의 건장한 옥졸을 불러 길평을 잡아 후원으로 끌고 가서 고 문하게 했다. 조조는 정자 위에 앉았고 길평은 묶인 채 땅바닥에 엎어져 있었다. 그러나 길평은 얼굴빛 하나 변하지 않았으며 조금도 두려워하거나 겁내는 표정이 없었다. 조조가 웃으면서 말했다.

"너 같은 일개 의원이 어찌 감히 독을 타서 나를 해치려 했겠느냐? 필시 다른 자가 있어 너를 충동질했을 것이다. 네가 그자를 말한다면 내 즉시 너를 용서해주마."

길평이 꾸짖으며 말했다.

"너는 황제를 속이고 기만한 역적 놈으로 천하 사람들이 모두 너를 죽이고자 하는데 어찌 나만 그러겠느냐!"

조조가 재삼 고통스럽게 고문을 가하며 묻자 길평이 성내며 말했다.

"내 스스로 네놈을 죽이고자 했는데 어찌 다른 사람이 있어 나를 시켰겠느냐? 지금 일이 성사되지 못했으니 오직 죽음만 있을 따름이다!"

잔뜩 화가 난 조조는 옥졸들에게 힘껏 때리라고 했다. 두 시진에 이르도록 때리니 살가죽이 벗겨지고 속살이 터져 피가 계단에 가득 흘러내렸다. 조조는 때려죽이면 증명할 길이 없을까 염려되어 옥졸들에게 조용한 곳으로 끌고 가서 잠시 쉬게 했다.

이튿날 영을 전달하여 연회를 열고 대신들을 청해 술을 마셨다. 그런데 동승만이 병을 평계로 오지 않았다. 왕자복 등은 조조가 의심할까 두려워 어쩔 수 없이 참석했다. 조조는 후당 연석에 앉았다. 술이 몇 순배 돌자 말했다.

"술자리에 즐길 거리가 없는데 여러 관원을 술에서 깨도록 할 사람이 한명 있소."

20여 명의 옥졸에게 명령했다.

"끌고 오너라!"

잠시 후 장가[36]를 쓴 길평이 계단 아래로 끌려왔다. 조조가 말했다.

"여러 관원께서는 잘 모르시겠지만 이자는 흉당凶黨과 연계하여 조정을 배반하고 나를 해치려고 꾀했소. 오늘 하늘이 그 계략을 물리쳤으니 자백을 들어보시오."

조조가 먼저 한바탕 매질을 하게 하자 길평이 땅바닥에서 혼절했고 이내 물을 얼굴에 퍼붓도록 했다. 의식을 회복한 길평은 눈을 부릅뜨고 이를 갈며 욕설을 퍼부었다.

"조조 역적 놈아! 나를 죽이지 않고 어느 때를 기다리느냐!"

조조가 말했다.

"공모자가 여섯 놈이었으니 네놈을 합쳐 일곱 명이구나!"

길평은 욕설만 퍼부었다. 왕자복 등 네 명은 서로 얼굴만 쳐다볼 뿐 누구도 소리를 내지 못하고 있는데 마치 바늘방석에 앉은 듯했다. 조조는 때리게 하면서 다른 한편으로는 물을 뿜게 했다. 길평 또한 용서를 구할 뜻이 전혀 없었다. 조조는 길평이 자백을 하지 않자 잠시 끌고 가라고 했다.

각 관원이 술자리에서 흩어지자 조조는 왕자복 등 네 명을 밤잔치에 남게 했다. 네 사람의 영혼은 몸에 붙어 있지 않았지만 남아 있을 수밖에 없었다. 조조가 말했다.

"본래는 남아 있으라고 하지 않으려 했는데 물어볼 일이 있으니 어찌하겠소. 그대 네 사람은 동승과 무슨 일을 상의했는가?"

왕자복이 말했다.

"어떤 일도 상의한 적이 없습니다."

조조가 말했다.

"하얀 비단에 적힌 것은 무슨 일인가?"

왕자복 등이 모두 숨기고 말하지 않았다. 조조는 진경동을 불러서 대질하게 했다. 왕자복이 말했다.

"너는 어디에서 무엇을 봤다는 것이냐?"

진경동이 말했다.

"당신들은 여러 사람을 피해 여섯 사람이 한곳에 모여서 서명하고서는 어찌하여 잡아떼시오?"

왕자복이 말했다.

"이 도적놈은 국구의 시첩과 간통하여 문책을 받았기에 주인을 무고하는 것이니 들어서는 안 됩니다."

조조가 말했다.

"길평이 독약을 탄 것이 동승이 시킨 것이 아니라면 누구란 말이냐?"

왕자복 등이 모두 모른다고 말했다. 조조가 말했다.

"오늘 밤에 자수한다면 용서하겠으나, 일이 탄로 나기를 기다린다면 진실로 용서받기 어려울 것이다!"

왕자복 등이 모두 결코 그런 일이 없었다고 말했다. 조조가 좌우에 호통을 치며 네 사람을 잡아다 감금하게 했다.

이튿날 조조는 여러 사람을 데리고 동승 집으로 병문안을 갔다. 동승은 어쩔 수 없이 나가 맞이했다. 조조가 말했다.

"무슨 까닭으로 지난밤 연회에 오지 않으셨소?"

"경미한 질병이 있었는데 아직 병이 낫지 않아서 감히 나가지 못했소."

"그것은 나라를 근심하는 병이겠지요."

동승이 아연실색하자 조조가 말했다.

"국구께서는 길평의 일을 아시오?"

"모릅니다."

조조가 냉소하며 말했다.

"국구께서는 어찌하여 모르시오?"

그러고는 좌우를 불렀다.

"그자를 끌고 와서 국구의 병을 치료해드려라."

동승은 어찌해야 할지 몰랐다. 잠시 후 20명의 옥졸이 길평을 계단 아래로 밀었다. 길평이 조조에게 욕설을 퍼부었다.

"역적 놈아!"

조조가 길평을 가리키며 동승에게 일렀다.

"이자는 일찍이 왕자복 등 네 사람과 손을 잡았기에 내가 이미 정위[37]에게 체포하게 했소. 한 사람이 더 있는데 아직 체포하지 못했소."

길평에게 물었다.

"너를 시켜 내게 약을 쓰게 한 자가 누구냐? 속히 자백하라!"

길평이 말했다.

"하늘이 내게 역적을 죽이라고 했다!"

성난 조조가 때리라고 명했다. 그러나 몸에 형벌을 받을 만한 곳이 없었다. 자리에서 그 광경을 보고 있던 동승은 심장을 칼로 도려내는 듯 마음이 아프고 고통스러웠다. 조조가 다시 길평에게 물었다.

"너는 원래 손가락이 열 개였을 터인데 지금은 어찌하여 아홉 개뿐인가?"

길평이 말했다.

"맹세를 위해 씹어먹었고 국적을 죽이겠노라고 맹세했다!"

조조가 칼을 가져오게 하여 계단 아래로 내려가서 길평의 아홉 개 손가락을 모조리 자르고는 말했다.

"이제 모두 잘랐으니 맹세해보거라!"

길평이 말했다.

"아직 입이 있으니 역적을 삼킬 수 있고 혀가 있으니 역적을 욕할 수 있노라!"

조조가 혀를 자르라고 명했다. 길평이 말했다.

"잠시 손대지 말거라. 내 지금 형벌을 더 이상 견딜 수 없어 자백할 수밖에 없다. 내 결박을 풀어다오."

조조가 말했다.

"풀어준들 무슨 거리낄 것이 있겠느냐?"

즉시 결박을 풀어주라 명했다. 길평은 몸을 일으키더니 궁궐을 향해 절하며 말했다.

"신이 나라를 위해 역적을 제거하지 못한 것은 바로 천명인 듯합니다!"

절을 마치자 스스로 계단에 머리를 부딪쳐 죽었다. 조조는 사지와 몸통을 잘라 사람들에게 보이라고 명했다. 이때가 건안 5년 정월이었다. 사관이 쓴 시가 있다.

한나라 왕조가 다시 일어날 기색이 없자
나라를 치료하는 의원 길평[38]이 나왔다네
간악한 무리 제거하고자 맹세를 하고는
제 목숨 바치며 천자께 보답하려 했도다

가혹한 형벌에도 어조가 더욱 맹렬했고

비참히 죽었으나 기백 살아 있는 듯하네

열 손가락의 붉은 피 줄줄 흐르는 곳에

그 뛰어난 이름을 천추에 우러러보리다

漢朝無起色, 醫國有稱平

立誓除姦黨, 捐軀報聖明

極刑詞愈烈, 慘死氣如生

十指淋漓處, 千秋仰異名

길평이 이미 죽은 것을 본 조조는 좌우에 진경동을 앞으로 끌어오게 했다. 조조가 말했다.

"국구께서는 이자를 아시오?"

동승이 크게 화를 내며 말했다.

"도망친 노예 놈이 여기 있구나! 당장 저놈을 죽이리라!"

조조가 말했다.

"이자가 모반을 고발하여 지금 대질하러 왔는데 누가 감히 죽인단 말이오?"

동승이 말했다.

"승상께서는 무슨 까닭으로 도망간 노비 놈이 하는 말만 들으십니까?"

"왕자복 등을 내가 이미 사로잡았다. 모두 자백하여 증거가 명백한데 너는 아직도 발뺌하려 든단 말이냐?"

즉시 좌우를 불러 동승을 잡아 끌어내리게 한 다음 따르는 자들에게 곧장 동승의 침실 안으로 들어가 뒤지게 하니 옥대 속에 감춰진 조서와 맹약서를 찾아냈다. 조조가 보고서 웃으며 말했다.

"쥐새끼 같은 것들이 어찌 감히 이럴 수 있단 말인가!"

그러고는 즉시 명했다.

"동승의 온 집안 양민과 천민을 가리지 말고 모조리 감금하고 한 놈도 달아나지 못하게 해라."

승상부로 돌아온 조조는 조서와 맹약서를 여러 모사에게 보여주고 그들과 상의한 후 헌제를 폐위시키고 새로운 군주를 세우려고 했다. 바로 다음과 같다.

몇 줄의 조서는 헛된 희망이 되었고
한 장의 맹약서는 재앙을 초래했네
數行丹詔成虛望, 一紙盟書惹禍殃

헌제의 목숨은 어떻게 될 것인가? ❼

제23회 기인 예형과 들통난 옥대 속의 조서

❶

장수에 대한 조조의 환대와 이후 행적

『삼국지』「위서·장수전」에 따르면 "장수가 도착하자 태조는 그의 손을 잡고 그와 함께 기뻐하며 주연을 벌여 맘껏 즐겼다. 아들 조균曹均을 장수의 딸과 혼인시키고 장수를 양무장군揚武將軍(잡호장군 중 하나)으로 임명했다. (…) 봉읍封邑(제왕이 제후나 공신들에게 하사하는 영지 혹은 식읍)이 2000호로 증가했는데, 당시 천하의 가구 수가 감소하여 원래의 10분의 1로 줄었고 각 장수의 봉읍이 1000호를 넘지 않았던 때라 장수의 봉읍 수량이 특별히 많았다"고 기록하고 있어 조조가 장수를 얼마나 환대했는지 알 수 있다.

그러나 8년 후인 건안 12년(207)에 조조를 따라 오환烏丸을 토벌하러 갔다가 도착하기도 전에 죽은 것으로 기록하고 있는데 정확한 사인은 알 수가 없다. 배송지 주 『위략』에는 "오관장五官將(조비를 가리킨다. 당시 조비는 오관중랑장五官中郎將이었다)이 여러 차례 모임에 청하고는 화를 내면서 '그대가 내 형을 죽여놓고 어찌 차마 나를 대면할 수 있는가!'라고 하자 장수는 불안해하다가 자살했다"고 다르게 기록하고 있다.

이후에 아들 장천張泉이 모반에 가담하여 죽임을 당하고 봉지를 취소당한다.

❷

공융의 예형 추천

공융이 예형을 천거하는 상소를 올린 일은 사실로, 『후한서』 「예형전」에 기록되어
있다. "예형은 약관의 나이에 불과했으나 공융은 이미 나이가 40세였고 그들은 벗이
되었다"고 하여 20년의 나이 차이에도 불구하고 두 사람은 우정이 매우 깊었다고 기
록하고 있다.

❸

예형이 조조를 만나 조조의 측근들을 비아냥거렸다는 내용은 역사 기록에 보이
지 않는다. 그러나 『후한서』 「예형전」에 따르면 "공융은 예형의 재능을 아껴 수차례
조조에게 칭송하며 말했다. 조조가 예형을 만나고자 했으나 예형은 줄곧 조조를 혐
오하며 천시했고 자신이 미친병을 앓고 있다고 하며 가려 하지 않았다. 게다가 여러
차례 방자하며 거리낌 없는 말을 했다. 조조는 내심 분노했으나 예형이 재능과 명성
이 있어 그를 죽이려 하지는 않았다"고 기록하고 있다.

❹

소설에서 예형의 행동에 대한 묘사는 역사 기록과는 약간의 차이가 있다.
『후한서』 「예형전」은 다음과 같이 기록하고 있다.
"조조는 예형이 북을 잘 두드린다는 소리를 듣고 그를 불러 고사鼓史(북 두드리는
것을 관장하는 관리)를 담당하게 했다. 이후에 대규모로 빈객들을 모아놓고 북 두드리
는 음의 장단을 시험하고 검사했다. 각 고사가 지나갈 때 그들에게 평상시에 입던 의
복을 벗어버리고 잠모岑牟(북을 두드리는 관리가 쓰던 모자)와 단교單絞(짙은 황색의 얇
은 옷) 같은 특수하게 제작된 복장으로 갈아입도록 했다. 예형의 차례가 되자 그는
어양참과漁陽參撾(북의 곡명曲名. 어양 일대의 민간 곡)를 표현해냈고 종종걸음으로 걸
어가며 앞을 향해 두드렸는데 용모와 자태가 다른 사람들과 달랐으며 북의 박자가
슬프고 웅장하여 듣는 사람들 가운데 격앙되지 않는 사람이 없었다. 예형이 조조 면

전으로 나아가서 멈춰 서자 관리가 큰 소리로 그를 꾸짖었다.

'고사는 차림새를 바꾸지 않고 어찌하여 제멋대로 감히 앞으로 행진하는가?'

예형이 말했다.

'좋소.'

그러고는 먼저 내의를 풀어 남은 의복을 벗고는 알몸으로 서서 천천히 잠모와 단교를 가져와 입었다. 다 입고 나더니 다시 참과參撾(북을 두드리는 법)에 따라 북을 두드리며 가는데 얼굴에는 어떠한 부끄러워하는 기색이 없었다. 조조가 웃으면서 말했다.

'본래는 예형을 욕보이려 했는데 도리어 예형이 내게 모욕을 줬구나.'

공융이 물러나 예형을 꾸짖었다.

'정평正平(예형의 자), 자네는 덕이 높고 큰 재능이 있는 사람인데 원래 이와 같은가?'

그러고는 즉시 그에게 조조의 진심을 전달했다. 예형은 가서 사죄하겠다고 대답했다. 공융은 다시 조조에게 가서 예형이 미친병을 앓고 있는데 지금 그에게 직접 사죄하도록 요청했다고 했다. 조조는 기뻐하며 영문營門을 지키는 관원에게 손님이 면회를 신청하면 즉시 보고하고 그를 매우 늦은 시각까지 기다리게 하라고 명했다. 이때 예형은 비로소 거친 무명옷과 홑옷을 입고 머리에 무명의 두건을 쓰고 손에 3척 길이의 나무 지팡이를 잡고는 대영大營(최고 장수가 있는 군영)의 영문 앞에 앉아 나무 지팡이로 땅바닥을 두드리며 욕설을 퍼부었다. 관원이 보고하기를 밖에 한 미친놈이 영문 앞에 앉아 있는데 말하는 것이 공경스럽지 않아 그를 잡아 죄를 다스리겠다고 청했다. 보고를 들은 조조는 크게 노하여 공융에게 말했다.

'내가 예형을 참새와 쥐 죽이듯 할 수 있도다. 이놈이 평소에 헛된 명성을 누리고 있는 데다 원근의 사람들이 나중에 내가 이놈을 용납하지 못했다는 말을 하게 될 것이니, 그놈을 유표에게 보내 결과가 어떤지 봐야겠다.'

그러고는 말을 태워 유표에게 보내게 했다. 출발하는 날 사람들이 그를 전송하는데 미리 성 남쪽에 술과 음식, 그릇을 늘어놓고는 서로 경계하며 말했다.

'예형이 괴팍하고 무례하니 그가 나중에 도착하면 모두 일어나서 마중하지 말고 그를 굴복시킵시다.'

예형이 당도했을 때 사람들 어느 누구도 일어나지 않자 예형이 바닥에 앉아서 큰 소리로 소리내어 울었다. 사람들이 그 까닭을 묻자 예형이 말했다.

'앉아 있는 사람들은 무덤이고 누워 있는 사람은 시체다. 내가 시체와 무덤 중간에 앉아 있으니 슬프지 않을 수 있겠는가?'"

❺

한숭에 관련된 소설의 내용은 『후한서』와 『삼국지』「유표전」의 기록을 혼합했다. 소설에는 없지만 한숭은 유표에게 아들을 조조의 인질로 보내라고 권한다. 또한 『삼국지』에서는 유표가 한숭을 죽이려 했지만 두마음이 없는 것을 알고 그만뒀다고 했으나, 『후한서』「유표전」과 배송지 주 『부자傳子』에서는 유표의 부인인 채씨蔡氏가 한숭이 초楚(형주를 말한다. 형주는 옛 초나라 땅이었다) 땅에서 명망이 높을 뿐만 아니라 그의 말이 모두 사실이므로 그를 죽이는 것은 정당하지 못하다고 권유해 한숭을 구금했다고 기록하고 있다. 그리고 역사에서는 괴량이 아닌 괴월이 한숭의 의견에 동조했다고 기록하고 있다.

❻

예형의 죽음에 관한 역사 기록은 소설과는 많이 다르다.

『후한서』「예형전」은 예형의 죽음에 대해 다음과 같이 기록하고 있다.

"후에 황조가 몽충선蒙衝船(전투선 명칭으로 이현 주석에 의하면 '바깥이 좁고 길어 몽충蒙衝이라 했고 적선과 충돌하는 배'라고 했다) 선상에서 빈객들에게 크게 연회를 열었는데 예형이 말하는 것이 불손하자 황조는 매우 창피하게 여겨 그를 꾸짖었고 예형은 더욱 응시하면서 말했다.

'죽을 늙은이! 그대가 말하는 것은 무슨 썩어빠진 말이냐?'

그 말을 들은 황조는 크게 노하여 몽둥이를 잡고 형을 집행하는 관원에게 그를 끌어내 곤봉으로 때리게 했는데 예형이 큰 소리로 욕설을 퍼붓자 황조는 화를 참을 수가 없어 즉시 그를 죽이라고 명했다. 황조 수하의 주부主簿가 줄곧 예형을 증오했었는데 그 자리에서 그를 죽이고 말았다. 황사黃射(황조의 장남)가 맨발로 달려가 구하려 했으나 미치지 못했다. 황조 또한 후회하여 관을 사용해 성대하고 장중하게 그를 염하고 매장했다. 예형은 당시 26세였다."

❼

길평은 누구인가?

건안 4년(199)에 발생한 동승 사건은 역사적 사실이다. 그러나 길평과는 전혀 상관없는 일이다. 『삼국지』 「위서·무제기」에 "건안 23년(218) 봄 정월, 한나라 태의령太醫令 길본吉本이 소부少府 경기耿紀, 사직司直 위황韋晃 등과 반란을 일으켜 허도를 공격하고 승상 장사 왕필의 군영을 불태웠다. 왕필은 영천 전농중랑장典農中郎將(둔전屯田 구역 내의 농업, 소작료 징수, 민정 사무를 주관했고 지위는 군의 태수와 동등했으며 대사농 관할에 속했다) 엄광嚴匡과 함께 그들을 토벌하여 죽였다"라는 기록이 있는데, 여기에서 '길본'이라는 이름이 보인다.

『후한서』 「경엄전耿弇傳」에 따르면 "경기耿紀는 조조가 황위를 찬탈하려 하자 건안 23년(218), 대의령大醫令(즉 태의령太醫令이다. 관직 명칭으로 전한 때 태상太常과 소부少府에 균등하게 태의령, 태의승을 설치했다. 태상에 속한 자는 백관을 위해 병을 치료했고, 소부에 속한 자는 궁정을 위해 병을 치료했다) 길비吉丕, 승상사직丞相司直(한 시기에 '사직司直'은 승상의 속관이었다. 한 무제 원수 5년(기원전 118)에 승상사직을 설치했고 승상을 보좌하며 불법을 감찰했다. 지위는 사례교위司隸校尉보다 위였다) 위황韋晃과 함께 군사를 일으켜 조조를 주살하려 모의했다가 실패하고 삼족이 멸족당했다. 당시 명망 있는 가문 중에 경기와 연루되어 화를 입고 죽음에 이른 자가 매우 많았다"고 기록하고 있고, 이현 주석에 따르면 길비의 "비丕는 혹은 평平이라고도 한다"고 했다. 이 기록에서 '길평吉平'이라는 이름을 볼 수 있는데, 바로 앞 「위서·무제기」의 '길본'과 같은 사람임을 알 수 있다.

결국 역사 기록에 따르면 길본吉本(길평吉平)이 조조를 죽이려 시도한 것은 사실이나 소설 속의 동승 사건과는 관련이 없음을 알 수 있다. 동승 사건은 건안 4년(199)에 발생한 일이고 길본(길평) 사건은 19년 후인 건안 23년(218)의 일이다.

그리고 길본 사건은 조조를 독살하려 시도한 사건이 아니라 군사를 일으켜 허도를 공격하고 조조를 제거하려는 사건이었다. 길본이 역사 기록에 '태의령'이라는 관직에 있었기 때문에 독살이라는 상황을 설정하고 시기가 다른 동승 사건과 연결시킨 듯하다.

원소에게로 도망친 유비

국적이 사람을 해쳐 귀비를 죽이고,
황숙은 패하여 원소에게 가다

國賊行兇殺貴妃,
皇叔敗走投袁紹

한편 조조는 옥대 속에 감춰진 조서를 보고 여러 모사와 상의하여 헌제를 폐위시키고 덕이 있는 사람을 골라 황제로 세우려고 했다. 정욱이 간언했다.

"명공께서 세상에 위엄을 떨치고 천하를 호령하실 수 있는 것은 한조의 명호를 받들었기 때문입니다. 지금 아직 제후들을 평정하지 못했는데 폐립의 일을 갑작스럽게 진행하신다면 틀림없이 군대를 일으킬 발단이 될 것입니다."

조조는 이에 폐립의 일을 그만뒀다. 동승 등 다섯 명과 그 집안 가솔을 각 성문으로 압송하여 참수하도록 했는데 죽은 자가 700여 명에 이르렀다. 성안에서 이 광경을 본 관리들과 백성 중 눈물을 흘리지 않는 자가 없었다. 후세 사람이 동승을 찬탄한 시가 있다.

비밀 조서를 옥대 속에 감추어서 전달하니
천자의 말씀이 궁문 밖으로 드디어 나갔네

그 당시 천자의 어가를 위험에서 구했는데
이날 다시 천자의 은혜를 입게 되었도다

나라를 근심하느라 마음의 병까지 얻더니
간신을 제거하고자 꿈속에서도 행하였도다
그 충성스러운 절개가 천고에도 분명하니
성공과 실패 그 누가 다시 논한단 말인가

密詔傳衣帶, 天言出禁門
當年曾救駕, 此日更承恩
憂國成心疾, 除姦入夢魂
忠貞千古在, 成敗復誰論

또 왕자복 등 네 명을 찬탄한 시도 있다.

흰 명주에 서명하여 충성을 다하기를 맹세하고
비분강개하여 천자께 은혜 보답하고자 생각했네
일편단심으로 가련하게도 온 가족을 내버렸으니
그 충성스런 마음 당연히 천추에 빛날 만하구나

書名尺素矢忠謀, 慷慨思將君父酬
赤膽可憐捐百口, 丹心自是足千秋 ❶

한편 조조는 동승 등 사람들을 많이 죽였는데도 화가 가시지 않아 마침
내 검을 들고 동귀비董貴妃[1]를 죽이려 궁으로 들어갔다. 귀비는 동승의 누이

동생[2]으로 황제의 총애를 받아 임신한 지 5개월째였다. 그날 황제는 후궁에서 복황후와 함께 그때까지 여전히 소식이 없는 동승의 일을 은밀하게 상의하고 있었다. 그때 별안간 조조가 검을 찬 채 얼굴에 잔뜩 노한 표정을 짓고 궁으로 들어오는 것을 보고는 황제가 깜짝 놀라 안색이 변했다. 조조가 말했다.

"동승이 모반했는데 폐하께서는 아시는지요?"

황제가 말했다.

"동탁은 이미 죽었소."

조조가 버럭 소리를 질렀다.

"동탁이 아닙니다! 바로 동승입니다!"

황제는 벌벌 떨면서 말했다.

"짐은 참으로 모르는 일이오."

조조가 말했다.

"손가락을 찔러서 조서를 쓰신 일을 잊으셨단 말씀이십니까?"

황제는 아무런 대답도 할 수가 없었다. 조조가 무사들에게 호통을 쳐서 동귀비를 잡아오게 했다. 황제가 고했다.

"동귀비는 임신한 지 5개월이 되었으니 승상께서 가엾게 여겨주시오."

"하늘이 그들의 계획을 물리치지 않았으면 나는 이미 살해되었을 것이오. 어찌 다시 이 여자를 남겨두어 나의 후환으로 만든단 말이오!"

복황후가 고했다.

"냉궁[3]에 가두었다가 해산한 다음에 죽여도 늦지 않을 것입니다."

조조가 말했다.

"역적의 씨를 남겨두어 제 어미의 원수를 갚게 하란 말이오?"

동귀비가 울면서 고했다.

"시신이라도 온전하게 죽여주시고 밖으로 드러내어 사람들에게 보이지 않도록 해주시오."

조조는 흰 명주를 가져오라 명했다. 황제가 울면서 비에게 일렀다.

"구천에 가더라도 짐을 원망하지 말아주시오!"

말을 마치고는 눈물을 비 오듯 쏟았다. 복황후 또한 통곡했다. 조조가 노해서 말했다.

"아직도 아녀자처럼 우실 거요!"

그러고는 무사들에게 끌어내라 호통치고 궁문 밖에서 목 졸라 죽이게 했다. 후세 사람이 동귀비를 탄식한 시가 있다.

봄 궁전에서 천자 은택 입은 것 또한 헛된 일이니
슬프도다! 황제의 핏줄도 함께 저버려야 하는구나
위풍당당한 황제의 위엄으로도 구원해줄 수 없으니
손으로 얼굴 가려 바라보며 샘물처럼 눈물만 흘리네
春殿承恩亦枉然, 傷哉龍種幷時捐
堂堂帝主難相救, 掩面徒看淚湧泉 ❷

궁을 감독하는 관리에게 명령을 하달했다.

"오늘 이후로 외척이건 종족들이건 나의 뜻을 받들지 않고 궁문을 들어오는 자는 참수하겠다. 방비를 엄격하게 하지 않아도 같은 죄로 다스리겠다."

또한 심복 3000명을 뽑아 어림군으로 충당하고 조홍에게 통솔하게 하여 궁을 방비하고 정찰하게 했다.

조조가 정욱에게 일렀다.

"지금 비록 동승 등을 처벌했다고는 하나 여전히 마등과 유비가 그 숫자에 들어 있었으니 제거하지 않을 수 없소."

정욱이 말했다.

"마등은 서량에 군대를 주둔시키고 있어 가볍게 취할 수 없습니다. 그러나 편지로 노고를 위로하고 의심을 품지 않도록 하여 도성으로 유인해 들어오게 한다면 그를 도모할 수 있을 것입니다. 그리고 현재 서주에 있는 유비는 군사를 나누어 앞쪽에서 뿔을 잡고 뒤에서 다리를 잡는 기각지세의 형세를 이루고 있어 이 또한 가볍게 대적할 수 없습니다. 원소 또한 군대를 관도官渡에 주둔시키면서 항상 허도를 도모할 마음을 갖고 있습니다. 우리가 동쪽으로 정벌을 나서기만 한다면 유비는 틀림없이 원소에게 구원을 요청할 것입니다. 그때 원소가 빈틈을 이용해 습격해온다면 어떻게 그것을 감당하시겠습니까?"

조조가 말했다.

"아니오. 유비는 인걸이기 때문에 지금 공격하지 않고 유비가 날개를 이루어 스스로 세력을 형성하기를 기다린다면 급히 도모하기가 어렵게 될 것이오. 원소가 비록 강하다고는 하지만 상황이 많아지면 의심을 품고 결정을 내리지 못할 것이니 어찌 근심할 만하겠소!"

한창 의논하는 사이에 곽가가 밖에서 들어왔다. 조조가 물었다.

"내가 동쪽으로 유비를 정벌하려고 하는데 원소라는 근심이 있으니 어찌하면 좋겠소?"

곽가가 말했다.

"원소는 성정이 느리고 의심이 많은 데다 그 모사들도 각기 서로 질투하고 있으니 걱정하실 필요가 없습니다. 유비는 새롭게 군병들을 정돈하느라 아직 사람들이 마음으로 복종하지 않으니 승상께서 군대를 이끌고 동쪽으로 정벌에 나선다면 한 번의 싸움으로 평정하실 수 있을 것입니다."

조조가 크게 기뻐하며 말했다.

"내 뜻과 바로 같소."

마침내 20만 명의 대군을 일으켜 군사를 다섯 갈래의 길로 나누고 서주로 진군했다. ❸

정탐꾼이 탐지하여 서주에 보고했다. 손건은 우선 하비로 가서 관공에게 알렸고 이어서 소패로 달려가 현덕에게 보고했다. 현덕은 손건과 계책을 상의하며 말했다.

"이번 일은 반드시 원소에게 구원을 요청해야 비로소 위기에서 벗어날 수 있을 것이오."

이에 현덕은 편지 한 통을 써서 손건을 하북으로 보냈다.

손건은 먼저 전풍을 만나 상황을 자세하게 말했고 원소에게 인도해달라고 부탁했다. 전풍은 즉시 손건을 데리고 들어가 원소에게 서신을 올렸다. 그런데 원소의 모습이 초췌하고 의관도 단정하지 못했다. 전풍이 말했다.

"오늘 주공께서는 무슨 까닭으로 이렇듯 좋지 않으십니까?"

원소가 말했다.

"내가 장차 죽을 것 같소!"

전풍이 말했다.

"주공께서는 어찌하여 그런 말씀을 하십니까?"

"내가 아들만 다섯을 두었는데 그중에서 오직 막내아들만이 나를 유쾌하게 했소. 그런데 지금 옴을 앓고 있어 목숨이 이미 위급한 상황이오. 내게 무슨 마음이 있어 다른 일을 의논하겠소?"

전풍이 말했다.

"지금 조조가 동쪽으로 유현덕을 정벌하러 오고 있어 허창⁴이 텅 비어 있습니다. 의로운 군사들로 빈틈을 이용해 처들어간다면 위로는 천자를 보호하고 아래로는 만백성을 구할 수 있습니다. 이것은 결코 얻기 힘든 기회이니 명공께서는 잘 판단해주시기 바랍니다."

원소가 말했다.

"나 또한 이번이 가장 좋은 기회라는 것을 알지만 내 마음이 희미하니 이롭지 못할까 염려되오."

전풍이 말했다.

"무엇이 그렇게 희미하십니까?"

"다섯 아들 중에 오직 이 아이가 가장 영특한데 소홀함이 있어 죽기라도 한다면 내 목숨도 끝장이오."

결국 출병하지 않기로 뜻을 결정하고 손건에게 일렀다.

"그대는 현덕에게 돌아가서 내가 군대를 일으키지 않는 까닭을 말해주시오. 뜻대로 이루어지지 않으면 내게로 오도록 하시오. 내게 도와줄 방법이 있소."

전풍은 지팡이로 땅을 두드리며 말했다.

"이런 만나기 어려운 때를 잡았는데 아이의 병 때문에 기회를 놓치다니! 대사는 이제 끝났으니 정말 안타깝고 애석하구나!"

발을 동동 구르고 길게 탄식하더니 나갔다. ❹

원소가 출병하지 않는 것을 본 손건은 어쩔 수 없이 밤새 달려 소패로 돌아와서 현덕을 만나 원소의 일을 자세히 보고했다. 현덕이 깜짝 놀라 말했다.

"일이 그렇게 됐다면 어떻게 해야 하는가?"

장비가 말했다.

"형님, 걱정하지 마십시오. 조조의 군사들은 멀리서 왔기 때문에 틀림없이 피곤할 터이니, 그들이 막 도착한 틈을 이용해 먼저 쳐들어가서 군영을 급습하면 조조를 격파할 수 있을 것이오."

현덕이 말했다.

"평소에 자네를 용사로만 여겼었네. 지난번 유대를 잡았을 때 자못 계책을 쓸 줄 알더니, 지금 올린 계책 또한 병법에 부합되는구나."

이에 장비의 계책을 따르기로 하고 군사를 나누어 군영을 기습하기로 했다.

한편 조조는 군대를 이끌고 소패로 오고 있었다. 한창 행군하는데 광풍이 불어닥쳤고 별안간 우지끈하는 소리가 들리더니 한쪽의 아기⁵가 바람에 부러지고 말았다. 조조는 즉시 군대의 행군을 잠시 멈추게 한 다음 여러 모사를 모아놓고 길흉을 물었다. 순욱이 말했다.

"바람이 어느 방향에서 불어왔습니까? 무슨 색깔의 깃발이 바람에 부러졌습니까?"

조조가 말했다.

"바람은 동남쪽에서 불어왔고 모퉁이에 있는 아기가 바람에 부러졌는데 깃발은 청색과 홍색 두 가지였소."

순욱이 말했다.

"별다른 일은 아니고 오늘 밤 유비가 틀림없이 군영을 기습할 것입니다."

조조가 고개를 끄덕였다. 그때 갑자기 모개毛玠가 들어오더니 말했다.

"조금 전에 동남풍이 일어 청홍색 아기를 부러뜨렸습니다. 주공께서는 무슨 길흉으로 생각하십니까?"

조조가 말했다.

"공의 뜻은 어떠하오?"

모개가 말했다.

"제 어리석은 생각으로는 오늘 밤 반드시 어떤 자가 군영을 기습해올 것으로 여겨집니다."

후세 사람이 이 일을 탄식한 시가 있다.

아아, 황제의 형세는 진정 외롭고도 곤궁하여

군영 기습 공격하는 공적에 모두 의지하노라

어쩔거나, 아기가 부러져 징조 드러냈으니

하늘이시어 무슨 까닭으로 간웅 놓아주는가

吁嗟帝冑勢孤窮, 全仗分兵劫寨功

爭奈牙旗折有兆, 老天何故縱姦雄

조조가 말했다.

"하늘이 내게 알려주신 것이니 즉시 방비하도록 하라."

즉시 군대를 아홉 부대로 나누고 한 부대만이 앞으로 나아가 허위로 군영을 세우고 나머지 부대는 여덟 방향으로 매복했다.

이날 밤은 달빛이 희미하게 밝았다. 현덕은 왼쪽에서, 장비는 오른쪽에서, 군사를 두 부대로 나누어 진군했고, 손건만 남아서 소패를 지켰다.

장비는 자신의 계책이 먹혀들었다고 여기면서 가볍게 무장한 기병들을 이끌고 앞장서서 조조의 군영을 돌진해 들어갔으나 수많은 인마는 온데간데없고 드문드문 보일 뿐이었다. 바로 그때 사방에서 불빛이 크게 일어나고 함성이 일제히 진동했다. 계책에 빠진 것을 알게 된 장비는 급히 군영 밖으로 나갔다. 그러나 동쪽에서는 장료, 서쪽에서는 허저, 남쪽에서는 우금, 북쪽에서는 이전, 동남쪽에서는 서황, 서남쪽에서는 악진, 동북쪽에서는 하후돈, 서북쪽에서는 하후연의 군마가 여덟 곳에서 몰려들었다. 장비는 좌충우돌하며 앞으로 막고 뒤로 저지했으나, 거느린 군사들이 원래 조조 수하의 옛 군사들이라 급박한 사태를 보고는 모조리 투항하고 말았다. 장비가 한창 싸우는 사이에 서황과 마주쳐 한바탕 그와 크게 싸우고 있는데 뒤에서 악진이 쫓아왔다. 장비는 죽어라 한 갈래 혈로를 열어 포위를 뚫고 달아났으나 겨우 수십 명의 기병만이 그를 따랐다. 소패로 돌아가려 했지만 가는 길이 이미 끊겨 있었고, 서주와 하비로 가려 했으나 다시 조조의 군대가 저지할까 걱정됐다. 곰곰이 생각해도 갈 길이 없자 장비는 망탕산芒碭山을 향해 떠났다.

한편 현덕은 군사를 이끌고 군영을 습격하고자 군영 문에 접근하는데, 별안간 함성이 크게 진동하더니 뒤쪽에서 한 부대가 뚫고 나오면서 먼저 인마의 절반을 차단해 잘랐다. 하후돈이 또 달려들었다. 현덕은 포위를 뚫고 달아났으나 하후연이 다시 뒤를 추격해왔다. 현덕이 뒤돌아보니 30여 명의 기병만이 따르고 있었다. 급히 소패로 돌아가려 했지만 멀리 소패성 안에서 불길이 일어나는 것이 보이자 소패를 포기하는 수밖에 없었다. 다시 서주[6]나 하비로 달아나려 했으나 조조의 군사들이 산을 가득 덮고 들판을 가로막아 가는 길을 저지하는 것이 보였다. 현덕은 스스로 생각해도 돌아갈 길이 없었는데, 문득 한 가지 생각이 떠올랐다.

'원소가 일이 뜻대로 되지 않으면 와도 좋다고 했다니까 지금 잠시 그곳으로 가서 의지했다가 달리 좋은 계획을 마련하는 것이 나을 듯하다.'

마침내 청주로 길을 잡아 달아나는데 길을 막고 있던 이전과 맞닥뜨렸다. 현덕은 필마단기로 큰길을 벗어나 황량한 들판으로 북쪽을 향해 달아났고 이전은 현덕을 따르던 기병들을 사로잡았다.❺

현덕은 홀로 청주로 향해 하루 300리를 달려 청주성[7] 아래에 당도하여 문을 열라고 소리 질렀다. 성문을 지키는 관리가 성명을 묻고는 자사에게 보고했다. 청주자사는 바로 원소의 장남 원담袁譚이었다. 평소에 현덕을 공경했던 원담은 현덕이 홀로 왔다는 보고를 듣고는 즉시 성문을 열고 나와서 맞이했고 관아로 모신 다음 그 까닭을 자세히 물었다. 현덕은 군사들이 패하여 의탁하러 왔다는 뜻을 상세히 설명했다. 원담은 현덕을 역관에 머물러 쉬게 하고 아비인 원소에게 편지를 보내 보고하는 한편, 청주의 인마를 보내 현덕을 호송하게 했다. 평원 경계에 이르자 원소가 친히 무리를 이끌고 업군[8]에서 30리 떨어진 곳까지 나와 현덕을 영접했다. 현덕이 절하며 감사하자 원소도 황망히 답례하며 말했다.

"지난번에는 아들놈 몸에 병이 생겨 구원해드리지 못해 마음이 우울하고 불안했소. 오늘 다행히 만나게 되었으니 평생을 애타게 그리워했던 바람에 크게 위안이 되었소."

현덕이 말했다.

"외롭고 곤궁한 유비가 문하에 들어가려 한 지가 오래되었으나 어찌하다 보니 기회와 인연이 없어 만나 뵙지 못했습니다. 지금 조조에게 공격을 받아 처자식마저 곤경에 빠졌는데 장군께서 사방의 인사들을 받아들이신다는 것을 생각해 부끄러움을 무릅쓰고 의지하러 왔습니다. 바라건대 받아주시기만 한다면 맹세코 은혜에 보답하겠습니다."

원소가 크게 기뻐하며 후하게 대접하면서 함께 기주에서 살자고 했다.❻

한편 조조는 그날 밤 소패를 취하고 즉시 군사들을 진군시켜 서주를 공격했다. 미축과 간옹은 지켜낼 수 없게 되자 성을 버리고 달아났고 진등은 서주를 조조에게 바쳤다. 조조는 대군을 거느리고 성으로 들어와 백성을 안정시킨 다음 모사들을 불러 하비를 취할 계책을 상의했다. 순욱이 말했다.

　"운장은 현덕의 처자식을 보호하면서 죽기로 성을 지키고 있습니다. 빨리 취하지 않으면 원소가 탈취할까 염려됩니다."

　조조가 말했다.

　"내가 평소에 운장의 무예와 인재를 사랑했기에 그를 얻어서 나를 위해 쓰고 싶으니 사람을 보내 그를 항복하도록 설득하는 것이 좋겠소."

　곽가가 말했다.

　"운장은 의리를 매우 중하게 여기므로 틀림없이 항복하지 않을 것입니다. 사람을 보내 그를 설득했다가 도리어 해를 입을까 걱정됩니다."

　군막 안에서 한 사람이 나오면서 말했다.

　"제가 관공⁹과는 약간의 안면이 있는 관계이니 원컨대 가서 설득해보겠습니다."

　사람들이 보니 바로 장료였다. 정욱이 말했다.

　"문원文遠(장료의 자)께서 비록 운장과 안면이 있다고는 하지만 내가 보기에 이 사람은 말로써 설득할 수 있는 사람이 아닙니다. 저에게 한 가지 계책이 있는데 이 사람을 진퇴양난에 빠뜨려 어디로도 갈 곳이 없게 만든 다음에 문원을 보내 설득하면 반드시 승상께 귀순할 것입니다."

　와궁¹⁰을 정비하여 맹호를 쏘고
　미끼를 던져 자라를 낚는구나

整備窩弓射猛虎, 安排香餌釣鰲魚

그 계책이란 어떤 것인가?❼

제24회 원소에게로 도망친 유비

❶

동승의 처형과 유비가 서주자사 차주를 죽인 사건의 시간 차

소설에서는 서주자사 차주가 죽임을 당한 이후에 동승이 처형되는 것으로 이야기를 전개했는데, 역사 기록 또한 두 사건에 관한 시간 차이를 다르게 기록하고 있다.

『삼국지』「위서·무제기」에서는 건안 4년(199) 12월에 유비가 서주자사 차주를 살해하고 건안 5년(200) 봄 정월에 조조가 동승을 처형시킨 것으로 기록하고 있고, 『삼국지』「촉서·관우전」에서도 건안 5년(200) 이전에 차주를 죽인 것으로 기록하고 있다. 또한 『자치통감』 권63 「한기 55」는 건안 5년 이전에 유비가 차주를 죽이고 건안 5년에 조조가 동승을 처형하는 것으로 기록하고 있다.

그런데 『후한서』「원소전」은 "건안 5년(200), 좌장군 유비가 서주자사 차주를 죽이고 패 땅을 점거하고는 조조를 배반했다"고 기록하고 있고, 『삼국지』「촉서·선주전」은 동승 등이 처형당한 이후에 서주자사 차주를 죽인 것으로 기록하고 있어 각 역사 기록에서도 두 사건에 대한 시간 차이가 서로 다른 것을 알 수 있다.

『자치통감고이考異』에서는 "『촉지蜀志』에서는 먼저 동승의 모의가 누설되어 죽임을 당하자 유비가 차주를 죽인 것으로 서술했다. 『위지魏志』에서는 유비가 차주를 죽인 다음 그 이듬해에 동승이 죽었다. 『원기袁紀』에서는 유비가 하비를 점거한 것 또한 동승이 죽기 이전으로 기록하고 있다. 『촉지』가 잘못 기록했다"고 했다.

역사 기록들 사이에도 두 사건에 관한 시간 차이가 있지만 건안 4년(199) 말에 유비가 서주자사 차주를 죽인 다음 얼마 지나지 않은 건안 5년(200) 봄에 동승이 처형당한 것이 맞는 듯하다.

❷

동귀비는 동승의 누이동생이 아니라 동승의 딸이었다

『후한서』 「복황후기」에 "동승의 딸을 귀인貴人으로 삼았는데 조조가 동승을 죽이고 동귀인을 찾아 죽였다. 황제는 동귀인이 임신했기에 누차 청했으나 살릴 수 없었다"고 기록되어 있다. 동귀비는 동승의 딸이었다.

또한 '동귀비'는 『후한서』의 기록대로 '동귀인董貴人'이라고 표현해야 맞다. 『후한서』 「황후기皇后紀」에 의하면 "광무제가 한실을 중흥시킨 후 각 제도의 겉만 화려한 것들을 없애고 질박한 것을 숭상하여 후궁과 여관女官의 명호는 단지 황후와 귀인만 남겨두었다"고 기록하고 있다. '귀비貴妃'라는 칭호는 남조南朝 유송劉宋 때 시작되었고 황후 다음 서열이었다.

❸

조조의 유비 정벌은 조조 자신의 결정이었다

『삼국지』 「위서·무제기」는 다음과 같이 기록하고 있다.

"건안 5년(200) 봄 정월, 조공은 친히 동쪽으로 가서 유비를 정벌하려 했으나 장수들이 말했다.

'공과 천하를 다투는 자는 원소입니다. 지금 원소가 쳐들어오려 하는데, 공께서 도리어 그를 내버려두고 동쪽으로 정벌하셨다가 만일 원소가 우리의 후방을 기습한다면 어떻게 하시겠습니까?'

조공이 말했다.

'유비는 사람 중에 호걸이오. 지금 그를 공격하지 않는다면 반드시 훗날 근심이 될 것이오. 원소는 비록 큰 뜻을 품었지만 상황이 발생하면 머뭇거리며 틀림없이 행동하지 않을 것이오.'

곽가도 조공의 동쪽 정벌을 권했다."

배송지는 유비를 정벌하려는 계획을 결정하면서 원소가 출병하지 않을 것이라고 헤아린 것은 모두 태조로부터 나온 생각이었다고 했다.

❹
유비는 원소에게 구원을 요청하지 않았다

『삼국지』「위서·원소전」은 다음과 같이 기록하고 있다.

"건안 5년(200), 태조는 친히 동쪽으로 가서 유비를 정벌했다. 전풍은 원소에게 태조의 후방을 기습하자고 권했는데 원소는 아들의 병을 이유로 허락하지 않았다. 전풍은 지팡이를 들어 땅바닥을 두드리며 말했다. '이토록 얻기 어려운 기회를 만났건만 어린아이의 병 때문에 기회를 잃으니 애석하구나!' 태조는 패현에 이르러 유비를 격파했고 유비는 원소에게 달아났다."

당시 유비가 원소에게 구원을 요청했다는 기록은 없다. 또한 소패에서 원소가 있는 업성까지의 거리는 조조가 있는 허도에서 소패까지의 거리보다 멀다.

❺
유비는 제대로 싸우지도 않고 도망쳤다

『삼국지』「위서·무제기」에는 "[조조는] 동쪽으로 가서 유비를 공격하여 격파하고 장수 하후박夏侯博을 사로잡았다. 유비는 원소에게 도망쳤고 [조조는] 그의 처자식을 포로로 잡았다"고 기록되어 있다.

『삼국지』「촉서·선주전」에는 "건안 5년(200), 조공이 동쪽으로 선주를 정벌했고 선주의 군사는 패했다. 조공은 그 무리를 모조리 거두었고 선주의 처자식을 포로로 잡았으며 아울러 관우를 사로잡아 돌아갔다"고 기록하고 있다. 또한 「선주전」 배송지 주 『위서』에는 "이때 공(조조)은 관도官渡가 급해지자 이에 장수들을 나누어 관도에 주둔시키고 직접 정예병을 통솔하여 유비를 정벌했다. 유비는 처음에 공이 큰 적과 대치하고 있어 동쪽으로 올 수 없다고 말했는데 정찰 기병이 마침내 달려와 조공이 직접 오고 있다고 보고했다. 유비는 깜짝 놀랐으나 믿지 않았다. 직접 수십 명의 기병을 이끌고 나와서 멀리 공의 장군 깃발이 휘날리는 것을 보고는 바로 자신의 무리를 버리고 달아났다"고 기록하고 있어 유비는 제대로 싸워보지도 않고 곧바로 원소에게로 도망쳤음을 알 수 있다.

❻

『삼국지』 「위서·우금전」에 "유비가 서주를 점거하고 반란을 일으키자 태조는 동쪽으로 그를 정벌하러 갔다. 원소가 우금을 공격했으나 우금이 굳게 지켰으므로 함락할 수 없었다"는 기록이 있다. 이 기록에 따르면 원소가 가만히 있지만은 않은 것으로 보인다. 조조가 유비를 공격하는 사이에 원소는 조조의 후방을 노렸으나 조조가 미리 대비했기 때문에 성공하지 못했다. 이때 조조는 "우금에게 보병, 기병 2000명을 주어 연진延津을 지키면서 원소에 대항하도록 했다"고 기록하고 있다.

❼

『삼국지』 「촉서·선주전」에 따르면 "선주는 청주로 달아났다. 청주자사 원담은 선주가 과거에 천거한 무재茂才(즉 '수재秀才'로 특출나고 재능 있는 사람을 말한다. 한나라 이래로 인원을 천거하는 과목 중 하나였다. 후한 시기에는 광무제光武帝를 피휘하기 위해 '무재茂才'로 변경했다. 무재는 주州의 자사가 지명하여 중앙 조정에 천거했는데 원담은 예주 여남汝南 사람이었고 유비가 예주목으로 있을 때 그를 무재로 천거했다)였으므로 보병과 기병을 이끌고 선주를 영접했다. 선주가 원담을 따라 평원에 이르자 원담은 사람을 보내 신속하게 원소에게 보고했다. 원소는 장수를 파견해 길에서 영접하게 했고 친히 업성에서 200리 떨어진 곳까지 가서 선주와 만났다. 선주가 업성에서 머문 지 1개월여가 되자 사방으로 흩어졌던 병졸들이 점점 모여들었다"고 기록하고 있다. 또한 배송지 주 『위서』에서는 "유비가 원소에게 귀의하자 원소 부자는 마음을 다해 공경했다"고 기록하고 있다.

제 25 회

조조의 품으로 간 관우

토산에 주둔한 관공은 세 가지 일을 약속받고,
백마현을 구원한 조조는 겹겹의 포위망을 풀어주다

屯土山關公約三事,
救白馬曹操解重圍

정욱이 계책을 바치며 말했다.

"운장은 만 명을 대적할 수 있는 사람이니 지혜와 꾀를 쓰지 않으면 그를 잡을 수 없습니다. 지금 즉시 유비 수하의 투항한 병사를 보내서 하비성으로 들어가 관공을 만나게 하여 도망쳐 돌아오는 길이라고 말하고 성안에 매복시켰다가 안에서 호응하게 하십시오. 그리고 관공을 끌어내어 출전하게 한 다음 거짓으로 패한 척 가장하여 다른 곳으로 유인하고 이때 정예병으로 그의 돌아가는 길을 끊은 후 그를 설득하면 될 것입니다."

조조가 정욱의 계책을 듣고는 즉시 서주의 항복한 병사 수십 명을 하비로 보내 항복하게 했다. 관공은 이전부터 있던 병사들이었기에 성에 머물게 하고는 의심하지 않았다.

이튿날 하후돈이 선봉이 되어 군사 5000명을 이끌고 나와서 싸움을 걸었다. 관공이 싸우러 나오지 않자 하후돈은 즉시 사람을 시켜 성 아래에서 욕설을 퍼부어 모욕을 주게 했다. 몹시 화가 난 관공이 3000명의 인마를 이끌고 성을 나와 하후돈과 맞붙어 싸웠다. 대략 10여 합을 싸웠을 때 하후돈이

말을 돌려 달아났다. 관공이 쫓아오자 하후돈은 싸웠다가 달아나기를 반복
했다. 관공이 대략 20여 리를 뒤쫓다가 하비를 잃을까 염려되어 군사들을 거
느리고 바로 돌아갔다. 그때 '쾅!' 하는 포 소리가 들리더니 왼쪽에서는 서황,
오른쪽에서는 허저의 두 부대가 가는 길을 가로막았다. 관공이 길을 찾아
도망가는데 양쪽에서 복병들이 강한 쇠뇌 100개를 벌여놓고 쏘아대니 화살
들이 메뚜기떼같이 날아왔다. 지나갈 수 없게 된 관공이 군사를 통솔해 다
시 돌아가려 하자 서황과 허저가 가지 못하게 잡아놓고 맞붙었다. 필사적으
로 싸워 두 사람을 물리친 관공이 군사를 이끌고 하비로 돌아가려는데 하
후돈이 다시 가로막고 덤벼들었다. 관공은 날이 저물도록 싸웠으나 돌아갈
길이 없게 되자 어느 토산에 올라 군사들을 산꼭대기에 주둔시키고 잠시 쉬
었다. 조조의 군사들이 겹겹이 토산을 에워쌌다. 관공이 토산에서 멀리 하비
를 바라보니 성안에서 불빛이 하늘로 솟구치고 있었다. 거짓으로 항복한 병
졸들이 성문을 몰래 열자 조조가 직접 대군을 이끌고 성안으로 밀고 들어
갔고 불을 질러 관공의 마음을 당황하게 만든 것이었다. 하비성에서 불길이
일어나는 것을 본 관공은 놀라 어쩔 줄 몰라 했다. 그날 밤 몇 차례나 산을
내려가려고 했지만 모두 어지럽게 날아드는 화살로 인해 다시 산 위로 올라
올 수밖에 없었다.

　동틀 무렵에 다시 군사를 정돈하고 산 아래로 돌진하려 했는데 그때 갑자
기 한 사람이 말을 타고 산 위로 올라오는 것이 보였다. 살펴보니 다름 아닌
장료였다. 관공이 맞이하며 일렀다.

　"문원文遠(장료의 자)은 싸우려고 오시는 것이오?"

　장료가 말했다.

　"아니오. 오랜 친구의 옛정이 생각나서 일부러 만나려고 온 것이오."

즉시 칼을 버리고 말에서 내려 관공과 예를 마친 다음에 산꼭대기에 앉았다. 관공이 말했다.

"문원은 설마 나를 설득하러 온 것은 아니지요?"

"그렇지 않소. 지난날 형께서 이 아우를 구원해주셨는데 오늘 이 아우가 어찌 형을 구하지 않겠소?"

"그렇다면 문원은 장차 나를 도와줄 것이오?"

"그 또한 아니올시다."

"나를 도와주지 않는다면서 여기는 무엇하러 오셨소?"

"현덕은 살았는지 죽었는지 모르겠고 익덕도 생사를 알지 못하오. 어젯밤 조공께서 이미 하비를 격파했는데 군사와 백성 중에 상해를 입은 자가 아무도 없고 또한 사람을 보내 현덕의 가솔을 호위하며 놀라게 하거나 소란을 피우지 못하도록 했소. 이렇게 대접하고 있으니 이 아우가 특별히 형께 보고하러 온 것이오."

관공이 노해서 말했다.

"그 말은 나를 설득하는 것이 아닌가. 내가 지금 궁지에 몰린 처지이나 죽는 것을 집으로 돌아가는 것처럼 여기고 있소. 그대는 속히 돌아가시오. 내즉시 산을 내려가 적과 맞서 싸우겠소."

장료가 하하 웃으며 말했다.

"형께서 하신 그 말씀이 어찌 천하의 웃음거리라 하지 않겠소?"

"내가 충의를 위해 죽거늘 어찌 천하의 웃음거리라 하시오?"

"형이 지금 죽는다면 세 가지 죄를 짓는 것이오."

"그대가 말한 세 가지 죄를 말씀해주시겠소?"

장료가 말했다.

"애초에 형께서 유사군과 결의형제를 맺었을 때 함께 살고 함께 죽기로 맹세했다고 알고 있소. 지금 사군이 패했다고 형께서 싸워서 죽는다면, 사군이 다시 나타나서 형께 도와주기를 청해도 다시 들어줄 수 없을 테니 어찌 그때의 맹세를 저버리지 않았다고 하겠소? 이것이 첫 번째 죄요. 유사군이 가솔을 형께 부탁했는데 형이 지금 전사한다면 두 부인은 의지할 데가 없어지게 되는 것이니 사군의 부탁을 저버리는 심각한 일이 되지요. 이것이 두 번째 죄요. 형께서는 무예가 출중하고 경사¹를 두루 통달했으면서 사군과 함께 한실을 보필할 생각은 않고 끓는 물에 뛰어들고 타는 불을 밟으며 물불을 가리지 않는 필부의 용맹을 이루려 하니 어찌 의리라 하겠소? 이것이 세 번째 죄요. 형께서 이렇게 세 가지 죄를 지으려 하시는데 이 아우가 알리지 않을 수 없었소"

관공이 망설이며 말했다.

"그대가 내게 세 가지 죄가 있다고 말씀하셨는데 그러면 내가 어찌하면 좋겠소?"

장료가 말했다.

"지금 사방이 모두 조공의 군사이니 형께서 항복하지 않으면 반드시 죽을 것이오. 헛되이 죽는 것은 유익할 것이 없으니 차라리 잠시 조공에게 항복했다가 유사군의 소식을 알아본 다음에 계신 곳을 알게 되면 그때 가는 것이 나을 것이오. 그러면 첫째로 두 부인을 보호할 수 있고, 둘째로 도원의 약속을 배신하지 않게 되는 것이고, 셋째로 유용한 몸을 보전할 수 있을 것이오. 이렇게 세 가지의 좋은 점이 있으니 형께서는 세밀하게 따져봐야 할 것이오."

관공이 말했다.

"형께서 좋은 점 세 가지를 말씀하셨으니 나도 세 가지 약속을 받아야겠소. 승상께서 따를 수 있다면 내 즉시 갑옷을 벗겠지만, 승낙하지 않는다면 나는 차라리 세 가지 죄를 짓고 죽는 편이 나을 것이오."

"승상께서는 도량이 넓으신데 어찌 받아들이지 않겠소. 그 세 가지를 말씀해보시오."

"첫 번째로 나는 황숙과 함께 한실을 지탱하기로 맹세했으니 지금 한나라 황제께 항복하는 것이지 조조에게 항복하는 것이 아니오. 두 번째로는 두 형수께 황숙의 봉록을 지급하여 부양하고 지위가 높건 낮건 어느 누구도 문으로 들어가지 못하도록 해야 하오. 세 번째로는 유황숙께서 어디로 가셨는지 알게 된다면 천 리 길이건 만 리 길이건 상관없이 즉시 작별하고 떠날 것이오. 이 세 가지 중에 한 가지라도 빠지면 결코 항복하지 않겠소. 문원께서는 서둘러 회답을 주시기 바라오."❶

장료는 승낙하고 즉시 말에 올라 돌아갔다. 조조를 만나 먼저 한나라에 항복하는 것이지 조조에게 항복한 것이 아니라는 관우의 말을 설명했다. 조조가 웃으면서 말했다.

"내가 한나라의 승상이니 한나라가 바로 나요. 이거야 들어줄 수 있지."

장료가 다시 말했다.

"두 부인께 황숙의 봉급을 드리고 아울러 위아래를 막론하고 어느 누구도 문안에 들이지 말아야 한다고 합니다."

조조가 말했다.

"내가 황숙의 녹봉에서 두 배를 드리도록 하지. 안팎을 엄하게 금하는 것은 바로 집안의 법도이니 또 무엇을 의심하리오!"

장료가 또 말했다.

"현덕의 소식을 알게 된다면 아무리 멀리 있다 하더라도 반드시 가겠다고 합니다."

조조가 고개를 흔들며 말했다.

"그렇다면 내가 운장을 양육해서 어디에 쓴단 말인가? 이것은 받아들이기 어렵네."

장료가 말했다.

"어찌 예양豫讓의 '중인과 국사'² 의 논의도 듣지 못하셨습니까? 유현덕이 운장을 대접한 것은 은혜가 두터운 것에 불과할 따름입니다. 승상께서 더욱 두터운 은혜를 베풀어서 그 마음을 묶어두신다면 운장이 복종하지 않을 것을 어찌 걱정하시겠습니까?"

조조가 말했다.

"문원의 말이 심히 지당하니 내가 그 세 가지를 따르도록 하겠소."

장료는 다시 산으로 올라가 관공에게 조조의 뜻을 알렸다. 관공이 말했다.

"비록 그렇다 하더라도 승상께서 잠시 군사를 물려주기를 청하오. 내가 성으로 들어가 두 형수님을 만나 뵙고 이 사실을 알린 다음에 항복하겠소."

장료가 다시 돌아와 그 말을 조조에게 보고했다. 조조는 즉시 군사를 30리 밖으로 물리라고 명을 전달했다. 순욱이 말했다.

"안 됩니다. 속임수가 있을까 염려됩니다."

조조가 말했다.

"운장은 의로운 인사라 절대로 약속을 어기지는 않을 것이오."

마침내 군사를 이끌고 물러났다.

관공은 군사를 이끌고 하비로 들어가서 백성을 살펴보니 모두 안전했고 동요가 없었다. 이에 부중으로 가서 두 형수를 만나 뵈었다. 감, 미 두 부인은 관공이 왔다는 소리를 듣고는 급히 나가서 맞이했다. 관공이 계단 아래에서 절을 올리며 말했다.

"두 형수님을 놀라시게 한 것은 제 죄입니다."

두 부인이 말했다.

"황숙께서는 지금 어디에 계신지요?"

"어디로 가셨는지 모릅니다."

"큰 서방님은 장차 어찌할 작정이신가요?"

"제가 성을 나가 죽기로 싸웠으나 토산에서 곤경에 처했고 장료가 제게 투항을 권하기에 제가 세 가지를 약속하라고 했습니다. 조조가 이미 모두 따르기로 승낙했으므로 특별히 군사를 물려 제가 성으로 들어오도록 했습니다. 그러나 형수님들의 생각을 듣지 못했기에 감히 마음대로 결정하지 못했습니다."

두 부인이 물었다.

"그 세 가지는 무엇인가요?"

관공이 세 가지 약속을 자세하게 이야기했다. 감부인이 말했다.

"어제 조조의 군사들이 성으로 들어왔을 때 우리는 모두 틀림없이 죽을 것이라고 생각했는데, 털끝만큼도 함부로 행동하지 않고 군졸 한 명도 문으로 들어오지 못하게 할 줄이야 누가 알았겠어요. 서방님께서 이미 승낙하셨다면 구태여 우리 두 사람한테 물어볼 필요가 있나요? 단지 나중에 조조가 서방님께서 황숙을 찾아가는 것을 용납하지 않을까 걱정될 따름이에요."

관공이 말했다.

"형수님들께서는 안심하십시오. 저에게도 생각이 있습니다."

두 부인이 말했다.

"서방님께서 알아서 판단하여 처리하세요. 저희에게 모든 일을 물을 필요는 없어요."

관공은 작별하고 물러났고 마침내 기병 수십 기를 거느리며 조조를 만나러 갔다. 조조가 친히 원문까지 나와 맞이했다. 관공이 말에서 내려 절을 하자 조조가 황망히 답례했다. 관공이 말했다.

"패잔병의 장수를 죽이지 않은 은혜를 깊이 받았습니다."

조조가 말했다.

"평소에 운장의 충성과 의리를 흠모했었는데 오늘에야 다행히 만나게 되었으니 평생의 바라던 바를 이룬 듯하오."

관공이 말했다.

"문원이 대신 아뢴 세 가지 일을 승상께서 승낙하셨는데 약속을 어기지 않으시리라 생각합니다."

"내가 이미 말한 것인데 어찌 감히 약속을 저버리겠소."

"저는 황숙의 소재를 알게 되면 비록 물불을 밟는 한이 있더라도 반드시 찾아갈 것입니다. 그때 작별을 고하지 못하더라도 엎드려 바라건대 용서해주십시오."

"현덕이 살아 있다면 반드시 공이 가도록 하겠으나, 혼란에 빠진 군중에서 세상을 떠났을까 염려되오. 공은 안심하고 각처에 소식을 알아보도록 하시오."

관공은 절하며 감사했고 조조는 연회를 열어 대접했다.

이튿날 회군하여 허창으로 돌아갔다. 관공은 수레와 병장기를 수습해 두 형수를 수레에 태우고 직접 수레를 호위하며 따라갔다. 가는 길에 역관에서 쉬게 되었는데 조조는 군신 간의 예를 어지럽히고자 관공과 두 형수를 한 방에 함께 있게 했다. 관공은 이에 밖에서 손에 촛불을 들고 밤부터 이튿날 아침까지 서 있었는데 조금도 피로한 기색을 비추지 않았다. 관공의 그런 모습을 본 조조는 더욱 존경하며 감복했다. 허창에 도착하자 조조는 관공에게 저택 한 채를 내주고 살게 했다. 관공은 주택을 안팎으로 나누어 내문에는 늙은 군사 10명을 선발해 지키게 하고 관공은 바깥채에서 기거했다. 조조가 관공을 데리고 헌제를 알현하자 황제는 관공을 편장군으로 임명했다. 관공은 은혜에 감사하며 집으로 돌아갔다. ❷

　이튿날 조조는 연회를 크게 열어 여러 모신謀臣과 무사를 모이게 했는데 관공을 손님의 예절로 환대하여 상석에 앉혔으며, 또한 비단과 금은 그릇들을 준비해 선사했다. 관공은 그것들을 모두 두 형수에게 주어 간직하게 했다. 관공이 허창에 온 이후부터 조조는 그를 매우 후하게 대접하여 사흘마다 작은 연회를 열었고 닷새마다 큰 연회를 열어 대접했다. 또 미녀 10명을 보내 관공을 시중들게 했다. 그러나 관공은 그 미녀들을 모조리 안채로 들여보내 두 형수를 보살피고 시중들게 했다. 또한 사흘에 한 번씩 내문 밖에서 몸을 굽혀 인사를 하고 두 형수의 안부를 삼가 여쭈었다. 그러면 두 형수는 황숙의 일을 물어본 다음에 말했다.

　"서방님께서 알아서 처리하세요."

　그제야 관공은 비로소 감히 물러나왔다. 그것을 들은 조조는 관공에게 또 한 번 탄복해 마지않았다.

　어느 날 관공이 입고 있는 푸른 비단 전포가 낡은 것을 본 조조는 즉시 그 체격을 가늠하고 진귀한 비단으로 전포 한 벌을 만들어 증정했다. 전포를 받은 관공은 속에다 그 전포를 입더니 그 위에다 여전히 낡은 전포를 걸쳐 입었다. 조조가 웃으면서 말했다.

"운장은 어찌하여 이토록 검소하시오?"

관공이 말했다.

"제가 검소한 것이 아닙니다. 오래된 전포는 바로 유황숙께서 하사하신 것이라 그것을 입고 있으면 형님을 뵙는 것 같아 승상께서 새로 하사하신 것 때문에 형님이 옛날에 주신 것을 감히 잊을 수가 없어서 위에 걸쳐 입은 것입니다."

조조가 탄식하며 말했다.

"진정으로 의로운 인사로다!"

입으로는 칭찬하고 부러워했지만 속으로는 기쁘지 않았다.

어느 날 관공이 집에 있었는데 갑자기 보고가 들어왔다.

"안채에 계신 두 부인께서 우시다가 땅바닥에 쓰러지셨는데 무슨 일인지 모르겠으니 장군께서 속히 들어가보십시오."

관공은 이에 의복을 정제하고 내문 밖에서 무릎을 꿇으며 두 형수가 무슨 까닭으로 슬피 우는지 물었다. 감부인이 말했다.

"내가 간밤에 황숙께서 흙구덩이 속에 빠지는 꿈을 꿨는데 깨어나서 미부인과 그것을 상의해보니 구천지하에 계신 것 같은 생각이 들었어요! 그래서 이렇게 서로 울고 있는 거예요."

관공이 말했다.

"꿈속의 일은 믿을 게 못 되는 것으로 형수님께서 형님을 그리워해서 그런 꿈을 꾸신 것입니다. 너무 걱정하지 마십시오."

한창 말하고 있는 사이에 마침 조조가 사람을 보내 관공을 연회에 청했다. 관공은 두 형수에게 하직하고 조조에게로 갔다. 관공의 얼굴에 눈물 흘린 흔적이 있는 것을 본 조조가 그 까닭을 물었다. 관공이 말했다.

"두 형수님께서 형님을 생각하면서 통곡하시는데 제 마음이 슬퍼하지 않을 수 없었습니다."

조조가 웃고 마음을 풀어주면서 여러 차례 술을 권했다. 관공이 술에 취하자 수염을 움켜쥐고는 말했다.

"살아서 나라에 보답할 수 없고 형님마저 등을 졌으니 헛된 위인이로다!"

조조가 물었다.

"운장의 수염은 몇 가닥이나 되오?"

"대략 수백 올은 되겠지요. 해마다 가을이 되면 3~5올씩 빠집니다. 겨울에는 수염이 끊어질까 염려되어 검은색 직물로 짠 주머니에 싸맨답니다."

조조는 비단 주머니를 만들게 한 후 관공에게 주어 수염을 보호하게 했다. 이튿날 조회 때 황제를 알현했는데, 황제는 관공의 가슴에 비단 주머니가 늘어뜨려진 것을 보고는 그 까닭을 물었다. 관공이 아뢰었다.

"신의 수염이 자못 길어서 승상께서 수염을 담을 주머니를 저에게 하사했습니다."

황제가 그 자리에서 주머니를 열어보라고 하니 그 수염이 배 아래까지 드리워졌다. 황제가 말했다.

"참으로 미염공美髥公이로다!"

이로 인해 사람들은 모두 관우를 '미염공'이라 불렀다.❸

어느 날 조조가 관공을 청해 주연을 베풀었다. 술자리를 파하고 관공을 전송하기 위해 승상부를 나온 조조는 관공의 말이 비쩍 마른 것을 보고 말했다.

"공의 말은 어찌하여 이리도 말랐소?"

관공이 말했다.

"천한 몸이 상당히 무겁다 보니 말이 무게를 견딜 수 없어 이렇게 항상 말라 있습니다."

조조가 좌우에 말 한 마리를 준비해 가져오라 분부하자 잠시 후에 끌고 왔다. 그 말은 온몸이 벌겋게 타고 있는 숯처럼 붉었고 그 모습은 대단히 위세가 당당했다. 조조가 가리키며 말했다.

"공은 이 말을 알아보겠소?"

"혹시 여포가 타고 다녔던 적토마가 아닙니까?"

"그렇소."

즉시 안장과 고삐를 관공에게 선물했다. 관공이 두 번 절하며 감사했다. 조조는 기뻐하지 않으며 말했다.

"내가 여러 차례 미녀와 황금과 비단을 보냈건만 공은 절을 한 적이 없었소. 그런데 지금 내가 말을 선물했다고 이내 기뻐하며 두 번 절을 하고 있으니 어찌하여 사람을 천하게 여기고 짐승을 귀하게 여기시오?"

관공이 말했다.

"저는 이 말이 하루에 천 리를 간다는 것을 아는데 지금 다행히도 이 말을 얻었으니 형님의 행방을 알게 되면 하루 만에 만나 뵐 수 있어서입니다."

깜짝 놀란 조조는 후회했다. 관공은 하직하고 갔다. 후세 사람이 이 일을 탄식한 시가 있다.

위엄이 삼국을 압도하니 그 영웅호걸임을 드러내고
한 집을 둘로 나누어 거처하니 의기 또한 드높구나
간사한 승상은 쓸데없이 허례허식으로 대접했으나

관운장이 끝내 항복하지 않을 것을 어찌 알겠는가

威傾三國著英豪, 一宅分居義氣高

姦相枉將虛禮待, 豈知關羽不降曹

조조가 장료에게 물었다.

"내가 운장을 야박하게 대접하지 않았는데 그 사람은 항상 떠날 마음을 품고 있으니 어찌된 일이오?"

장료가 말했다.

"제가 그 심정이 어떤지 알아보겠습니다."

이튿날 관공을 찾아가 만났다. 예를 마치자 장료가 말했다.

"제가 형을 승상께 천거했는데 대접에 태만한 적은 없었소?"

관공이 말했다.

"승상의 두터운 정을 깊이 느끼고는 있소. 단지 몸은 비록 여기에 있기는 하나 황숙을 생각하는 마음을 품지 않은 적이 없소."

"형의 말씀은 틀렸소. 세상을 살아가면서 중요한 것과 부차적인 것을 구분하지 못하면 장부가 아니지요. 현덕이 형을 대하는 것이 승상보다 반드시 극진했다고는 할 수 없는데 형은 무슨 까닭으로 떠날 뜻만 품고 계시오?"

"조공께서 나를 무척 후하게 대해주신 것을 잘 알고 있소. 그러나 나는 유황숙의 두터운 은혜를 받았고 함께 죽기로 맹세하여 그를 배신할 수는 없으니 어찌하겠소. 나는 결국은 이곳에 머무르지 않을 것이오. 그렇지만 반드시 공적을 세워서 조공께 보답한 다음에 떠날 것이오."

"현덕이 이미 세상을 떠나셨다면 공은 어디로 갈 생각이오?"

"형님을 따라 땅속으로 갈 것이오."

장료는 관공이 끝내 머물지 않을 것임을 알아채고는 이에 작별을 고하고 조조에게 돌아가 그 사실을 구체적으로 보고했다. 조조가 탄식하며 말했다.

　"주인을 섬기는데 그 본분을 잊지 않으니 천하의 의로운 인사로다!"

　순욱이 말했다.

　"그 사람이 공을 세운 다음에 떠난다고 하니 공을 세우지 못하게 한다면 떠나지 못할 것입니다."

　조조가 그 말을 옳다 여겼다.

　한편 원소에게 의지하고 있던 현덕은 아침저녁으로 걱정만 하고 있었다. 원소가 말했다.

　"현덕은 무슨 까닭이기에 항상 근심을 하시오?"

　현덕이 말했다.

　"두 아우의 소식도 모르는 데다 처자식마저 역적 조조에게 잡혀 있습니다. 위로는 나라에 보답할 수 없고 아래로는 가족을 보호할 수 없으니 어찌 우울하지 않겠습니까?"

　원소가 말했다.

　"내가 군대를 허도로 진군시키고자 한 지가 오래되었소. 지금은 바야흐로 따뜻한 봄이 온지라 군대를 일으키기 좋은 시기요."

　그러고는 바로 조조를 격파할 계책을 상의했다. 전풍이 간언했다.

　"지난번 조조가 서주를 공격했을 때 허도가 텅 비어 있었는데 그때 출병하지 못했습니다. 지금은 서주가 이미 격파되었고 조조의 군사들도 사기가 충천하니 가볍게 대적할 수 없습니다. 느긋하게 기다리면서 저들에게 틈이 생기길 기다렸다가 움직이는 것이 좋을 듯합니다."

원소가 말했다.

"내가 생각을 좀 해봐야겠네."

그러고는 현덕에게 물었다.

"전풍은 내게 지키라고 권하는데, 어떻소?"

현덕이 말했다.

"조조는 황제를 기만하는 역적인데 명공께서 토벌하지 않으시면 천하의 대의를 잃을까 염려됩니다."

원소가 말했다.

"현덕의 말씀이 지극히 옳소."

바로 군사를 일으키려 했다. 전풍이 다시 간언하자 원소가 화를 내며 말했다.

"그대들은 문장이나 희롱하면서 군사 상황을 경시하여 나로 하여금 대의를 잃게 하는구나!"

전풍이 머리를 조아리며 말했다.

"신이 드린 선의의 말을 듣지 않으시면 출병하여 싸워도 이롭지 못할 것입니다."

크게 노한 원소가 전풍을 참수하려고 했다. 현덕이 극구 만류하자 이에 감옥에 구금시켰다. 전풍이 하옥된 것을 본 저수는 종족들을 모아놓고 전 재산을 털어 그들에게 주면서 작별 인사를 했다.

"내가 군대를 따라 떠나니 승리한다면 위엄이 더할 수 없겠지만 패한다면 이 한 몸도 보전하지 못할 것이오!"

모두 눈물을 흘리면서 그를 전송했다.

원소는 대장 안량을 선봉으로 보내면서 백마³로 진격했다. 저수가 간언했다.

"안량은 비록 용감하고 날래기는 하나 도량이 좁으니 모든 것을 맡겨서는
안 됩니다."

원소가 말했다.

"나의 상장이니 그대들이 짐작할 수 있는 바가 아니네."

대군이 전진하여 여양黎陽에 이르자 동군태수 유연劉延이 허창에 다급함
을 알렸다. 조조는 급히 군대를 일으켜 적을 저지할 일을 상의했다. 소식을
들은 관공이 즉시 승상부로 들어가 조조를 찾아뵙고 말했다.

"승상께서 군대를 일으키신다고 들었는데 바라건대 제가 선봉을 맡겠습니
다."

조조가 말했다.

"감히 장군을 번거롭게 할 만한 상황이 아니오. 조만간 일이 생기면 그때
도움을 청하리다."

관공은 이에 물러났다. 조조는 15만 명의 군사를 일으켜 세 부대로 나누
어 전진했다. 가는 길에서 또 유연의 다급한 문서가 이어지자 조조는 먼저
5만 명을 거느리고 친히 백마에 이르러 토산에 의지하며 주둔했다. 멀리 산
앞의 광활하고 평탄한 평야를 바라보니 안량의 선봉대 정예병 10만 명이 진
세를 펼치고 있었다. 깜짝 놀란 조조는 여포의 옛 장수 송헌을 돌아보며 말
했다.

"자네가 여포 부하의 맹장이라고 들었는데 지금 안량과 한번 싸워보도록
하게."

송헌은 바로 승낙한 후 창을 움켜쥐고 말에 올라 곧바로 진 앞으로 달려
나갔다. 안량은 칼을 비껴들고 문기 아래에 말을 세웠는데 송헌의 말이 오는

것을 보고는 크게 한 번 외치고 말을 달려 맞섰다. 채 3합을 싸우지도 않았는데 안량의 손이 올라가는가 싶더니 순식간에 칼을 내리쳐 진 앞에서 송헌을 베었다. 깜짝 놀란 조조가 말했다.

"대단한 용장이로구나!"

위속이 말했다.

"제 동료를 죽였으니 나가서 원수를 갚겠습니다!"

조조가 허락했다. 위속은 말에 올라 창을 잡고 진 앞으로 곧장 쳐들어가며 안량에게 욕설을 퍼부었다. 안량은 아무 말도 하지 않은 채 달려나갔는데 두 말이 엎치락뒤치락하자마자 단 1합 만에 안량의 칼이 머리를 향하더니 위속의 머리를 한칼에 쪼개 말 아래로 떨어뜨렸다. 조조가 말했다.

"이제 누가 감히 맞서보겠는가?"

서황이 그 말과 동시에 튕기듯 나가서 안량과 20합을 싸웠으나 패하고 본진으로 돌아왔다. 그러자 장수들이 벌벌 떨었다. 이에 조조는 군대를 거두었고 안량 또한 군사를 이끌고 물러갔다.

두 장수가 연이어 꺾여 죽는 것을 본 조조는 마음이 침울했다. 정욱이 말했다.

"제가 안량을 대적할 수 있는 사람을 한 명 추천하고자 합니다."

조조가 누구냐고 묻자 정욱이 말했다.

"관공이 아니면 안 될 것 같습니다."

조조가 말했다.

"나는 그가 공을 세우고 떠날까 걱정이오."

정욱이 말했다.

"유비가 살아 있다면 틀림없이 원소에게 의지하고 있을 것입니다. 지금 운장을 시켜 원소의 군대를 격파하면 원소는 반드시 유비를 의심해 죽일 것입니다. 유비가 이미 죽었는데 운장이 또 어디로 가겠습니까?"

조조는 크게 기뻐하며 마침내 사람을 보내 관공을 불러오게 했다. 관공은 즉시 안채로 들어가 두 형수에게 작별 인사를 했다. 두 형수가 말했다.

"서방님께서 이번에 가시면 황숙의 소식을 알아보세요."

관공은 승낙하고 나와서 청룡도를 들고 적토마에 올랐다. 따르는 몇 명을 데리고 곧장 백마로 와서 조조를 만났다. 조조가 상황을 설명했다.

"안량이 연거푸 두 장수를 죽였는데 그 용맹을 감당할 수 없어 특별히 운장을 청해 상의하고자 하오."

관공이 말했다.

"제가 한번 살펴보도록 하겠습니다."

조조가 술자리를 마련해 대접했다. 그때 갑자기 안량이 싸움을 걸고 있다는 보고가 들어왔다. 조조는 관공을 데리고 토산에 올라 살펴보았다. 조조가 산 아래 안량이 배치한 진세를 가리켰는데, 깃발들이 화려하고 창칼이 빽빽하게 늘어선 모습이 엄격하고 정연하며 위엄이 있었다. 조조가 관공에게 일렀다.

"하북의 인마가 이처럼 웅장하구려!"

관공이 말했다.

"제가 보기에는 진흙으로 빚은 닭과 기와로 만든 개에 불과해 쓸모없을 따름입니다!"

조조가 또 가리키며 말했다.

"휘개[4] 아래에 수놓은 전포에 갑옷을 입고 칼을 잡은 채 말을 세운 자가 바로 안량이오."

관공이 눈을 들어 한번 바라보더니 조조에게 일렀다.

"제가 보기에는 몸에 풀을 꽂아 표시하고 머리를 팔러 나온 장사치같이 보일 뿐입니다!"

조조가 말했다.

"가볍게 보아서는 안 되오."

관공이 몸을 일으키며 말했다.

"제가 비록 재주는 없으나 바라건대 1만 명의 군사들 속으로 달려가서 안량의 수급을 가져다가 승상께 바치겠습니다."

장료가 말했다.

"군중에서는 농담으로 말하는 것이 없는 법이니 운장은 소홀히 보지 마시오."

기세 좋게 말에 오른 운장은 청룡도를 거꾸로 들고 토산 아래로 내달렸다. 봉황의 눈을 부릅뜨고 누에 눈썹을 곤추세우더니 곧장 적진을 뚫고 들어갔다. 하북의 군사들은 마치 물결이 갈라지듯 양쪽으로 흩어졌고 관공은 안량에게 곧바로 달려들었다. 휘개 아래에 있던 안량은 관공이 뚫고 달려오는 것을 보고 무언가 물어보려 했으나 관공의 적토마가 워낙 빨라 어느 결에 눈앞까지 달려들었다. 안량이 미처 손쓸 겨를도 없이 운장의 손이 올라가더니 안량을 칼로 찔러 말 아래로 떨어뜨렸다. 관공은 말에서 펄쩍 내려 안량의 수급을 잘라내 말목 아래에 붙들어 묶었다. 운장은 나는 듯이 말에 올라 칼을 잡고 적진을 나오는데 마치 무인지경에 들어간 듯했다. 크게 놀란 하북의 병사들은 싸워보지도 않고 스스로 혼란에 빠졌다. 이때 조조의 군사들이 기세를 몰아 공격하자 죽은 자를 헤아릴 수 없었고, 빼앗은 마필과 무기가 지극히 많았다. 관공이 말고삐를 놓고 산에 오르자 장수들이 축하했다. 관공이 안량의 수급을 조조 앞에 바쳤다. 조조가 말했다.

"장군은 참으로 신인神人이오!"

관공이 말했다.

"저를 어찌 입에 담을 만하겠습니까! 제 아우인 장익덕은 백만의 적군 속에서 상장의 머리 가져오는 것을 마치 주머니 속에서 물건을 꺼내듯이 합니다."

깜짝 놀란 조조가 좌우를 돌아보며 말했다.

"오늘 이후로 장익덕과 마주치면 가볍게 대적하지 말도록 해라."

그러고는 장비의 이름을 두루마기 옷섶 밑에 적어 기억하도록 했다.❹

한편 패한 안량의 군사들이 달아나다 도중에 원소를 만나 얼굴이 붉고 수염이 긴 용장 한 명이 대도를 들고 홀로 진으로 뛰어들어 안량을 베어버려서 대패했다고 보고했다.

원소가 놀라 물었다.

"그자가 누구인가?"

저수가 말했다.

"틀림없이 현덕의 아우인 관운장일 것입니다."

크게 노한 원소가 현덕을 가리키며 말했다.

"네 아우가 나의 사랑하는 장수를 베었으니 너는 필시 함께 일을 꾸몄을 것이다. 너를 살려두어서 어디에 쓰겠느냐!"

그러고는 도부수를 불러 현덕을 끌어내 참수시키려 했다.

처음 만났을 때는 상객의 대접을 받았는데

오늘은 거의 계단 아래의 죄수가 되었구나

初見方爲座上客, 此日幾同階下囚

현덕의 목숨은 어떻게 될 것인가?

제25회 조조의 품으로 간 관우

❶

관우의 세 가지 투항 조건

관우가 조조에게 투항하게 된 과정에 대해 역사는 다음과 같이 기록하고 있다.

『삼국지』「위서·무제기」에 "유비의 장수 관우가 하비에 주둔해 있었는데 조조가 다시 진군하여 공격하자 관우가 투항했다"고 기록되어 있고, 「촉서·선주전」에는 "건안 5년(200), 조공이 동쪽으로 선주를 정벌했고 선주의 군사는 패했다. 조공은 그 무리를 모조리 거두었고 선주의 처자식을 포로로 잡았으며 아울러 관우를 사로잡아 돌아갔다"고 기록되어 있다. 또한 「촉서·관우전」은 "건안 5년(200) 조공이 동쪽 정벌에 나서자 선주는 원소에게 달아났다. 조공은 관우를 사로잡아 돌아왔다. 그를 편장군偏將軍(잡호장군으로 장군 중에 지위가 비교적 낮은 자)으로 봉하고 예로써 매우 후하게 대접했다"고 기록하고 있다. 『자치통감』 권63 「한기 55」에도 같은 내용이 기록되어 있다.

역사 기록에 의하면 조조의 공격에 유비는 원소에게 도망갔고 소패를 지키던 관우는 어떻게 해볼 도리 없이 사로잡혀 투항했다고 봐야 할 것이다. 소설처럼 관우가 투항의 조건으로 세 가지를 제시했고 조조가 그것을 수락했다는 내용은 역사 기록에 존재하지 않으며 허구라고 할 수 있다. 한마디로 관우는 생포되었기 때문에 항복한 것이었다.

❷ 관우의 호색

관우는 생각보다 여자를 좋아했던 것 같다. 『삼국지』「촉서·관우전」 배송지 주 『촉기』에 따르면 "조공이 유비와 함께 하비에서 여포를 포위했다. 관우가 공(조조)에게 여포가 진의록秦宜祿을 시켜 구원을 요청했다고 아뢰며 그의 처를 자신에게 달라고 하자 공이 이를 허락했다. 여포가 격파되기 임박할 즈음에 다시 몇 번 공에게 아뢰자 공은 그녀가 남다른 미색일 것이라 의심하고는 먼저 사람을 보내 맞아들여 살펴보았고 그녀를 자신에게 머물게 하니 관우는 불안해했다. 이것은 『위씨춘추』가 말한 것과 다름이 없다"고 기록되어 있다. 『삼국지』「위서·명제기」 배송지 주 『헌제전』은 다음과 같이 기록하고 있다.

"진의록은 투항하여 귀순했고 질현銍縣(치소는 안후이성 쑤저우宿州 서남쪽)의 현장縣長이 되었다. 유비가 소패로 달아날 때 장비가 수행했는데 질현을 지나가면서 진의록에게 말했다.

'다른 사람이 그대의 처를 빼앗아 갔는데 그를 위해 현장을 하고 있으니 이토록 어리석단 말인가! 나를 따라가겠는가?'

진의록은 유비 일행을 따라서 몇 리를 갔지만 후회하며 돌아가려 하자 장비가 그를 죽였다."

진의록의 아내는 두씨斗氏이고 아들은 곧 진랑秦朗으로 『삼국지』「위서·조상전」 배송지 주 『위략』에 따르면 조조는 두씨와 그녀의 아들 진랑을 맞아들이고 의붓아들인 하안何晏 등과 함께 양육한다.

❸ 미염공이라는 호칭

관우를 미염공이라 부른 사람은 헌제가 아니라 제갈량이었다. 『삼국지』「촉서·

관우전」에 따르면 제갈량이 관우에게 보낸 편지에서 미염공이라 칭했다. "관우의 턱 수염이 매우 아름다웠으므로 제갈량이 그를 '염髥(미염공美髥公)'이라고 부른 것이다. 관우는 편지를 보고 나서 매우 기뻐하며 그것을 빈객들에게 보여주었다"는 기록이 있다.

유비는 수염이 없었다

『삼국지』「촉서·주군전周羣傳」은 다음과 같이 적고 있다.

"처음에 선주가 유장劉璋과 부현涪縣에서 만났을 때 장유張裕는 유장의 종사從事 로 유장을 곁에서 모시고 앉아 있었다. 그 사람은 수염이 빼곡하게 많았으므로 선주 가 비웃으면서 그에게 말했다.

'예전에 내가 탁현에서 살았을 때 모毛씨 성을 가진 자가 특히 많아 동서남북이 모두 모씨였소. 탁현 현령이 '제모諸毛(많은 모씨)가 탁현을 에워싸고 사는구나!諸毛繞 涿居乎'라고 말했소!'

장유가 즉시 대답했다.

'예전에 상당군上黨郡 노현潞縣의 현장이 되었다가 탁현 현령으로 승진한 자가 있 었습니다. 나중에 관직을 떠나 집으로 돌아갔는데, 당시 어떤 사람이 그에게 편지를 보내려 했습니다. 편지에 노현 현장이라고 표기하면 탁현 현령의 직무를 버리게 되 는 것이고, 탁현 현령으로 표기하자니 또 노현 현장의 직무를 빠뜨린 것으로 생각되 어 이에 '노탁군潞涿君'이라 서명했다고 합니다.'

선주에게는 수염이 없었으므로 장유는 이런 말로 도리어 비난했던 것이다."

여기서 제모의 제諸(모두)는 저猪(돼지)와 음(zhu)이 같으니, 제모諸毛(많은 모씨)는 저모猪毛(돼지털)를 말한다. 탁현의 탁涿은 탁啄(부리로 쪼아 먹다)과 음(zhuo)이 같 다. 즉 장유의 주둥이에는 돼지털이 꽉 찼다는 의미다. 그리고 노현潞縣의 로潞는 로露(드러내다)와 음(lu)이 같다. 즉 유비는 수염이 없어 훤히 드러나 있음을 조소한 것이다.

이 기록에 따르면 유비는 수염이 없다는 말을 상당히 싫어했던 것 같다. 그리고 이후에 유비는 항상 그의 불손함을 마음속에 담아두었고 장유는 결국 나중에 저잣 거리에서 처형된다.

❹

관우가 안량을 죽인 장면을 역사는 다음과 같이 기록하고 있다. 『삼국지』 「촉서· 관우전」에 따르면 "관우는 멀리 안량의 휘개麾蓋(장수가 사용하는 깃발과 산개傘蓋로, 산개는 우산 형태로 술이 드리워진 의장물)를 바라보더니 즉시 말에 채찍질을 하여 만 명의 대군 속을 뚫고 들어가 안량을 찌르고 그의 머리를 잘라내어 돌아왔다. 원소 의 수하 장수 가운데 관우를 당해낼 자가 없었기에 마침내 백마白馬의 포위를 풀 수 있었다"고 기록하고 있다.

조조의 곁을 떠나는 관우

원본초의 군대는 패하고 장수를 잃었으며,
관운장은 인장을 걸고 황금을 봉하다

袁本初敗兵折將,
關雲長掛印封金

원소는 현덕을 베어 죽이려 했다. 현덕이 차분하게 앞으로 나오며 말했다.

"명공께서 한쪽의 말만 듣고 지난날의 정을 끊고자 하십니까? 서주에서 뿔뿔이 흩어진 이후로 저는 둘째인 운장이 살아 있는지도 모르는 데다 천하에는 생김새가 같은 자들이 적지 않은데 어찌 붉은 얼굴에 긴 수염의 사람이라 하여 바로 관우라 여기십니까? 명공께선 어찌하여 살펴보지 않으십니까?"

원소는 줏대가 없는 사람이라 현덕의 말을 듣고는 저수를 꾸짖으며 말했다.

"그대의 말을 잘못 듣고 하마터면 좋은 사람을 죽일 뻔했구나."

즉시 원래대로 현덕을 군막 위로 청해 앉히고 안량의 원수를 갚는 일을 상의했다. 그때 군막 아래에서 한 사람이 대꾸하며 앞으로 나와 말했다.

"안량은 저와 형제 같은 사이입니다. 지금 역적 조조에게 살해당했다니 제가 어찌 그 원한을 씻지 않겠습니까?"

현덕이 그 사람을 보니 8척의 키에 얼굴은 해태 같았는데 바로 하북의 명장 문추였다. 원소가 크게 기뻐하며 말했다.

"자네가 아니면 안량의 원수를 갚을 수 없지. 내가 10만 명의 군병을 줄 테니 즉시 황하를 건너 쫓아가서 역적 조조를 죽이거라!"

저수가 말했다.

"안 됩니다. 지금은 마땅히 연진¹에 머물러 주둔했다가 군사를 나누어 관도로 보내는 것이 상책입니다. 가볍게 군사를 움직여 황하를 건넜다가 혹시 변고라도 생기면 모조리 돌아올 수 없을 수도 있습니다."

원소가 노해서 말했다.

"이 모든 것이 너희가 군심을 둔하게 만들고 시간을 끌어 큰일을 방해해서 생긴 일이다! 군사 행동은 신속한 것이 최고라는 '병귀신속兵貴神速'이란 말을 어찌 들어보지 못했단 말이냐?"

저수가 밖으로 나와 한탄하며 말했다.

"윗사람은 자기 뜻만 충족시키려 하고 아랫사람은 공적에만 힘을 쏟으니, 유유히 흐르는 황하를 내가 건너갈 수 있을까?"²

마침내 저수는 병을 핑계로 일을 의논하러 나오지 않았다. 현덕이 말했다.

"이 비가 커다란 은혜를 입어 있는 힘을 다해도 갚을 길이 없었는데 문 장군과 함께 동행하여, 첫 번째로 명공의 덕에 보답하고 두 번째로는 운장의 실제 소식을 알아볼까 합니다."

원소가 기뻐하며 문추를 불러 현덕과 함께 선봉대를 통솔하도록 했다. 문추가 말했다.

"유현덕은 여러 번 패한 장수라 군에 이롭지 못합니다. 주공께서 이미 그를 보내겠다고 하셨으니 제가 군사 3만 명을 나눠주고 그를 후군 부대로 삼고자 합니다."

그리하여 문추 자신은 7만 명을 통솔하여 먼저 떠나고 현덕에게는 3만 명을 이끌고 뒤따르게 했다.

한편 조조는 운장이 안량을 벤 것을 보고 더더욱 그를 존경하게 되었다. 표문을 올려 조정에 아뢰고 운장을 한수정후漢壽亭侯로 봉한 후 인장을 주조하여 관공에게 보냈다.❶

그때 별안간 원소가 다시 대장 문추를 시켜 황하를 건너 이미 연진을 점거했다는 보고가 들어왔다. 조조는 이에 먼저 사람을 보내 백성을 서하³로 이동시킨 다음 직접 군사를 이끌고 맞서 싸우러 가면서 군령을 하달했는데, 후군을 전군으로 삼고 전군을 후군으로 삼으며, 군량과 마초가 먼저 가게 하고 군사들이 뒤에 따르도록 했다. 여건이 말했다.

"군량과 마초를 앞에 두고 군사들이 뒤를 따르는 것은 무슨 뜻입니까?"

조조가 말했다.

"군량과 마초를 뒤에 뒀다가 빼앗긴 일이 많았으므로 앞서가도록 했네."

여건이 말했다.

"적군을 만나 빼앗기기라도 한다면 어떻게 합니까?"

조조가 말했다.

"적군이 당도하면 그때 알게 될 것일세."

여건은 마음속의 의문을 풀지 못했다. 조조는 양식과 치중⁴을 황하 도랑을 따라 연진까지 운반하라 명했다. 후군에 있던 조조는 전군에서 외치는 소리가 들리자 급히 사람을 시켜 알아보게 했다.

"하북의 대장 문추의 군사들이 당도하자 우리 군사들이 모두 양식과 마초를 버리고 사방으로 흩어져 달아났습니다. 후군은 또 멀리 떨어져 있으니 장차 어찌해야 좋겠습니까?"

조조는 채찍으로 남쪽의 토산을 가리키며 말했다.

"저곳으로 잠시 피해라."

인마들이 급히 토산으로 달아났다. 조조는 군사들에게 모두 갑옷을 벗고 잠시 쉬면서 말들을 풀어놓으라고 명했다. 문추의 군사들이 몰려오자 장수들이 말했다.

"적들이 이르렀습니다! 급히 마필들을 거두고 백마로 물러나야 합니다!"

순유가 급히 제지하며 말했다.

"지금 미끼로 적들을 유인하고 있는데 무슨 까닭으로 후퇴한단 말이오?"

조조가 급히 순유에게 눈짓하며 웃었다. 순유도 그 뜻을 알아차리고 다시 말을 꺼내지 않았다. 문추의 군사들이 이미 양식과 마초, 수레와 병장기를 얻자 다시 말을 빼앗으려 달려들었다. 그 바람에 문추의 군사들은 대오가 흩어지고 자기편끼리 서로 뒤죽박죽이 되고 말았다. 이때 조조가 일제히 토산을 내려가 공격하라 영을 내렸고 문추의 군사들은 크게 어지러워졌다. 조조의 군사들이 포위해오자 문추는 용감하게 나서서 홀로 싸웠으나 전열은 점점 오합지졸이 되어갔다. 군사들의 혼란을 멈출 수 없자 문추는 말을 돌려 달아났다. 토산 위에 있던 조조가 문추를 가리키며 말했다.

"문추는 하북의 명장인데 누가 사로잡겠는가?"

장료와 서황이 나는 듯이 일제히 말을 몰아 나가며 크게 소리 질렀다.

"문추는 달아나지 마라!"

문추가 뒤를 돌아보니 두 장수가 쫓아오고 있었다. 그는 철창을 겨드랑이에 꽉 끼어 붙잡고 활을 집어 화살을 얹더니 장료를 향해 쏘았다. 서황이 고함을 질렀다.

"적장은 화살을 쏘지 마라!"

장료가 고개를 숙여 급히 피하자 화살은 투구를 명중시켜 잠영[5]을 끊었다. 장료가 있는 힘을 다해 다시 쫓아갔으나 타고 있던 전마가 문추가 쏜 화살에 뺨을 맞아 앞발굽을 꿇으며 넘어졌고 장료는 땅바닥에 떨어지고 말았다. 문추가 말을 돌려 다시 달려오자 서황이 급히 큰 도끼를 막아내고 싸웠다. 그러나 문추의 배후로 군마가 일제히 몰려오고 있는 것을 본 서황은 대적할 수 없다고 헤아리고 말을 돌려 물러났다. 문추는 강을 따라 추격해왔다. 그때 갑자기 10여 명의 기병이 깃발을 흔들며 오는 것이 보였다. 한 장수가 칼을 들고 나는 듯이 말을 몰아 오고 있었으니, 다름 아닌 관운장이었다. 그가 크게 호통을 쳤다.

"적장은 달아나지 마라!"

이내 문추와 맞붙었다. 싸운 지 3합도 못 되었는데 겁먹은 문추가 말을 돌려 강을 우회해서 달아났다. 그러나 관공의 적토마는 재빠르게 문추를 따라잡았고 뒷머리를 한칼에 찔러 말 아래로 떨어뜨렸다. 토산 위에 있던 조조가 관공이 문추를 찌르는 것을 보고 인마를 휘몰아 들이쳤다. 하북의 군사들 태반이 물에 빠졌으며 군량과 마초, 마필은 조조에게 도로 빼앗겼다.❷

운장은 몇 명의 기병만을 이끌고 사방으로 돌격해 들어갔다. 한창 싸우며 무찌르고 있는 사이에 유현덕이 3만 명의 군사를 통솔하며 뒤따라 당도했다. 앞쪽에서 정찰 기병이 상황을 탐지하고 현덕에게 보고했다.

"이번에도 붉은 얼굴에 긴 수염의 장수가 문추를 죽였습니다."

현덕이 황급히 말을 달려와서 살펴보았다. 강을 사이에 두고 바라보니 한 떼의 인마가 나는 듯이 오가는데 깃발에 '한수정후 관운장'이란 일곱 자가 적혀 있었다. 현덕은 몰래 하늘과 땅에 감사하며 말했다.

"내 아우가 과연 조조한테 있었구나!"

불러서 만나려고 했으나 조조의 부대가 밀려들어오자 하는 수 없이 군사를 거두어 돌아갔다. 이때 원소는 관도에 이르러 군영을 세우고 방책을 쳤다. 곽도와 심배가 들어와 원소를 만나 뵙고 말했다.

"이번에도 관공이 문추를 죽였는데 유비는 모르는 척하고 있습니다."

크게 성난 원소가 욕을 퍼부었다.

"귀 큰 도적놈아! 어찌 감히 이럴 수가 있단 말이냐!"

잠시 후 현덕이 오자 원소는 끌어내어 참수하라 명했다. 현덕이 말했다.

"저에게 무슨 죄가 있습니까?"

원소가 말했다.

"네가 고의로 네 아우 놈을 시켜 나의 대장 한 명을 또 죽이고는 어찌하여 죄가 없다고 하느냐?"

현덕이 말했다.

"한 말씀 드리고 죽게 해주십시오. 조조는 평소에도 저를 꺼렸는데 지금 제가 명공에게 있는 것을 알고 공을 돕지나 않을까 두려워하여 일부러 운장을 시켜 두 장수를 죽이게 한 것입니다. 공께서 이 사실을 알면 틀림없이 노하실 것이므로, 이는 공의 손을 빌려 저를 죽이려고 한 것입니다. 명공께서는 다시 한번 생각해주시기 바랍니다."

원소가 말했다.

"현덕의 말이 맞다. 너희가 하마터면 내게 어진 이를 해쳤다는 오명을 얻게 할 뻔했구나."

소리쳐 좌우를 물리고는 현덕을 군막 위로 청해 앉혔다. 현덕이 감사하며 말했다.

"명공의 관대한 은혜를 입었으니 보답할 길이 없습니다. 그래서 심복 한 명을 시켜 운장에게 밀서를 보내고자 하는데 이 유비의 소식을 알게 되면 운장은 틀림없이 밤사이 달려올 것입니다. 그런 다음 명공을 보좌하고 함께 조조를 죽여 안량과 문추의 원수를 갚고자 하는데 어떠십니까?"

원소가 크게 기뻐하며 말했다.

"내가 운장을 얻는다면 안량과 문추보다 10배는 나을 것이오."

현덕이 편지를 썼지만 보낼 만한 사람이 없었다.

원소는 무양武陽[6]으로 군사를 물린 다음 군영을 수십 리에 걸쳐 이어지도록 세운 후 군사 행동을 멈추고 움직이지 않았다. 조조는 이에 하후돈에게 군대를 통솔하여 관도의 협곡 입구를 지키게 하고는 자신은 회군하여 허도로 돌아와서 크게 연회를 열어 관원들을 모아놓고 운장의 공을 치하했다. 여건에게 일렀다.

"지난번에 내가 군량과 마초를 앞에 두라고 한 것은 미끼로 적을 유인하려는 계책이었네. 오직 순공달荀公達(순유의 자)만이 내 마음을 알았을 뿐이네."

모두 탄복했다. 한창 술을 마시고 있는 사이에 별안간 보고가 들어왔다.

"여남에 황건 유벽劉辟과 공도龔都가 심히 창궐한다고 합니다. 조홍이 여러 차례 싸웠으나 불리해져 군대를 파견해 구원해달라고 합니다."

운장이 그 말을 듣더니 나서며 말했다.

"제가 개와 말의 하찮은 힘이라도 보태 여남의 도적들을 격파하고자 합니다."

조조가 말했다.

"운장이 큰 공을 세웠어도 아직 후하게 사례하지 못했는데 어찌 다시 수고롭게 싸우러 나가게 하겠소?"

관공이 말했다.

"저는 오래 한가하게 있으면 반드시 병이 생깁니다. 바라건대 다시 한번 출정하고자 합니다."

조조는 관공의 당당한 기세를 칭찬하고 군사 5만 명을 점검하여 우금과 악진을 부장으로 삼아 이튿날 출병하도록 했다. 순욱이 은밀히 조조에게 일렀다.

"운장에게는 항상 유비에게 돌아갈 마음이 있어 유비의 소식을 알게 되는 즉시 반드시 떠날 것이니 자주 출정하지 못하게 해야 합니다."

조조가 말했다.

"이번에 공을 세우면 내 다시는 적과 맞서게 하지 않을 것이오."

한편 운장은 군대를 이끌고 여남 근처에 당도하여 군영을 세웠다. 그날 밤 군영 밖에서 두 명의 정탐꾼이 잡혀왔다. 운장이 보니 그 가운데 한 명이 낯이 익었는데 바로 손건이었다. 관공은 좌우를 꾸짖어 물리치고는 손건에게 물었다.

"공은 패전하고 뿔뿔이 흩어진 이후에 줄곧 종적을 듣지 못했는데 지금 어찌하여 이곳에 계시오?"

손건이 말했다.

"저는 피란 간 이후에 여남을 떠돌아다녔는데 다행히 유벽이 거두어줬습니다. 지금 장군께서는 어찌하여 조조가 있는 곳에 계십니까? 감부인과 미부인 두 분께서는 무사하십니까?"

관공은 지나간 일들을 두루 자세히 이야기했다. 손건이 말했다.

"근자에 현덕공께서 원소에게 가 계신 것으로 들었는데 그곳으로 가려고 해도 적당한 기회를 얻지 못합니다. 지금 유벽과 공도 두 사람은 원소에게 귀순하여 조조를 공격하는 일을 돕기로 했습니다. 천만다행으로 장군께서 이곳에 오셨다는 것을 알고 특별히 병졸에게 길을 인도하도록 하여 저를 정탐꾼으로 여겨 장군께 보고를 드린 것입니다. 내일 두 사람이 한바탕 거짓으로 패한 척하면 공께서는 속히 두 부인을 모시고 원소에게로 가셔서 현덕공과 만나시지요."

관공이 말했다.

"형님께서 원소에게 가 계신다니 내가 반드시 밤을 새서라도 갈 것이오. 그러나 유감스럽게도 내가 원소의 장수 두 명을 죽였으니 지금쯤 무슨 변고라도 생기지 않았을까 걱정이오."

손건이 말했다.

"제가 먼저 가서 그쪽의 허실을 알아본 다음에 다시 와서 장군께 보고드리겠습니다."

관공이 말했다.

"내가 형님을 한 번만이라도 뵐 수 있다면 비록 만 번 죽는 한이 있더라도 마다하지 않을 것이오. 지금 허창으로 돌아가 바로 조조에게 작별을 고할 것이오."

그날 밤 비밀리에 손건을 보냈다.

이튿날 관공이 군사를 이끌고 나가자 공도가 갑옷을 입고 진을 나왔다. 관공이 말했다.

"너희는 무슨 까닭으로 조정을 배반했는가?"

공도가 말했다.

"네가 바로 주인을 배반했으면서 어찌하여 도리어 나를 책망하는가?"

관공이 말했다.

"내가 무슨 주인을 배반했다고 하는가?"

"유현덕은 원본초에게 의지하고 계시는데 너는 도리어 조조를 따르고 있으니 무엇 때문이냐?"

관공은 아무 말도 하지 않은 채 말에 박차를 가하고 칼을 휘두르며 앞으로 내달렸다. 그러자 공도는 이내 달아났고 관공이 뒤를 쫓았다. 공도가 몸을 돌려 관공에게 고했다.

"옛 주인의 은혜를 잊어서는 안 되오. 공은 속히 진격하시오. 내가 여남을 양보하리다."

관공은 그의 의중을 깨닫고 군사를 몰아 들이쳤다. 유벽과 공도 두 사람은 거짓으로 패한 척하며 사방으로 흩어졌다. 운장은 주현[7]을 빼앗은 다음 백성을 안정시키고 철군하여 허창으로 돌아왔다.❸

조조는 곽까지 나와 영접하며 군사들을 포상하고 위로했다.

연회가 파한 뒤 운장은 집으로 돌아가 문밖에서 두 형수에게 인사를 올렸다. 감부인이 말했다.

"서방님께서는 두 차례나 출정하셨는데 황숙의 소식은 들으셨어요?"

관공이 대답했다.

"아직 못 들었습니다."

관공이 물러나자 두 부인은 문안에서 통곡하며 말했다.

"황숙께서 돌아가신 것 같아! 큰 서방님이 우리가 괴로워할까봐 염려스러워 일부러 숨기고 말씀하지 않으시는 거야."

두 부인이 울고 있는데 관공을 수행했던 한 늙은 군사가 곡소리가 끊이지 않는 것을 듣고는 문밖에서 고했다.

"부인, 이제 울음을 그치십시오. 주인어른께서는 지금 하북의 원소에게 가 계신다고 합니다."

부인이 말했다.

"네가 그것을 어떻게 아느냐?"

군사가 말했다.

"관장군을 따라 출정했다가 어떤 사람이 진영에서 그렇게 말하는 것을 들었습니다."

부인이 급히 운장을 불러 꾸짖으며 말했다.

"황숙께서 서방님을 저버린 적이 없으신데 서방님은 조조의 은혜를 받더니 지난날의 의리를 잊어버리고 실제 사정을 내게 알려주지 않으니 무엇 때문이에요?"

관공이 머리를 조아리며 말했다.

"형님께선 지금 확실히 하북에 계십니다. 감히 형수님들께 알려드리지 않은 것은 기밀이 새나갈까 염려되어 그런 것입니다. 이 일은 천천히 계획해야지 서둘러서는 안 됩니다."

감부인이 말했다.

"서방님께서는 서두르셔야 합니다."

관공은 떠날 계책을 여러모로 궁리하느라 앉으나 서나 불안했다.

한편 우금은 유비가 하북에 있다는 것을 탐지하고 조조에게 보고했다. 조조는 장료를 보내 관공의 뜻을 알아보게 했다. 관공이 마침 우두커니 앉아 있는데 장료가 들어와 축하했다.

"형이 진중에서 현덕의 소식을 알게 됐다고 들어 일부러 축하하러 왔소."

관공이 말했다.

"옛 주인이 비록 그곳에 살아 계시다고는 하지만 한 번도 뵌 적이 없는데 어찌 기뻐하겠소!"

장료가 말했다.

"형과 현덕의 교분이 이 아우와 형의 교분에 비교해서 어떻다고 생각하시오?"

"나와 형은 친구의 교분이고, 나와 현덕은 친구이면서도 형제이며, 형제이면서 또한 주인과 신하의 관계인데 어찌 함께 논할 수 있겠소?"

"지금 현덕이 하북에 계신다고 하니 형께서는 쫓아가려 하시오?"

"지난날 했던 말을 어찌 어길 수 있겠소! 문원께서 나를 위해 승상께 뜻을 전해주시오."

장료가 돌아와서 관공의 말을 조조에게 전하자 조조가 말했다.

"내게 그를 떠나지 못하게 할 계책이 있네."❹

한편 관공이 한창 궁리를 하고 있는데 별안간 옛 친구가 찾아왔다는 보고가 들어왔다. 청해서 들였는데 모르는 사람이었다. 관공이 물었다.

"공은 누구시오?"

그 사람이 대답했다.

"저는 원소의 부하인 남양 사람 진진陳震이라 합니다."

관공이 깜짝 놀라 급히 좌우를 물리치고 물었다.

"선생께서 이곳에 오신 것을 보니 틀림없이 무슨 일이 있는 것이지요?"

진진이 한 통의 편지를 꺼내 관공에게 건넸다. 받아보니 바로 현덕의 글이었다.

"이 비는 족하[8]와 더불어 도원에서 결의하고 함께 죽기로 맹세했소. 지금 어찌하여 도중에 맹세를 어기고 은혜를 저버리고 의리를 끊었소? 그대가 반드시 공명을 취하고 부귀를 얻고자 한다면, 이 비의 수급을 바쳐서 모든 공을 이루도록 하리다. 글로는 모두 말할 수 없고 죽음으로써 명령만 기다릴 뿐이오."

편지를 읽고 난 관공은 통곡하며 말했다.

"내가 형님을 찾지 않으려고 한 것이 아니라 계신 곳을 몰랐소. 어찌 부귀를 도모하고자 옛 맹세를 저버리겠소?"

진진이 말했다.

"현덕께서 공을 몹시 간절하게 고대하고 계시니 공께서 옛 맹세를 저버리지 않으셨다면 속히 가서 만나셔야지요."

관공이 말했다.

"사람이 천지간에 태어나서 처음과 끝이 한결같지 않다면 군자가 아니지요. 내가 왔을 때 분명하게 하고 왔으니 갈 때도 확실하게 하지 않으면 안 되오. 내 지금 편지를 써드릴 테니 공께서 번거롭더라도 형님께 전달해주시오. 나는 조조에게 작별을 하고 두 형수님을 모시고 가서 만나 뵐 것이오."

진진이 말했다.

"조조가 허락하지 않으면 어찌하실 것이오?"

"내가 차라리 죽을지언정 어찌 이곳에 오래 머물 수 있겠소!"

"공께서는 속히 회신을 써 유사군의 기대를 우선 풀어드리시오."

관공이 답신을 썼다.

"삼가 듣건대 의리는 마음을 저버리지 않고 충성은 죽음을 돌아보지 않는다고 하더이다. 어려서부터 책을 읽어 대강 예와 의를 알고 있는데 양각애와 좌백도의 일9을 읽고서 일찍이 세 번 탄식하고 눈물을 흘렸습니다. 이전에 하비를 지킬 때 안으로는 쌓아둔 곡식이 없고 밖으로는 구원병이 오지 않아 목숨을 다해 싸우고자 했으나 두 형수님이 중요했기에 어쩔 수 없이 감히 목을 잘라 목숨을 바치지 못하고 형님이 부탁하신 바를 저버린 채 잠시 몸을 의탁한 후에 다시 만나기를 기대하고 있었습니다. 그러다 근래에 여남에서 비로소 형님의 소식을 알게 되었으니, 즉시 조조에게 작별을 고하고 두 형수님을 모시고 돌아가겠습니다. 제가 다른 마음을 품었다면 신과 사람이 함께 죽일 것입니다. 배를 갈라 담즙을 떨어뜨려 속을 터놓고 싶지만 붓과 종이로써는 모두 드러내어 표현하기 어렵습니다. 우러러 절을 올릴 날이 멀지 않으니 엎드려 바라건대 삼가 살펴주소서.”

진진이 답서를 받아 돌아갔다.❺

관공은 안으로 들어가 두 형수에게 알리고 즉시 작별을 고하고자 승상부로 갔다. 그러나 조조는 관우가 만나러 온 뜻을 알고 있기에 문에다 회피패回避牌를 내걸고 만나지 않으려 했다. 관공은 답답하고 울적한 마음으로 돌아와서는 이전부터 따르던 하인들에게 명하여 수레와 말을 준비해 언제든지 모실 수 있게 하고, 집안의 하사받은 물건들을 모조리 남겨두고 털끝만큼도 가져가서는 안 된다고 분부했다. 이튿날 다시 하직하러 승상부로 갔으나 현관에 또 회피패가 걸려 있었다. 관공이 연거푸 갔으나 번번이 만나지 못했다. 이에 장료의 집으로 찾아가 그 일을 말하고자 했으나 장료 또한 병을 핑계로 나오지 않았다. 관공은 생각했다.

‘이것은 조승상이 내가 떠나지 못하도록 하려는 뜻이구나. 내가 떠나겠다고 이미 결정을 했으니 어찌 다시 머무를 수 있겠는가!’

그러고는 즉시 조조에게 하직을 고하는 편지 한 통을 썼다. 내용은 대략 다음과 같다.

"제가 젊었을 때 황숙을 섬기면서 함께 살고 함께 죽기로 맹세하며 하늘과 땅의 신께 고했습니다. 지난번 하비를 지키지 못했을 때 세 가지 일을 청했고 그때 이미 은혜롭게 승낙을 받았습니다. 이제 옛 주인께서 원소의 군중에 계시다는 것을 알았기에 지난날의 맹세를 돌이켜 생각건대 어찌 어길 수 있겠습니까? 새로운 은혜가 비록 두텁다고는 하나 옛 의리를 잊을 수는 없습니다. 이에 특별히 서신을 올려 하직을 고하노니 엎드려 바라건대 살펴주소서. 갚지 못한 은혜는 원컨대 다른 날에 보답하리다."

편지를 쓰고 나서 단단히 봉한 다음 사람을 시켜 승상부에 전달하게 했다. 그러는 한편 여러 차례에 걸쳐 받은 금은을 일일이 밀봉하여 창고에 넣어두고 한수정후의 인印은 대청 위에 걸어둔 뒤 두 부인을 청해 수레에 오르도록 했다. 적토마에 오른 관공은 손에 청룡도를 잡고 이전부터 따르던 하인들을 인솔하여 수레를 호송하며 곧장 북문으로 향했다. 문을 지키는 관리가 가는 길을 막아섰으나, 관공이 눈을 부릅뜨고 칼을 비껴들며 크게 고함을 지르자 모조리 물러났다. 이미 성문을 나간 관공은 수행원에게 일렀다.

"너희는 수레를 호송하여 먼저 가거라. 뒤쫓는 자가 있으면 내가 맡을 터이니 두 부인을 놀라게 하지 말거라."

수행원들은 수레를 밀며 관도官道(국가에서 건설한 도로. 큰길)를 향해 나아갔다.❻

한편 조조는 관공의 일을 의논하다 아직 결정하지 못하고 있었는데 좌우에서 관공이 편지를 올렸다고 보고했다. 조조가 즉시 편지를 읽고는 깜짝 놀랐다.

"운장이 떠났구나!"

그때 북문을 지키던 장수가 보고했다.

"관공이 문을 박차고 나갔습니다. 수레와 말을 탄 자가 20여 명인데 모두 북쪽을 향해 갔습니다."

또한 관공의 저택에 있던 사람이 와서 보고했다.

"관공이 하사받은 금은 등의 물건들을 밀봉했습니다. 미녀 10여 명은 별도로 내실에 머무르게 했습니다. 그리고 한수정후의 관인은 대청 위에 걸려 있습니다. 또한 승상께서 보내신 하인들은 아무도 데려가지 않고 원래 따르던 사람들과 몸에 지닐 수 있는 짐만 꾸려가지고 북문으로 나갔습니다."

모두 깜짝 놀랐다. 한 장수가 몸을 일으켜 나오며 말했다.

"제가 철기 3000명을 이끌고 쫓아가서 관 아무개를 사로잡아 승상께 바치겠습니다!"

모두 보니 바로 장군 채양蔡陽이었다.

만장이나 깊은 교룡의 굴속에서 벗어나고자 하는데
또 삼천의 이리와 호랑이 같은 군사들을 만나는구나
欲離萬丈蛟龍穴, 又遇三千狼虎兵

채양이 관공의 뒤를 쫓으려 하는데 결국 어떻게 될 것인가?

제26회 조조의 곁을 떠나는 관우

❶

한수정후漢壽亭侯

『삼국지』「촉서·관우전」에 따르면 관우가 조조에게 항복하자 조조는 관우를 편장군으로 임명했다가 안량을 죽인 후 백마의 포위가 풀리자 표문을 올려 한수정후로 봉했다고 기록하고 있다. 편장군은 잡호장군으로 장군 가운데 지위가 비교적 낮은 직급이다. 한수정후는 후한 시기 형주 무릉군武陵郡에 한수현漢壽縣(전한 때 삭현索縣을 설치했고 후한 시기에 한수로 명칭을 바꾸었다. 지금의 후난성 창더常德 동북쪽)이 있었는데, 즉 이는 관우에게 봉해진 땅이었다.

정후亭侯는 작위 명칭으로 진秦, 한, 위, 진晉 때 설치되었고 20등급의 작위 가운데 가장 높은 것을 철후徹侯라 했다. 후에 한 무제를 피휘하기 위해 통후通侯로 변경했고 나중에 다시 열후로 변경되었다. 후한 시기 때 열후 중에서 공이 큰 자는 식현食縣, 공이 작은 자는 식향食鄕, 정亭이었는데 식록이 현에 해당하는 자를 현후縣侯라 했고 향鄕, 정亭에 해당하는 자를 향후鄕侯, 정후亭侯라 했다. 한수정후는 봉후 중에서도 지극히 낮은 것으로 식록이 향보다도 적은 정에 불과하다.

❷

문추는 누구에게 죽임을 당했을까?

『삼국지』「위서·무제기」는 조조가 문추의 군사를 격파하는 과정을 다음과 같이 기록하고 있다.

"원소는 황하를 건너 공(조조)의 군대를 추격하며 연진延津 남쪽까지 이르렀다. 공은 군대를 통솔하여 남쪽 산비탈(백마성에서 50리 떨어진 백마산白馬山 남쪽 비탈) 아래에 군영을 세우고 사람을 시켜 보루 위로 올라가 원소의 군대를 살펴보게 했다. 보고가 들어왔다.

'대략 500~600명의 기병이 있습니다.'

잠시 후 또 보고했다.

'기병의 수가 점점 증가하고 있고 보병은 이루 다 헤아릴 수 없이 많습니다.'

공이 말했다.

'다시 보고할 필요 없다.'

그러고는 기병에게 말안장을 풀어 전마를 놓아주라고 명했다. 이때 백마로부터 군수 물자가 출발했다. 장수들은 적의 기병이 많으므로 군수 물자를 운송하는 부대를 돌려보내고 군영을 보호하는 편이 낫다고 여겼다. 순유가 말했다.

'이것은 적을 유인하는 것인데 어떻게 철수한단 말인가!'

원소의 기병 장수 문추와 유비가 5000~6000명의 기병을 이끌고 잇따라 도착했다. 장수들이 다시 말했다.

'말에 오르셔야 합니다.'

공이 말했다.

'아직은 아니다.'

잠시 후 적의 기병의 수가 점점 많아졌고 그중 어떤 자들은 군수 물자를 강탈하려고 진을 벗어나 제각기 달려오고 있었다. 공(조조)이 말했다.

'됐다.'

이에 모두 말에 올랐다. 그때 기병의 수는 600명이 안 됐는데 마침내 군사를 적진으로 돌격시켜 적군을 크게 격파하고 문추의 목을 베었다."

『자치통감』 권63 「한기 55」에도 같은 내용이 기록되어 있다. 관우가 문추를 죽였다는 역사 기록은 없으며 문추는 조조와의 전투 과정에서 조조의 군사들에 의해 죽임을 당한 듯하다.

❸

유벽과 공도는 동시에 일어나지 않았다

『삼국지』 「위서·무제기」에 "건안 5년(200), 여남에서 항복한 도적 유벽劉辟 등이 배반하고 원소에게 호응하여 허현 일대를 공략했다. 원소는 유비를 파견해 유벽을 돕게 했지만, 공(조조)이 조인을 파견하여 그들을 섬멸시켰다. 유비는 달아났고 마침내 유벽의 주둔지를 처부수었다"고 기록되어 있다. 『삼국지』 「촉서·선주전」에 "원소가 선주를 파견해 본부 병마를 인솔하여 다시 여남으로 가서 도적 공도龔都 등과 합류했으므로 무리가 수천 명에 이르렀다. 조공이 채양蔡陽을 파견해 선주를 공격하도록 했으나 선주에게 살해되었다"고 기록되어 있는데 이것은 1년 후인 건안 6년(201)의 일이다. 유벽과 공도가 일어난 것은 같은 시기가 아니라 1년이라는 시간 차이를 두고 있다. 또한 관우가 유벽과 공도를 토벌했다는 기록은 보이지 않는다.

❹

『삼국지』 「촉서·관우전」은 다음과 같이 기록하고 있다.

"당초에 조공은 관우의 사람됨이 기개가 웅장하다고 여겼으나 그의 마음을 살펴보니 그에게 오랫동안 머물려는 뜻이 없음을 느끼고는 장료에게 말했다.

'경이 사적인 정으로 그의 진실된 생각을 물어보시오.'

얼마 후 장료가 이 일에 대해 관우에게 묻자 관우는 탄식하며 말했다.

'나는 조공께서 후하게 대접해주는 것을 잘 알고 있으나, 이미 장군의 두터운 은혜를 입었고 함께 죽기로 맹세했으니 그를 배신할 수 없소. 끝까지 이곳에 남아 있을 수 없으며 내 반드시 공을 세워 조공께 보답한 뒤에 떠날 것이오.'

장료가 관우의 말을 조공에게 보고하자 조공은 관우가 매우 의기가 있는 사람이라고 생각했다."

또한 배송지 주 『부자傅子』는 다음과 같이 기록하고 있다.

"장료는 태조에게 보고하려 했지만 태조가 관우를 죽일까 두려워 보고하지 못했다. 그러나 군주를 섬기는 도리가 아니기에 이에 탄식하며 말했다.

'공(조조)은 군부君父(국군國君)요, 관우는 형제일 뿐이로다.'

결국은 보고했다. 그러자 태조가 말했다.

'군주를 섬기는 데 그 본분을 잊지 않으니 천하의 의사로다. 언제 떠날 것으로 헤아리는가?'

장료가 말했다.

'관우는 공의 은혜를 입었으니 반드시 공적을 세워 공께 보답한 다음에 떠날 것입니다.'"

❺

진진은 누구인가?

『삼국지』「촉서·진진전」에 따르면 "진진은 자가 효기孝起이고 남양군 사람이다. 선주가 형주목을 겸임할 때 부름을 받아 종사로 임명되어 형주 각 군郡을 감찰했으며 선주를 수행하여 촉으로 들어갔다"고 기록하고 있다. 진진이 원소의 부하였고 관우에게 유비의 편지를 전했다는 기록은 없다.

❻

관우는 허도에서 떠나지 않았다

『삼국지』「촉서·관우전」에 따르면 "관우가 안량을 죽이자 조공은 관우가 반드시 떠날 것을 알고 무거운 상을 하사했다. 관우는 조조가 내린 상을 모두 봉인하여 보관해두었고 편지를 써서 작별을 고한 다음 원소 군중에 있던 선주에게로 달려갔다"고 기록하고 있다.

또한 『삼국지』 「위서·무제기」에 따르면 "안량과 문추는 모두 원소의 명장으로 두 차례 교전에서 전부 참살당하자 원소의 군대가 크게 놀라 동요했다. 공(조조)은 회군하여 관도로 돌아갔다. 원소는 양무현陽武縣에 주둔했고 관우는 도망쳐 유비에게 돌아갔다"고 기록하고 있다. 이때 조조는 관도에서 직접 군대를 지휘하며 원소와 전쟁 중이었고 안량을 죽인 관우 또한 전선에 있었지 허도에 있었던 것은 아니었다.

관우는 유비의 처자식을 데리고 가지 않았다

『삼국지』 「촉서·선주전」에는 "건안 5년(200)에 조조가 유비를 정벌했고 그 무리를 모조리 거두었으며 선주의 처자식을 포로로 잡았다"고 했으며, 「위서·무제기」에는 "[조조는] 동쪽으로 가서 유비를 공격하여 격파하고 장수 하후박夏侯博을 사로잡았다. 유비는 원소에게 도망쳤고 [조조는] 그의 처자식을 포로로 잡았다"는 기록이 있다.

여기에서 감부인은 유비가 소패에 있을 때 첩으로 들인 사람으로 이때는 비천한 신분이었으므로 '처'라고 하기는 어렵다. 또한 나중에 관우가 유비에게 돌아갔을 때 유비의 처자식을 데리고 갔다는 기록은 존재하지 않는다. 유비의 처자식과 관우가 조조의 포로가 된 것은 사실이지만 관우가 유비의 처자식을 데리고 항상 같이 행동했다는 기록은 없다. 노필은 『삼국지집해』에서 "유비의 처자식은 조조의 포로가 되었고 그 이후 종적은 알 수가 없다"고 했다.

다섯 관문에서
여섯 장수를 베다

미염공은 천 리 길을 단기로 홀로 달리고,
한수정후는 다섯 관문에서 여섯 장수를 베다

美髥公千里走單騎,
漢壽侯五關斬六將

조조의 여러 부하 장수 가운데 장료를 제외하고는 서황만이 운장과 교분이 두터웠다. 나머지 장수들도 운장의 인품을 존경하며 감복했지만 유독 채양만은 관공을 인정하지 않았으므로 오늘 관우가 떠났다는 소식을 듣고는 추격하려 했다. 조조가 말했다.

"옛 주인을 잊지 않고 오고 가는 것이 분명하니 진정한 장부로다. 모두 그를 본받아야 할 것이오."

바로 큰 소리로 채양을 꾸짖어 물리고 뒤쫓지 못하도록 명했다. 정욱이 말했다.

"승상께서 관 아무개를 심히 후하게 대접하셨으나 지금 그가 작별을 고하지도 않고 가버리면서 어지럽게 몇 자 적은 편지나 남기고 승상의 위엄을 모독했으니 그 죄가 크다 하겠습니다. 원소에게 가도록 놓아준다면 호랑이에게 날개를 달아주는 격으로 원소에게 힘만 보태주게 됩니다. 차라리 그를 추격해 죽여서 후환을 끊는 것이 나을 듯합니다."

조조가 말했다.

"내가 이전에 이미 허락한 일인데 어찌 신의를 잃는단 말이오! 그 사람은 자기 나름대로 주인을 위한 것이니 쫓지 마시오."

조조가 장료에게 일렀다.

"운장이 황금을 봉하고 관인을 걸었다면 재물로도 그 마음을 움직일 수 없고 작위와 녹봉으로도 그 뜻을 바꾸게 할 수는 없는 것이니 이런 사람을 내가 심히 공경하는 바요. 그가 멀리 가지 못했을 것이니 그와 친분을 맺은 김에 내 차라리 인정이나 베풀까 하오. 그대는 먼저 가서 그를 멈추도록 청하고 내가 그를 전송하면서 노자와 전포를 선사하여 후일의 기념으로 삼을까 하오."

명령을 받은 장료는 홀로 먼저 떠났다. 조조는 수십 명의 기병을 거느리고 그 뒤를 따랐다.❶

한편 운장은 하루에 천 리를 달릴 수 있는 적토마를 타고 있어 본래는 누구도 뒤를 따라잡지 못하나, 수레를 호송하기에 감히 말고삐를 놓지 못하고 늦춘 채 천천히 갔다. 그때 갑자기 뒤에서 어떤 사람이 크게 소리 지르는 것을 들었다.

"운장은 잠시 천천히 가시오!"

고개를 돌려보니 장료가 말을 박차며 달려오는 것이 보였다. 관공은 수레를 끄는 자에게 큰길만 바라보면서 급히 가라고 하고 자신은 적토마를 세운 후 청룡도를 꽉 잡고는 물었다.

"문원은 나의 가는 길을 되돌리려고 쫓아온 것은 아니겠지요?"

장료가 말했다.

"아니오. 승상께서 형이 멀리 가는 것을 알고는 전송하고자 오시는데, 특별히 저를 먼저 보내 귀하를 멈추도록 청하는 것이지 다른 뜻은 없소."

"승상의 철기가 올지라도 나는 죽기로 싸울 것이오!"

즉시 다리 위에 말을 세우고 바라보니 조조가 수십 기의 기병을 이끌고 나는 듯이 앞으로 달려오는 것이 보였다. 그 뒤에는 허저, 서황, 우금, 이전의 무리가 따라오고 있었다. 다리 위에서 관공이 칼을 비껴들고 말을 세운 것을 본 조조는 장수들에게 말고삐를 당겨 세우도록 하고 좌우에 늘어서게 했다. 관공은 장수들 수중에 무기가 없는 것을 보고는 비로소 안심했다. 조조가 말했다.

"운장은 어찌 그렇게 서둘러 가시오?"

관공은 말 위에서 몸을 조금 숙이고 대답했다.

"저는 이전에 승상께 아뢴 적이 있습니다. 지금 옛 주인께서 하북에 계시므로 제가 급히 가지 않을 수 없습니다. 여러 차례 승상부로 갔었으나 만나 뵐 수 없었으므로 서신을 올려 하직을 고하고 황금을 봉한 후 관인을 걸어 놓아 승상께 반납하도록 했습니다. 바라건대 승상께서는 지난날의 말씀을 잊지 말아주십시오."

조조가 말했다.

"내가 천하에서 신의를 얻고자 하는데 어찌 이전에 했던 말을 저버리겠소. 장군이 가는 길에 혹여 노자가 부족할까 염려되어 일부러 노자를 준비해서 전송하러 왔소."

한 장수가 바로 말을 탄 채 황금 한 접시를 받쳐 들고 건너왔다. 관공이 말했다.

"여러 번 은혜롭게 하사하신 선물을 받았기에 아직도 노자가 남아 있습니다. 이 황금은 남겨두었다가 장수와 병사들에게 상으로 주시지요."

조조가 말했다.

"특별히 적은 것으로나마 그대가 세운 크나큰 공적에 만 분의 일이라도 보답하고자 하는데 구태여 사양할 필요가 있소?"

"보잘것없는 미약한 수고로움일 뿐인데 어찌 입에 올릴 만한 가치가 있겠습니까."

조조가 웃으면서 말했다.

"운장은 천하의 의로운 인사인데 내가 복이 없다 보니 머무르게 할 수 없는 것이 한스러울 따름이오. 비단 전포 한 벌을 준비했는데 대충이나마 조그만 성의를 표하고 싶소."

영에 따라 한 장수가 말에서 내려 양손으로 전포를 받들고 건너왔다. 운장은 다른 변고가 생길까 걱정되어 감히 말에서 내리지 않고 청룡도의 뾰족한 끝으로 비단 전포를 들어 올리고 몸에 걸친 다음 고삐를 당겨 말 머리를 돌리며 감사했다.

"승상께서 하사하신 전포를 받았으니 다른 날 다시 뵙겠습니다."

마침내 다리를 내려가 북쪽을 향하여 떠났다. 허저가 말했다.

"이자의 무례함이 너무 심한데 어찌하여 사로잡지 않으십니까?"

조조가 말했다.

"그는 혼자이고 우리는 수십여 명인데 어찌 의심하지 않겠는가? 내가 이미 말을 꺼냈으니 추격해서는 아니 되네."

조조는 장수들을 이끌고 성으로 돌아오는 길에 운장을 생각하며 탄식을 멈추지 않았다.❷

한편 관공은 수레를 쫓아 대략 30리를 달렸는데도 수레가 보이지 않았다. 당황한 운장은 말고삐를 놓고 사방을 찾아다녔다. 그때 갑자기 산봉우리에서 한 사람이 나타나더니 크게 소리 질렀다.

"관장군은 잠시 멈추시오!"

운장이 눈을 들어보니 한 소년이 나타났는데 누런 수건을 쓰고 비단옷을 입었으며 창을 잡은 채 말을 타고 있었다. 말목 아래에는 수급 하나가 매달려 있었고 100여 명의 보졸을 이끌며 나는 듯이 앞으로 달려왔다. 관공이 물었다.

"너는 누구냐?"

소년은 창을 버리고 말에서 내리더니 땅바닥에 엎드려 절을 올렸다. 속임수일까 걱정한 운장은 말을 멈춰 세운 뒤 칼을 잡고 물었다.

"장사는 이름을 말해보게."

그가 대답했다.

"저는 본래 양양襄陽 사람으로 성이 요廖이고 이름이 화化라 하며 자가 원검元儉이라 합니다. 세상이 어지러워 강호를 떠돌다가 500여 명의 무리를 모아 약탈을 생업으로 삼아 살고 있습니다. 때마침 동료인 두원杜遠이 산 아래로 순찰을 돌다가 잘못하여 두 부인을 강탈하여 산 위로 올라왔습니다. 제가 따르는 자에게 물어보니 한나라 유황숙의 부인임을 알려주었고 게다가 장군께서 이곳에서 호송하신다고 들었기에 즉시 산 아래로 보내드리려 했습니다. 그런데 두원이란 자가 말하는 것이 불손하여 제가 그를 죽였습니다. 그래서 지금 그자의 머리를 바치고 장군께 죄를 청하는 바입니다."

관공이 말했다.

"두 부인은 어디에 계시느냐?"

요화가 말했다.

"지금 산중에 계십니다."

관공은 급히 산 아래로 모셔 오라고 했다. 얼마 되지 않아 100여 명이 수레를 둘러싸고 다가왔다. 말에서 내린 관공이 칼을 세워놓고 수레 앞에서 차수[1]하며 안부를 물었다.

"두 형수님께서는 놀라지 않으셨습니까?"

두 부인이 말했다.

"요장군이 온전하게 보호해주지 않았다면 두원에게 욕을 당했을 거예요."

관공이 좌우에게 물었다.

"요화가 어떻게 부인들을 구했느냐?"

좌우 모시는 자들이 말했다.

"두원이 위협하며 산으로 끌고 가서는 요화에게 각자 한 사람씩 나누어 처로 삼자고 했습니다. 요화가 그 내력을 묻더니 저희를 정성을 들여 정중하게 모셨는데, 두원이 따르지 않아 요화에게 살해되었습니다."

말을 듣고 난 관공은 비로소 요화에게 절하며 감사했다. 요화가 자신의 부하들을 관공에게 주겠다고 했다. 관공은 이 사람도 결국은 황건의 잔당이라 곁에 둘 수 없다고 생각하여 이에 감사하며 물리쳤다. 요화가 다시 절하며 황금과 비단을 선사했으나 관공은 이 또한 받지 않았다. 요화는 절하며 작별하고 부하들을 거느리고 산골짜기로 돌아갔다. ❸

운장은 조조가 전포를 선물한 일을 두 부인에게 고하고 수레를 재촉하여 앞으로 나아갔다. 날이 저물어 하룻밤 쉬고자 한 장원으로 들어갔다. 수염과 머리카락이 모두 하얗게 센 장원 주인이 나와 맞이하며 물었다.

"장군께서는 성은 무엇이며, 이름은 어떻게 되시는지요?"

관공이 인사를 하며 말했다.

"저는 유현덕의 아우인 관 아무개입니다."

노인이 말했다.

"혹시 안량과 문추를 베어 죽인 관공이 아니시오?"

"그렇습니다."

노인이 크게 기뻐하며 바로 장원 안으로 청했다. 관공이 말했다.

"수레에 두 부인이 더 계십니다."

노인은 즉시 아내와 딸을 불러 나가서 맞이하도록 했다. 두 부인이 초당²에 이르자 관공은 두 부인 곁에서 공손하게 두 손을 맞잡고 섰다. 노인이 관공에게 앉기를 청하자 관공이 말했다.

"두 형수님께서 계시는데 어찌 감히 앉겠습니까!"

노인이 이에 아내와 딸에게 두 부인을 내실로 청해 정성껏 대접하라 이르고 자신은 초당에서 관공을 접대했다. 관공이 노인의 성명을 묻자 노인이 말했다.

"나는 성이 호胡이고 이름이 화華라 하오. 환제 때 일찍이 의랑으로 있었는데 관직을 사직하고 고향으로 돌아왔소. 지금 아들놈 호반胡班이 형양태수³ 왕식王植의 부하로 종사를 지내고 있는데 장군께서 그곳을 지나가신다면 아들놈에게 편지 한 통을 보내고 싶소."

관공이 응낙했다.

이튿날 조반을 마친 다음 두 형수를 수레에 오르도록 청하고 호화의 서신을 받고서는 호화와 작별하고 낙양을 향해 길을 잡았다. 동령관東嶺關⁴이라 불리는 한 관문에 이르렀는데 관을 지키는 성이 공孔이고 이름이 수秀라 하는 장수가 500명의 군사를 거느리고 고개에서 지키고 있었다. 그날 관공이 수레를 호송하며 고개에 오르자 군사들이 공수에게 보고했고 공수가 관을 나와 맞이했다. 관공이 말에서 내려 공수에게 인사를 했다. 공수가 말했다.

"장군께서는 어디로 가십니까?"

관공이 말했다.

"저는 승상께 하직하고 특별히 형님을 찾으러 하북으로 가는 길이오."

"하북의 원소는 바로 승상의 적입니다. 장군께서 이번에 가신다면 틀림없이 승상의 증빙 문서가 있으시겠지요?"

관공이 말했다.

"출발 날짜가 급박하여 얻을 수 없었소."

"증빙 문서가 없으면 사람을 보내 승상께 보고한 다음에야 통과를 허락할 수 있소."

"가서 보고하기를 기다렸다간 내 여정에 차질이 생길 것이오."

"규정 때문에 그렇게 할 수밖에 없소."

관공이 소리쳤다.

"내가 이 관을 지나가는 것을 허락하지 않겠다는 것이냐?"

공수도 맞받아쳤다.

"네가 지나가겠다면 가족을 인질로 남겨두고 가거라."

크게 노한 관공이 칼을 들고 공수를 죽이려 했다. 공수는 물러나 관으로 들어가더니 북을 두드려 군사를 모으고 갑옷을 걸친 채 말에 올라 관 아래로 싸우러 내려오면서 크게 소리 질렀다.

"네가 감히 지나가겠다는 것이냐!"

관공은 수레를 약간 뒤로 물린 다음 칼을 들고 말고삐를 놓고는 아무 말도 하지 않은 채 공수에게 곧장 달려들었다. 공수도 창을 잡고 나와 맞섰다. 두 말이 서로 어우러졌으나 단 1합 만에 강철 칼이 번득이더니 공수의 시신이 말 아래로 떨어졌다. 군사들이 이내 달아나자 관공이 말했다.

"군사들은 달아나지 마라. 내가 공수를 죽인 것은 부득이한 것이니 너희와는 상관이 없다. 너희는 공수가 나를 해치려 했기에 내가 죽인 것이라고 조승상에게 전하도록 해라."

군사들은 모두 말 앞에서 절을 올렸다.

관공은 즉시 두 부인이 타고 있는 수레를 청해 관을 빠져나가 낙양을 향해 나아갔다. 어느새 군사들이 낙양태수[5] 한복韓福에게 보고했다. 한복이 급히 장수들을 모아놓고 상의했다. 아장[6] 맹탄孟坦이 말했다.

"승상의 증빙 문서가 없다면 사사로이 가는 것입니다. 저지하지 않았다가는 필시 처벌을 받을 것입니다."

한복이 말했다.

"관공은 용맹하여 안량과 문추도 죽임을 당했네. 지금 힘으로는 대적할 수 없으니 계책을 써서 그를 사로잡아야 하네."

맹탄이 말했다.

"제게 한 가지 계책이 있는데, 먼저 녹각으로 관 입구를 가로막고 그가 오기를 기다린 후 소장이 군사들을 이끌고 그와 싸우다가 패한 척하면 제가 그를 유인해 쫓아오도록 할 테니 그때 공께서 암전暗箭(몰래 쏘는 화살)으로 그를 쏘십시오. 그가 말에서 떨어질 때 즉시 사로잡아 허도로 압송한다면 틀림없이 무거운 상을 받을 것입니다."

상의를 마치자 관공의 수레가 이미 당도했다는 보고가 들어왔다. 한복은 활시위를 당겨 화살을 얹고 1000명의 인마를 이끌어 관 입구에 벌여 세우고는 물었다.

"오는 사람은 누구시오?"

관공이 말 위에서 몸을 굽혀 공경을 표하고 말했다.

"나는 한수정후 관 아무개인데 감히 길을 빌려 지나가고자 하오."

한복이 말했다.

"조승상의 증빙 문서는 있으시오?"

"일이 바빠서 얻지 못했소."

"나는 승상의 명령을 받들어 이 땅에 군대를 주둔시켜 지키면서 왕래하는 첩자들을 조사하고 심문하는 일을 담당하고 있소. 만일 증빙 문서가 없다면 도주하는 것이라 하겠소."

관공이 성내며 말했다.

"동령관의 공수가 이미 내 손에 죽었는데 너 또한 죽으려고 작정했느냐?"

한복이 말했다.

"누가 저놈을 내게 사로잡아 오겠느냐?"

맹탄이 말을 휘몰아치듯이 몰아 쌍칼을 휘두르며 관공에게 달려들었다. 관공이 수레를 뒤로 물리더니 말에 박차를 가하며 나와 맞섰다. 맹탄은 3합도 싸우지 못하고 말을 돌려 달아났다. 관공이 뒤를 쫓았다. 맹탄은 관공을 유인하려고만 했으나 생각지도 못하게 관공의 말이 빨라 어느새 관공이 그에게 따라붙었고 그는 한칼에 찍혀 두 동강이 나고 말았다. 관공이 고삐를 당겨 말을 세우고 돌아오는데 문어귀에 피해 있던 한복이 온 힘을 다해 화살 한 대를 쏘자 관공의 왼팔에 정통으로 꽂혔다. 관공이 입으로 화살을 뽑자 피가 멈추지 않고 흘러내렸는데도 말을 나는 듯이 몰아 한복에게 달려들어 군사들을 흩뜨렸다. 한복은 급하게 달아나려 했으나 미처 피하지 못했다. 관공이 손을 들어 칼로 내리치자 한복은 머리부터 어깨까지 찍혀서 말 아래로 떨어졌다. 관공은 군사들을 쳐서 흩어지게 하고 수레를 보호했다. 그는 비단을 잘라 화살 맞은 상처를 싸맨 뒤 길에서 사람들의 흉계가 있을까 염려되어 감히 오래 머물지 못하고 그날 밤으로 사수관汜水關으로 향했다.

관을 지키는 장수는 병주 사람으로 성이 변卞이고 이름이 희喜라 했는데 유성추流星錘를 잘 다루었다. 원래는 황건의 잔당이었는데 나중에 조조에게 투항했고 선발되어 관을 지키게 되었다. 바로 그때 관공이 곧 당도할 것이라는 것을 알고 계책 하나를 궁리해냈는데, 관 앞의 진국사鎭國寺 안에 도부수 200여 명을 매복시키고 관공을 절로 유인한 다음 잔을 던지는 것을 신호로 죽이기로 계획했다. 배치를 끝내고 관을 나가 관공을 영접했다. 변희가 나와서 맞이하는 것을 본 관공은 즉시 말에서 내려 대면했다. 변희가 기뻐하며 말했다.

"장군의 명성이 천하를 떨쳤는데 누가 공경하고 우러러보지 않겠습니까! 지금 황숙께 돌아가신다니 충분히 그 충성과 의리를 알겠습니다!"

관공은 공수와 한복을 죽인 일을 간곡하게 말했다. 변희가 말했다.

"장군께서 그들을 죽인 것은 옳은 일입니다. 제가 승상을 만나 뵙고 대신 간곡하게 아뢰어드리겠습니다."

관공은 매우 기뻐했고 함께 말에 올라 사수관을 지나 진국사 앞에 이르렀다. 여러 스님이 종을 울리며 나와 맞이했다.

원래 진국사는 한나라 명제[7] 어전의 향화원[8]으로 본사에는 30여 명의 승려가 있었다. 그중에 관공과 같은 고향인 승려가 있었는데 법명을 보정普淨이라 했다. 바로 그때 보정은 변희의 의도를 알아채고 앞으로 나아가 관공에게 합장하며 인사하고 말했다.

"장군께서는 포동[9]을 떠나신 지 몇 해나 되셨습니까?"

관공이 말했다.

"거의 20년이 되었습니다."

보정이 말했다.

"아직도 빈승貧僧(승려 자신에 대한 겸칭)을 알아보시겠습니까?"

"고향을 떠난 지 너무 오래되어 알아보지 못하겠습니다."

"빈승의 집은 장군 댁과는 강 하나를 사이에 두고 있습니다."

변희는 보정이 고향의 정을 얘기하는 것을 보고 탄로 날까 두려워 큰 소리로 꾸짖었다.

"내가 장군을 연회에 청하고자 하는데 너 같은 중이 무슨 말이 그렇게 많단 말이냐!"

관공이 말했다.

"그렇지 않소. 고향 사람이 서로 만났는데 어찌 옛정을 이야기하지 않겠소?"

보정은 방장方丈(주지의 방)으로 관공을 청해 차를 대접했다. 관공이 말했다.

"두 부인께서 수레에 계시는데 먼저 차를 드리시오."

보정이 차를 가져다가 먼저 두 부인에게 바치고는 관공을 방장 안으로 청했다. 보정은 차고 있던 계도[10]를 손으로 올리며 관공에게 눈짓을 했다. 그 뜻을 알아챈 관공은 좌우에 칼을 잡고 바짝 뒤따르라고 명했다. 변희가 관공을 법당에 차려진 술자리로 청했다. 관공이 말했다.

"변 군君께서 나를 청한 것은 좋은 뜻이오, 아니면 나쁜 생각으로 그런 것이오?"

변희가 미처 대답도 하기 전에 관공은 어느새 벽면을 장식한 휘장 속에 숨어 있는 도부수들을 보고서는 이내 변희에게 크게 호통을 쳤다.

"나는 너를 좋은 사람으로 여겼거늘 어찌 감히 이렇게 할 수 있단 말이나!"

일이 탄로 난 것을 안 변희가 크게 소리 질렀다.

"좌우는 손을 쓰거라!"

도부수들이 손을 쓰려고 했으나 그들은 관공의 검에 모조리 찍히고 말았다. 변희가 법당을 내려가 복도를 돌아 달아나자 관공은 검을 버리고 큰칼을 쥐고는 뒤를 쫓았다. 변희가 은밀하게 유성추를 꺼내 관공을 향해 던졌다. 관공은 칼로 유성추를 막아내고 변희를 쫓아 한칼에 두 동강 냈다. 즉시 몸을 돌려 두 형수를 살피러 가니 어느새 군사들이 에워싸고 있었는데 관공이 오는 것을 보고는 사방으로 달아났다. 관공은 군사들을 쫓아가 흩어버리고 보정에게 감사했다.

"스님이 아니었다면 이미 이 도적놈들에게 해를 당했을 것이오."

보정이 말했다.

"빈승은 이곳에서 용납하기 어렵게 되었으니 의발[11]을 꾸려 다른 곳으로 구름처럼 떠돌아다닐까 합니다. 훗날 만날 기회가 있겠지요. 장군께서는 몸조심하십시오."

관공은 보정에게 감사한 뒤 수레를 호송하여 형양榮陽을 향해 출발했다.

형양태수 왕식은 한복과는 사돈 관계였다. 관공이 한복을 죽였다는 소식을 듣고는 은밀하게 관공을 해치기로 상의한 다음 사람을 시켜 관문 입구를 지키게 했다. 왕식은 관공이 도착하기를 기다렸다가 관을 나가서 기쁘게 웃으며 영접했다. 관공이 형님을 찾아가는 일을 간곡하게 말하자 왕식이 말했다.

"장군께서는 말을 채찍질하며 달려오셨고 수레에 계신 부인들께서도 피곤하실 터이니 잠시 성으로 들어가서 역관에서 하룻밤 쉬십시오. 내일 길에 오르셔도 늦지 않을 것입니다."

왕식의 뜻이 깊고 호의가 두터운 것을 본 관공은 마침내 두 형수를 청하여 성으로 들어갔다. 역관에는 모든 것이 준비되어 있었다. 왕식이 연회에 초청했지만 관공이 사양하고 가지 않자 왕식은 사람을 시켜 역관으로 술상을 보냈다. 관공은 길에서 고생한 두 형수를 청해 저녁 식사를 마치고 정방[12]에서 쉬도록 했다. 또한 따르던 자들도 각자 쉬게 하고 말도 배부르게 먹이도록 했다. 그런 다음 관공 또한 갑옷을 벗고 휴식을 취했다.

한편 왕식은 은밀하게 종사 호반을 불러 명령했다.

"관운장이 승상을 배반하고 도주하는 데다 길에서 태수[13]와 관을 지키는 장교들까지 죽였으니 이는 죽을죄로 가볍지가 않네! 그러나 이 사람은 힘이 세고 용맹하여 대적하기 어렵네. 자네는 오늘 밤 1000명의 군사를 점검하여 역관을 에워싸고 각자 횃불 하나씩 들고 있다가 삼경이 되면 일제히 불을 질러 누구를 불문하고 모조리 태워 죽여야 하네! 나 역시 군사를 이끌고 호응하겠네."

명령을 받은 호반은 즉시 군사들을 점검하고 은밀하게 마른 장작을 역관 문어귀에 옮겨놓은 뒤 때가 되면 거사하기로 약속했다. 호반은 곰곰이 생각했다.

'내가 관운장의 명성을 오래전부터 들었는데 어떻게 생겼는지 모르니 한번 가서 몰래 살펴봐야겠다.'

이에 역관 안으로 들어가 역관의 아전에게 물었다.

"관장군은 어디에 계시느냐?"

대답했다.

"대청에서 책을 보고 계십니다."

호반이 살그머니 대청 앞으로 가서 보니 관공이 왼손으로 수염을 잡고 등불 아래에서 작은 탁자에 기대어 책을 보고 있었다. 그 모습을 본 호반은 자신도 모르게 감탄했다.

"진실로 천인天人(신선)이로구나!"

관공이 누구냐고 묻자 호반이 들어와 절을 올렸다.

"형양태수 부하인 종사 호반이라고 합니다."

관공이 말했다.

"혹시 허도 성 밖의 호화 노인의 자제분이 아니시오?"

"그렇습니다."

관공이 수행원을 불러 짐 속에서 편지를 꺼내게 하고선 호반에게 건넸다. 호반이 편지를 읽고서는 탄식했다.

"자칫하면 충성스럽고 선량한 인사를 잘못 죽일 뻔했구나!"

마침내 은밀하게 고했다.

"왕식이 마음속에 어질지 못한 마음을 품고 장군을 해치려 하고 있어 은밀하게 사람들을 시켜 역관을 사방으로 에워싸고 삼경에 불을 지르도록 약속되어 있습니다. 지금 제가 먼저 가서 성문을 열어놓을 터이니 장군께서는 급히 짐을 꾸려 성을 나가시지요."

깜짝 놀란 관공은 급히 갑옷을 걸치고 칼을 잡으며 말에 올랐다. 두 형수를 수레에 오르도록 청하고 모두 역관을 나오니 과연 군사들이 각기 횃불을 잡고 명령을 기다리는 모습이 보였다. 관공이 서둘러 성 근처에 이르러 보니 성문이 이미 열려 있었다. 관공은 수레를 재촉하여 다급하게 성을 빠져나갔다. 호반은 불을 지르러 돌아갔다. 관공이 몇 리 가지도 못했는데 뒤에서 횃불이 환하게 비추며 인마가 뒤를 쫓아왔다. 앞장선 왕식이 크게 소리 질렀다.

"관 아무개는 달아나지 마라!"

관공은 고삐를 당겨 말을 세우고는 크게 욕을 퍼부었다.

"필부 놈아! 내가 네놈과 원수진 적이 없는데 어찌하여 사람을 시켜서 불을 질러 나를 태워 죽이려 했느냐?"

왕식이 말에 박차를 가하며 창을 잡고 관공에게 달려들었으나 관공이 그의 허리를 겨냥해 한칼에 찍어 두 동강 내버리자 인마들이 모두 흩어져 달아났다. 관공은 수레를 재촉해 빠르게 길을 가면서 호반에게 감사해 마지않았다.

관공 일행이 활주[14] 인접 지역에 당도하자 어떤 사람이 유연에게 보고했다. 유연은 기병 수십 명을 이끌고 곽을 나와 맞이했다. 관공이 말 위에서 몸을 굽혀 인사하며 말했다.

"태수께서는 헤어진 후로 별고 없으셨소!"

유연이 말했다.

"공은 지금 어디로 가시려고 하오?"

"승상께 하직하고 나의 형님을 찾아가는 길이오."

"현덕은 원소에게 가 있고 원소는 승상의 원수인데 어떻게 공이 가도록 허락했겠소?"

"이전에 그렇게 하기로 약속했소."

"지금 황하 나루터의 요충지는 하후돈의 부하 장수인 진기秦琪가 주둔하여 지키고 있는데 장군이 강을 건너는 것을 허락하지 않을까 걱정이오."

"태수께서 배를 내어주시면 어떻소?"

"비록 배가 있기는 하지만 감히 내어드릴 수는 없소."

"내가 이전에 안량과 문추를 죽여서 그대를 위험과 어려움에서 구해줬소.

오늘 겨우 나룻배 한 척을 요구하는데도 주지 않는 것은 무엇 때문이오?"

"하후돈이 이 사실을 알면 틀림없이 나를 벌할 것이니 그것이 두렵소."

유연이 쓸모없는 사람이라는 것을 안 관공은 마침내 수레를 재촉해 앞으로 나아갔다. 황하 나루터에 이르자 진기가 군사를 이끌고 나와 물었다.

"거기 오는 자는 누구시오?"

관공이 말했다.

"한수정후 관 아무개요."

"지금 어디로 가시려는 거요?"

"하북으로 형님인 유현덕을 찾아가려는데 삼가 강을 건너려고 하오."

"승상의 공문은 어디에 있소?"

"나는 승상의 통제를 받지 않는데 무슨 공문이 있겠소!"

"나는 하후장군의 군령을 받들어 요충지를 지키고 있으니 네가 날개를 달았다 해도 건너갈 수 없다!"

관공이 버럭 화를 냈다.

"너는 내가 오는 도중에 길을 가로막은 자들을 베어 죽인 것을 모른단 말이냐?"

"네가 죽인 자들이야 이름 없는 하급 장수들뿐인데 감히 나를 죽이겠단 말이냐?"

관공이 노해서 말했다.

"네가 안량과 문추에 비해서 더 낫다는 말이냐?"

크게 노한 진기가 말고삐를 놓고는 칼을 잡고 관공에게 곧바로 달려들었다. 그러나 두 말이 엎치락뒤치락하자마자 단 1합 만에 관공의 칼이 들리는가 싶더니 진기의 머리가 떨어졌다. 관공이 말했다.

"나를 가로막은 자는 이미 죽었으니 나머지 사람은 놀라 달아날 필요 없다. 속히 배를 준비하여 우리를 강 건너로 데려다주도록 하라."

군사들이 급히 삿대로 배를 저어 강기슭에 대었다. 관공은 두 형수를 배에 오르도록 청하고 강을 건넜다. 황하를 건너면 바로 원소의 땅이었다. 관공이 지나간 요충지는 다섯 곳이었고 그는 도중에 여섯 명의 장수를 베어 죽였다. 후세 사람이 찬탄한 시가 있다.

관인을 걸고 황금 봉하여 조조에게 하직하고
형님 유비를 찾아가려 머나먼 길을 돌아가네
적토마에 올라타 아득한 천 리 길을 달려가니
청룡언월도 비껴들고 다섯 관문을 지나갔구나

충성과 의로움은 북받쳐 온 우주에 솟구치고
이때부터 영웅의 기상 강산을 진동시켰구나
홀로 여섯 장수 베어내니 대적할 자 없었고
예로부터 그 이름 필묵으로 길이 전해지는구나
挂印封金辭漢相, 尋兄遙望遠途還
馬騎赤兎行千里, 刀偃靑龍出五關
忠義慨然衝宇宙, 英雄從此震江山
獨行斬將應無敵, 今古留題翰墨間❹

관공은 말 위에서 스스로 탄식했다.
"내가 사람을 죽이려 한 것은 아니었는데 어쩔 수 없이 일이 이렇게 되고 말았구나. 조공이 알면 필시 나를 은혜를 저버린 사람으로 여기겠구나."

한참 가고 있는데 갑자기 말을 탄 사람이 북쪽으로부터 달려오며 크게 소리 질렀다.

"운장은 잠시 멈추시오!"

운장이 고삐를 당겨 말을 세우고 보니 바로 손건이었다. 관공이 말했다.

"여남에서 작별한 후로 근래의 소식은 어떻소?"

손건이 말했다.

"유벽과 공도는 장군께서 군사를 돌린 후에 다시 여남을 빼앗았고, 저를 하북으로 파견하여 원소와 연대하고 현덕을 청하여 함께 조조를 격파할 계책을 계획하자고 했습니다. 그런데 생각지도 못하게 하북의 장수들이 각기 서로를 질투했습니다. 전풍은 아직도 감옥에 구금되어 있고 저수는 파면되어 등용되지 않고 있으며 심배와 곽도는 각자 권력을 다투고 있는데 원소는 의심이 많아 결정하지 못하고 있습니다. 그래서 저는 유황숙과 함께 상의하여 먼저 몸부터 벗어날 계책을 강구했습니다. 지금 황숙께서는 이미 유벽과 합류하기 위해 여남으로 가셨습니다. 장군께서 이런 상황을 모르고 도리어 원소를 찾아갔다가 혹여 해를 당하실까 염려되어 특별히 저를 보내 장군을 길에서 영접하도록 하신 것입니다. 여기서 만나니 천만다행입니다. 장군께서는 속히 여남으로 가서 황숙을 만나 뵙도록 하십시오."

관공은 손건에게 부인들을 만나 뵙도록 했다. 부인들이 동정을 물어보자 손건이 상황을 자세히 설명했다.

"원소가 두 차례나 황숙을 죽이려 했으나 지금은 다행히 빠져나와서 여남으로 가셨습니다. 부인들께서 운장과 함께 그곳으로 가면 만나실 수 있습니다."

두 부인이 모두 손으로 얼굴을 가리고 슬피 눈물을 흘렸다. 관공은 손건의 말에 따라 하북으로 가지 않고 여남을 향해 길을 잡았다. 한참 가고 있는데 등 뒤에서 먼지가 자욱하게 일더니 한 무리의 인마가 뒤를 쫓아왔다. 앞장서서 달려오던 하후돈이 크게 소리 질렀다.

"관운장은 달아나지 마라!"

여섯 장수가 관을 가로막다 헛되이 죽임을 당했는데
한 군사가 가는 길을 막고서는 다시 싸우자 하는구나
六將阻關徒受死, 一軍攔路復爭鋒

관공은 결국 어떻게 몸을 빠져나갈까?

제27회 다섯 관문에서 여섯 장수를 베다

❶

조조는 실제로 관우를 추격하지 못하게 했다

『삼국지』「촉서·관우전」은 다음과 같이 기록하고 있다.

"조공(조조) 수하 장수들이 관우를 뒤쫓으려고 하자 조공이 말하기를, '그가 이렇게 하는 것은 각기 그 주인을 위한 것이니 뒤쫓지 마시오'라고 했다."

❷

관우는 얼마 동안 조조에게 있었을까?

『삼국지』「위서·무제기」를 살펴보면 건안 5년(200) 정월에 조조가 동쪽으로 가서 유비를 공격하니 관우가 투항했다고 기록되어 있다. 그해 여름 4월에 안량과 문추를 죽이고 "공(조조)은 회군하여 관도로 돌아갔다. 원소는 양무현陽武縣(허난성 위안양原陽 동남쪽)에 주둔했고 관우는 도망쳐 유비에게 돌아갔다"고 기록하고 있다.

이 기록을 정리하면 실제로 관우가 조조에게 투항하고 유비에게 돌아가기까지의 기간은 건안 5년 1월에서 4월로 약 3개월 정도다. 소설을 보면 상당 기간 조조에게 머물러 있었던 것처럼 느껴지지만 사실은 3개월에 불과했다.

❸

요화는 누구인가?

『삼국지』「촉서·종예전宗預傳」에 요화에 대한 내용이 간략하게 기록되어 있다.

"요화는 전장군 관우의 주부로 있다가 관우의 군대가 패하자 오나라에 귀순했다. 선주에게 돌아가려는 생각에 죽은 체했는데 당시 사람들은 진짜로 믿었으므로 요화는 노모를 모시고 밤낮으로 서쪽을 향했다. 마침 선주가 동쪽으로 정벌에 나섰다가 자귀秭歸(현 명칭, 치소는 후베이성 쯔구이秭歸)에서 만나게 되었고 선주는 크게 기뻐하며 요화를 의도宜都(군 명칭, 치소는 후베이성 이두宜都 서북쪽)태수로 임명했다. 함희咸熙 원년(264) 봄에 요화와 종예는 함께 내륙 낙양으로 옮겨가다가 도중에 병으로 죽었다."

소설에서는 요화가 황건의 잔당으로 묘사되어 있는데, 황건적과는 무관한 것으로 여겨지며 무리를 모아 약탈을 생업으로 삼았다는 것도 믿기 어렵다.

또한 요화가 함희 원년(264)에 죽었다는 기록이 있는데 관우가 조조에게서 유비로 간 때는 건안 5년(200)으로 64년의 시간 차가 있다. 요화가 몇 살에 사망했다는 기록은 없지만 그 당시 비교적 장수한 사람들의 수명을 고려해봐도 요화는 이 당시 10세도 되지 않았을 텐데 산적 두목 노릇을 했다는 것은 이치상 맞지 않는다.

❹

관우는 다섯 관문을 통과했을까?

관우가 다섯 관문을 통과하면서 여섯 장수를 죽였다는 역사 기록은 상세하지 않다. 역사 기록을 찾아보면 『삼국지』「촉서·선주전」에 "관우가 도망쳐 선주에게 돌아왔다"고 짧게 기록되어 있고, 「촉서·관우전」은 "관우가 안량을 죽이자 조공은 관우가 반드시 떠날 것을 알고 무거운 상을 하사했다. 관우는 [조조가] 내린 상을 모두 봉인하여 보관해뒀고 편지를 써서 작별을 고한 다음 원소 군중에 있던 선주에게로 달려갔다"고 기록하고 있다. 조공의 수하 장수들이 관우를 뒤쫓으려 하자 조공이 "그도 각기 자기 주인을 섬기는 것이니 뒤쫓지 마시오"라고 말했다는 기록이 있다.

주석에서 배송지는 "조공은 관우가 자신에게 머물러 있지 않을 것임을 알고 그 뜻을 진심으로 칭찬하고 사람을 보내 추격하지 못하게 하여 그 의리를 이루도록 한 것이다. 왕패王霸의 도량이 없는 사람이라면 누가 이런 경지에 이를 수 있겠는가? 이것은 실로 조씨의 훌륭하고 아름다운 점이다"라고 평가했다.

역사를 보면 조조는 결코 관우를 뒤쫓지 않았으며 다섯 관문을 통과하면서 여섯 장수를 베었다는 기록도 없다. 또한 당시에 원소의 주력 군대는 하남에 주둔해 있었기 때문에 강을 건너 하북으로 갈 필요도 없었다.

고성에 모인 형제들

채양의 목을 베어 형제가 의심을 풀고,
고성에서 만난 주인과 신하가 의로써 모이다

斬蔡陽兄弟釋疑,
會古城主臣聚義

관공이 손건과 함께 두 형수를 보호하며 여남을 향해 전진하고 있는데 생각지도 않게 하후돈이 300여 기를 이끌고 뒤를 쫓아왔다. 관공은 손건에게 수레를 보호하며 앞으로 나아가도록 하고는 몸을 돌려 고삐를 당기고 말을 세운 뒤 칼을 어루만지며 물었다.

"네가 나를 쫓아오는 것을 보니 승상이 넓은 도량을 잃으셨구나."

하후돈이 말했다.

"승상의 공문서 통보가 없었는데 너는 길에서 사람을 죽이고 또한 내 부하 장수의 목까지 베었으니 무례하기 짝이 없구나! 내 특별히 너를 사로잡아 승상께 바쳐 처분하리라!"

말을 마치자마자 말에 박차를 가하며 창을 잡고 싸우려 들었다. 그때 뒤에서 한 기의 말이 나는 듯이 달려오며 크게 소리 질렀다.

"운장과 싸워서는 안 되오!"

관공은 고삐를 당겨 말을 세우고 움직이지 않았다. 사자는 품속에서 공문을 꺼내더니 하후돈에게 일렀다.

"승상께서는 관장군의 충의를 경애하시어 관장군이 길목의 요충지에서 저지당하지 않을까 걱정하셨습니다. 그래서 특별히 저를 보내 공문을 품고 곳곳을 두루 다니게 하셨습니다."

하후돈이 말했다.

"길에서 관 아무개가 관문을 지키는 장수와 군사들을 죽인 것을 승상께서도 아시는 것이오?"

사자가 말했다.

"그것은 아직 모르십니다."

"나는 저자를 사로잡아 승상께 데려다놓을 뿐이고, 저자를 풀어주든지 말든지는 승상께서 알아서 하실 일이오."

관공이 노해서 말했다.

"내가 어찌 너를 두려워하겠느냐!"

말에 박차를 가하며 칼을 잡고 곧장 하후돈에게 달려들었다. 하후돈 또한 창을 잡고 나와 맞섰다. 두 말이 서로 어우러져 10합을 싸우지도 못했는데 갑자기 또 한 기의 말이 나는 듯이 달려와 크게 소리 질렀다.

"두 장군은 잠시 멈추시오!"

하후돈이 창을 멈추고 사자에게 물었다.

"승상께서 관운장을 사로잡으라고 하셨소?"

사자가 말했다.

"아닙니다. 승상께서 관을 지키는 장수들이 관 장군을 저지할까 염려하여 다시 저를 보내 공문을 전달해서 통과를 허가하라고 하셨습니다."

하후돈이 말했다.

"승상께서는 저자가 도중에 사람을 죽인 것을 아시오?"

사자가 말했다.

"아직 모르십니다."

하후돈이 말했다.

"사람 죽인 것을 모르신다면 보낼 수가 없다."

수하의 군사를 지휘하여 관공을 에워싸게 했다. 크게 성난 관공이 칼을 휘두르며 뛰쳐나와 맞섰다. 두 사람이 맞붙어 싸우려고 하는데 진 뒤쪽에서 한 사람이 나는 듯이 말을 몰아 달려오면서 크게 외쳤다.

"운장과 원양元讓(하후돈의 자)은 싸움을 멈추시오!"

모두 보니 바로 장료였다. 두 사람은 각자 고삐를 당겨 말을 세웠다. 장료가 앞으로 다가오며 말했다.

"승상의 명령을 받들고 왔소. 운장이 관을 지키는 장수들을 베어 죽였다는 보고를 들으시고는 길에서 또 저지하는 자가 있을까 염려하여 특별히 나를 보내 각처의 요충지에 지시를 하달하게 했는데 운장의 통과를 허락하라고 하셨소."

하후돈이 말했다.

"진기는 채양의 생질이오. 그가 내게 진기를 부탁했는데 지금 관 아무개에게 살해되었으니 어떻게 그만두란 말이오?"

장료가 말했다.

"내가 채장군을 만나서 나름대로 해결하리다. 이미 승상께서 넓은 도량으로 운장을 가도록 허락하셨으니 공 등은 승상의 뜻을 저버려서는 안 되오."

하후돈은 어쩔 수 없이 군마를 뒤로 물렸다. 장료가 말했다.

"운장은 지금 어디로 가시려 하오?"

관공이 말했다.

"형장께서 또 원소가 있는 곳에 계시지 않는다고 들었으니 내 지금 천하를 두루 돌아다니면서 찾아볼까 하오."

"현덕의 행방을 모르신다면 잠시 다시 승상께 돌아가는 것은 어떻소?"

관공이 웃으면서 말했다.

"어찌 그럴 수 있겠소! 문원께서는 돌아가셔서 승상을 만나 뵙거든 나를 위해 사죄의 말씀을 전해주시오. 그럼 다행이겠소."

말을 마친 후 장료에게 가슴 높이 두 손을 맞잡아 인사하고 작별했다. 이에 장료와 하후돈은 군사를 이끌고 돌아갔다.

관공은 수레를 따라잡아 손건에게 있었던 일을 이야기했다. 두 사람은 말머리를 나란히 하고 갔다. 그렇게 가기를 며칠이 지났을 때 별안간 장대비가 쏟아져 내리는 바람에 행장이 모조리 젖었다. 멀리 산등성이에 장원 한 채가 보이자 관공은 수레를 끌고 그곳으로 가서 하룻밤 묵어가려고 했다. 장원 안에서 한 노인이 나와서 맞이했다. 관공이 오게 된 뜻을 이야기하자 노인이 말했다.

"저는 성이 곽郭이고 이름이 상常이라 하는데 이곳에서 대대로 살고 있습니다. 고명하신 이름을 오래전부터 들었는데 우러러 절을 올리게 되어 행운입니다."

즉시 양을 잡아 술자리를 마련해서 대접했고 두 부인을 후당으로 청해 잠시 쉬게 했다. 곽상은 관공과 손건을 초당에 모시고 술을 마셨다. 젖은 짐을 불에 말리게 하는 한편 마필을 배불리 먹이게 했다. 해질 무렵에 별안간 한 소년이 여러 명의 사람을 이끌고 장원으로 들어오더니 초당으로 올라왔다. 곽상이 불렀다.

"애야, 장군께 절을 올리거라."

그러고는 관공에게 일렀다.

"이 녀석은 제 어리석은 아들놈입니다."

관공이 어디를 갔다가 오느냐고 묻자 곽상이 말했다.

"사냥을 나갔다가 이제야 돌아옵니다."

소년은 관공을 보더니 즉시 초당을 내려가버렸다. 곽상은 눈물을 흘리며 말했다.

"이 늙은이의 집안은 낮에는 농사를 짓고 밤에는 글을 읽는 전통을 대대로 물려받았는데 하나뿐인 자식 놈이 본업에는 힘쓰지 않고 오직 사냥 다니는 것으로 일을 삼고 있습니다. 가문의 불행이라 하겠습니다!"

관공이 말했다.

"지금은 어지러운 세상이라 무예에만 정통해도 공명을 얻을 수 있는데 어찌 불행이라 말씀하십니까?"

"저 녀석이 무예를 익히려고만 한다면 뜻이 있는 놈이지요. 그러나 지금 오로지 하는 일 없이 빈둥거리며 돌아다니기만 하니 이 늙은이가 근심하는 것입니다!"

관공 또한 탄식했다. 밤이 깊어지자 곽상은 인사를 하고 나갔다. 관공과 손건이 막 잠자리에 들려고 할 때 별안간 후원에서 말이 울부짖고 사람들이 고함치는 소리가 들렸다. 관공이 급히 수행원들을 불렀으나 아무런 대답이 없자 이에 손건과 함께 검을 들고 그곳으로 가서 살펴보았다. 곽상의 아들은 땅바닥에 엎어져 고함치고 있고 관공의 수행원들은 장객들과 맞서 싸우고 있었다. 관공이 그 까닭을 물었다. 수행원이 말했다.

"이 사람이 적토마를 훔치려고 왔다가 말 발길질에 채여 쓰러져 있었습니다. 저희가 고함치는 소리를 듣고 일어나서 돌며 살펴보는데 장객들이 도리어 와서 소란을 피웠습니다."

성난 관공이 말했다.

"쥐새끼 같은 도적놈이 어찌 감히 내 말을 훔치려 했단 말이냐!"

바로 꾸짖으려 하는데 곽상이 달려와서는 고했다.

"품성이 좋지 않은 자식 놈이 이런 나쁜 짓을 저질렀으니 그 죄가 만 번 죽어도 마땅합니다! 그러나 이 늙은이의 처가 이 녀석을 가장 어여삐 여기고 있어 어쩔 도리가 없으니 장군께서 인자하신 마음으로 관용을 베풀어주십시오!"

관공이 말했다.

"이 자식은 과연 품성이 좋지 못하나 방금 노인장께서 말씀하신 것처럼 진정 '자식을 아는 것은 아비만 한 이가 없다知子莫若父'[1]고 했소. 내가 노인장의 얼굴을 보아 잠시 용서하겠소."

결국 수행원들에게 말을 잘 돌보라고 분부하고 장객들을 고함을 질러 흩뜨려버리고는 손건과 함께 초당으로 돌아와 쉬었다. 이튿날 곽상 부부가 초당 앞으로 나와 절을 올리며 감사했다.

"개만도 못한 자식 놈이 장군의 호랑이 같은 위엄을 모독했는데도 장군께서 은혜롭게 용서해주셨으니 깊이 감사드립니다."

관공이 불러오라고 했다.

"내가 바른말로 가르쳐주겠소."

곽상이 말했다.

"그놈은 사경에 몇 놈의 무뢰배를 이끌고 나갔는데 어디로 갔는지 모르겠습니다."

관공은 곽상과 작별하고 두 형수를 수레에 오르도록 청한 다음 장원을 나가서 손건과 말 머리를 나란히 하고 수레를 보호하며 산길로 나아갔다. 30리도 못 갔을 때 산 뒤에서 100여 명이 뛰어나와 에워쌌다. 두 필의 기마가 앞장을 섰는데 앞에 있는 사람은 머리를 누런 수건으로 싸매고 전포를 입었고, 뒤에 있는 자는 다름 아닌 곽상의 아들이었다. 누런 수건을 싸맨 자가 말했다.

"나는 천공장군 장각의 부하 장수다! 오는 자는 속히 적토마를 남겨두거라. 그렇게 한다면 가도록 놓아주마!"

관공이 껄껄 웃었다.

"무지한 미친 도적이로구나! 네가 장각을 따르는 도적이었다면 유비, 관우, 장비 삼형제의 이름을 들었겠구나?"

누런 수건을 싸맨 자가 말했다.

"나는 붉은 얼굴에 긴 수염을 가진 자가 관운장이라는 이름은 들었지만 아직 얼굴을 본 적은 없다. 너는 누구냐?"

관공이 이에 칼을 땅에 고정시키고 말을 세운 다음 수염 주머니를 풀어서 긴 수염을 드러내 보였다. 그 사람이 말에서 구르듯 내려와 곽상의 아들 뒷머리채를 틀어쥐고 관공의 말 앞으로 끌고 와서는 절하며 바쳤다. 관공이 그 성명을 물으니 고했다.

"저는 성이 배裵이고 이름이 원소元紹입니다. 장각이 죽은 이후로 줄곧 섬길 주인이 없어 산림으로 패거리를 불러 모아 이곳에서 당분간 숨어 지내고 있었습니다. 오늘 아침에 이놈이 와서 알리기를 '어떤 손님이 한 필의 천리마를 타고 왔는데 자기 집에서 투숙하고 있다'고 하면서 특별히 제게 그 말을 빼앗자고 했습니다. 그런데 생각지도 못하게 장군을 만나 뵙게 되었습니다."

곽상의 아들이 엎드려 절하며 목숨을 구걸했다. 관공이 말했다.

"내가 네 아비의 얼굴을 보아 네 목숨만은 살려주마!"

곽상의 아들은 머리를 감싸고 쥐새끼처럼 달아났다.

관공이 배원소에게 일렀다.

"너는 내 얼굴을 모르면서 어떻게 내 이름은 아는가?"

배원소가 말했다.

"이곳에서 20리 떨어진 곳에 와우산臥牛山이라는 산이 있습니다. 그 산 위에 성이 주周이고 이름이 창倉이라 하는 관서[2] 사람이 한 명 살고 있습니다. 양팔에는 천근의 힘이 있고 양 가슴의 근육은 단단하게 발달했으며 구레나룻이 곱슬곱슬하고 용모가 대단히 건장하며 잘생겼습니다. 원래는 황건적 장보의 부하 장수로 있었는데 장보가 죽고 난 다음 산림에 패거리를 모아 지내고 있습니다. 그가 여러 번 저에게 장군의 훌륭한 명성을 말했는데 장군과 연고가 없어 만나 뵙지 못하는 것을 한스러워하고 있었습니다."

관공이 말했다.

"녹림[3]은 호걸이 발붙이고 살 만한 곳이 아니다. 공 등은 지금부터 각자 그릇된 길은 버리고 바른길로 돌아가서 신세를 망치지 말아야 하네."

배원소가 절하며 감사했다. 한창 이야기를 하고 있는데 멀리서 한 떼의 인마가 달려오는 것이 보였다. 배원소가 말했다.

"주창이 틀림없습니다."

관공이 이에 말을 세우고 그를 기다렸다. 과연 검은 얼굴에 키가 큰 사람이 창을 잡고 말을 달려 무리를 이끌고 당도했다. 관공을 보자 놀라면서도 기뻐했다.

"이분이 관장군이시구나!"

황급히 말에서 내려서는 길옆에 엎드렸다.

"이 주창이 장군께 절을 올립니다."

관공이 말했다.

"장사는 어디에서 나를 본 적이 있는가?"

주창이 말했다.

"옛날에 황건 장보를 따를 때 존안을 뵌 적이 있습니다. 기개를 잃고 도적의 무리가 되어 장군을 뒤따를 수 없음을 한스러워했습니다. 오늘에야 다행히 만나 뵙게 되었으니 원컨대 장군께서 버리지 않고 거두어주신다면 보졸이라도 되어 아침저녁으로 채찍을 들고 등자를 따라다니면서 시중들 것이며 죽는다 해도 기꺼이 달게 받겠습니다!"

그 뜻이 매우 정성스러움을 본 관공은 이에 일렀다.

"자네가 나를 따른다면 자네 수하의 따르는 자들은 어떻게 하겠는가?"

주창이 말했다.

"따르기를 원한다면 모두 따르게 할 것이고, 따르기를 원하지 않는 자는 그 뜻을 들어줄 것입니다."

이에 무리가 모두 말했다.

"따르기를 원합니다."

관공이 말에서 내려 수레 앞으로 가서 두 형수에게 아뢰었다. 감부인이 말했다.

"서방님이 허도를 떠난 이후로 홀로 길을 가시면서 많은 어려움을 겪고 이곳까지 이르렀어도 일찍이 군마를 따르게 하지는 않으셨지요. 이전에 요화가 의지하고자 했을 때는 거절하시더니 지금은 무엇 때문에 유독 주창의 무리만 받아들이시는지요? 부디 서방님께서 심사숙고해주십시오."

관공이 말했다.

"형수님의 말씀이 옳습니다."

주창에게 일렀다.

"내가 야박해서가 아니라 두 부인께서 따르시지 않으니 어쩔 수가 없네. 너희는 잠시 산속으로 돌아가 있게. 내가 형님을 찾으면 반드시 부르러 오겠네."

주창이 머리를 조아리며 고했다.

"저는 거칠고 우악스러운 사내로 기개를 잃어 도적이 되었습니다. 지금 장군을 만나 뵈어 어둠에서 벗어나 다시 광명을 본 것 같은데 어찌 다시 잘못을 저지르겠습니까! 여러 사람이 따르는 것이 불편하시다면 모두 배원소를 따라가게 하겠습니다. 이 창은 홀로 걸어서라도 장군을 따르겠으니 비록 만리 길이라도 사양하지 않겠습니다!"

관공이 다시 그 말을 두 형수에게 고했다. 감부인이 말했다.

"한두 사람이 따르는 것이야 지장이 없겠지요."

관공은 이에 주창에게 부하들을 배원소에게 맡기고 자신을 따르게 했다. 배원소가 말했다.

"저 또한 관 장군을 따라가게 해주십시오."

주창이 말했다.

"자네까지 가게 되면 부하들이 모두 흩어질 것이니 당분간 통솔하고 있게나. 내가 따라갔다가 정착하게 되면 바로 자네를 데려가겠네."

배원소는 우울한 마음으로 작별했다.❶

주창은 관공을 따라 여남을 향해 출발했다. 며칠이 지나자 멀리 산성 하나가 눈에 들어왔다. 관공이 원주민에게 물었다.

"이곳은 어디인가?"

원주민이 말했다.

"이곳은 고성⁴이라고 합니다. 수개월 전에 장비라는 장군이 수십 기를 이끌고 이곳에 왔는데 현의 관리들을 쫓아내고 고성을 점거했습니다. 그러고는 군사를 모집하고 말을 사들이며 마초를 쌓고 양식을 저장했습니다. 지금은 3000~5000명의 인마를 모았는데 사방에서 감히 대적할 사람이 없습니다."

관공이 기뻐하며 말했다.

"내 아우와 서주에서 헤어진 이후로 줄곧 행방을 몰랐는데 이곳에 있을 줄이야 누가 생각이나 했겠는가!"

이에 손건을 시켜 먼저 성으로 들어가 통보하도록 하고 두 형수를 영접하게 했다.

한편 장비는 망탕산에 한 달여 동안 있다가 밖으로 나와서 현덕의 소식을 알아보다가 우연히 이 고성을 지나가게 되었다. 현으로 들어가 양식을 빌리려 했는데, 현의 관리가 주지 않으려 하자 성난 장비는 현의 관리들을 쫓아내고 현의 관인을 빼앗은 뒤 성지를 점거해 잠시 발붙이고 살고 있는 중이었다. 이날 손건이 관공의 명령을 받들어 성으로 들어가 장비를 만났다. 예를 마치고 자세히 설명했다.

"현덕께서는 원소를 떠나 여남으로 가셨습니다. 지금 운장이 허도로부터 두 부인을 호송하여 이곳에 이르렀으니 장군께서는 나가서 맞이하십시오."

손건의 말을 들은 장비는 아무런 대답도 하지 않고 바로 갑옷을 걸치더니 모矛를 잡고 말에 올라 1000여 명을 이끌며 북문으로 나갔다. 손건은 이상하고 놀랐지만 다시 감히 묻지 못하고 뒤를 따라 성을 나갈 수밖에 없었다. 관공은 멀리 장비가 달려오는 것을 보고 기뻐서 어쩔 줄 모르며 칼을 주창에게 맡기고 말에 박차를 가하며 나가서 맞이했다. 그런데 장비는 고리눈을 부릅뜨고 호랑이 수염을 곧추세우고는 우레와 같은 큰 소리를 지르며 모를 휘두르더니 관공을 겨냥해 바로 찌르려고 했다. 깜짝 놀란 관공이 재빨리 몸을 피하면서 소리 질렀다.

"아우님은 무엇 때문에 이러는가? 어찌 도원의 결의를 잊었단 말인가?"

장비가 고함을 질렀다.

"너 같은 의리 없는 놈이, 무슨 낯짝으로 나를 만나러 왔느냐!"

"내가 어찌하여 의리가 없다는 것이냐?"

"너는 형님을 배신하고 조조에게 항복하여 제후로 봉해지고 작위를 하사받았다. 지금 또 와서는 나를 속이고 있구나! 내 이제 너와 죽든지 살든지 끝장을 내겠다!"

"네가 잘 몰라서 그러는구나! 나 또한 말하기 어렵구나. 지금 두 형수님께서 여기 계시니 아우가 직접 물어보게."

두 부인이 듣고서 발을 걷어 올리며 불렀다.

"작은 서방님께서는 무슨 까닭으로 그러시는지요?"

장비가 말했다.

"형수님들께서는 가만히 계십시오. 내가 의리를 저버린 놈을 죽인 다음에 형수님들을 성으로 모시겠습니다."

감부인이 말했다.

"큰 서방님께서는 서방님 등의 행방을 모르셨기 때문에 잠시 조씨에게 머무신 거예요. 이제야 형님이 여남에 계시다는 것을 알고는 곤란함을 일부러 피하지 않고 저희를 이곳까지 호송하셨어요. 작은 서방님께서는 오해하지 마세요."

미부인이 말했다.

"큰 서방님이 허도에 계신 것은 어찌해볼 도리가 없어서 그런 거예요."

장비가 말했다.

"형수님들은 저놈한테 속지 마십시오! 충신은 차라리 죽을지언정 욕을 보지 않는 법인데 대장부가 어찌 두 주인을 섬긴단 말입니까!"

관공이 말했다.

"아우님은 나를 억울하게 하지 말게나."

손건이 말했다.

"운장은 특별히 장군을 찾아오신 것이오."

장비가 소리 질렀다.

"어찌하여 자네까지도 허튼소리를 하는가! 저놈이 그쪽에 좋은 마음이 있어서 틀림없이 나를 잡으려고 온 것이네!"

관공이 말했다.

"내가 자네를 잡으러 왔다면 군마를 데리고 왔을 것일세."

장비가 손을 들어 가리키며 말했다.

"저것은 군마가 오는 것이 아니란 말이냐!"

관공이 뒤돌아보니 과연 먼지가 일어나는 곳에 한 떼의 인마가 달려오고 있었다. 바람에 펄럭이는 깃발이 바로 조조의 군사였다. 장비가 버럭 화를 내며 말했다.

"지금도 감히 얼버무리려 하느냐?"

장비가 장팔사모를 잡고는 바로 찌르려 했다. 관공이 급히 제지하며 말했다.

"아우님은 잠시 멈추게. 내가 저기 오고 있는 장수의 목을 베어 나의 진심을 자네에게 보여주겠네."

장비가 말했다.

"네놈이 과연 진심이라면 내가 여기서 북을 세 번 두드릴 테니[5] 그 사이에 저 장수의 목을 베어서 가지고 오너라!"

관공이 승낙했다. 잠시 후 조조의 군사들이 당도했다. 앞장선 장수는 바로 채양이었는데 그가 칼을 잡고 말고삐를 놓은 채 달려오며 크게 소리 질렀다.

"네놈이 나의 생질 진기를 죽여놓고 여기로 도망왔구나! 승상의 명령을 받들어 특별히 너를 잡으러 왔노라!"

관공은 아무 말도 하지 않고 칼을 들어 바로 채양을 찍었는데 북이 한 번 울리기도 전에 관공의 칼이 번득이더니 채양의 머리가 땅바닥에 떨어지고 말았다. 조조의 군사들은 모두 흩어져 달아났다. 관공은 인기[6]를 잡고 있던 졸개를 사로잡아서 오게 된 연유를 물었다. 졸개가 고했다.

"채양은 장군께서 자신의 생질을 죽였다는 것을 듣고는 몹시 분노하면서 하북으로 가서 장군과 싸우려고 했습니다. 승상께서는 허락하지 않으시고 여남으로 가서 유벽을 공격하게 했습니다. 그런데 뜻밖에도 이곳에서 장군을 만나게 된 것입니다."

졸개의 말을 듣고 난 관공은 장비에게 가서 그 사실을 말하게 했다. 장비는 졸개에게 관공이 허도에 있을 때의 일을 자세히 물었는데, 졸개가 처음부터 끝까지 두루 설명하자 장비는 그제야 믿었다.❷

한창 말하고 있는 사이에 별안간 성안에서 군사가 달려와 보고했다.

"성 남문 바깥에 10여 명의 기병이 급히 달려오는데 누군지 모르겠습니다."

속으로 의심이 생긴 장비가 즉시 남문으로 돌아나가서 살펴보니 과연 10여 명의 기병이 가벼운 활과 짧은 화살을 지닌 채 달려오는 것이 보였다.

그들은 장비를 보자 말안장에서 구르듯이 내렸다. 살펴보니 다름 아닌 미축과 미방이었다. 장비 또한 말에서 내려 서로 인사를 나누었다. 미축이 말했다.

"서주에서 헤어진 이후로 우리 형제는 고향으로 도망가 있었습니다. 사람을 시켜 상황을 모두 알아봤더니 운장은 조조에게 항복했고 주공께서는 하북에 계시다는 것을 알았고, 또한 간옹도 하북으로 갔다고 들었습니다. 다만 장군께서 여기에 계신지는 몰랐습니다. 어제 길에서 한 무리의 행상을 우연히 만나 장씨 성을 가진 장군이 지금 고성을 점거하고 있다는 말을 들었는데 생김새가 장군 같았습니다. 우리 형제는 틀림없이 장군이라 추측하고 찾아온 것입니다. 만나 뵙게 되어 천만다행입니다!"

장비가 말했다.

"운장 형님과 손건이 두 형수님을 모시고 방금 도착했는데 이미 형님의 행방도 알게 되었소."

미축과 미방이 크게 기뻐하며 함께 관공을 만나러 왔고 두 부인께도 인사를 드렸다. 장비는 마침내 두 형수를 청해 성으로 들어왔다. 관아에 이르러 자리를 잡고 앉았고 두 부인이 관공이 지난날 겪었던 일들을 간곡하게 말했다. 장비가 비로소 크게 소리 내어 울면서 운장에게 절을 올렸다. 미방과 미축 또한 모두 슬퍼해 마지않았다. 장비도 헤어진 이후의 일들을 이야기하면서 잔치를 열어 축하하며 기뻐했다.

이튿날 장비는 관공과 함께 여남으로 가서 현덕을 만나려고 했다. 관공이 말했다.

"아우님은 두 형수님을 모시고 보호하면서 이 성에 잠시 머물러 있게. 내가 손건과 먼저 가서 형님의 소식을 알아보겠네."

장비가 응낙했다. 관공은 손건과 함께 수 명의 기병을 이끌고 여남으로 갔다. 유벽과 공도가 맞이하자 관공이 바로 물었다.

"황숙께서는 어디에 계시오?"

유벽이 말했다.

"황숙께서는 이곳에 오셔서 며칠 계시다가 군사가 적은 것을 보시고는 상의하러 다시 하북 원본초에게 가셨습니다."

관공이 우울해하자 손건이 말했다.

"걱정하실 필요 없습니다. 다시 한번 하북으로 달려가서 황숙께 알려드리고 함께 고성으로 가면 됩니다."

관공은 그 말에 따라 유벽, 공도와 작별하고 고성으로 돌아와 장비에게 사실을 알렸다. 장비도 함께 하북으로 가려고 했다. 관공이 말했다.

"여기 한 성이라도 있어야 우리가 발붙이고 살 수 있으니 가볍게 함부로 버려서는 안 되네. 내가 다시 손건과 함께 원소에게 가서 형님을 찾아뵙고 이곳으로 모실 테니 그때 서로 만나세. 아우님은 이 성을 굳게 지키고 있게나."

장비가 말했다.

"형이 안량과 문추를 베어 죽였는데 어떻게 갈 수 있겠소?"

관공이 말했다.

"상관없네. 내가 그곳으로 가면 기회를 보아 상황 변화에 따라 대처하겠네."

그러고는 즉시 주창을 불러 물었다.

"와우산 배원소에게 모두 몇 명의 인마가 있는가?"

주창이 말했다.

"대략 4500명 정도 있습니다."

관공이 말했다.

"내가 지금 가까운 길로 질러가서 형님을 찾으려고 한다. 너는 와우산으로 가서 그 인마를 불러 큰길에서 맞이하도록 해라."

주창은 명을 받들어 와우산으로 갔다.

관공은 손건과 함께 20여 명의 기병만 거느리고 하북으로 향했다. 하북 경계 지방에 이르자 손건이 말했다.

"장군께서는 함부로 들어가지 마시고 여기서 잠시 쉬고 계십시오. 제가 먼저 들어가 황숙을 만나 뵌 다음에 따로 상의하도록 하겠습니다."

관공은 그 말에 따라 먼저 손건을 보냈다. 멀리 앞쪽에 장원 한 곳이 보이자 따르는 사람들과 함께 그곳에 가서 투숙하기로 했다. 장원 안에서 한 노인이 지팡이를 짚고 나와서는 관공에게 인사를 했다. 관공이 찾아온 이유를 사실대로 말했다. 노인이 말했다.

"저도 성이 관關이고 이름이 정定이라 합니다. 고명하신 이름을 오래전부터 들었는데 만나 뵙게 되어 행운입니다."

즉시 두 아들을 나오게 하여 관공을 정성스럽게 대접하고 머물게 했으며 아울러 따르는 자들도 모두 장원 안에 묵도록 했다.

한편 손건은 홀로 기주7로 들어가 현덕을 만나서 있었던 일들을 자세하게 이야기했다. 현덕이 말했다.

"간옹 또한 이곳에 있으니 은밀하게 불러서 함께 상의하세."

잠시 후에 간옹이 왔고 손건과 인사를 마친 후 함께 몸을 빠져나갈 계책을 상의했다. 간옹이 말했다.

"주공께서 내일 원소를 만나 형주로 가서 유표를 설득하여 함께 조조를 격파해야 한다고만 하시면 바로 기회를 틈타 떠날 수 있을 것입니다."

현덕이 말했다.

"그 계책이 참으로 묘하군! 그런데 공은 나를 따라서 갈 수 있겠소?"

간옹이 말했다.

"저 또한 몸을 빼져나갈 계책이 따로 있습니다."

상의를 마치고 결정했다.

이튿날 현덕은 들어가서 원소를 만나 고했다.

"유경승劉景升(유표의 자)은 형양의 아홉 개 군[8]에 군대를 주둔시키고 방비하고 있어 군사들은 정예롭고 군량도 풍족하니 마땅히 서로 약속하여 함께 조조를 공격해야 합니다."

원소가 말했다.

"내가 일찍이 사자를 파견해 약속했었는데 저들이 따르려 하지 않아 어쩔 수 없었소."

현덕이 말했다.

"그 사람은 저와 동족이라 제가 가서 설득하면 절대로 핑계 대며 거절하지 못할 것입니다."

"만일 유표를 얻는다면 유벽보다 훨씬 나을 것이오."

마침내 현덕에게 가보라고 명했다. 원소가 다시 말했다.

"근래에 관운장이 이미 조조를 떠나 하북으로 온다고 들었소. 내가 그를 죽여서 안량과 문추의 한을 씻겠소!"

현덕이 말했다.

"명공께서 전에 그를 등용하시고자 하여 제가 일부러 그를 불렀습니다. 그런데 어찌하여 지금은 그를 죽이려 하십니까? 더욱이 안량과 문추를 두 사슴에 비유하자면 운장은 바로 한 마리의 호랑이입니다. 두 사슴을 잃고서 한 마리의 호랑이를 얻는데 어찌 한스러움이 있겠습니까?"

원소가 웃으면서 말했다.

"내가 사실은 그를 사랑하기 때문에 농담한 것뿐이오. 공은 다시 사람을 보내 그를 속히 오라고 하시오."

현덕이 말했다.

"즉시 손건을 보내서 부르면 될 것입니다."

원소가 크게 기뻐하며 그렇게 하기로 했다. 현덕이 나가자 간옹이 들어와 말했다.

"현덕이 이번에 가면 절대로 돌아오지 않을 것입니다. 원컨대 제가 함께 가도록 해주십시오. 첫째로는 함께 유표를 설득할 것이고 둘째로는 현덕을 감시할 것입니다."

그 말을 옳게 여긴 원소는 즉시 간옹에게 현덕과 동행하라고 명했다. 곽도가 원소에게 간언했다.

"유비는 이전에 유벽을 설득하러 갔다가 성사시키지 못했는데, 지금 다시 간옹과 함께 형주로 가게 하신다면 틀림없이 돌아오지 않을 것입니다."

원소가 말했다.

"그대는 너무 의심하지 말게. 간옹에게도 나름대로 식견이 있다네."

곽도는 탄식하며 나왔다.

한편 현덕은 먼저 손건에게 성을 나가서 관공에게 알리라고 하면서, 다른 한편으로는 간옹과 함께 원소에게 작별하고 말에 올라 성을 나갔다. 경계에 이르자 손건이 맞이해 함께 관정의 장원으로 갔다. 관공은 문밖에 마중 나가 기다렸다가 현덕을 맞이하며 절을 올리고 손을 잡고는 목 놓아 울면서 울음을 그치지 않았다. 관정은 두 아들을 거느리고 초당 앞에서 절을 올렸다. 현덕이 그 성명을 묻자 관공이 말했다.

"이분은 아우와 동성으로 아들이 둘 있는데, 장자는 관녕關寧이라 부르며 학문을 배웠고, 차남은 관평關平으로 무예를 배웠다고 합니다."

관정이 말했다.

"지금 제 어리석은 뜻으로는 둘째 아들을 관 장군을 따르도록 보내고 싶은데 받아주실지 모르겠습니다."

현덕이 말했다.

"나이가 어떻게 되오?"

관정이 말했다.

"18세입니다."

현덕이 말했다.

"이미 어르신의 두터운 호의를 받았고 내 아우에게 아직 아들이 없으니 지금 바로 현랑⁹을 아우의 아들로 삼으면 어떻겠소?"

관정은 크게 기뻐하며 즉시 관평에게 관공을 아버지로 모시는 절을 올리게 하고 현덕을 큰아버지라 부르게 했다. 현덕은 원소가 뒤쫓을까 두려워 급히 짐을 수습하여 길을 떠났다. 관평은 관공을 따라 함께 출발했다. 관정은 일정¹⁰ 거리를 배웅하고 돌아갔다. ❸

관공이 와우산으로 가는 길을 잡았다. 한창 가고 있는데 갑자기 주창이 부상당한 수십 명을 이끌고 왔다. 관공은 그를 인도하여 현덕을 만나보게 하고 다친 까닭을 물었다. 주창이 말했다.

"제가 와우산에 당도하기 전에 이미 한 장수가 홀로 와서는 배원소와 맞붙어 싸워 단 1합 만에 배원소를 찔러 죽이고 부하들에게 투항을 권유한 다음 산채를 점거했다고 합니다. 이 주창이 도착하여 부하들을 불러냈는데 몇 명만이 건너오고 나머지는 두려워하여 감히 이탈하지 못했습니다. 이 창이 분노하여 그 장수와 싸웠는데 연거푸 패하고 몸에 세 군데나 창상을 입었습니다. 이 때문에 주공께 와서 보고드리는 것입니다."

현덕이 말했다.

"그 사람은 어떻게 생겼느냐? 성은 무엇이고 이름은 누구라더냐?"

주창이 말했다.

"굉장히 우람하고 힘차게 생겼는데 성명은 모르겠습니다."

이에 관공이 말고삐를 놓고 앞장서고 현덕은 뒤를 따르며 와우산으로 향했다. 주창이 산 아래에서 욕을 퍼붓자 그 장수가 갑옷을 입고 완전 무장한 채 창을 잡고 말을 몰더니 무리를 이끌고 산을 내려왔다. 현덕이 어느 결에 채찍질하며 말을 몰고 나와 크게 소리 질렀다.

"거기 오는 자는 자룡이 아니오?"

그 장수는 현덕을 보자 안장에서 구르듯 내리더니 길옆에 엎드려 절을 올렸다. 과연 조자룡이었다. 현덕과 관공이 모두 말에서 내려 서로 인사하고 이곳으로 오게 된 까닭을 물었다. 조운이 말했다.

"사군과 작별한 이후 뜻하지 않게 공손찬이 사람들의 말을 듣지 않더니 군대는 패하고 공손찬은 스스로 자기 몸을 태워 죽었습니다. 원소가 여러 차례 이 운을 불렀으나 이 운은 원소가 사람을 제대로 쓸 줄 모르는 인물이라고 생각하여 가지 않았습니다. 그 이후에 서주로 가서 사군께 의탁하려고 했으나 서주가 함락됐고 운장도 이미 조조에게 귀의했으며 사군께서는 또 원소에게 가 계신다는 소식을 들었습니다. 제가 여러 번 사군께 가려고 했으나 원소가 언짢아할까 걱정되었습니다. 사방으로 떠돌아다녔지만 몸을 의탁할 곳이 없었습니다. 얼마 전에 우연히 이곳을 지나는데 마침 배원소가 산을 내려와 제 말을 빼앗으려 하기에 제가 그를 죽이고 이곳에 발붙이고 살고 있었습니다. 근래에 익덕이 고성에 있다는 소식을 듣고 그에게 가려고 했지만 확신하지는 못하고 있었습니다. 그런데 오늘 다행히 사군을 만나 뵙게 되었습니다!"

현덕은 크게 기뻐하며 그동안 있었던 일들을 상세하게 이야기했다. 관공 또한 지난 일들을 말했다. 현덕이 말했다.

"나는 자룡을 처음 봤을 때부터 이별에 못내 아쉬운 정이 있었소. 오늘에야 만나게 되어 다행이오!"

조운이 말했다.

"저는 사방으로 이리저리 뛰어다니면서 주인을 가려 섬기려고 했습니다. 그러나 사군만 한 분은 없었습니다. 이제야 뒤따르게 되었으니 평생의 소원을 이루었습니다. 비록 간장과 뇌수가 땅에 널리게 된다 할지라도 여한이 없겠습니다."

그날로 산채를 불태우고 무리를 인솔하여 다 같이 현덕을 따라 고성으로 왔다.❹

장비, 미축, 미방이 영접하고 성으로 들어가 각자 인사하고 터놓고 이야기했다. 두 부인이 운장에게 있었던 일들을 자세하게 이야기하자 현덕이 감탄해 마지않았다. 이에 소와 말을 잡고 먼저 하늘과 땅에 절하며 감사한 다음 군사들을 두루 위로했다. 현덕은 형제들이 다시 모였고 장수와 참모들도 빠진 사람이 없는 데다 새롭게 조운까지 얻었으며 관공도 관평과 주창 두 사람을 얻게 되자 한없이 기뻐하며 여러 날 동안 연이어 술을 마셨다. 후세 사람이 찬탄한 시가 있다.

지난날 손과 발 같은 형제들이 잘린 오이처럼 흩어지고

편지는 끊어지고 소식은 감감하여 행방마저도 막연했지

오늘에야 군주와 신하가 다시금 대의를 위해 모였으니

그야말로 용과 호랑이가 바람과 구름을 만난 격이로다

當時手足似瓜分, 信斷音稀杳不聞

今日君臣重聚義, 正如龍虎會風雲[11]

이때 현덕, 관우, 장비, 조운, 손건, 간옹, 미축, 미방, 관평, 주창이 통솔한 마보군은 도합 4만5000명 정도였다. 현덕은 고성을 버리고 여남에 가려 했는데 마침 유벽과 공도가 사람을 보내 여남으로 오라고 청했다. 마침내 군대를 일으켜 여남으로 가 군사를 모집하고 말을 사들이면서 서서히 군대를 진군시켜 정벌할 일을 도모했음은 더 이상 말할 필요가 없다.

한편 원소는 현덕이 돌아오지 않자 크게 노하여 군대를 일으켜 정벌하고자 했다. 곽도가 말했다.

"유비는 걱정할 게 없습니다. 조조가 바로 강적이니 제거하지 않을 수 없습니다. 유표는 비록 형주를 점유하고 있지만 강하다고 하기에는 부족합니다. 강동의 손백부孫伯符(손책의 자)는 그 위엄이 삼강[12]을 제압하고 땅은 육군[13]에 이어졌으며 모신과 무사가 지극히 많으니 사람을 보내 그와 연합하여 함께 조조를 공격해야 합니다."

원소는 그 말을 따르기로 하고 즉시 편지를 써서 진진을 사자로 보내 손책과 만나서 일을 처리하게 했다.

하북의 영웅이 떠났기 때문에

강동의 호걸을 이끌어 나오게 하네

只因河北英雄去, 引出江東豪傑來

그 일은 어떻게 되었을까?

제28회 고성에 모인 형제들

❶

주창周倉은 누구인가?

주창은 역사 기록에 존재하지 않는 허구의 인물이다. 소설에 많이 등장하지는 않지만 관우의 충성스러운 부하 장수로 상당히 강한 인상을 남긴다. 제66회에 등장하는 관우가 칼 한 자루를 지니고 노숙의 연회에 간 단도회單刀會 이야기가 유명한데, 여기서 주창이 노숙에게 "천하의 토지는 오직 덕 있는 자만이 차지하는 것이오. 어찌 유독 그대 동오만 소유해야 한단 말이오!"라고 말했다고 한다.

그렇지만 이 말을 한 사람이 누구였는지 실제 역사 기록에는 밝혀지지 않았다. 주창은 전설 속의 인물이라 할 수 있으며 배원소 또한 역사 기록에 등장하지 않는다.

❷

채양은 관우에게 죽지 않았다

『삼국지』「촉서·선주전」에 "조공과 원소가 관도에서 서로 대치하고 있을 때 여남의 황건적 유벽 등이 조공을 배반하고 원소에게 호응했다. 원소는 선주를 파견해 병사들을 지휘하여 유벽 등과 함께 허현 일대를 공략하게 했다. (…) 원소가 선주를 파견해 본부 병마를 인솔하여 다시 여남으로 가서 도적 공도龔都 등과 합류하게 했는데 그 무리가 수천 명에 이르렀다. 조공이 채양을 파견해 선주를 공격하도록 했으나 선주에게 살해되었다"고 기록되어 있고, 「위서·무제기」는 "건안 6년(201) 9월 원소가 [조조에게] 패하기 전 유비를 파견해 여남을 공격하게 했는데 여남의 도적 공도共都(「선주전」에는 공도龔都로 기록되어 있다) 등이 유비에게 호응했다. 조공은 채양蔡揚(「선주전」에는 채양蔡陽으로 기록되어 있다)을 파견하여 공도를 공격했지만 작전에 불리해졌고 공도에게 모두 패하고 말았다"고 기록하고 있어 채양은 관우가 아닌 유비에게 죽임을 당했음을 알 수 있다.

❸

관평이 관우의 양아들이었을까?

관평에 관한 기록이 많지는 않지만 다음과 같은 기록에서 관우와의 관계를 알 수 있다. 『삼국지』「촉서·관우전」에 "손권은 장수를 파견해 관우를 맞받아 공격하게 했고 임저臨沮(현 명칭, 치소는 후베이성 위안안遠安 서북쪽)에서 관우와 그의 아들 관평을 참수했다"고 기록되어 있고, 「오서·반장전潘璋傳」에는 "손권이 관우를 토벌할 때 반장은 주연朱然과 함께 관우의 퇴로를 차단했다. (…) 반장의 부하 사마司馬(당시 반장은 편장군偏將軍이었고 속관으로 사마를 두었는데, 8품으로 군사 사무에 참여했다) 마충馬忠이 관우, 관우의 아들 관평, 도독 조루趙累 등을 사로잡았다"고 기록하고 있다. 또한 「오서·오주전吳主傳」에는 "건안 24년(219) 12월에 반장의 사마 마충이 장향章鄕(후베이성 당양當陽 동북쪽)에서 관우와 그 아들 관평, 도독 조루를 사로잡았고 마침내 형주를 평정했다"고 기록하고 있다. 역사는 일관되게 관평을 '우자羽子' 즉 '관우의 아들'로 기록하고 있으며 이를 통해 볼 때 관평은 관우의 양아들이 아닌 '친아들'임이 분명하다. 관평이 관우의 양아들이었다면 역사 기록에 반드시 양아들이라고 기록했을 텐데 '양아들'이라는 기록은 없다.

❹

조운은 언제 유비를 따랐는가?

역사 기록에 따르면 조운이 유비를 따르기 시작한 시기는 두 가지로 나누어진다. 우선 『삼국지』 「촉서·조운전」에 따르면 "[조운은] 본래 공손찬의 부하였는데 공손찬이 선주에게 파견해 전해田楷와 함께 원소에게 맞서도록 했을 때 조운은 [유비를] 수행하여 선주의 주기主騎(기병을 주관함)가 되었다"는 기록이 있고, 『자치통감』 권60 「한기 52」에는 "초평 2년(191), 상산 사람 조운이 본 군의 관병을 이끌고 공손찬을 찾아왔다. 유비는 그를 보고서 기이하게 여겼으며 마음을 다해 교제하고 그를 받아들였다. 조운은 마침내 유비를 따라 평원에 이르렀고 유비를 위해 기병을 통솔했다"고 기록하고 있다. 이 기록에 따르면 조운이 유비를 섬긴 시기는 초평 2년, 즉 191년이다. 그러나 『삼국지』 「촉서·조운전」 배송지 주 『운별전』에 따르면 "선주가 원소에게 의지하자 조운은 업鄴으로 가서 만났다. 선주는 조운과 같은 침상에서 잘 정도였다"고 하며, 건안 5년 즉 200년으로 기록하고 있다.

두 기록의 시간 차이가 무려 9년이라 어느 것이 정확한지는 알 수 없지만 역자는 앞의 기록, 즉 191년이 정확하지 않을까 조심스럽게 추측해본다.

소패왕의 몰락과
손권의 등장

소패왕은 노하여 우길을 참수하고,
벽안아는 앉아서 강동을 통솔하다

小霸王怒斬于吉,
碧眼兒坐領江東

손책이 강동의 패권을 장악한 이래로 군력은 강성하고 군량은 풍족해졌다. 건안 4년(199) 여강을 기습하여 빼앗았고 유훈을 물리쳤으며, 우번을 파견해 격문을 예장豫章으로 보내자 예장태수 화흠華歆이 투항했다.❶ 이때부터 손책은 명성과 위세를 크게 떨쳤고 장굉을 허창¹으로 파견해 표문을 올리고 헌첩했다. 조조는 손책이 강성해졌음을 알고 탄식했다.

"사자 새끼와 승리를 다투기 어렵게 되었구나!"

마침내 조인의 딸과 손책의 막내아우 손광孫匡과의 혼인을 허락하여 양가가 혼인하게 되었다. 장굉은 허창에 머물렀다.❷ 손책이 대사마의 관직을 요청했으나 조조는 허락하지 않았다. 손책은 그 일을 원망하며 항상 허도를 기습할 마음을 품었다. 그리하여 오군태수 허공許貢이 은밀하게 사자를 허도로 보내 조조에게 글을 올렸다.

"손책은 용감하고 날래기가 항적²과 유사합니다. 조정에서 겉으로는 은총을 표시하면서 도성으로 불러들여야 합니다. 외진³에 두어서 나중에 후환거리로 만들어서는 안 될 것입니다."

그러나 서신을 바치러 가던 사자가 강을 건너는 도중 방비하던 사졸들에게 잡혀 손책에게 압송되었다. 편지를 보고 크게 노한 손책은 사자를 참수하고 사람을 보내 의논할 일이 있다며 허위로 허공을 청했다. 허공이 당도하자 손책은 편지를 꺼내 보여주며 꾸짖었다.

"네놈이 나를 사지로 보내려고 했더냐!"

그러고는 무사들에게 명하여 목매달아 죽이게 했다. 허공의 가솔들은 모두 도망쳐서 뿔뿔이 흩어졌다. 허공의 집에는 식객 세 사람이 있었는데 모두 허공의 원수를 갚고자 했으나 적당한 기회가 없음을 한스러워했다. ❸

하루는 손책이 군사들을 이끌고 단도⁴의 서산에서 대규모 사냥을 했는데 큰 사슴을 쫓게 되어 말고삐를 놓고 산을 올라 사슴을 뒤쫓았다. 한창 쫓고 있는데 수풀 속에서 창을 잡고 활을 들고 서 있는 세 사람이 보였다. 손책이 고삐를 당겨 말을 세우고는 물었다.

"너희는 누구냐?"

그들이 대답했다.

"한당韓當의 군사들입니다. 이곳에서 사슴을 쏘고 있었습니다."

손책이 막 고삐를 들어올리고 가려 하는데 그때 한 사람이 창을 집고 손책의 왼쪽 넓적다리를 바로 찔렀다. 깜짝 놀란 손책이 황급히 패검을 뽑아 말 위에서 내리쳤으나 검날이 갑자기 땅바닥으로 떨어지고 칼자루만 손에 남겨졌다. 그 사이에 다른 한 사람이 어느 결에 활을 집어 화살을 걸고 쏘자 손책의 뺨에 정통으로 꽂혔다. 손책은 즉시 얼굴에 꽂힌 화살을 뽑고 활을 꺼내 화살을 쏜 사람에게 되돌려 쏘았는데 활시위의 씨잉 소리와 함께 그 사람이 쓰러졌다. 남은 두 사람이 창을 들고 손책을 겨냥해 마구 찔러대며 크게 소리 질렀다.

"우리는 허공의 식객으로 특별히 주인의 원수를 갚으러 왔도다!"

별다른 무기가 없었던 손책은 단지 활로 그들에게 대항하며 막아내면서 달아나는 수밖에 없었다. 그러나 두 사람은 죽기로 싸우며 물러나지 않았다. 손책은 이미 몸 여러 군데에 창상을 입었고 말 또한 다친 상태였다. 이런 위급한 상황에서 마침 정보가 몇 명을 이끌고 당도했다. 손책이 큰 소리로 고함을 질렀다.

"도적놈들을 죽여라!"

정보는 무리를 이끌고 일제히 올라와서는 허공의 식객들을 모두 찍어 내렸다. 손책을 보니 얼굴 가득 피를 흘리고 있었는데 상처가 매우 심하여 칼로 도포를 잘라서 상처난 곳을 싸매고 오회[5]로 돌아와 상처를 치료했다. 후세 사람이 허공의 식객들을 칭송한 시가 있다.

손랑의 지혜와 용맹이 강동에서 으뜸이라더니
산속에서 사냥을 하다가 위태로움에 빠졌구나
허공의 식객 세 사람 죽음으로써 의리 지키니
주인 위해 목숨 던진 예양[6]도 특별할 것 없도다
孫郎智勇冠江湄, 射獵山中受困危
許客三人能死義, 殺身豫讓未爲奇 ❹

부상을 입고 돌아온 손책은 치료를 위해 사람을 시켜 화타를 찾아 청해 오도록 했다. 그러나 뜻밖에도 화타는 이미 중원으로 떠난 뒤였고 그의 제자만 오吳에 남아 있어서 하는 수 없이 그에게 치료를 명했다. 그 제자가 말했다.

"화살촉에 독약이 묻어 있어 그 독이 이미 뼛속까지 파고들어간 상태입니다. 백일 동안 안정을 취해야만 비로소 무사할 수 있으나 만일 화를 내거나 감정을 격하게 쓴다면 상처를 치료하기 어려울 것입니다."

손책의 성질은 매우 급해서 그날로 바로 치유될 수 없음을 원망하며 20여 일 동안 몸조리를 했다. 그런데 별안간 장굉의 사자가 허창에서 돌아왔다는 보고를 듣고는 손책이 그를 불러 상황을 물었다. 사자가 말했다.

"조조는 주공을 매우 두려워하고 있고 그 휘하의 모사들 또한 존경하여 감복하는데 오로지 곽가만이 복종하지 않고 있습니다."

손책이 말했다.

"곽가가 어떤 말을 하더냐?"

사자가 감히 대답하지 못했다. 손책이 노하여 단호하게 물었다. 사자는 어쩔 수 없이 사실대로 고했다.

"곽가는 조조에게 주공을 두려워할 필요가 없다고 했고, 주공은 경솔하여 준비가 부족하고 성질이 급하며 지모가 적으니 필부의 용맹으로 훗날 틀림없이 소인의 손에 죽게 될 것이라고 말했습니다."

그 말을 들은 손책은 크게 노했다.

"필부 따위가 어찌 감히 나를 헤아리겠느냐! 내 맹세코 허창을 취하리라!"

결국은 상처가 치유되기를 기다리지 않고 즉시 출병할 일을 상의했다. 장소가 간언했다.

"의원이 주공께 백일 동안은 움직이지 말라고 타일렀는데, 지금 어찌하여 한때의 분노로 만금 같은 몸을 스스로 가볍게 움직이려 하십니까?"❺

한창 이야기를 하고 있는데 갑자기 원소의 사자 진진陳震이 당도했다는 보고가 들어왔다. 손책이 불러들여 오게 된 이유를 물었다. 진진은 원소가 동오東吳와 연합하여 함께 조조를 공격하고자 하니 밖에서 호응해달라는 원소의 뜻을 상세하게 설명했다. 손책이 크게 기뻐하며 그날로 장수들을 성루로 불러 모으고 연회를 열어 진진을 환대했다. 술 마시는 사이에 별안간 장수들이 서로 귓속말을 하더니 잇달아 성루를 내려가는 것이 보였다. 괴상하게 여긴 손책이 까닭을 묻자 좌우 신하들이 대답했다.

"우신선于神仙이라는 분이 계신데 지금 성루 아래를 지나가시니 제장들이 가서 절을 올리는 것뿐입니다."

손책이 몸을 일으켜 난간에 기대어 살펴보니 한 도인이 몸에 새 깃털로 만든 외투를 걸치고 손에는 명아주 지팡이를 쥐며 길 한가운데에 서 있었는데, 백성 모두가 향을 사르고 길에 엎드려 절을 올리고 있었다. 손책이 노하여 말했다.

"저게 무슨 요망한 짓이냐? 속히 잡아오너라!"

좌우에서 고했다.

"이분은 성이 우于이고 이름이 길吉이라 하며 동방東方에 임시로 거처하고 계십니다. 오회를 왕래하면서 부수7를 보시며 사람들의 만병을 치료하시는데 효험을 보지 않은 자가 없습니다. 이 세상에서 신선이라 불리는 분이라 함부로 모독해서는 안 됩니다."

더욱 화가 난 손책이 소리 질러 명령했다.

"빨리빨리 잡아와라! 어기는 자는 목을 베리라!"

좌우 신하들이 하는 수 없이 성루를 내려가 우길을 에워싸고 성루로 올라왔다. 손책이 호통쳤다.

"너 같은 미친 도사 놈이 어떻게 감히 인심을 부추겨 선동한단 말이냐!"

우길이 말했다.

"빈도는 바로 낭야궁琅琊宮[8]의 도사로 일찍이 순제[9] 때 산에 들어가 약초를 캐다가 곡양曲陽[10]의 샘물에서 『태평청령도太平青領道』[11]라 불리는 신서神書를 얻었는데 도합 100여 권으로 모두 사람의 질병을 치료하는 방술이었소. 빈도는 그 책을 얻은 후 오로지 하늘을 대신해 군주의 명령을 널리 전파하고 백성을 교화했으며 만인을 널리 구제했을 뿐 일찍이 다른 사람의 물건을 털끝만큼도 취한 적이 없소. 어찌 인심을 부추기고 선동했다고 하겠소?"

손책이 말했다.

"네놈이 다른 사람의 물건을 취하지 않았다면 의복과 음식은 어디에서 얻었단 말이냐? 네놈은 황건 장각의 부류로 지금 죽이지 않으면 틀림없이 훗날 우환거리가 될 것이다!"

그러고는 좌우를 큰 소리로 꾸짖으며 목을 베라고 했다. 장소가 간언했다.

"우도인께서는 강동에서 수십 년 동안 계시면서 죄를 범한 적이 없으니 죽여서는 안 됩니다."

손책이 말했다.

"이런 요망한 작자를 죽이는 것이 개돼지를 잡는 것과 무엇이 다르단 말이오!"

관원들이 모두 간절히 간하고 진진 역시 설득했다. 손책은 화를 멈추지 않으며 잠시 옥에 가두라고 명했다. 관원들이 흩어졌다. 진진도 역관으로 돌아가 편히 쉬었다.

어느새 내시가 이 일을 손책의 모친인 오태부인吳太夫人에게 전해주었는데 손책이 부중으로 돌아오자 부인은 그를 후당으로 불러들이며 일렀다.

"듣자 하니 네가 우신선을 감옥에 가두었다고 하는구나. 이분은 사람들의 질병을 많이 치료해주어 군사들과 백성이 공경하고 우러러보는 분이니 해를 입혀서는 안 된다."

손책이 말했다.

"이자는 요망한 놈으로 요술로 사람들을 현혹시키니 제거하지 않을 수 없습니다!"

부인이 거듭 달래고 타일렀다. 손책이 말했다.

"어머님께서는 바깥사람들의 허튼소리를 듣지 마세요. 제가 알아서 처리하겠습니다."

그러고는 옥리를 불러 우길을 심문하고자 데려오도록 했다. 원래 옥리들도 모두 우길을 존경하고 신임했기에 우길이 옥중에 있을 때도 가쇄[12]를 벗겼는데 손책이 부르자 비로소 가쇄를 채우고 나왔다. 그 사실을 조사하여 알게 된 손책은 크게 노하여 옥리를 호되게 꾸짖고 처벌했으며 여전히 우길을 형구로 채워 하옥시켰다. 장소 등 수십 명이 함께 서명하여 글을 올리고 손책에게 절하며 우신선을 보증하겠다고 애걸했다. 손책이 말했다.

"공 등은 모두 글을 읽는 사람들인데 어찌하여 이치를 모른단 말이오? 옛날에 교주[13] 자사 장진張津이 사교邪敎를 믿고 슬瑟(거문고와 유사한 고대 현악기)을 뜯으며 향을 사르면서 항상 붉은 수건으로 머리를 싸매어 스스로는 출전하는 군사들의 위세에 도움을 준다고 말했지만 끝내 적군에게 피살되었소. 이러한 일들은 매우 무익한 것으로 여러분이 깨닫지 못할 뿐이오. 내가 우길을 죽이려고 하는 것은 바로 사교를 금지하고 미혹에 빠진 사람들을 깨닫게 하려는 것이오."

여범이 말했다.

"평소에 알기로는 우도인이 신에게 빌어 바람을 불러오고 비를 내리게 할 수 있다고 합니다. 바야흐로 지금 가뭄이 들었으니 어찌 그에게 비를 내리게 하여 죄를 씻게 하지 않으십니까?"

손책이 말했다.

"내가 잠시 이 요망한 자가 어떻게 하는지 보겠소."

마침내 옥중에 있는 우길을 데려와 가쇄를 풀고 단에 올라가 비가 내리도록 빌라고 했다. 명을 받은 우길은 즉시 목욕하고 옷을 갈아입고는 밧줄을 가져오더니 작열하는 태양 아래에서 자신을 묶었다. 구경하려는 백성이 거리를 메우고 골목을 막았다. 우길이 사람들에게 일렀다.

"내가 3척의 단비를 내리게 하여 만민을 구하겠으나 나는 끝내 죽음을 면치 못할 것이오."

사람들이 말했다.

"영험이 있으시다면 주공께서 틀림없이 존경하여 감복하실 것입니다."

우길이 말했다.

"정해진 운수가 여기에 이르렀으니 피할 수 없을까 염려되오."

잠시 후 손책이 친히 단 가운데로 가서 영을 내렸다.

"만일 오시午時까지 비가 내리지 않으면 즉시 우길을 불에 태워 죽이리라."

그러고는 먼저 사람들에게 마른 장작을 쌓아놓고 기다리도록 했다. 오시가 가까워지자 갑자기 광풍이 일어났다. 바람이 지나가자 사방에서 검은 구름이 점점 몰려들었다. 손책이 말했다.

"이미 오시가 가까워졌는데 헛되이 검은 구름만 몰려오고 단비가 내리지 않으니 바로 요망한 놈이로다!"

좌우를 꾸짖어 우길을 쌓여 있는 장작더미에 올려놓고 사방에 불을 붙이게 하자 화염이 바람을 따라 일어났다. 그때 별안간 한 줄기 검은 연기가 공중으로 치솟더니 콰르릉하는 우렁찬 소리와 함께 천둥과 번개가 동시에 치면서 장대비가 쏟아졌다. 눈 깜짝할 사이에 시가지는 강을 이루었고 계곡물은 가득 차니 족히 3척의 단비가 내렸다. 장작더미 위에 반듯이 누워 있던 우길이 크게 고함을 치자 구름이 걷히고 비가 멈추더니 다시 태양이 드러났다. 이에 관원들과 백성이 함께 우길을 장작더미에서 부축해 내리고는 밧줄을 풀어버리고 다시 절하며 감사했다. 관원들과 백성이 물에 젖은 의복도 돌보지 않고 사방으로 둘러싸며 무릎을 꿇고 절하는 것을 본 손책은 벌컥 성을 내며 큰 소리로 꾸짖었다.

"날이 개고 비가 오는 것은 바로 천지의 정해진 이치이니라. 요망한 자가 우연히 그것을 이용한 것뿐인데 너희는 어찌하여 이토록 마음이 흐려져 혼란을 일으킨단 말이냐!"

그러고는 보검을 뽑아 좌우에 속히 우길의 목을 치라 명했다. 관원들이 극력으로 만류하자 손책이 노해서 말했다.

"너희 모두가 우길을 따라 반란을 일으키려 하느냐!"

관원들은 이에 감히 다시는 말을 못 꺼냈다. 손책이 무사들을 큰 소리로 꾸짖자 한 무사가 한칼에 우길의 목을 쳐서 땅바닥에 떨어뜨렸다. 그때 한 줄기 푸른 기운이 동북쪽으로 향하며 사라졌다. 손책은 그 시신을 저잣거리에 내놓고 백성에게 보이게 하여 요망한 죄를 바로잡게 했다.

그날 밤 비바람이 일어났는데 새벽에 이르자 우길의 시체가 보이지 않았다. 시신을 지키던 군사가 손책에게 보고했다. 성난 손책이 시체를 지키던 군사를 죽이려 했다. 그때 갑자기 한 사람이 대청 앞으로 천천히 걸어오는 게 보였는데 살펴보니 바로 우길이었다. 화가 치밀어 오른 손책이 검을 뽑아 그를 찍어 죽이려고 하다가 갑자기 의식을 잃고 땅바닥에 쓰러졌다. 좌우에서 급히 구하여 침실 안으로 들였는데 한나절이 되어서야 비로소 깨어났다. 오태부인이 와서 병을 살피더니 손책에게 일렀다.

"내 아들이 신선을 억울하게 죽이더니 이런 화를 불렀구나."

손책이 웃으면서 말했다.

"이 아들이 어려서부터 부친을 따라 출정하여 사람 죽이기를 삼베 자르듯 했는데 언제 화를 입은 적이 있었습니까? 지금 요망한 자를 죽인 것은 바로 큰 화를 끊고자 함인데 어찌 도리어 제가 화를 당하겠습니까?"

부인이 말했다.

"네가 믿지 않았기 때문에 이 지경이 된 것이야. 지금이라도 좋은 일을 하여 액막이를 해야겠다."

손책이 말했다.

"제 운명은 하늘에 달려 있는 것이지 요망한 자가 결코 화를 만들 수는 없습니다. 무슨 액막이가 필요하단 말씀입니까!"

부인이 설득을 해도 믿지 않자 이에 좌우에 명하여 몰래 자비롭고 선한 일을 수행하고 재앙을 쫓는 기도를 하게 했다.

그날 밤 이경에 손책이 안방에 누워 있는데 별안간 음산한 바람이 불어닥치더니 등불이 꺼지다가 다시 밝아졌다. 등불 그림자 아래로 우길이 침상 앞에 서 있는 것이 보였다. 손책이 크게 소리 질렀다.

"나는 평생 요망한 것들을 죽여서 천하를 안정시키겠다고 맹세했다! 너는 이미 귀신이 되었거늘 어찌 감히 내게 가까이 오는가!"

침상 머리맡에서 검을 꺼내 내던지자 갑자기 사라졌다. 그 소리를 들은 오태부인은 더욱 침울해졌다. 이에 손책은 모친의 마음을 안심시키고자 병을 무릅쓰고 무리하게 움직였다. 모친이 손책에게 일렀다.

"성인이 말씀하시기를 '귀신의 성정은 영험하여 진정 거대하구나'[14]라고 하셨고 또 이르기를 '너를 대신해 천신과 지신에게 비노라'[15]라고 했느니라. 귀신의 일은 믿지 않을 수 없구나. 네가 우선생을 억울하게 죽였으니 어찌 응보를 안 치르겠느냐? 내가 이미 사람을 시켜 이곳 군의 옥청관玉淸觀 안에서 설초[16]를 하게 했으니 네가 직접 가서 절을 올리고 기도를 하면 자연히 편안해질 것이다."

손책은 감히 모친의 명령을 어길 수 없어 억지로 가마를 타고 옥청관에 이르렀다. 도사가 맞이하여 손책에게 향을 피우도록 청했으나 손책은 향을 사르기만 하고 절은 하지 않았다. 그런데 갑자기 향로에서 피어오른 연기가 흩어지지 않고 화개[17] 같은 자리가 만들어지더니 그 위에 우길이 단정히 앉아 있는 것이 보였다. 손책이 노하여 욕을 내뱉었다. 전당을 나가려는데 다시 전당 문에 우길이 서서 눈을 부릅뜨고 손책을 잔뜩 노려보았다. 손책이 좌우를 돌아보며 말했다.

"너희는 저 요사스러운 귀신이 보이지 않느냐?"

좌우에서 모두 보이지 않는다고 대답했다. 더욱 화가 난 손책이 패검을 뽑아 우길을 향해 내던졌는데 한 사람이 검에 맞아 쓰러졌다. 다름 아닌 전날 우길의 목을 쳐서 죽인 군사로 검이 머리통을 뚫고 들어가 일곱 구멍으로 피를 흘리며 죽었다. 손책은 그 군사를 들고 나가 장사 지내주라고 명했다. 옥청관을 나오려는데 또다시 우길이 옥청관 문안으로 걸어 들어오는 것이 보였다. 손책이 말했다.

"이 옥청관 또한 요괴를 숨겨둔 곳이다!"

마침내 옥청관 앞에 앉아서 무사 500명에게 옥청관을 허물라고 명했다.

무사들이 기와를 떼어내려고 막 지붕으로 올라가는데 도리어 우길이 지붕 위에 서서 기와를 땅바닥으로 내던졌다. 손책이 크게 노하여 본관의 도사들을 쫓아내고 전당에 불을 지르라는 명을 전달했다. 불길이 일어나는 곳에 또 우길이 불빛 속에 서 있는 것이 보였다. 손책이 성내며 부중으로 돌아왔는데 다시 우길이 부중 문 앞에 서 있는 것이 보였다. 손책은 이에 부중으로 들어가지 않고 곧바로 삼군을 점검하여 일으킨 후 성 밖에 군영을 세우고는 장수들을 호출하여 군대를 일으켜 원소를 도와 조조를 공격하고자 했다. 장수들이 모두 말했다.

"주공의 옥체에 병이 났으니 함부로 움직여서는 안 됩니다. 잠시 병이 회복되기를 기다렸다가 출병하셔도 늦지 않습니다."

그날 밤 손책이 군영 안에서 자고 있는데 또다시 우길이 머리를 풀어헤치고 나타났다. 손책은 군막 안에서 호통치기를 그치지 않았다.

이튿날 오태부인이 명을 전달하여 손책을 부중으로 돌아오도록 불렀다. 손책은 이에 돌아가서 모친을 만나 뵈었다. 손책의 모습이 초췌해진 것을 본 부인이 울면서 말했다.

"내 아들 몰골이 말이 아니구나!"

손책이 즉시 거울을 끌어당겨 자신의 모습을 비추어보니 과연 얼굴이 매우 여위고 수척해져 순간 깜짝 놀라 좌우를 돌아보며 말했다.

"내가 어쩌다가 이렇게 초췌해졌단 말이냐!"

말이 끝나기도 전에 갑자기 우길이 거울 속에 서 있는 게 보였다. 손책은 거울을 치며 외마디 비명을 지르더니 상처 부위가 찢어지면서 혼절하여 땅바닥에 쓰러지고 말았다. 부인이 침실로 부축해 들이라고 명했다. 잠시 후 의식을 회복하고 혼자서 탄식했다.

"내가 다시 살아날 수 없겠구나!"

즉시 장소 등 여러 사람과 동생 손권을 침상 앞으로 불러서 당부했다.

"천하가 바야흐로 혼란스러우니 오월[18]의 무리와 삼강[19]의 견고함으로 해볼 만할 정도로 유망하오. 자포子布(장소의 자) 등은 내 아우를 잘 보좌해주시오."

그러고는 인수를 가져와 손권에게 주며 말했다.

"강동의 무리를 일으켜 양쪽 진영이 대치하는 사이에서 적당한 시기를 보고 적절하게 책략을 결정하여 천하의 영웅들과 승패를 다투는 경우라면 경은 나만 못할 것이다. 그러나 어질고 지혜로운 능력 있는 인재를 등용한 후 각기 전력을 다하게 하여 강동을 보호하고 지키는 일이라면 내가 경보다 못할 것이다. 경은 마땅히 아버님과 이 형이 이룬 창업의 시련을 유념하여 스스로 잘 계획하거라!"❻

손권은 통곡하며 절하고 인수[20]를 받았다. 손책이 모친에게 고했다.

"소자는 타고난 수명이 이미 다하여 이제 어머님을 모실 수 없게 되었습니다. 지금 인수를 아우에게 넘겨주었으니 어머님께서는 아침저녁으로 아우를 훈계해주십시오. 그리고 아버님과 제가 등용한 옛사람들을 삼가 존중하고 가볍게 대하지 말아주십시오."

모친이 소리 내어 울면서 말했다.

"네 아우가 나이가 어려 큰일을 감당하지 못할까 두렵구나. 다시 어찌해야 좋단 말이냐?"

손책이 말했다.

"아우의 재주가 저보다 열배나 뛰어나니 충분히 대임을 감당할 만합니다. 나라 안의 일을 결정하지 못하면 장소에게 물어보시고, 바깥일을 결정하지 못하면 주유에게 물어보십시오. 주유가 이곳에 없어 직접 당부할 수 없는 것이 한스럽습니다!"

또 여러 아우를 불러 분부했다.

"내가 죽은 다음에 너희는 함께 중모仲謀(손권의 자)를 보좌해야 한다. 종족 중에 감히 다른 마음을 품은 자가 있다면 모두 힘을 합쳐 그를 죽여야 하고, 골육이 반역을 하면 조상의 무덤에 안장해서는 안 된다."

여러 아우가 울면서 명을 받았다. 또 처인 교喬부인을 불러 일렀다.

"나와 당신이 불행하게도 도중에 이별하게 되었으나 당신은 시어머님을 정성껏 모셔야 하오. 조만간 당신 여동생이 들어오게 되면 주랑에게 당부를 전달해주고 마음을 다해 나의 아우를 보좌하여 나와 평소에 서로 이해가 깊었음을 저버리지 말아달라고 해주시오."

말을 마치고는 눈을 감았으니 이때 그의 나이 26세에 불과했다. 후세 사람이 찬탄한 시가 있다.

홀로 분투하여 동남 지방에서 싸우니
사람들은 그를 소패왕이라 불렀다네
전략 세움에 범이 웅크리는 듯했고
책략을 결정함에 매가 나는 듯했네

그 위세는 삼강을 눌러 안정시켰고
그 명성은 사해에 떨쳐 향기로웠네
대업 남긴 채 젊은 나이에 임종하니
큰 뜻 오로지 주랑에게 부탁했다네

獨戰東南地, 人稱小霸王

運籌如虎踞, 決策似鷹揚

威鎮三江靖, 名聞四海香

臨終遺大事, 專意屬周郎 ❼

손책이 죽자 손권은 울면서 침상 앞에서 쓰러졌다. 장소가 말했다.

"지금은 장군께서 울고 계실 때가 아닙니다. 마땅히 장례를 치르면서 동시에 군대와 나라의 큰일을 다스리셔야 합니다."

손권은 비로소 눈물을 거두었다. 장소는 손정孫靜(손견의 동생)에게 장례의 일을 처리하게 하고 손권을 대청으로 청해 문무관원들의 하례를 받게 했다. 손권의 생김새는 네모난 턱에 입이 크며 푸른 눈에 자줏빛 수염을 하고 있었다. 옛날에 한나라 사신 유완劉琬이 오吳에 들어왔다가 손씨 집안의 여러 형제를 보고는 사람들에게 말했다.

"내가 손씨 형제들을 두루 살펴보니 비록 각기 재능이 출중하나 모두 복과 수명을 끝까지 누리지 못할 것 같소. 오직 중모仲謀(손권의 자)만이 특이하고 웅장하며 골격이 예사롭지 않은 용모를 가지고 있어 크게 귀하게 될 상이고 또 장수를 누릴 것이오. 그러나 다른 형제들은 모두 미치지 못할 것 같소."

이때 손권은 손책의 유언을 받들어 강동의 일을 관장했다. 관리와 경영에 있어 아직 안정을 찾지 못하고 있을 때 주유가 파구21에서 군대를 거느리고 오로 돌아왔다는 보고가 들어왔다. 손권이 말했다.

"공근公瑾(주유의 자)이 이미 돌아왔다니 내 근심이 없어졌구나."

원래 주유는 파구를 지키고 있었는데 손책이 화살에 맞아 부상당했다는 소식을 듣고 안부를 물으러 돌아오는 길이었다. 그런데 오군에 이르렀을 때 손책이 이미 죽었다는 소식을 듣고는 밤새 달려왔다. 주유는 바로 손책의 영구 앞에서 소리 내어 울며 절을 올렸다. 오태부인이 나와서 주유에게 유언을 전했다. 주유가 땅바닥에 엎드려 절하며 말했다.

"감히 개와 말의 하찮은 수고로움이라도 다하여 죽음으로써 계승하겠습니다!"

잠시 후 손권이 들어왔다. 주유가 알현하자 손권이 말했다.

"바라건대 공께서는 형님의 유언을 잊지 말아주시오."

주유가 머리를 조아리며 말했다.

"간장과 뇌수가 땅에 널린다 하더라도 저를 알아준 은혜에 보답하리라."❽

손권이 말했다.

"아버님과 형님의 기업을 계승했으니 장차 어떤 계책으로 그것을 지켜야겠소?"

주유가 말했다.

"예로부터 '인심을 얻는 자는 번창하고 인심을 잃는 자는 멸망한다'²²고 했습니다. 지금은 고명하고 식견이 넓은 사람을 구하여 보좌하게 한 다음에야 강동을 안정시킬 수 있습니다."

손권이 말했다.

"형님의 유언에 따르면, 나라 안의 일은 자포子布(장소의 자)에게 맡기고 나라 밖의 일은 오로지 공근에게 의지하라고 하셨소."

주유가 말했다.

"자포는 현명하고 사리에 통달한 인사라 족히 대임을 감당할 만합니다. 그러나 이 유는 재주가 없어 장군의 믿음과 국사의 막중함을 저버릴까 염려되오니 바라건대 한 사람을 추천하여 장군을 보좌할 수 있도록 하겠습니다."

손권이 누구냐고 묻자 주유가 대답했다.

"성이 노魯이고 이름이 숙肅이며 자가 자경子敬이라 하는 임회[23] 동천東川[24] 사람입니다. 이 사람은 가슴에 육도六韜와 삼략三略을 품고 있어 전략에 이미 통달했으며 뱃속에는 임기응변할 수 있는 책략을 숨기고 있습니다. 어려서 부친을 잃고 모친을 지극한 효성으로 모시고 있습니다. 집안이 대단한 부자인데 일찍이 재산을 흩어 빈궁하고 가난한 사람들을 구제한 적도 있습니다. 이 유가 거소[25]의 수령으로 있을 때 수백 명의 사람을 거느리고 임회를 지나다가 양식이 떨어졌는데 노숙의 집안에 각기 3000곡의 양식을 저장한 원형의 곡식 창고가 두 군데나 있다는 말을 들었기에 가서 도움을 요청했습니다. 그러자 노숙이 즉시 한 곡식 창고를 가리키며 아낌없이 내어줬으니 그 후하고 관대함이 이와 같습니다. 평소에 검술과 말 타고 활 쏘는 것을 좋아하며 곡아에서 기거했고, 조모가 돌아가시자 동성東城으로 돌아가 장사를 지냈습니다. 그의 친구 유자양劉子揚(유엽의 자)이 그와 약속하고 소호[26]로 가서 정보鄭寶에게 보내려고 했는데 노숙이 아직 주저하면서 가지 않고 있습니다. 지금 주공께서는 속히 그를 부르십시오."

손권이 크게 기뻐하며 즉시 주유에게 가서 초빙해오라 명했다.

명을 받든 주유는 직접 가서 노숙을 만나 예를 마친 다음 손권이 우러러 흠모한다는 뜻을 구체적으로 말했다. 노숙이 말했다.

"근래에 제가 유자양과 소호로 가기로 약속한 일이 있어 그곳으로 갈까 하고 있습니다."

주유가 말했다.

"옛날에 마원[27]이 광무제에게 이르기를 '지금의 세상은 비단 군주가 신하를 선택할 뿐만 아니라 신하 또한 군주를 선택한다'[28]고 했습니다. 지금 저의 손장군께서는 재능과 덕이 있는 사람을 존경하고 가까이하며 기이한 재능이 있는 사람을 받아들여 임용하시니 세상에 보기 드문 분이십니다. 족하께서는 다른 계획을 세울 필요 없이 저와 함께 동오로 가시는 것이 옳다고 생각합니다."

노숙은 그 말에 따라 마침내 주유와 함께 손권을 만나러 왔다. 손권은 그를 심히 공경했고 그와 담론을 나눴는데 하루 종일 피곤해하지 않았다.

어느 날 관원들이 모두 흩어지고 손권이 노숙을 남게 하여 함께 술을 마셨는데 밤이 되자 한 침상에서 발과 발을 부딪치며 함께 누웠다. 한밤중에 손권이 노숙에게 물었다.

"바야흐로 지금 한실이 위태롭게 기울어 사방이 혼란스럽소. 나는 아버님과 형님께서 남겨주신 기업을 계승하여 제 환공과 진 문공의 사업[29]을 생각하는데 그대는 무엇으로 나를 가르쳐주시겠소?"

노숙이 말했다.

"옛날에 한고조께서 의제[30]를 존경하고 받들어 모시려고 했었으나 그렇게 하지 못한 것은 항우가 의제를 살해했기 때문입니다. 지금의 조조는 항우와 비견할 만한데 장군께서는 어찌하여 제 환공과 진 문공을 생각하십니까? 이 숙이 헤아려보건대 한실은 부흥할 수 없고 조조도 갑자기 제거할 수는 없습니다. 장군을 위해 계책을 낸다면 오직 솥 밑에 달린 세 개의 발처럼 강동에 의지하면서 천하의 다툼을 살펴보는 것입니다. 지금 북방에서 많은 다툼이 일어나는 틈을 이용해 황조黃祖를 토벌하고 진격하여 유표를 공격한다면 결국 장강 전체를 점거하실 수 있고 그것을 지키면서 제왕의 명호를 세우고 천하를 도모하신다면 이것이 바로 고조께서 이루신 패업이 될 것입니다."

그 말을 들은 손권은 크게 기뻐하며 옷을 걸치고 일어나 감사했다. 이튿날 손권은 노숙에게 선물을 두둑이 전달하고 아울러 의복과 휘장 등의 물품을 노숙의 모친에게 하사했다.❾

노숙이 또 한 사람을 천거했다. 이 사람은 박학다식하고 재주가 뛰어났으며 모친을 모시는 데 지극히 효성스러웠다. 성이 복성인 제갈諸葛이고 이름이 근瑾이며 자가 자유子瑜라 했고 낭야 남양[31] 사람이었다. 손권이 그에게 인사하고 귀빈으로 모셨다. 제갈근은 손권에게 원소와 연합하지 말고 잠시 조조를 따른 다음 나중에 기회를 봐서 그를 도모하라고 권했다. 손권은 그의 의견에 따라 진진을 돌려보내며 서신을 써서 원소의 요청을 거절했다.❿

한편 손책이 이미 죽었다는 소식을 들은 조조는 군사를 일으켜 강남으로 내려가려고 했다. 시어사侍御史[32] 장굉이 간언했다.

"다른 사람의 상중을 틈타 정벌하는 것은 이미 의거가 아니며, 게다가 이기지도 못하게 된다면 우호 관계를 버리고 원수를 지게 되는 것이니 차라리 잘 대우해주는 것이 나을 듯합니다."

조조는 그 말을 옳다 여기고 즉시 상주하여 손권을 장군[33]으로 봉하고 회계태수를 겸하게 했다. 즉시 장굉을 회계도위[34]로 삼아 인장을 전해주러 강동으로 가도록 했다. 손권은 크게 기뻐했으며 또한 장굉이 오로 돌아오자 즉시 장소와 함께 정사를 처리하도록 명했다.⓫

장굉이 또 한 사람을 손권에게 천거했다. 이 사람은 성이 고顧, 이름이 옹雍이며 자가 원탄元嘆이라 했는데 바로 중랑[35] 채옹의 제자였다. 그는 사람됨이 말수가 적고 술을 마시지 않았으며 준엄하고 공정 무사했다. 손권은 그를 군郡의 승[36]으로 삼아 태수의 일을 대리하게 했다. 이로부터 손권의 위엄이 강동을 떨쳤으며 그는 민심을 깊이 얻었다.⓬

한편 진진은 원소에게 돌아가 자세히 설명했다.

"손책은 이미 죽었고 손권이 그 자리를 계승했습니다. 조조가 그를 장군으로 봉한 후 그와 연합하여 밖에서 호응하게 했습니다."

크게 노한 원소는 마침내 기주, 청주, 유주, 병주 등의 인마 70여 만 명을 일으켜 다시 허창을 공격해 빼앗으려 진격했다.

강남의 전쟁이 비로소 조용해졌는데
북쪽 기주에서 다시 전쟁이 일어나네
江南兵革方休息, 冀北干戈又復興

장차 승부는 어떻게 될 것인가?

제29회 소패왕의 몰락과 손권의 등장

①

손책의 유훈 격파

『삼국지』「오서·손책전」에 따르면 "원술이 죽자 장사 양홍과 대장 장훈 등은 그들의 부대를 이끌고 손책에게 귀순하려고 했는데, 여강태수 유훈이 도중에 공격하여 그들 전부를 포로로 잡고 그들의 진귀한 보물을 몰수하여 돌아갔다. 이 소식을 들은 손책은 거짓으로 유훈과 동맹을 맺었다. 유훈이 막 원술의 무리를 얻었고, 당시 예장의 상료上繚(지금의 장시성 융슈永修 동쪽 포양호鄱陽湖 일대)의 종민宗民(당시 장강 하류 일대에 종족이 모여 사는 토착민을 종민이라 했다) 1만여 호 가구가 강동에 있으므로 손책은 유훈에게 그들을 공격해 취하라고 권했다. 유훈이 출발한 뒤에 손책은 가볍게 무장한 부대를 인솔하여 밤낮으로 달려가 여강을 습격하여 취했고, 유훈의 무리는 모두 투항했으며 유훈은 부하 수백 명과 함께 조공(조조)에게 귀순했다"고 기록하고 있다.

화흠의 투항

『삼국지』「위서·화흠전」에 따르면 "손책이 강동을 공격해 취하려고 하자 화흠은 손책이 용병에 뛰어나다는 것을 알고 폭건을 쓰고 나가 영접했다. 손책은 그가 나이가 많고 덕이 있는 사람이라고 생각하고 상빈의 예로 대접했다"고 기록하고 있다.

　배송지 주 호충胡沖의 『오력吳歷』에 따르면 "손책이 예장을 공격했을 때 우선 우번을 파견하여 화흠을 설득하게 했다. 화흠은 '오래도록 강표江表(고대에 장강 이남 지구를 강표라 했다)에 있으면서 항상 북쪽으로 돌아가려고 했소. 손회계孫會稽(손책을 가리킨다. 당시 손책은 스스로 회계태수를 겸임했다)가 오면 나는 즉시 떠날 것이오'라고 대답했다. 우번은 돌아와 손책에게 보고했고 손책은 이에 진군했다. 화흠은 갈포葛布로 된 두건을 쓰고 손책을 맞이했고, 손책은 화흠에게 '부군府君의 연세와 덕행, 명망은 멀리 있든 가까이 있든 간에 모두가 마음을 의탁할 것입니다. 이 손책은 나이가 어리므로 자제의 예로써 대하는 것이 마땅합니다'라고 말했다. 그리고 화흠에게 절을 올렸다"고 했다. 또한 화교華嶠의 『보서譜敍』에 따르면 "화흠은 폭음을 했는데 한 석石 이상 마셔도 취하지 않았고, 사람들이 은연중에 살펴보아도 항상 의관이 가지런하고 흐트러지지 않았다. 강남에서는 그를 '화독좌華獨坐'라고 불렀다"고 했다.

　『삼국지』 「오서·손책전」에 따르면 "당시 원소의 세력이 강성해지고 손책이 강동을 병합했으므로 조공(조조)은 병력에 한계가 있어 손책을 통제할 수 없었기 때문에 그를 어루만지려고 했다. 그래서 아우의 딸을 손책의 막냇동생 손광에게 시집보내고, 또 아들 조창曹彰을 위해 손분의 딸을 아내로 맞아들이게 했으며, 동시에 손책의 아우 손권과 손익을 모두 예로 초빙했고 양주자사 엄상嚴象에게 명하여 손권을 무재茂才로 천거하게 했다"고 했다. 또한 「오서·장굉전」에는 "건안 4년(199), 손책은 장굉을 허창으로 파견해 허창궁許昌宮으로 가서 상주문을 바치도록 했는데, 그곳에 머물며 시어사에 임명되었다. 소부少府 공융 등 모두 그와 친하게 지냈다"고 기록하고 있다.

❸

허공의 사망 시기

허공에 관해 소설에서는 『삼국지』 「오서·손책전」 배송지 주 『강표전』의 내용을 기본으로 서술했는데, 『자치통감』 「고이考異」에서는 "허공이 앞서 주치朱治에게 핍박받아 군郡으로 가서 엄백호에게 의지했는데, 어찌 다시 이와 같이 할 수 있겠는가. 아마도 손책이 엄백호를 격파했을 때 허공을 죽였을 것이다"라고 다르게 기록하고 있다.

❹

『삼국지』 「오서·장소전張昭傳」은 "손책이 허공을 죽이자 허공의 막내아들과 문객은 장강가로 달아나 숨었다. 손책이 홀로 말을 타고 외출했는데 갑자기 허공의 문객과 마주쳤고 그 문객이 손책을 쳐서 상해를 입혔다. 손책의 상처는 매우 심각했다"고 기록하고 있다. 배송지 주 『강표전』은 소설과 거의 비슷한 내용으로 기록하고 있다.

❺

『삼국지』 「위서·곽가전」은 다음과 같이 기록하고 있다.

"손책은 1000리를 전전하며 싸워 강동 지구를 완전히 점유했다. 그는 태조가 원소와 관도에서 서로 대치하고 있다는 소식을 듣고는 강을 건너 북쪽으로 허현을 습격하고자 준비했다. 소식을 들은 사람들이 모두 두려워했는데 곽가가 헤아려보고는 말했다.

'손책은 이제 막 강동을 병합했고 그에게 주살된 자는 모두 영웅호걸이며, 또 그는 사람들로 하여금 그를 위해 목숨을 버리고 온 힘을 다하게 할 수 있는 사람입니다. 그러나 손책은 경솔하며 방비가 없으니 비록 백만의 군대가 있다고 해도 홀로 들판 한가운데서 달리는 것과 다를 바 없습니다. 만일 자객이 매복해 있다가 기습한다면 한 명으로도 그를 대적할 수 있습니다. 제가 보건대 그는 틀림없이 필부의 손에 죽을 것입니다.'

손책이 장강 기슭에 당도했지만 강을 건너기도 전에 과연 허공의 문객에게 피살되고 말았다."

❻

손책은 손권을 신뢰했을까?

『삼국지』「오서·장소전」에 따르면 "손책은 임종할 무렵 아우 손권을 장소에게 부탁했고, 장소는 군신들을 인솔하여 손권을 옹립하고 보좌했다"고 기록하고 있다. 배송지 주 『오력吳歷』은 다음과 같이 기록하고 있다.

"손책은 장소에게 일렀다.

'만일 중모仲謀(손권의 자)가 중임을 담당할 수 없다면 그대가 즉시 스스로 권력을 취하시오. 다시 적을 물리치고 승리할 수 없다면 걸음을 늦추고 서쪽으로 귀순해도 근심할 것이 없을 것이오.'"

여기서 서쪽은 바로 조조가 있는 허도를 말한다. 손책이 손권을 못 미더워했다기보다는 장소에 대한 신뢰가 그만큼 컸음을 알 수 있다.

그리고 「오서·손익전孫翊傳」 배송지 주 『전략』에 따르면 "손익은 이름이 엄儼으로 성격이 손책과 비슷했다. 손책이 임종할 때 장소 등은 손책이 손엄에게 병권(권력)을 넘길 것이라고 말했는데, 손책은 손권을 불러 인수를 넘겼다"는 기록이 있다. 본문에는 "손익은 자가 숙필叔弼이며 손권의 동생으로 용감하고 과감했으며 형 손책의 풍모가 있었다"고 기록되어 있어 장소를 비롯한 여러 사람은 손책의 풍모가 있는 손엄이 권력을 계승할 것이라 예상했던 것 같다.

어쨌든 손책은 갑자기 사망한 것으로 후계자 또한 준비되지 않았던 것이 분명하다.

❼

손책이 우길 때문에 죽었을까?

손책의 죽음은 우길과는 전혀 상관없으며 『삼국지』「오서·손책전」 배송지 주 『오력』은 다음과 같이 기록하고 있다.

"손책이 상처를 입자 의원은 치료할 수 있으나 스스로 잘 보호해야 하고 백일 동안 움직여서는 안 된다고 말했다. 손책은 거울을 가져다 자신을 비춰보고는 좌우에 말했다.

'얼굴이 이 지경인데 다시 공을 세우고 사업을 완수할 수 있겠는가?'

탁자를 치고 몹시 흥분하더니 상처난 곳이 모두 찢어져 그날 밤에 죽었다."

우길에 관한 기록은 배송지 주 『강표전』과 『수신기』 등에 보이는데 그 내력이 분명하거나 동일하지도 않다. 어쨌든 역사는 손책의 죽음이 우길과는 아무런 관계가 없는 것으로 기록하고 있다.

손책의 계획

『삼국지』「오서·손책전」은 다음과 같이 기록하고 있다.

"건안 5년(200), 조공과 원소가 관도에서 서로 대항하고 있을 때 손책은 은밀히 허도를 습격하여 한나라 헌제를 영접하려고 했고 비밀리에 군대를 정돈하고 장수들에게도 임무를 안배했다. 그러나 행동으로 옮기기도 전에 마침 오군吳郡태수를 지냈던 허공의 문객에게 살해되었다. 손책이 죽었을 때 그의 나이 26세였다."

「위서·무제기」에는 "손책은 공이 원소와 대치하고 있다는 소식을 듣고는 이에 허도를 습격할 계획을 세웠지만 출발하기도 전에 자객에게 살해당했다"고 기록되어 있어 손책이 조조를 습격할 준비를 한 것으로 볼 수 있다.

❽

당시 손권의 상황

『삼국지』「오서·오주전」은 손권이 즉위했던 당시 상황을 다음과 같이 기록하고 있다.

"이때 손권은 오직 회계會稽, 오군吳郡, 단양丹陽, 예장豫章, 여릉廬陵(손책이 처음에 강동을 평정하고 예장군을 나누어 설립한 군郡으로 치소는 지금의 장시성 지수이吉水 동북쪽이었다) 등의 군郡만을 차지하고 있었으며, 산이 깊고 험준한 곳은 아직 완전히 복종하지 않은 상태였다. 그리고 천하의 영웅호걸들이 각 주州와 군郡에 분포되어 있었으며 빈객으로 의탁하여 기거하고 있는 선비들도 자신의 안위를 고려하여 머물 곳을 결정했으므로 고정된 군신 관계가 없었다. 장소와 주유 등은 손권과 함께 대업을 성취할 수 있다고 생각했기 때문에 마음을 다하여 손권을 섬겼다."

❾

주유가 노숙을 천거한 것과 손권과 노숙과의 대화는 『삼국지』 「오서·노숙전」에 소설과 거의 같은 내용으로 기록되어 있다. 그러나 장소는 노숙을 탐탁지 않게 생각한 듯하다. 「오서·노숙전」에 "장소는 노숙이 겸손하지 않다며 질책하고 노숙에 대해 상당히 비방했으며 나이가 어리고 꼼꼼하지 못해 임용할 수 없다고 했다. 손권은 이에 개의치 않고 노숙을 더욱 중시했으며 노숙의 모친에게 의복과 휘장, 그리고 집에서 사용하는 각종 생활용품을 하사하여 예전처럼 부유하게 했다"고 기록되어 있다.

❿

제갈근은 노숙이 추천한 것이 아니다

『삼국지』 「오서·제갈근전」에 따르면 "마침 손책이 죽고 손권의 매형인 곡아曲阿(장쑤성 단양丹陽) 사람 홍자弘咨가 제갈근을 만나보고 기이하게 여겨 손권에게 추천했다. 제갈근은 노숙 등과 함께 빈객 대접을 받았다"고 기록하고 있어 노숙이 제갈근을 추천한 것은 아니었음을 알 수 있다.

⓫

『삼국지』 「오서·장굉전」에 따르면 "조공은 손책이 훙薨(주나라 때는 제후가 죽으면 훙이라 했고, 후한 때는 후작 이상의 작위를 가진 자가 죽었을 때 훙이라 했으며 당나라 이후에는 이품 이상의 대신이 죽었을 때 훙이라 했다)했다는 소식을 듣고 상사를 틈타 오를 정벌하려고 했다. 장굉은 간언하여 다른 사람의 상사를 틈타 공격하는 것은 옛 도의에 부합되지 아니하며 만일 공격했다가 성공하지 못하면 도리어 우호 관계를 버리고 원수가 될 것이니 차라리 그들을 극찬히 대접하는 것이 낫다고 주장했다. 조공은 그의 의견을 받아들여 즉시 표를 올려서 손권을 토로장군討虜將軍으로 임명하고 회계 태수를 겸임하도록 했다. 조공은 장굉으로 하여금 손권을 보좌하면서 자신에게 귀순시키려 생각했고, 그리하여 장굉을 파견해 회계군 동부도위東部都尉(변경이 가까운 군에 도위를 설치하여 군사 관련 일을 관장하는 것을 치안 상황이 복잡한 지구의 군에는 여러 명의 도위를 설치하여 분담 관리하게 했는데 '부部'라고 했다. 회계 동부도위가 관할한 대부분의 지역은 지금의 저장성 남쪽과 푸젠성 일대였다)를 맡도록 했다'고 한다.

손권은 집권 초기에 노숙과 장굉을 존중했다

『삼국지』「오서·장굉전」 배송지 주 『강표전』은 "처음에 손권은 신하들을 부를 때 대부분 자字로 불렀는데 오직 장소를 부를 때만 '장공張公'이라 했고, 장굉을 부를 때는 '동부東部'라고 불렀다. 이는 손권이 두 사람을 존중해서 그렇게 부른 것이다'라고 기록하고 있다.

'동부'는 조조가 장굉을 회계會稽 동부도위東部都尉로 삼았기 때문에 그렇게 부른 것이다.

⓬

『삼국지』「오서·고옹전顧雍傳」에 고옹의 사람됨에 대한 내용이 나온다.

"고옹은 사람됨이 술을 마시지 않았고 말수가 적으며 행동거지가 합당했다. 손권이 일찍이 감탄하여 이렇게 말했다.

'고군顧君은 가볍게 입을 열지 않지만 말을 하면 모든 것이 옳았다.'

매번 술자리에서 즐길 때도 주위 사람들은 술로 인한 실수를 고옹이 발견할까 걱정했기 때문에 모두 감히 마음껏 하지 못했다. 손권도 말했다.

'고공이 자리에 있으면 사람들이 즐거워하지 않는다.'

모두 그를 경외하는 것이 이와 같았다.

그는 늘 백성의 상황을 탐문했고 정책 및 법령 적용 여부를 항상 비밀리에 보고했다. 만일 그 의견이 채용되면 공을 손권에게 돌아가도록 했고 쓰이지 않으면 끝내 누설하지 않았다."

관도대전

관도에서 싸운 본초는 무참하게 패하고,
오소를 기습한 맹덕은 군량을 불태우다

戰官渡本初敗績,
劫烏巢孟德燒糧

군대를 일으킨 원소는 관도[1]를 향해 진군했다. 하후돈이 서신을 보내 위급함을 알렸다. 조조는 7만 명의 군사를 일으켜 적과 맞서러 나아갔고 순욱을 남겨 허도를 방비하게 했다. 원소가 막 진군할 즈음에 전풍이 옥중에서 글을 올려 간언했다.

"지금은 잠시 조용히 지키면서 하늘이 내려준 시기를 기다려야 합니다. 경솔하게 대군을 일으켜 나라에 해를 입힐까 염려됩니다."

그러자 봉기가 험담했다.

"주공께서 인의의 군대를 일으키시는데 전풍은 어찌하여 이런 상서롭지 못한 말을 내뱉는지 모르겠습니다!"

성난 원소가 전풍의 목을 베려 했지만 관원들이 말린 덕분에 죽음을 면할 수 있었다. 원소가 증오하며 말했다.

"내가 조조를 격파한 다음에 그 죄를 공개적으로 처벌하겠노라!"

마침내 군사들을 재촉해 진군하니 깃발이 들판을 가득 덮었고 무기들은 숲을 이루었다. 행군이 양무[2]에 이르자 군영을 세웠다. 저수가 말했다.

"저희 군대는 비록 그 수가 많으나 용맹이 적군에 미치지 못하고, 적군은 비록 정예롭다고는 하지만 군량과 마초가 우리 군대만큼 풍족하지 못합니다. 적군은 군량이 없어 급히 싸우는 것이 유리하겠으나, 우리 군은 군량이 충분하니 마땅히 느긋하게 지켜야 합니다. 시간을 끌 수 있다면 싸우지 않고도 적군은 스스로 패하게 될 것입니다."

원소가 노해서 말했다.

"전풍이 우리 군심을 나태하게 만들었으니 내가 돌아가는 날에는 반드시 그를 참수하겠다. 그런데 너까지 어찌하여 감히 그렇게 말한단 말이냐!"

그러고는 좌우에 큰 소리로 꾸짖었다.

"저수를 군중에 자물쇠를 채워 감금하도록 하고 내가 조조를 격파한 다음에 전풍과 함께 한꺼번에 죄를 다스리겠다!"

이에 명령을 하달하여 대군 70만 명을 동서남북으로 주위에 군영을 세우게 하니 그 길이가 90여 리에 이어졌다.

정탐꾼이 허실을 살피고 관도로 와서 보고했다. 막 도착한 조조의 군사들은 그 소식을 듣고 모두 두려워했다. 조조는 여러 모사와 더불어 대책을 상의했다. 순유가 말했다.

"원소의 군사가 비록 많다고는 하지만 두려워할 필요는 없습니다. 우리 군은 모두 정예 군사들로 한 사람이 열 명을 감당할 수 있습니다. 다만 급히 싸워야만 저희에게 유리합니다. 시간을 끌게 되면 군량과 마초가 부족하게 되니 그 일이 걱정될 따름입니다."

조조가 말했다.

"그 말이 내 뜻과 딱 들어맞소."

즉시 군사들에게 명을 전달하여 북을 치고 함성을 질러 기세를 올리며 진격하라 했다. 원소의 군사들도 나와 맞서면서 양편이 진세를 펼쳤다. 심배는 쇠뇌를 사용하는 궁노수 1만 명을 배치하여 양쪽 날개에 매복시키고, 화살을 쏘는 궁수 5000명은 문기 안에 매복시킨 다음 포 소리를 신호로 일제히 쇠뇌와 화살을 발사하도록 약속했다. 북소리가 세 번 울리자 황금 투구에 황금 갑옷을 입고 비단 전포에 옥대를 찬 원소가 진 앞에 말을 세웠다. 좌우에는 장합張合, 고람高覽, 한맹韓猛, 순우경淳于瓊 등의 제장들이 정렬했으며 깃발과 절월3이 매우 엄격하고 질서정연했다. 조조의 진영에서도 문기가 열리면서 조조가 말을 몰며 나왔다. 허저, 장료, 서황, 이전 등이 각기 무기를 들고 앞뒤에서 조조를 에워싸며 호위했다. 조조가 채찍으로 원소를 가리키며 말했다.

"내가 천자 앞에서 추천하고 보증하여 너를 대장군으로 만들어줬는데 지금 무슨 까닭으로 모반했단 말이냐?"

원소도 노해서 말했다.

"너는 한나라 승상의 명의를 빌린 것이지 사실은 한나라의 역적이다! 그 죄악이 하늘을 가득 메우니 왕망과 동탁보다 더 심하면서 도리어 다른 사람에게 모반을 꾸민다고 모함하는구나!"

조조가 말했다.

"내 이제 조서를 받들어 네놈을 토벌하노라!"

원소가 말했다.

"내가 옥대 속의 조서를 받들어 역적 놈을 토벌하노라!"

성난 조조는 장료를 시켜 나가 싸우게 했다. 장합이 말에 박차를 가하며 위협적으로 맞섰다. 두 장수가 40~50합을 싸웠는데도 승부가 나지 않았다. 싸움을 보고 있던 조조는 혼자 기이하다고 여기며 탄복했다. 그때 허저가 칼을 휘두르며 싸움을 도우러 곧장 달려나가자, 고람이 창을 잡고 그를 가로막았다. 네 장수가 짝을 이루어 맞붙어 싸웠다. 조조가 하후돈과 조홍에게 각기 3000명의 군사를 이끌고 원소의 진영으로 일제히 돌격하라 명했다. 조조의 군사들이 진으로 몰려오는 것을 본 심배는 즉시 신호포를 쏘게 했다. 양쪽에 매복하고 있던 1만 개의 쇠뇌가 일제히 발사되었고 중군 안에 있던 궁수들이 일제히 진 앞으로 우르르 몰려나와 어지럽게 화살을 쏘아댔다. 조조군은 어떻게 막아낼 수가 없게 되자 남쪽을 향해 급히 달아났다. 원소가 군사들을 휘몰아 들이치니 조조의 군대는 대패하여 모두 관도까지 물러났다.

원소는 군사들을 이동시켜 관도 가까이 접근해 군영을 세웠다. 심배가 말했다.

"지금 군사 10만 명을 배치하여 관도를 지키게 하면서 조조의 군영 앞에 토산을 쌓아 병사들로 하여금 조조의 군영 안을 내려다보며 화살을 쏘게 하십시오. 조조가 이곳을 버리고 간다면 우리는 이 요충지를 얻고 허창도 격파할 수 있을 것입니다."

원소는 그 말에 따라 각 군영 내에서 건장한 군사들을 선발하여 삽과 흙 멜대를 가지고 일제히 조조의 군영 근처로 가서 흙을 쌓아 산을 만들라고 했다. 조조의 군사들은 원소의 군사들이 토산 쌓는 것을 보고는 나가서 부딪쳐 싸우려고 했으나 심배의 궁노수들이 목구멍 같은 중요한 길목을 가로막고 있어 전진할 수 없었다. 열흘도 되지 않아 50여 개의 토산이 완성되었고 위에는 높게 누로[4]를 세우고 궁수들을 배치하여 그 위에서 화살을 쏘게 했다. 조조의 군사들은 몹시 두려워하며 모두 차전패遮箭牌(화살을 막는 방패)를 머리에 받치고 방어했다. 토산 위에서 딱딱 하는 딱따기 소리가 울리면

화살이 비 오듯 쏟아졌다. 조조군은 모두 방패를 덮어쓰고 땅바닥에 엎드렸고 원소의 군사들은 큰 소리로 외치며 웃어댔다. 군사들이 허둥대는 모습을 본 조조는 모사들을 모아놓고 계책을 물었다. 유엽이 나서며 말했다.

"발석거⁵를 만들면 저것을 깨뜨릴 수 있을 것입니다."

조조는 유엽에게 발석거의 도면을 바치게 한 후 그날 밤으로 발석거 수백 대를 만들어 군영 담장 안에다 토산 위의 운제⁶와 바로 마주보게 늘어세웠다. 그러고는 궁수들이 화살을 쏠 때를 기다렸다가 군영 안에서 일제히 발석거를 잡아당겨 포석이 허공을 날아가 누로를 타격하게 했다. 원소의 군사들은 피할 곳이 없었으므로 포석에 맞아 죽은 궁수들이 부지기수였다. 원소의 군사들은 모두 그 수레를 '벽력거'⁷라 불렀고 감히 높은 곳에 올라 화살을 쏘지 못했다.

그러자 심배는 다시 계책 하나를 바쳤다. 군사들에게 삽을 사용하여 은밀히 땅굴을 파서 곧장 조조의 군영 안으로 뚫고 들어가게 했는데 그 군사들을 '굴자군掘子軍'이라 불렀다. 조조의 군사가 멀리서 원소의 군사들이 산 뒤에서 토굴을 파는 것을 보고는 조조에게 보고했다. 조조가 다시 유엽에게 계책을 묻자 유엽이 대답했다.

"이것은 원소의 군사들이 드러내놓고 공격할 수 없으니 은밀하게 공격하려는 것으로 땅굴을 파서 군영을 뚫고 들어오려는 것뿐입니다."

조조가 말했다.

"어떻게 막을 수 있겠소?"

유엽이 말했다.

"군영에 긴 도랑을 빙 둘러 파면 저들의 땅굴이 쓸모없게 될 것입니다."

조조는 그날 밤으로 군사를 보내 도랑을 파게 했다. 원소의 군사들은 도랑 근처까지 땅굴을 팠으나 과연 들어갈 수가 없어 헛되이 군사력만 낭비하게 되었다.

조조는 8월에 시작해서 9월이 다 지나가도록 관도를 지켰지만 군사력이 점점 약해졌으며 군량과 마초마저 부족해져 끼니도 제대로 잇지 못했다. 생각 같아서는 관도를 버리고 허창으로 철군하고 싶었지만 망설이기만 하고 결정을 내리지 못하고 있다가 편지를 써서 허창으로 사람을 보내 순욱에게 물었다. 순욱이 답장을 보냈는데 내용은 대략 다음과 같았다.

"전진해야 할지 물러나야 할지에 대한 결정을 내리지 못하시겠다는 존명[8]을 잘 받았습니다. 어리석은 생각으로는 원소가 모든 군사를 관도에 집중시킨 것은 명공과 승부를 결정지으려는 것으로 공께서는 지극히 약한 것으로 지극히 강한 것을 감당하셔야 하니 제어하실 수 없게 된다면 반드시 틈이 생겨 원소에게 기회를 제공하게 될 것이고, 이것은 천하를 좌우하는 커다란 전기가 될 것입니다. 원소는 군사가 비록 많다고는 하나 제대로 쓸 줄 모르지만, 공께서는 영명하고 위엄이 있으며 명철하시니 무엇이든 성취하지 못하시겠습니까! 지금 병기와 군량이 비록 적다고는 하지만 초와 한이 형양과 성고[9] 사이에서 싸우던 때보다는 나은 편입니다. 공께서는 이제 땅 위에 경계선을 그리듯이 지키시고 그 목구멍을 틀어쥐고 나아갈 수 없게 하여 정황을 드러내고 세력을 고갈되게 한다면 틀림없이 변화가 생길 것입니다. 지금은 예상을 뛰어넘는 책략을 운용할 때이니 절대로 놓쳐서는 안 됩니다. 오로지 명공께서 헤아려 판단하고 자세히 살피시기 바랍니다." ❶

조조는 순욱의 답신을 읽고는 크게 기뻐하며 장병들에게 온 힘을 다해 죽기로 사수하라고 명했다. 원소의 군대가 대략 30여 리를 물러나자 조조는 장수들을 군영 밖으로 내보내 정찰하게 했다. 서황의 부하 장수 사환史渙이 원소의 정탐꾼을 사로잡아 서황에게 끌고 왔다. 서황이 군중의 정황을 묻자 대답했다.

"조만간 대장 한맹韓猛이 군량을 운반하여 전장에 공급할 예정인데 먼저 저희에게 길의 상황을 조사하게 했습니다."

서황은 바로 이 일을 조조에게 보고했다. 순유가 말했다.

"한맹은 필부의 용맹에 불과합니다. 한 사람이 간편한 복장을 한 기병 수천 명을 이끌고 도중에 쳐서 그 군량과 마초의 공급을 끊는다면 원소의 군대는 저절로 혼란스러워질 겁니다."

조조가 말했다.

"누가 가면 좋겠소?"

순유가 말했다.

"서황을 보내면 될 것 같습니다."

조조는 즉시 서황에게 사환과 아울러 소속 군사들을 거느리고 먼저 가도록 하고 이어서 장료와 허저에게 군사를 이끌고 지원하게 했다. 그날 밤 한맹이 군량을 실은 수레 수천 량을 운송하여 원소의 군영으로 향했다. 한참 가고 있는데 산골짜기 안에서 서황과 사환이 군사를 이끌고 가는 길을 막아섰다. 한맹이 나는 듯이 말을 몰아 달려들자 서황은 가로막고 싸웠다. 사환은 즉시 인부들을 흩어버리고 군량을 실은 수레에 불을 질렀다. 한맹은 저항하지 못하고 말을 돌려 달아났다. 서황은 군사들을 재촉해 군수 물자를 모조리 불태웠다. 군중에 있던 원소는 멀리 서북쪽에서 불길이 일어나는 것을 보고는 놀라며 의아해하고 있는데 패한 군사들이 돌아와 보고했다.

"군량과 마초를 강탈당했습니다!"

원소는 급히 장합과 고람을 보내 큰길을 차단하게 했는데 마침 군량을 불태우고 돌아오던 서황과 마주쳤다. 그들이 맞붙어 싸우려는데 뒤에서 장료와 허저의 군사들이 당도했다. 양쪽에서 협공하여 원소의 군사들을 죽이고 흩어버린 후 네 명의 장수는 군사를 한데 모아서 관도의 군영으로 돌아왔다. 조조는 크게 기뻐하며 무거운 상을 내리고 노고를 위로했다. 또한 군사를 나누어 기존의 군영 앞에 새롭게 군영을 이어 세워 앞에서 뿔을 잡고 뒤에서 다리를 잡는 기각지세掎角之勢를 이루게 했다.

한편 한맹이 패잔병을 이끌고 군영으로 돌아오자 원소는 크게 성내며 한맹의 목을 베려 했으나 관원들이 말리는 바람에 간신히 죽음을 면할 수 있었다. 심배가 말했다.

"군사들을 움직이는 데는 양식이 중요하니 심혈을 기울여 방비하지 않을 수 없습니다. 오소[10]는 바로 식량을 비축해둔 곳이니 반드시 막강한 군사들로 지키게 해야 합니다."

원소가 말했다.

"내 이미 대책을 세웠네. 자네는 업도[11]로 돌아가서 군량과 마초를 감독하고 모자람이 없도록 하게나."

명령을 받은 심배는 업도로 떠났다. 원소는 대장 순우경에게 부하인 독장[12] 휴원진眭元進, 한거자韓莒子, 여위황呂威璜, 조예趙睿 등과 2만 명의 인마를 이끌고 오소를 지키게 했다. 순우경은 강경한 성격을 지녔으며 술을 좋아하여 군사 대부분이 그를 두려워했다. 그는 오소에 당도하자마자 온종일 장수들을 모아놓고 술만 마셨다. ❷

한편 조조는 군량이 고갈되자 급히 사자를 허창으로 보내 순욱에게 속히 군량과 마초를 마련해서 밤새 전장으로 공급하게 했다. 그러나 편지를 전하러 가던 사신이 30리도 못 가서 원소의 군사들에게 잡혀 모사인 허유許攸에게 묶여서 끌려왔다. 허유는 자가 자원子遠으로 어렸을 적에는 일찍이 조조와 친구였으나 이때는 도리어 원소의 모사로 있었다. 즉각 사자의 몸을 수색해 조조의 군량을 재촉하는 서신을 찾아내자 곧장 원소에게 가서 말했다.

"조조가 군사를 관도에 주둔시키고 우리와 서로 대치한 지 이미 오래되었으니 허창은 틀림없이 텅 비어 있을 것입니다. 한 부대를 나누어 밤새 달려가 허창을 습격한다면 허창을 점령하고 조조도 사로잡을 수 있을 것입니다. 지금 조조의 군량과 마초가 이미 다 소진되었으니 이 기회를 이용해 두 길로 나누어 그들을 공격해야 합니다."

원소가 말했다.

"조조는 간계가 지극히 많은 자라 이 편지는 적을 유인하려는 계책이오."

허유가 말했다.

"지금 취하지 않는다면 후에 도리어 그들로부터 해를 입을 것입니다."

한창 말하고 있는 사이에 갑자기 업군[13]으로부터 사자가 와서 심배의 편지를 올렸다. 편지에 먼저 군량을 운반하는 일을 말한 다음, 허유가 기주에 있을 때 일찍이 일반 백성의 재물을 가리지 않고 받아먹었을 뿐만 아니라, 아들과 조카 무리로 하여금 제멋대로 세금을 많이 부과하여 돈과 양식을 거두어들였기에 지금 이미 그 자식과 조카들을 하옥시켰다는 말이 적혀 있었다. 편지를 읽은 원소는 크게 노하여 말했다.

"비열하고 추잡한 필부 놈아! 아직도 무슨 낯짝이 있다고 내 앞에서 계책을 올린단 말이냐! 네놈이 조조와 옛 벗이라 지금 그놈한테 뇌물을 받아먹고 그놈을 위해 첩자 짓을 하여 나의 군사를 속이려 드는 것이 아니냐! 본래는 마땅히 목을 쳐야 하거늘 지금은 잠시 목에 붙여놓겠다! 썩 물러나고 이후로는 내 앞에 나타나지 말거라!"❸

허유는 밖으로 나와 하늘을 우러르며 탄식했다.

"충성스러운 말은 귀에 거슬린다고 하더니 저런 어리석은 자와는 더불어 일을 꾀할 수 없구나! 내 아들과 조카들이 이미 심배에게 해를 당했는데 내가 무슨 얼굴로 다시 기주 사람들을 보겠는가!"

바로 검을 뽑아 스스로 목을 베어 자결하려 했다. 좌우 사람들이 검을 빼앗으며 권했다.

"공께서는 어찌하여 이렇게 목숨을 가볍게 여기십니까? 원소는 직언을 받아들이지 못하니 후에 반드시 조조에게 사로잡힐 것입니다. 공은 조공과는 옛 벗인데 어찌하여 어둠을 박차고 광명을 찾지 않으십니까?"

이 두 마디 말이 허유를 깨닫게 해주었고 이에 허유는 곧장 조조에게 가버렸다. 후세 사람이 탄식한 시가 있다.

원본초의 호탕한 기개는 중화를 뒤덮었으나
관도에서 대치했지만 헛되니 탄식만 나오네
만일에 허유의 절묘한 계책을 채택했더라면
천하의 산과 강 어찌 조조가 차지했겠는가
本初豪氣蓋中華, 官渡相持枉嘆嗟
若使許攸謀見用, 山河爭得屬曹家 ❹

허유는 몰래 군영을 걸어 나와 곧장 조조의 군영으로 가다가 길에 매복해 있던 군사에게 잡혔다. 허유가 말했다.

"나는 조승상의 옛 친구이니 어서 남양의 허유가 만나러 왔다고 통보해라."

군사들이 서둘러 군영으로 들어가서 보고했다. 이때 조조는 옷을 벗고 이제 막 쉬려고 하다가 허유가 몰래 도망쳐 군영으로 왔다는 소리를 듣고는 몹시 기뻐하며 신발을 신을 새도 없이 맨발로 나와 맞이했다. 멀리서 허유를 본 조조는 손뼉을 치고 즐겁게 웃으며 손을 잡고 함께 들어와서는 자신이 먼저 바닥에 엎드려 절을 했다. 허유는 황급히 조조를 부축해 일으키며 말했다.

"공은 한나라의 승상이시고 나는 평민에 불과한데 어찌하여 이토록 공손하시오?"

조조가 말했다.

"공은 바로 이 조조의 옛 벗인데 어찌 감히 칭호와 작위로 위와 아래를 따지겠소!"

허유가 말했다.

"나는 주인을 가려 섬길 수 없어서 원소에게 몸을 굽혔으나 말을 해도 듣지 않고 계책을 올려도 따르지 않아서 오늘 특별히 그를 버리고 옛 친구를 보러 왔소. 원컨대 받아주시오."

조조가 말했다.

"자원子遠(허유의 자)이 기꺼이 왔으니 나의 일이 다 성취된 것이나 마찬가지요! 원컨대 내게 원소를 깨뜨릴 계책을 가르쳐주시오!"

허유가 말했다.

"내가 일찍이 원소에게 간편한 복장의 기병으로 빈틈을 이용해 허도를 기습하여 머리와 꼬리를 동시에 공격하라고 가르쳐줬소."

조조가 소스라치게 놀라며 말했다.

"원소가 그대의 말대로 했더라면 나는 일을 망쳤을 것이오."

허유가 말했다.

"공은 지금 군량이 얼마나 남았소?"

조조가 말했다.

"1년 정도는 버틸 만하오."

허유가 웃으면서 말했다.

"그렇지 않을 것 같아 염려되오."

조조가 말했다.

"반년치만 있을 뿐이오."

허유가 옷소매를 뿌리치고 자리를 뜨고는 빠른 걸음으로 군막을 나가면서 말했다.

"내가 진심으로 의지하러 왔건만 공이 이처럼 속이니 어찌 내가 기대를 하겠소!"

조조가 만류하며 말했다.

"자원은 화내지 마시오. 내가 사실대로 말하리다. 군중에 있는 군량으로는 사실 3개월만 버틸 수 있을 뿐이오."

허유가 웃으면서 말했다.

"세상 사람들 모두 맹덕을 간웅이라고 말하더니 지금 보니 과연 그렇소."

조조 또한 웃으면서 말했다.

"어찌 '전쟁에서는 속임수도 마다하지 않는다'[14]는 것을 듣지 못했소!"

마침내 귀에 대고 속삭였다.

"군중에 이달 치 군량밖에 없소."

허유가 큰 소리로 말했다.

"나를 속이지 마시오! 군량이 이미 바닥나지 않았소!"

조조가 아연실색하여 말했다.

"어떻게 그것을 아시오?"

허유가 비로소 조조가 순욱에게 보낸 편지를 보여주며 말했다.

"이 편지는 누가 쓴 것이오?"

조조가 놀라 물었다.

"어디에서 그것을 얻었소?"

허유가 사자를 사로잡은 일을 알려줬다. 조조가 손을 잡고 말했다.

"자원은 옛 교분을 생각해서 왔으니 원컨대 좋은 계책이 있으면 즉시 내게 가르쳐주시오."

허유가 말했다.

"명공께서는 외로운 군대로 큰 적에 대항하시니 급히 승리할 방도를 찾지 못한다면 이것은 죽음을 취하는 길이오. 이 유에게 한 가지 계책이 있는데 사흘 안으로 원소의 100만 대군을 싸우지 않고도 스스로 무너지게 할 수 있소. 명공께서 들으려 하실지 모르겠소?"

조조가 말했다.

"원컨대 좋은 계책을 들려주시오."

허유가 말했다.

"원소의 군량과 군수 물자는 모두 오소에 비축해뒀는데 지금 순우경이 지키고 있소. 그러나 순우경은 유달리 술을 좋아하여 대비하지 않고 있소. 공은 정예병을 선발하여 원소의 장수 장기蔣奇가 군사들을 이끌고 군량을 지키러 왔다고 가장하고 기회를 틈타 군량과 마초, 군수 물자를 태워버린다면 원소의 군대는 사흘을 못 넘겨 스스로 혼란에 빠지게 될 것이오."

조조는 크게 기뻐하며 허유를 극진히 대접하고 군영 안에 머물게 했다.❺

이튿날 조조는 마보군 5000명을 선발하여 오소로 가서 군량을 강탈할 준비를 했다. 장료가 말했다.

"원소가 군량을 비축해둔 곳인데 어찌 대비가 없겠습니까? 허유에게 속임수가 있을까 염려되오니 승상께서는 가볍게 가서서는 안 됩니다."

조조가 말했다.

"그렇지 않네. 허유가 이곳으로 온 것은 하늘이 원소를 망하게 하려는 것이네. 지금 우리가 군량을 배급하지 못하고 있어 오래 견디기 어려우니 허유의 계책을 쓰지 않으면 앉아서 궁지에 빠지는 것을 기다리는 것일세. 저 사람한테 속임수가 있다면 어찌 내 군영 안에 머물려고 하겠는가? 게다가 나 또한 그 군영을 빼앗으려 한 지가 오래네. 지금 군량을 빼앗는 일은 반드시 써야 할 계책이니 자네는 의심하지 말게나."

장료가 말했다.

"원소가 빈틈을 이용해 급습해올 것도 방비하셔야 합니다."

조조가 웃으면서 말했다.

"내가 이미 숙고해서 계획해두었네."

즉시 순유, 가후, 조홍에게 허유와 함께 본영을 지키게 하고 하후돈과 하후연에게는 한 부대를 거느리고 좌측에 매복하게 했으며 조인과 이전에게는 한 부대를 거느리고 우측에 매복하게 하여 예상치 못한 일에 방비하도록 했다. 장료와 허저는 앞에, 서황과 우금은 뒤에 있게 하고 조조 자신은 장수들을 이끌고 가운데에 있었다. 도합 5000명의 인마를 거느리며 원소군의 깃발을 내걸었고 군사들은 모두 풀단과 땔나무를 짊어졌다. 소리로 발각되는 것을 막기 위해 사람은 나무 막대기를 입에 물고 말들은 굴레로 입을 단단하게 묶고는 해질 무렵에 오소를 향해 진군했다. 이날 밤은 별빛이 온 하늘에 가득했다.

한편 원소에 의해 군중에 감금된 저수는 이날 밤 많은 별이 밝게 빛나며 늘어서 있는 것을 보았다. 이에 감시하는 자에게 정원으로 데려다달라고 하고는 하늘을 우러러 천문 현상을 관찰했다. 그때 별안간 태백太白(금성)이 역행하여 우수와 두수[15]의 영역을 침범하자 깜짝 놀랐다.

"재앙이 닥쳐오겠구나!"

즉시 그날 밤으로 원소를 만나 뵙기를 청했다. 이때 원소는 이미 취해서 누워 있었는데 저수가 기밀로 보고할 것이 있다는 말을 듣고는 불러들여 그것을 물었다. 저수가 말했다.

"마침 천문 현상을 살폈는데 태백이 유수와 귀수[16] 사이를 역행하고 휘황 찬란한 빛이 우수와 두수 영역으로 세차게 들어가니 적군이 약탈하는 화가 있을까 걱정됩니다. 오소는 군량을 비축해둔 곳으로 방비하지 않을 수 없습니다. 속히 정예병과 맹장을 파견하고 샛길과 산길을 정찰하여 조조의 계책에 빠지지 않도록 해야 합니다."

원소가 성내며 큰 소리로 꾸짖었다.

"너는 죄를 지은 자인데 어찌 감히 터무니없는 말로 사람들을 현혹시킨단 말이냐!"

감시하는 자를 큰 소리로 꾸짖었다.

"내가 네게 저자를 감금하라고 했는데 어찌 감히 풀어줬느냐!"

즉시 감시하는 자의 목을 베라고 명하고는 다른 사람을 불러 저수를 감금하게 했다. 저수는 나오면서 눈물을 가리며 탄식했다.

"우리 군대가 조만간 망하게 생겼으니 나의 시체가 어디로 떨어질지 모르겠구나!"

후세 사람이 탄식한 시가 있다.

충언이 귀에 거슬린다고 도리어 원수 보듯 하고
인심 잃은 주군 원소는 임기응변의 책략도 없구나
오소의 군량 모조리 잃고 나면 토대마저 뽑히는데
여전히 시시하게 기주 땅을 지키려고 한단 말인가
逆耳忠言反見仇, 獨夫袁紹少機謀
烏巢糧盡根基拔, 猶欲區區守冀州

한편 조조는 군대를 통솔하여 밤길을 가다가 원소의 다른 군영을 지나가게 되었는데 군영의 병사가 어디 군마냐고 물었다. 조조는 사람을 시켜 대답하게 했다.

"장기가 명령을 받들어 오소의 군량을 지키러 가는 중이오."

원소의 군사는 자기편 깃발을 보고는 더 이상 의심하지 않았다. 몇 곳을 더 지났는데 그때마다 모두 장기의 군사로 가장하니 아무런 장애가 없었다. 오소에 당도했을 때는 사경이 지날 무렵이었다. 조조는 군사들에게 풀단으로 주위에 불을 지르게 했고 장교들에게는 북치고 함성을 질러 기세를 올리게 한 다음 곧장 쳐들어가게 했다. 이때 순우경은 장수들과 술을 마시고 취한 채 군막 안에 누워 있다가 북소리와 함성 소리를 듣고는 급히 뛰어 일어나 물었다.

"무슨 까닭으로 이렇게 시끌시끌하냐?"

말을 끝내기도 전에 어느 결에 갈고리에 걸려 끌리면서 뒤집어졌다. 휴원진과 조예가 군량을 운반해 돌아오다가 군량을 비축해둔 곳에서 불길이 일어나는 것을 보고는 급히 구원하러 달려왔다. 조조의 군사들이 조조에게 나는 듯이 달려와 보고했다.

"적병이 뒤에 있으니 군사를 나누어 막으십시오."

조조가 크게 고함쳤다.

"제장들은 있는 힘을 다해 앞만 바라보고 전진하면서 적들이 등 뒤에 이르기를 기다렸다가 그때 돌아서서 싸워라!"

이에 군사들과 장수들은 앞다투어 들이쳤다. 삽시간에 화염이 사방에서 일어났고 연기가 하늘을 뒤덮었다. 휴원진과 조예 두 장수가 군사들을 휘몰아 군량을 구하러 달려오자 조조는 말을 세우고는 돌아서서 싸웠다. 두 장수는 당해내지 못하고 모두 조조 군사들에게 죽임을 당했고 군량과 마초는 모조리 불태워졌다. 순우경은 사로잡혀 조조에게 끌려왔는데 조조는 그의 귀와 코, 손가락을 자르라 명하고는 말 위에 묶어 원소의 군영으로 돌려보내 그를 욕보였다.❻

한편 군막에 있던 원소는 북쪽에서 불빛이 온 하늘에 가득하다는 보고를 듣고는 오소에 변고가 발생했음을 알고 급히 군막을 나가서 문무관원들을 불러놓고 군사를 보내 구원할 일을 상의했다. 장합이 말했다.

"제가 고람과 함께 가서 구원하겠습니다."

곽도가 말했다.

"안 됩니다. 조조의 군대가 군량을 강탈해 갔다면 조조가 분명히 직접 갔을 것이고, 조조가 이미 나갔다면 군영은 틀림없이 텅 비어 있을 것이니 출병시켜 먼저 조조의 군영을 공격하면, 조조가 듣고서 반드시 신속하게 돌아올 것입니다. 이것이 손빈孫臏의 '위위구조'17 계책입니다."

장합이 말했다.

"아닙니다. 조조는 꾀가 많은 자라 밖으로 나갔다면 틀림없이 안에도 예상 밖의 상황을 대비했을 것입니다. 지금 조조의 군영을 공격했다가 점령하지 못한다면 순우경 등은 붙잡힐 것이고 저희도 모두 사로잡히게 될 것입니다."

곽도가 말했다.

"조조는 군량을 강탈하는 데만 돌아볼 것인데 어찌 군영에 군사를 남겨 두었겠습니까!"

거듭 조조의 군영을 빼앗자고 청했다. 원소는 이에 장합과 고람에게 군사 5000명을 이끌고 관도로 가서 조조의 군영을 공격하게 했고, 장기에게는 군사 1만 명을 이끌고 오소를 구원하게 했다.

한편 조조는 순우경의 부하들을 죽이고 흩어버리고는 그 갑옷과 깃발들을 모조리 빼앗아 순우경의 패전한 군사들로 위장했다. 군영으로 돌아오다가 산 후비진 오솔길에 이르렀을 때 마침 장기의 군마와 마주쳤다. 장기의 군사가 묻자 오소에서 패한 군사로 도망치고 있다고 말했다. 그러자 장기는 의심하지 않으며 말을 몰아 지나갔다. 그때 장료와 허저가 갑자기 나타나더니 크게 호통을 쳤다.

"장기는 달아나지 마라!"

장기는 미처 손쓸 사이도 없이 장료에게 베어져 목이 말 아래로 떨어졌고 장기의 병사들은 모조리 죽임을 당했다. 또한 사람을 앞서 보내 허위로 보고하게 했다.

"장기가 이미 오소에서 조조 병사들을 죽이고 흩어버렸습니다."

그 말을 믿은 원소는 오소를 지원하지 않고 군사들을 증강해 관도로만 보냈다.

한편 장합과 고람이 조조의 군영을 공격하자 좌측에서는 하후돈이 우측에서는 조인이 그리고 중앙에서는 조홍이 일제히 뚫고 나와 세 방면으로 공격했고 결국 원소의 군대는 대패했다. 지원군이 당도했을 때는 조조가 다시 배후에서 치고 나와 사방에서 포위하며 들이쳤다. 장합과 고람은 길을 찾아 달아나 간신히 빠져나왔다. 오소에서 패한 군사들을 거두어 군영으로 돌아온 원소는 귀와 코가 없어지고 손발마저[18] 모조리 잘려나간 순우경을 보았다. 원소가 물었다.

"어떻게 오소를 잃었느냐?"

패잔병이 고했다.

"순우경이 술 취해 누워 있었기 때문에 적을 막아낼 수 없었습니다."

화가 난 원소는 즉시 순우경의 목을 베었다. 곽도는 장합과 고람이 군영으로 돌아와 시비를 따질 것이 두려워 먼저 원소 앞에서 험담했다.

"장합과 고람은 주공의 군사들이 패한 것을 보고는 속으로 반드시 기뻐할 것입니다."

원소가 말했다.

"무슨 소리를 하느냐?"

곽도가 말했다.

"두 사람은 평소에 조조에게 항복할 뜻을 품고 있었는데 지금 조조의 군영을 공격하라고 보내자 고의로 힘을 쓰지 않아 사졸들을 잃어버린 것입니다."

크게 노한 원소는 즉시 사자를 파견하여 두 장수를 급히 군영으로 불러 죄를 묻고자 했다. 곽도는 먼저 사람을 시켜 두 사람에게 보고하게 했다.

"주공께서 그대들을 죽이려고 하고 있소."

원소의 사자가 이르자 고람이 물었다.

"주공께서 우리를 무엇 때문에 부르시오?"

사자가 말했다.

"무슨 까닭으로 부르시는지는 모르겠습니다."

고람이 즉시 검을 뽑아 사자의 목을 베었다. 장합이 깜짝 놀라자 고람이 말했다.

"원소가 이간질하는 말만 들으니 틀림없이 조조에게 사로잡힐 것인데 우리가 어찌 앉아서 죽기만을 기다리겠소? 차라리 조조에게 투항하는 것이 낫겠소."

장합이 말했다.

"나 또한 그런 마음을 가진 지 오래되었소."

그리하여 두 사람은 본부의 사병과 군마를 이끌고 조조의 군영으로 와서 투항했다. 하후돈이 말했다.

"장합과 고람 두 사람이 항복하러 왔는데 거짓인지 진실인지 모르겠습니다."

조조가 말했다.

"내가 은혜로써 그들을 대접할 것이니 비록 다른 마음이 있다 하더라도 변하게 될 걸세."

즉시 군영 문을 열어 두 사람을 들이라고 명했다. 두 사람은 창을 버리고 갑옷을 벗어던지고는 땅바닥에 엎드려 절을 올렸다. 조조가 말했다.

"원소가 두 장군의 말을 들었더라면 패하지는 않았을 것이오. 지금 두 장군께서 의지하러 오신 것은 미자가 은나라를 떠나고[19] 한신이 한나라로 귀의한 것[20]과 같소."

장합을 편장군偏將軍, 도정후都亭侯로 봉하고 고람을 편장군, 동래후東萊侯로 삼자 두 사람은 크게 기뻐했다.❼

한편 원소가 이미 허유를 떠나보냈고 장합과 고람도 원소를 떠났으며 또 오소의 군량마저 잃었기에 군심이 놀라 두려워하며 동요하기 시작했다. 허유가 다시 조조에게 속히 군사를 진군시키기를 권하자 장합과 고람이 선봉이 되기를 청했다. 조조는 그 말에 따라 즉시 장합과 고람에게 군사를 이끌고 원소의 군영을 공격하게 했다. 그날 밤 삼경 무렵에 군사를 세 갈래로 나누어 군영을 급습했다. 날이 밝아올 때까지 혼전을 벌이다가 각기 군사를 거두었는데 원소의 군사들은 태반이 꺾이고 말았다. 순유가 계책을 바쳤다.

"지금 인마를 파견하여 한 길로는 산조酸棗를 취하고 업군을 공격할 것이며, 다른 한 길로는 여양黎陽을 취하고 원소 군대의 돌아갈 길을 끊을 것이라는 헛소문을 퍼뜨리십시오. 원소가 그 소문을 들으면 틀림없이 당황하며 군사를 나누어 우리를 막으려 할 것이고, 우리가 원소의 군사들이 움직일 때를 이용해 공격한다면 격파할 수 있을 것입니다."

조조는 그 계책을 쓰기로 하고 대소 삼군을 시켜 사방으로 멀리 헛소문을 퍼뜨리게 했다. 이 소식을 들은 원소의 군사들이 군영으로 와서 보고했다.

"조조가 두 갈래로 군사를 나누어 하나는 업군을 취하고 다른 하나는 여양을 취하러 간다고 합니다."

깜짝 놀란 원소는 급히 원담에게 군사 5만 명을 내주어 업군을 구하게 하고, 신명辛明에게도 군사 5만 명을 내주어 여양을 구할 것을 명한 뒤 그날 밤으로 군사를 일으켜 떠나보냈다. 조조는 원소 군대의 움직임을 탐지하고 즉시 대부대의 군마를 여덟 갈래로 나누어 일제히 원소의 군영으로 곧장 쳐들어갔다. 싸울 의지가 없는 원소의 군사들은 사방으로 흩어져 달아났고 마침내 크게 붕괴되고 말았다. 원소는 갑옷도 걸치지 못하고 홑옷에 폭건²¹만 싸맨 채 말에 올랐고 막내아들 원상袁尙이 뒤를 따랐다. 장료, 허저, 서황, 우금 네 장수가 군사들을 이끌고 원소의 뒤를 추격했다. 원소는 급히 황하를 건너느라 서적, 수레와 무기, 황금과 비단 등을 모조리 버렸고 800여 기의 기병만이 수행하며 달아났다. 조조군은 그를 추격했으나 따라잡지 못하자 버린 물건들을 모조리 거두었다. 죽은 자가 8만여 명이었고 흐른 피가 도랑을 채웠으며 물에 빠져 죽은 자는 그 수를 헤아릴 수 없었다. 완승을 이룬 조조는 노획한 황금 보배와 비단을 군사들에게 상으로 내렸다. 빼앗은 서적 중에서 편지 한 다발이 나왔는데 모두 허도와 군중의 여러 사람이 원소와 은밀하게 내통한 편지들이었다. 좌우 사람들이 말했다.

"일일이 성명을 대조하고 잡아들여 죽이십시오."

조조가 말했다.

"원소가 강성했을 때는 나 또한 스스로를 보호할 수 없었는데 하물며 다른 사람들이야 어떠했겠는가?"

즉시 편지들을 모조리 불태우라 명했고 다시는 묻지 않았다.❽

한편 원소의 군사들이 패하여 달아났을 때 저수는 구금되어 있었기 때문에 급히 빠져 나오지 못해 조조의 군사들에게 붙잡혀 조조에게 끌려왔다. 조조와 저수는 평소 아는 사이였다. 저수는 조조를 보자 크게 소리쳤다.

"나는 항복하지 않소!"

조조가 말했다.

"본초는 지모가 없어 그대의 말을 쓰지 않았는데 그대는 어찌하여 아직도 깨닫지 못하오? 내가 일찌감치 족하를 얻었더라면 천하를 걱정할 필요가 없었을 것이오."

후하게 대접하며 군중에 머물게 했다. 그러나 저수는 군영 안에서 말을 훔쳐 원씨에게 돌아가려고 했다. 화가 난 조조는 이에 그를 죽였다. 저수는 죽음에 이를 때까지 얼굴빛조차 변하지 않았다. 조조는 탄식하며 말했다.

"내가 충의의 인사를 잘못 죽였구나!"

정중한 예로 염하고 입관하도록 명했다. 황하 나루터에 안장하고 무덤을 만들게 했는데 그 묘비에 '충렬저군지묘忠烈沮君之墓(충성스럽고 절개가 굳은 저수의 묘)'라고 적었다. 후세 사람이 그를 찬탄한 시가 있다.

하북 땅에는 이름난 선비들이 많았지만
충성스럽고 절개 있기로는 저수를 뽑네
뚫어지게 눈여겨보면 진법을 알아냈고
위로 하늘을 쳐다보면 천문을 알았다네

죽음에 이르렀어도 마음은 철석같았고
위험에 직면해도 호연지기 거침없었네
조공이 의리와 지조가 있음을 공경하여
그에게 단독으로 무덤 만들어주었다네
河北多名士, 忠貞推沮君
凝眸知陣法, 仰面識天文
至死心如鐵, 臨危氣似雲

曹公欽義烈, 特與建孤墳

조조는 기주를 공격하라는 명령을 하달했다.

세력은 약했으나 생각이 많아 이길 수 있었고
군사는 강했으나 도리어 지모가 적어 멸망했네
勢弱只因多算勝, 兵強却爲寡謀亡

승부는 어떻게 될 것인가?❾

제30회 관도대전

❶

조조와 순욱 간의 편지 내용은 역사 기록과 거의 비슷하다.

『삼국지』 「위서·가후전」은 다음과 같이 기록하고 있다.

"원소가 관도에서 태조를 포위했을 때, 태조의 군량이 곧 소진되려 하여 가후에게 무슨 계책이 있는지 묻자 가후가 말했다.

'공께서는 총명함에서도, 용맹에서도, 인재를 임용함에서도, 결단력 있는 기지에서도 원소보다 뛰어납니다. 이 네 가지의 원소를 능가하는 장점이 있는데도 반년이 지나도록 원소를 평정하지 못하는 것은 단지 만에 하나의 실수도 고려하기 때문입니다. 과단성 있게 시기를 결정하기만 한다면 오래지 않아 평정할 수 있습니다.'

태조(조조)가 말했다.

'좋소.'"

❷

『후한서』 「원소전」과 『삼국지』 「위서·원소전」은 다음과 같이 기록하고 있다.

"양군이 대치한 지 100여 일이 지나자 조조의 군대는 피곤해졌고 많은 인원이 원소에게로 달아났다. 원소는 순우경 등을 파견하여 1만여 군사를 이끌고 북진해서 군량 운송 부대를 맞이하게 했다. 저수는 원소에게 장기蔣奇를 파견하여 단독으로 한 갈래의 군대를 이끌고 외부 지원으로 삼아 조조의 군량 운송 부대의 습격을 저지하도록 권했다. 그러나 원소는 듣지 않았다."

❸
심배도 재산을 축적했다

『삼국지』「위서·왕수전王脩傳」에 따르면 "원씨의 정책과 법령이 관대했으므로 권력 있는 직무에 있는 자들은 재물을 많이 축적했다. 태조가 업성을 점령하고 심배 등의 재산을 몰수했는데 헤아릴 수 없을 정도로 많았다"고 기록하고 있어 허유뿐만 아니라 심배도 상당한 재력가였고 결코 깨끗하지는 않았음을 알 수 있다.

❹
허유가 원소를 배반한 이유

허유가 원소를 배반하고 조조에게 투항하게 된 이유를 역사는 다음과 같이 기록하고 있다.

『삼국지』「위서·무제기」에 "원소의 모신 허유는 재물을 탐냈는데 원소가 그의 욕심을 채워주지 않았으므로 도망쳐 왔고 공(조조)에게 순우경 등을 습격하라고 권유했다. 좌우에 있는 사람들은 그를 믿지 않았지만, 순유와 가후만은 공에게 그의 건의를 받아들이라고 권했다"고 기록되어 있고, 「위서·순욱전」에는 "심배는 허유의 가족이 법을 위반한 것을 이유로 그의 처자식을 체포했고 허유는 분노하여 원소를 배반했다"고 기록되어 있다. 『후한서』「원소전」에 따르면 "허유가 계책을 바치며 '조조의 병력은 적을 뿐만 아니라 전부 출동하여 우리와 대치하고 있고 허도에 남아 있는 수비군은 세력이 틀림없이 약할 것입니다. 군대를 파견시켜 가볍게 무장하고 밤낮으로 길을 재촉하여 허도를 기습해 함락시킨다면 조조 또한 사로잡을 수 있을 것입니다. 그가 궤멸되지 않더라도 그들의 머리와 꼬리를 숨 돌릴 수 없게 할 수 있으니 반드시 조조를 격파할 수 있을 것입니다'라고 말했다. 그러나 원소는 여전히 받아들이

지 않았다"고 기록하고 있다. 또한 「위서·무제기」 배송지 주 습착치習鑿齒의 『한진춘
추漢晉春秋』는 다음과 같이 기록하고 있다.

"허유가 원소에게 말했다.

'공께서는 조조와 서로 공격할 필요가 없습니다. 급히 군사들을 나누어 조조를
붙들어놓고 나머지는 다른 길을 통해 허현으로 가서 천자를 맞이한다면 바로 일을
성취할 수 있을 것입니다.'

원소가 따르지 않으면서 말했다.

'나는 먼저 조조를 포위하고 취해야겠다.'

허유가 분노했다."

기록에서 볼 수 있듯이 허유는 원소가 자신의 욕구를 채워주지 못하는 데다 건
의까지 받아들이지 않으니 함께 대사를 도모하기 어렵다고 판단했다. 게다가 처자식
마저 체포되었기에 원소를 배반하고 조조에게로 도망칠 수밖에 없었다.

❺

허유가 도망쳐 와서 조조와 나눈 대화는 『삼국지』 「위서·무제기」 배송지 주 「조만
전曹瞞傳」에 자세하게 기록되어 있는데, 허유는 조조에게 "공(조조)은 고립된 군대로
홀로 지키고 있고 외부의 지원도 없이 양식이 다 떨어졌으니 이것은 위급한 상황입
니다. 지금 원씨는 군수 물자를 실은 수레 1만여 량을 고시故市(허난성 옌진延津 경계),
오소에 두고 있는데 군대를 주둔시켰으나 방비를 하지 않고 있습니다. 지금 가볍게
무장한 군사들로 불시에 가서 그곳을 기습하여 쌓여 있는 물자를 불태운다면 사흘
도 못 되어 원씨는 저절로 패할 것입니다"라고 말했다고 기록하고 있다.

❻

순우경은 조조가 죽였다

조조가 순우경을 격파한 내용을 역사는 다르게 기록하고 있는데, 『삼국지』 「위
서·무제기」의 기록은 다음과 같다.

"겨울 10월, 원소는 수레를 보내 군량을 운반하고 순우경 등 다섯 사람에게 1만여 명의 병사를 주어 호송하게 했는데 밤에 원소의 주둔지 북쪽 40리 지점에서 멈춰 숙박했다. 공(조조)은 조홍을 남겨두어 지키게 하고는 친히 보병과 기병 5000명을 인솔하여 밤새 전진했고 동틀 무렵에 당도했다. 순우경 등은 공의 병력이 많지 않음을 보고는 즉시 군영을 나가 포진하고 맞서 싸웠다. 공은 급히 공격했고 순우경이 물러나 군영을 굳게 지키자 [조조는] 진공했다. 원소는 기병을 파견해 순우경을 구원하려 했다. 공 좌우에서 누군가 보고했다.

'적 기병이 점점 접근해오니 청컨대 군사를 나누어 그들을 막도록 하십시오.'

공이 화를 내며 말했다.

'그들이 몸 뒤에 당도하거든 다시 내게 보고하라!'

사병들은 모두 목숨을 바쳐 싸우며 순우경 등을 대파했고 그들을 모조리 참살했다."

또 『자치통감』 권63 「한기 55」에는 "적군을 대파하고 순우경 등을 베었으며 모든 양식을 불태웠다. 원소의 군사들 1000여 명을 죽였으며 시체의 코를 모조리 잘라내고 소와 말의 입과 혀를 베어 투항한 원소의 군사들에게 돌아가며 보게 했다. 원소의 군사들이 몹시 두려워했다"고 기록하고 있다. 『삼국지』 「위서·무제기」 배송지 주 『조만전』에는 다음과 같이 다르게 기록하고 있다.

"공(조조)은 정예 보병과 기병을 출병시켰는데 모두 원소군의 기치를 사용했고 사졸들은 입에 하무(나무 막대기)를 물고 말 주둥이를 묶고는 밤에 샛길로 나갔다. 병사들은 장작을 가지고 길을 지나고 있었는데 누군가가 묻자 그에게 말했다.

'원공께서 조조가 후군을 약탈할까 걱정하시어 군사를 파견해 더욱 방비를 견고하게 하려는 것이오.'

물었던 자는 그 말을 믿었고 모두 태연했다. 당도해서는 원소군의 주둔지를 포위하며 불을 질렀고 군영은 놀라 혼란에 빠졌다. 그들을 대파하고 곡식과 진귀한 물품을 모조리 불태웠으며 독장督將 휴원진眭元進, 기독騎督 한거자韓莒子, 여위황呂威璜, 조예趙叡 등을 참수했다. 장군 순우중간淳于仲簡(순우경의 자)의 코를 잘랐으나 죽지는 않았으며 사졸 1000여 명을 죽이고는 모두 코를 베어냈고 소와 말의 입술과 혀를 잘라내어 원소군에게 보여주었다. 원소의 군사들이 모두 두려워했다. 당시 밤에 중간仲簡(순우경)을 잡아 [조조] 휘하로 끌고 오자 공이 말했다.

'어찌하여 이 모양인가?'

중간이 말했다.

'승부는 운수이거늘 무엇이라 물을 필요가 있는가!'

공은 죽일 생각이 없었다. 그러자 허유가 말했다.

'내일 아침 거울에 자신을 비춰보고는 오늘의 치욕을 잊지 않고 후에 원수를 갚을 사람입니다.'

이에 그를 죽였다."

처음에 조조가 순우경을 죽이지 않으려 했던 것은 영제 때 순우경이 좌군교위左軍校尉였고 조조와 더불어 서원팔교위西園八校尉 가운데 한 명이었기 때문이다.

어쨌든 소설의 내용과는 다르게 조조는 순우경을 살려 보내지 않고 그 자리에서 죽였다.

❼

장합의 투항 시기

장합이 투항한 시점은 역사 기록마다 차이가 있다. 『삼국지』 「위서·무제기」와 「원소전」, 『후한서』 「원소전」은 조조가 순우경을 격파하고 회군하여 본영에 도착하기 전에 장합이 투항했다고 하면서 장합이 투항한 이후에 원소가 패한 것으로 기록하고 있지만, 『삼국지』 「위서·장합전」은 "태조는 과연 순우경 등을 격파했고 원소의 군대는 궤멸되었다. 곽도는 부끄러워하면서 또 장합을 모함했다. 장합은 두려워 태조에게 귀순했다"고 하여, 원소의 군대가 대패한 이후에 장합이 투항한 것으로 다르게 기록하고 있다. 소설은 전자의 기록에 따라 장합이 투항한 이후에 원소가 대패하는 것으로 서술했다.

❽

『삼국지』「위서·무제기」에 따르면 "공(조조)이 노획한 서신 가운데 허도의 관원과 군중軍中 사람이 원소에게 보낸 것도 있었으나 그는 그것들을 모조리 태워버렸다" 고 기록하고 있고, 배송지 주 『위씨춘추』는 "공(조조)은 이때 '원소가 강성했을 때 나 조차 자신을 지킬 수 없었는데 하물며 일반 사람들이야 말할 필요가 있겠는가!'라고 말했다"고 기록하고 있다.

❾

저수의 죽음

『삼국지』「위서·원소전」에 "저수는 원소가 황하를 건널 때 따라가지 못하고 [조 조] 군사들에게 붙잡혀 태조에게 보내졌다. 태조는 그를 후하게 대접했다. 훗날 저수 는 원소에게 돌아갈 계획을 도모하다 죽임을 당했다"고 기록되어 있고, 『후한서』「원 소전」과 배송지 주 『헌제전』 및 『자치통감』 권63 「한기 55」는 다음과 같이 기록하고 있다.

"저수가 조조군에게 사로잡혔는데 큰 소리로 외쳤다.

'이 수는 사로잡힌 것이지 투항한 것은 아니다.'

조조가 저수를 보고 말했다.

'피차 지역이 달라 서로 왕래가 없었는데 뜻하지 않게 오늘에서야 만나게 되었구 려.'

저수가 대답했다.

'기주(원소)가 주도면밀하게 계획하지 못해 실패를 자초한 것이오. 이 수의 지모와 역량이 모두 궁핍해졌기에 사로잡히는 것은 당연하오.'

조조가 말했다.

'본초는 지모가 없는 데다 그대의 계책을 받아들이지 않았소. 지금 전란이 이미 12년이 넘도록 지속되어 국가가 안정되지 못하니 응당 그대와 함께 안정시킬 방법을 계획해야 할 것이오.'

저수가 말했다.

'숙부, 모친, 아우의 목숨이 모두 원씨 수중에 있어 만일 공(조조)의 위세를 받아들인다면 빨리 나를 죽이는 것이 복일 것이오.'

조조가 탄식하며 말했다.

'내가 일찍 그대의 도움을 얻었다면 천하 대사를 걱정할 필요가 없었을 것이오.'

즉시 저수를 사면하고 그에게 극진한 대우를 제공했다. 오래지 않아 저수는 은밀히 원소에게 돌아가고자 계획했고 조조는 그를 죽였다."

그리고 『후한서』 「원소전」에 따르면 "관도전쟁 실패 이후 심배의 두 아들은 조조의 포로가 되었다"고 기록하고 있다.

관도전쟁 때의 원소와 조조의 군사력

보통 관도전쟁을 말할 때 조조의 군사력이 원소의 10분의 1에 불과했다고 한다. 역사에 '조조의 수적 열세'라는 기록을 자주 찾아볼 수 있는데, 조조의 군사가 수적으로 열세였던 것은 확실하지만 두 진영의 군사력에 관한 정확한 기록은 보이지 않는다. 다만 몇 가지 기록으로 두 진영의 군사력을 대강 가늠해볼 수는 있다.

원소 측 군사력에 관한 기록을 살펴보면 『삼국지』 「위서·원소전」과 『후한서』 「원소전」에 "정예병 10만 명을 선발하고 전마 1만 필로 허창을 공격할 준비를 했다"고 기록되어 있다. 또 『삼국지』 「원소전」 배송지 주 『세어』는 "보병 5만 명과 기병 8000명이었다"고 기록하면서 "위무魏武(조조)가 최염에게 '어제 호적을 조사해보니 그대의 주에서 30만 명은 얻을 수 있소'라고 말했다. 이로 추정해보건대 기주에서 충당할 수 있는 병사가 이와 같은데 하물며 유주와 청주까지 합치면 어떻겠는가? 원소가 군대를 크게 일으켰으니 틀림없이 10만 명에 가까울 것이다"라고 손성孫盛의 평가를 실었다.

위의 역사 기록을 종합해보면 정확하지는 않지만 원소 측은 대강 '10만 명' 정도의 군사력을 보유하고 있었던 것 같다.

다음으로 조조 진영의 군사력을 보면 『삼국지』 「위서·무제기」에 "건안 5년(200)

8월, 당시 공(조조)의 병사는 1만 명이 채 못 됐는데, 부상을 입은 자가 10분의 2 내지 3이나 되었다"고 기록하고 있어 조조 진영은 싸울 수 있는 군사가 1만 명에 훨씬 못 미쳤던 것으로 보인다.

그러나 이 부분에 대해 『삼국지』「위서·무제기」의 주석에서 배송지는 다음과 같이 평가하고 있다.

우선 배송지는 "위무魏武(조조)가 처음에 군대를 일으켰을 때 이미 5000명을 보유하고 있었고, 그 이후에 백전백승하면서 패배한 경우는 10분의 2나 3에 불과했을 뿐이었다. 황건을 격파한 뒤 30여 만 명의 항복한 군사들을 거두어들였고 나머지도 병탄되었지만 모두 기록되지 않았다. 비록 원정을 나갔다가 손실을 입었다 할지라도 이토록 적은 숫자는 아니었다"고 전제한 다음, 조조의 군사가 결코 원소에 비해 압도적으로 적은 숫자는 아니었다고 평가하면서 세 가지 이유를 제시했다.

"첫째로, 본기本紀에 이르기를 '원소의 무리가 10여 만 명이고 군영이 동서로 수십 리에 걸쳐 있었다'고 했다. 위태조魏太祖(조조)가 비록 임기응변이 뛰어나고 불세출의 계략이 있다 하더라도 어찌 수천 명의 병사로 압도적으로 우월한 적에 대항할 수 있겠는가? 이치로 따져보면 그럴 수 없다. 원소는 수십 리에 걸쳐 주둔했고 공은 군영을 분산시켜 대응했으니 이 병사는 결코 적다고 할 수 없다.

둘째로, 원소가 만약 10배의 군사를 보유하고 있었다면 이치상 온 힘을 다해 포위하여 출입을 끊었을 텐데 공은 서황 등을 시켜 군수 물자를 운반하는 수레를 치게 했고, 또 직접 순우경 등을 공격했다. 군기를 높이 들어올리고 왕래하면서도 저항이 없었던 것은 원소의 힘으로 제어할 수 없었음을 밝히는 것으로 군사는 결코 적지 않았다.

셋째로, 모든 책에서 이르기를 공이 원소의 군사 8만 혹은 7만을 함정에 빠뜨렸다고 말한다. 무릇 8만 명이 흩어져 달아났다면 8000명이 그들을 모두 결박할 수 없었을 것이며 원소의 대군이 모두 쉽게 죽임을 당했는데 어떻게 그 힘으로 그들을 제압할 수 있었겠는가?"

이상 세 가지 이유를 들어 조조의 군사가 결코 적지 않았다는 것을 밝히면서 배송지는 "기술한 바는 숫자가 적은 것을 특별하게 보이려고 한 것으로 실제 상황을 기록한 것은 아니다"라고 결론을 내렸다.

그리고 몇 가지 역사 기록에서 조조의 군사가 지속적으로 증강되었다는 사실을 알 수 있다. 『삼국지』 「위서·종요전鍾繇傳」은 "태조가 관도에서 원소와 대치하고 있을 때 종요는 말 2000여 필을 보내 군중에 공급했다"고 했고, 「위서·이전전李典傳」은 "당시 태조는 원소와 관도에서 대치하고 있었는데 이전은 종족과 부곡部曲(사병 군대)들을 인솔하고 군량과 비단을 수송하여 군에 공급했다"고 기록하고 있다. 또한 「위서·장수전」에는 "태조가 관도에서 원소를 저지할 때 장수는 가후의 계책에 따라 부하들을 인솔하여 [조조에게] 투항했다"는 기록도 있다.

조조의 군사가 원소에 비해 '수적 열세'였던 것은 확실한 것 같지만 대적할 수 없을 정도로 조조의 군사력이 열세였던 것은 아니었다고 할 수 있다.

또한 「위서·무제기」 배송지 주 『헌제기거주獻帝起居注』에 조조가 황제에게 상언上言한 내용 중에 "병마를 이끌고 관도에서 교전을 벌였는데 성조聖朝(조정에 대한 존칭, 황제의 대칭으로도 사용)의 위력에 힘입어 원소의 대장 순우경 등 여덟 명을 참수하고 마침내 크게 격파하여 궤멸시켰습니다. 원소와 그의 아들 원담은 자신의 목숨을 돌볼 겨를도 없이 도망쳤습니다. 무릇 참수한 것이 7만여 급이고 노획한 치중輜重(군사를 따라 운반하는 군용 무기와 군량, 마초 등을 가리킴)과 재물이 억億으로 헤아릴 정도로 많습니다"라고 나온다.

형주에 몸을 의탁한 유비

조조는 창정에서 본초를 격파하고,
현덕은 형주의 유표에게 몸을 의탁하다

曹操倉亭破本初,
玄德荊州依劉表

조조는 원소를 격파한 승세를 타고 군마를 정돈하여 침착하게 원소를 추격했다. 원소가 폭건에 홑옷만 입은 채 800여 명만 이끌고 도망쳐 여양 북쪽 기슭에 이르자 대장 장의거蔣義渠가 군영을 나와 영접했다. 원소는 있었던 일을 장의거에게 하소연했다. 장의거가 이에 뿔뿔이 흩어졌던 무리를 불러 모았는데 원소가 살아 있다는 소식을 듣고는 다시 개미떼처럼 집결했다. 다시 군세를 떨치며 일어나게 된 원소는 의논하여 기주¹로 돌아가기로 했다. 행군 중 밤이 되자 황량한 산에서 야영을 하게 됐다. 군막에 있던 원소는 멀리서 울음소리가 들리자 남몰래 다가가서는 그 소리를 들었다. 패잔병들이 모여서 형은 죽고 아우는 잃었으며, 친구는 내버렸고 아비는 세상을 떠났다는 고통을 간절히 하소연하고 있었고 각자 가슴을 치고 통곡하며 이구동성으로 말했다.

"전풍의 말을 들었더라면 우리가 어떻게 이런 화를 만났겠는가!"

원소는 크게 뉘우쳤다.

"내가 전풍의 말을 듣지 않아 군대는 패하고 장수들은 죽었으니, 지금 돌아가서 무슨 낯으로 그를 보겠는가!"

이튿날 말에 올라 행군하는데 봉기가 군사를 이끌고 와서 맞이했다. 원소가 봉기에게 말했다.

"내가 전풍의 말을 듣지 않아서 이렇게 패하고 말았네. 이제 돌아가서 그 사람 보기가 부끄럽게 되었네."

그러자 봉기가 헐뜯었다.

"옥에 갇혀 있는 전풍이 주공께서 패하셨다는 소식을 듣고는 손뼉을 치고 크게 웃으면서 '과연 내 짐작이 벗어나지 않았구나'라고 말했답니다."

원소는 크게 노했다.

"멍청한 유생 놈이 어떻게 감히 나를 비웃는단 말인가! 내 그놈을 반드시 죽이리라!"

즉시 사자에게 보검을 주면서 먼저 기주로 가서 감옥에 있는 전풍을 죽이라고 명했다.

한편 전풍은 감옥에 갇혀 있었는데 어느 날 옥리가 와서는 말했다.

"별가²께 축하 말씀드리겠습니다."

전풍이 말했다.

"무슨 기쁜 일이 있다고 축하한단 말인가?"

"원장군께서 대패하고 돌아오신다 하니 틀림없이 별가 어른께서는 중용되실 겁니다."

전풍이 웃으면서 말했다.

"내가 이제 죽겠구나!"

옥리가 물었다.

"사람들은 모두 별가 어른을 위해 기뻐하는데 어른께서는 어찌하여 죽는다고 말씀하십니까?"

"원장군은 겉으로는 관대하나 속으로는 시기심이 있어 충성하는 사람을 생각하지 않네. 이번에 승리했다면 기뻐하면서 나를 사면해줄 수도 있겠지만, 지금 전쟁에서 패했다면 부끄러워하실 테니 나는 살기를 기대할 수 없게 되었네."

옥리는 그 말을 믿지 않았다. 그때 갑자기 사자가 보검을 들고 와서는 원소의 명령을 전하며 전풍의 머리를 취하려 하자 옥리는 그제야 놀랐다. 전풍이 말했다.

"내가 필시 죽을 것이라 전부터 알고 있었네."

옥리들이 모두 눈물을 흘렸다. 전풍이 말했다.

"대장부가 천지간에 태어나서 그 주인을 모르고 섬겼으니 무지한 것이로다! 오늘 죽게 되었다 한들 어찌 애석하겠는가!"

이에 스스로 목을 베어 옥중에서 죽었다. 후세 사람이 지은 시가 있다.

어제 아침에는 군중에서 저수를 잃고
오늘은 감옥 안에서 전풍이 죽었도다
하북의 기둥이 모조리 부러졌는데
본초 어찌 제 국가를 잃지 않겠는가
昨朝沮授軍中失, 今日田豊獄內亡
河北棟梁皆折斷, 本初焉不喪家邦

전풍이 죽자 그 소식을 들은 사람들이 탄식하며 애석해했다.❶
기주로 돌아온 원소는 마음이 초조하고 정신이 산란하여 정사를 돌보지 못했다. 처인 유씨劉氏가 후사를 세우라고 권했다. 원소는 아들 셋을 두었는데, 장자는 원담袁譚이며 자가 현사顯思로 청주를 지키고 있었고, 차남은 원희袁熙로 자가 현혁顯奕이고 유주를 지키고 있었으며, 셋째 아들 원상袁尚은 자가 현보顯甫라 하는데 바로 원소의 후처인 유씨의 소생으로 생김새가 훤칠했고 원소가 그를 매우 사랑했기 때문에 곁에 두고 있었다. 관도에서 패한 이후 유씨가 원상을 후계자로 삼도록 권하자 원소는 이에 심배, 봉기, 신평辛評, 곽도 네 사람과 상의했다. 원래 심배와 봉기 두 사람은 원상을 보좌했고, 신평과 곽도 두 사람은 원담을 보좌하고 있었으므로 네 사람은 각기 자신들의 주인을 세우고자 했다. 원소가 바로 그때 네 사람에게 일렀다.

"지금 밖으로 우환이 그치지 않고 있으니 안의 일을 빨리 결정하지 않을 수 없어서 내가 후계자를 세우고자 상의하는 것이오. 큰아들 담은 성격이 강경하여 사람 죽이는 것을 좋아하고, 둘째 아들 희는 여리고 나약하여 일을 이루기가 어려우나, 셋째 아들 상은 영웅의 풍모가 있고 어진 이를 예로써 대접하며 선비를 공경하니 내가 그 아들을 세우고자 하오. 공들의 뜻은 어떠하오?"

곽도가 말했다.

"세 아들 가운데 담은 장남인 데다 지금 밖에서 살고 있습니다. 주공께서 장자를 폐하고 막내를 세우신다면 변란의 싹이 될 것입니다. 지금 군대의 위력이 잠시 꺾인 데다 적병이 경계를 압박하고 있습니다. 어찌 다시 부자와 형제에게 서로 다툼을 만들려고 하십니까? 주공께서는 일단 적을 막을 대책부터 처리하셔야지 지금 후계자를 세우는 일에 대한 많은 논의를 해서는 안 됩니다."

원소는 망설이면서 결정하지 못했다. 그때 별안간 유주의 원희가 군사 6만 명, 청주에서 원담이 군사 5만 명, 생질인 고간高幹 또한 병주로부터 군사 5만 명을 이끌고 각자 싸움을 도우러 기주로 온다는 보고가 들어왔다. 원소는 기뻐하며 다시 인마를 정돈하여 조조와 싸우러 나가기로 했다.

이때 조조는 승리한 군사들을 황하에 배치시켜놓고 있었는데, 토착민들이 소쿠리에 밥을, 단지에 술을 담아들고 환영하며 조조의 군대를 맞이했다. 몇 명의 노인의 수염과 머리카락이 모두 흰 것을 본 조조는 군막으로 들여 앉히고는 물었다.

"노인장들은 연세가 어떻게 되십니까?"

대답했다.

"모두 100세가 다 되었습니다."

조조가 말했다.

"우리 군사들이 노인장들의 고향을 놀라게 하고 시끄럽게 하여 내가 몹시 미안하오."

한 노인이 말했다.

"환제 때 황성(토성)[3]이 초楚와 송宋의 분야에 나타났는데 천문에 대해 잘 아는 요동 사람 은규殷馗가 밤에 이곳에서 묵다가 노인들에게 '황성이 건상[4]에 나타나서 이곳을 비추고 있소. 50년 후에 양梁과 패沛땅 사이[5]에서 진인[6]이 일어날 것이오'라고 말했습니다. 그 햇수를 계산해보니 올해가 바로 50년째 되는 해입니다. 원본초는 백성에게 세금을 무겁게 거두어들이고 있어 백성이 모두 원망하고 있습니다. 승상께서는 어질고 의로운 군대를 일으키시어 고생하는 백성을 위로하고 못된 통치자를 징벌하시면서 관도에서 한 번의 싸움으로 원소의 백만 대군을 격파하셨으니 바로 그 당시에 했던 은규의 말과 일치하여 만백성이 태평 세상을 기대할 수 있게 되었습니다."

조조가 웃으면서 말했다.

"어찌 감히 노인장의 말씀을 감당하겠소?"

즉시 술과 음식을 가져오게 하여 노인들을 대접하고 비단을 하사하여 보냈다. 그러고는 삼군에 명령을 발포했다.

"마을로 가서 민가의 닭이나 개를 잡는 자는 살인죄로 다스리겠노라!"

이에 군사와 백성이 놀라며 감복했고 조조 또한 속으로 남몰래 기뻐했다.

이때 원소가 네 개 주의 군사들 20~30만 명을 모아서 창정[7]에 이르러 군영을 세웠다는 보고가 들어왔다. 조조도 군사를 일으켜 전진하여 군영을 세웠다. 이튿날 양군이 마주하며 각기 진세를 펼쳤다. 조조가 각 장수를 데리고 진을 나가자 원소 또한 세 아들과 생질 및 문관과 무장들을 거느리고 진 앞으로 나왔다. 조조가 말했다.

"본초는 계책이 궁해지고 힘이 다했을 텐데 어찌하여 아직도 투항할 생각을 하지 않는가? 칼이 목에 닿을 때를 기다렸다간 후회해도 늦을 것이다!"

크게 노한 원소가 뒤돌아보며 장수들에게 말했다.

"누가 출전하겠느냐?"

원상은 부친 앞에서 능력을 뽐내고 싶어서 바로 쌍칼을 휘두르며 나는 듯이 말을 몰아 진을 나가며 질주했다. 조조가 가리키며 장수들에게 물었다.

"저자는 누구인가?"

아는 사람이 대답했다.

"저자는 원소의 셋째 아들 원상입니다."

말이 미처 끝나기도 전에 한 장수가 창을 잡고 어느새 달려나갔다. 조조가 보니 바로 서황의 부하 장수 사환이었다. 두 말이 서로 어우러진 지 3합이 못 되어 원상이 말을 비스듬히 돌려 달아났다. 사환이 뒤를 쫓자 원상이 활을 집어 화살을 활에 걸고 몸을 돌리면서 뒤를 향해 쏘았다. 화살은 사환의 왼쪽 눈에 정통으로 꽂혔고 사환은 말에서 떨어져 죽었다. 아들이 이긴 것을 본 원소가 채찍을 휘두르며 지휘하자 대부대의 인마가 한꺼번에 밀고 나가며 혼전을 벌였다. 한바탕 크게 맞붙어 싸우다가 각기 징을 울려 군사를 거두고 군영으로 돌아갔다. ❷

조조는 장수들과 원소를 깨뜨릴 계책을 상의했다. 정욱이 '열 방면으로 매복하는 계책十面埋伏'을 올리며 조조에게 권했다.

"황하 강변으로 군대를 철수시키고 열 개의 부대를 매복시킨 다음 원소를 유인하여 강변까지 추격하게 하십시오. 그러면 우리 군사들은 물러날 길이 없어져 틀림없이 죽을 각오로 싸울 것이니 원소에게 승리할 수 있을 것입니다."

조조는 그 계책이 옳다 여기고 군사를 좌우로 각기 다섯 부대로 나누었다. 왼쪽은 1대 하후돈, 2대 장료, 3대 이전, 4대 악진, 5대 하후연이었고, 오른쪽은 1대 조홍, 2대 장합, 3대 서황, 4대 우금, 5대 고람이었다. 중군은 허저를 선봉으로 삼았다. 이튿날 10대가 먼저 전진하여 좌우로 매복했다. 한밤중이 되자 조조는 허저에게 전진하라 명하고 군영을 빼앗는 척하는 형세를 이루게 했다. 그러자 원소의 다섯 군영의 인마가 일제히 일어났다. 허저는 군사를 돌려 즉시 달아났다. 그러자 원소가 군사를 이끌고 추격해오는데 함성이 끊이지 않았고 동이 틀 무렵에 강변까지 쫓아왔다. 조조의 군사들이 더 이상 갈 길이 없게 되었을 그때 조조가 크게 소리쳤다.

"앞으로는 더 이상 갈 곳이 없거늘 군사들은 어찌하여 죽기로 싸우지 않는가!"

군사들은 몸을 돌려 필사적으로 힘을 다해 앞으로 나아갔다. 허저가 앞장

서서 나는 듯이 말을 달리며 10여 명의 장수들을 베어내니 원소군은 크게 어지러워졌다. 원소가 군사를 퇴각시켜 급히 돌아가려 하자 배후에서 조조의 군사들이 쫓아왔다. 한창 달리고 있는데 '둥둥둥' 북소리가 울리더니 왼쪽에서는 하후연, 오른쪽에서는 고람의 양군이 돌격해 나왔다. 원소는 세 아들과 생질을 한데 모아 죽기로써 혈로를 뚫어 달아났다. 그러나 10리도 못 가서 또 왼쪽에서 악진, 오른쪽에서 우금이 들이치자 죽은 원소의 군사들의 시체가 온 들판에 널리고 피는 흘러 도랑을 이루었다. 다시 몇 리도 못 가서 왼쪽에서 이전, 오른쪽에서 서황의 양군이 가로막고 한바탕 죽였다. 원소 부자는 담이 떨어지고 심장이 놀라 떨면서 가까스로 자기 군영으로 도망쳐 들어갔다. 전군에 밥을 지으라고 영을 내리고 막 밥을 먹으려 하는데 왼쪽에서 장료, 오른쪽에서는 장합이 군영으로 돌격해 들어왔다. 원소는 허둥대며 말에 올라 창정을 향해 달아났다. 사람과 말이 피곤하여 잠시나마 쉬고 싶었으나 뒤에서 조조의 대군이 추격해오는지라 원소는 필사적으로 달아날 수밖에 없었다. 한창 달아나고 있는데 오른쪽에서 조홍, 왼쪽에서 하후돈이 가는 길을 막아섰다. 원소가 크게 소리쳤다.

"죽기로 싸우지 않는다면 반드시 사로잡힐 것이다!"

있는 힘을 다해 부딪쳐 싸워서 겨우 겹겹의 포위망을 빠져나올 수 있었다. 원희와 고간은 모두 화살에 맞아 상처를 입었고 군마들은 죽어 거의 남지 않았다. 원소는 세 아들을 끌어안고 한바탕 통곡을 하더니 혼절하고 말았다. 사람들이 급히 구원했으나 원소는 멈추지 않고 입으로 선혈을 토해내면서 탄식했다.

"내 수십 차례 전쟁을 겪었으나 오늘 이렇게 궁지에 빠지리라고는 생각도 못했다! 이는 하늘이 나를 버리는 것이다! 너희는 각자 다스리던 주로 돌아

가서 맹세코 역적 조조와 싸워 승패를 가려야 한다!"❸

원소는 조조가 경계를 침범할까 두려워 바로 신평과 곽도에게 원담을 따라 청주로 가서 정돈하게 했고, 원희는 원래 있던 유주로, 고간은 병주로 돌아가게 했으며 각기 인마를 수습해 동원할 수 있도록 준비했다. 원소는 원상 등을 거느리고 기주로 들어가 요양했고 원상에게 심배, 봉기와 더불어 잠시 군사 관련 일을 관장하게 했다.

한편 창정에서 대승을 거둔 조조는 삼군을 두둑이 포상하고 사람을 보내 기주의 상황을 자세히 살피게 했다. 정탐꾼이 돌아와 보고했다.

"원소는 병상에 누워 있고 원상과 심배가 성지를 굳건히 지키고 있습니다. 원담, 원희, 고간은 모두 자신이 다스리던 주로 돌아갔습니다."

사람들 모두 조조에게 급히 원소를 공격하자고 권하자 조조가 말했다.

"기주는 양식이 지극히 풍부하고 심배 또한 임기응변의 계략이 있어 신속히 점령할 수가 없소. 지금은 논에 모를 심을 시기라 백성이 생업을 못 할까 염려되니 가을에 추수를 끝낸 다음에 공격해도 늦지 않을 것이오."

한창 상의하고 있는데 갑자기 순욱의 서신이 도착했다. 그 내용을 보니 다음과 같았다.

"여남에 있는 유비가 유벽과 공도의 군사 수만 명을 얻었습니다. 승상께서 군대를 일으켜 하북으로 출정하셨다는 소식을 듣고는 이에 유벽에게 여남을 지키게 하고 유비가 직접 군대를 이끌고 빈틈을 이용해 허창을 공격하러 온다고 합니다. 승상께서는 속히 회군하여 유비를 막으셔야 할 것 같습니다."

깜짝 놀란 조조는 조홍을 남겨두고 황하 강가에 군사를 주둔시켜 군사가 많은 것처럼 허세를 부리게 하고는 조조 자신은 대병을 일으켜 유비에게 맞서고자 여남으로 향했다.

한편 현덕은 관우, 장비, 조운 등과 함께 군사를 이끌고 허도를 기습하고자 했다. 양산[8] 근처까지 갔을 때 마침 진군해오던 조조의 군사들과 맞닥뜨렸고 현덕은 즉시 양산에 군영을 세웠다. 군사를 세 부대로 나누었는데, 운장은 동남쪽 모퉁이, 장비는 서남쪽 모퉁이에 군사를 주둔시켰고, 현덕은 조운과 함께 정남쪽에 군영을 세웠다. 조조의 군사들이 당도하자 현덕은 북치고 함성을 질러 기세를 힘껏 올리며 나아갔다. 조조는 진세 배치를 마치고 현덕을 불러냈다. 현덕이 말을 몰아 문기 아래로 나오자 조조가 채찍으로 가리키며 욕설을 했다.

"나는 네놈을 귀빈으로 대접했는데 네놈은 어찌하여 의리를 배반하고 은혜를 잊었더냐?"

현덕이 말했다.

"너는 한나라 승상이라는 이름을 빌렸으나 사실은 나라의 역적이다! 나는 이에 한실의 종친으로서 천자의 비밀 조서를 받들어 역적을 토벌하러 왔느니라!"

그러고는 즉시 말 위에서 옥대 속의 조서를 낭송했다. 크게 성난 조조는 허저를 출전시켰다. 현덕의 등 뒤에서 조운이 창을 잡고 말을 몰며 나왔다. 두 장수가 서로 뒤섞여 30합을 싸웠는데도 승부를 가리지 못했다. 그때 별안간 함성이 크게 진동하더니 동남쪽 모퉁이에서 운장이 돌진했고, 서남쪽 모퉁이에서는 장비가 군사를 이끌고 몰려오면서 세 곳의 군사들이 일제히 들이쳤다. 먼 길을 오느라 피곤했던 조조의 군사들은 그들을 막아낼 수 없었고 대패하여 달아났다. 승리를 거둔 현덕은 군영으로 돌아갔다.

이튿날 다시 조운을 시켜 싸움을 걸었다. 그러나 조조의 군사들은 열흘 동안이나 나오지 않았다. 현덕이 또 장비를 시켜 싸움을 걸게 했지만 역시 나오지 않았다. 현덕은 더욱 의심이 들었다. 그때 갑자기 양식을 운반하던 공도가 조조군에게 포위당했다는 보고가 들어왔다. 현덕은 급히 장비를 시켜 구원하게 했다. 또 느닷없이 하후돈이 군사를 이끌고 뒤쪽을 몰래 질러 지름길로 여남을 공격하러 갔다는 보고가 들어왔다. 깜짝 놀란 현덕이 말했다.

"이렇게 된다면 우리가 앞뒤로 적과 맞서게 되어 돌아갈 곳이 없게 된다!"

급히 운장을 여남으로 보내 구원하게 했다. 장비와 운장의 군사들이 모두 떠났다. 그런데 하루도 못 되어 하후돈이 이미 여남을 깨뜨렸고 유벽은 성을 버리고 달아났으며 운장은 지금 포위당했다는 보고가 들어왔다. 현덕이 크게 놀라고 있는데 공도를 구원하러 갔던 장비 또한 포위당했다는 보고가 들어왔다. 현덕은 급히 군사를 돌리고 싶었으나 조조의 군사들이 뒤를 기습할까 두려웠다. 그때 갑자기 군영 밖에서 허저가 싸움을 걸고 있다는 보고가 들어왔다. 현덕은 감히 나가서 싸우지는 못하고 날이 어두워지기를 기다렸다가 군사들을 배불리 먹인 다음 보군을 먼저 출발시키고 마군은 뒤를 따르게 했다. 군영 안에서는 시각을 알리는 북소리를 울려 아무 일도 없는 것처럼 위장하게 했다. 현덕 등이 군영을 떠나 대략 몇 리쯤 가서 어느 토산을 돌아가는데 횃불이 일제히 밝혀지더니 산꼭대기에서 누군가 크게 소리 질렀다.

"현덕은 달아나지 마라! 승상께서 여기에서 오로지 너를 기다리셨다!"

현덕은 황급히 달아날 길을 찾았다. 조운이 말했다.

"주공께서는 염려 마시고 저만 따라오십시오."

조운은 창을 잡고 말에 박차를 가해 한 갈래 길을 열었고 현덕은 쌍고검을 빼어 들고 뒤를 따랐다. 한창 싸우고 있는데 허저가 쫓아와 조운과 필사적으로 싸웠다. 뒤에서는 또 우금과 이전이 달려들었다. 형세가 위급한 것을 본 현덕은 길을 버리고 황량한 들판으로 도망쳤다. 등 뒤에서 함성이 점점 멀리 들렸고 현덕은 깊은 산 후미진 길로 들어가 홀로 위험에서 빠져나와 목숨을 건졌다. 동틀 무렵에 옆쪽에서 한 무리의 군사가 나타났다. 깜짝 놀란 현덕이 살펴보니 바로 유벽이 패잔병 1000여 기를 이끌고 현덕의 가솔들을 호송하면서 오고 있었다. 손건, 간옹, 미방 또한 하소연했다.

"하후돈의 군세가 대단하여 성을 버리고 달아났습니다. 조조의 군사들이 추격해왔는데 다행히 운장이 막아줬기에 빠져나올 수 있었습니다."

현덕이 말했다.

"운장은 지금 어디에 있는지 아시오?"

유벽이 말했다.

"장군께서는 일단 가시고 나중에 다시 살펴보시지요."

다시 몇 리를 갔는데 둥둥둥 북소리가 울리더니 앞에서 한 떼의 인마가 몰려왔다. 앞장선 대장은 바로 장합으로 크게 소리 질렀다.

"유비는 어서 말에서 내려 항복해라!"

현덕이 뒤로 물러나려 하자 산꼭대기에서 붉은 깃발로 원을 그리며 휘둘렀다. 그러자 산간 평지 안에서 한 무리의 군사가 우르르 쏟아져 나왔는데 우두머리 대장은 바로 고람이었다. 양쪽으로 막혀 빠져나갈 길이 없게 된 현덕은 하늘을 우러러 크게 소리쳤다.

"하늘은 어찌하여 나를 이런 곤경에 처하게 한단 말인가! 사태가 이 지경에 이르렀으니 차라리 죽는 것이 낫겠다!"

검을 뽑아 스스로 자기 목을 베려 했다. 유벽이 급히 말리며 말했다.

"제가 죽을힘을 다해 싸워 길을 찾아서 사군을 구원해드리겠습니다."

말을 마치고는 즉시 고람과 맞붙어 싸웠다. 그러나 3합도 싸우지 못해 고람의 한칼에 찍혀 말 아래로 떨어졌다. 당황한 현덕이 직접 싸우려고 하는데 고람의 후군이 별안간 어지러워지더니 한 장수가 진을 뚫고 달려왔다. 그의 창이 올라가는가 싶더니 고람의 몸뚱이가 말에서 굴러떨어졌다. 그를 보니 다름 아닌 조운이었다. 현덕은 크게 기뻐했다. 조운은 말고삐를 놓고 창을 잡은 채 고람의 부대 뒤쪽을 흩어버리고는 다시 앞으로 달려와 홀로 장합과 싸웠다. 장합은 조운과 30여 합을 싸우고는 패하여 말을 돌려 달아났다. 조운이 승세를 타고 들이쳤으나 장합의 군사들이 협곡을 지키고 있는 데다 길이 좁아 빠져나갈 수가 없었다. 한창 길을 찾고 있는데 운장, 관평, 주창이 300명의 군사를 이끌고 당도했다. 양쪽에서 공격하여 장합의 군사들을 물리치고 각기 협곡의 입구를 빠져나가서 산세가 험준한 곳을 잡아 군영을 세웠다. 현덕은 운장을 시켜 장비를 찾아보도록 했다. 원래 장비는 공도를 구하러 간 것이었지만 공도는 이미 하후연에게 피살된 다음이었다. 장비는 필사적으로 싸워 하후연을 물리치고 바짝 뒤를 쫓다가 도리어 악진의 군사들에게 포위되고 말았다. 길에서 패잔병을 만난 운장은 그들이 왔던 길의 자취를 찾아가서 악진을 물리치고 장비와 함께 돌아와 현덕을 만났다. 이때 조조의 대부대가 추격해온다는 보고를 들은 현덕은 손건 등으로 하여금 가족을 보호하여 먼저 가도록 했다. 현덕은 관우, 장비, 조운과 더불어 뒤에서 싸우면서 달아났다. 현덕이 이미 멀리 달아난 것을 본 조조는 군사들을 거두고 더 이상 뒤쫓지 않았다.

현덕은 1000명도 되지 않는 패잔병을 이끌고 허겁지겁 달아났다. 앞쪽에 있는 한 강에 이르렀는데 원주민에게 물어보니 바로 한강漢江이라고 했다. 현덕은 잠시 군영을 설치하고 그곳에 주둔했다. 원주민이 현덕을 알아보고는 양과 술을 삼가 바쳤고 이에 모래사장에 모여서 술을 마셨다. 현덕이 탄식했다.

"여러분은 모두 제왕을 보좌할 만한 재능을 가지고 있는데 불행하게도 이 유비를 따르고 있소. 내 운명이 궁지에 몰려 여러분에게까지 누를 끼치고 있소. 오늘 이 몸은 송곳 꽂을 만한 땅도, 의탁할 곳도 없으니 진실로 여러분을 잘못되게 할까 두렵소. 그대들은 어찌하여 이 비를 버리고 현명한 군주를 찾아가서 공명을 얻으려 하지 않소?"

모두 손으로 얼굴을 가리고 울었다. 운장이 말했다.

"형님께서는 틀렸습니다. 옛날에 고조께서 항우와 천하를 다툴 때 여러 차례 항우에게 패했고, 후에 구리산9에서 한 번의 싸움으로 성공하여 400년의 기업을 열었습니다. 이기고 지는 것은 병가에서 흔히 있는 일인데 어찌하여 그 뜻을 스스로 무너뜨리십니까!"

손건이 말했다.

"성패에는 때가 있는 것으로 뜻을 잃어서는 안 됩니다. 이곳에서 형주까지는 멀지 않습니다. 유경승劉景升(유표의 자)은 아홉 개 군을 지키고 있으며 군사는 강하고 양식은 풍족한 데다 더욱이 주공과는 모두 한나라 황실의 종친인데 어찌하여 그에게 가서 의탁하지 않으십니까?"

현덕이 말했다.

"받아주지 않을까 염려될 뿐이오."

손건이 말했다.

"제가 먼저 가서 경승을 설득하고 경계로 나와서 주공을 맞이하도록 하겠습니다."

현덕은 크게 기뻐하며 손건을 밤사이에 형주로 가게 했다. 군[10]에 당도한 손건은 들어가 유표를 만났다. 예를 마치자 유표가 물었다.

"공은 현덕을 따르는 것으로 아는데 무슨 까닭으로 여기까지 오셨소?"

손건이 말했다.

"유사군은 천하의 영웅으로 비록 군사는 미약하고 장수는 적지만 그 뜻은 사직을 보위하고자 하십니다. 여남의 유벽과 공도는 원래 친척이나 옛 친구 관계도 아닌데 죽음으로써 보답했습니다. 명공과 사군은 함께 한실의 후예인데도 사군께서는 패하시더니 강동으로 가서 손중모孫仲謀(손권의 자)에게 의탁하고자 하십니다. 그래서 이 건이 분수에 넘치게 말씀드리기를 '인척을 등져 멀리하고 친하지 않은 사람에게 가는 것은 안 됩니다. 형주의 유장군께서는 덕망 높고 어진 사람을 예의와 겸손으로 대하시기에 선비들이 마치 물이 동쪽으로 흐르듯이 귀의하고 있다는데 하물며 동족 간이신데 말할 필요가 있겠습니까?'라고 했습니다. 그랬더니 사군께서 특별히 이 건을 먼저 보내 말씀드리게 하셨습니다. 명공께서는 명을 내려주십시오."

유표는 크게 기뻐했다.

"현덕은 나의 아우요. 오래전부터 만나고 싶었으나 기회를 얻지 못했소. 이제야 왕림해주신다니 진실로 다행이오!"

채모蔡瑁가 험담했다.

"안 됩니다. 유비는 먼저 여포를 따르다가 나중에는 조조를 섬겼고 근래에는 원소에게 의지했었는데 모두 결말이 없었으니 족히 그 사람됨을 알 수 있습니다. 지금 그를 받아들이신다면 조조는 틀림없이 저희에게 무력으로 진격해올 것이고 그렇게 되면 쓸데없이 군사를 움직여야 할 것입니다. 차라리 손건의 머리를 잘라 조조에게 바친다면 조조가 반드시 주공을 극진히 대우할 것입니다."

손건이 정색하며 말했다.

"나는 죽음을 두려워하는 사람이 아니오. 유사군께서는 충성스런 마음으로 나라를 위하는 분이니 조조, 원소, 여포 등과는 비할 분이 아니오. 이전에 그들을 따랐던 것은 어쩔 수 없었기 때문이오. 지금 유장군께서는 한나라의 후예이며 동족에 대한 우의가 돈독하시다고 들었기에 천리를 달려와 의지하려는 것이오. 그대는 어찌하여 이토록 험담하고 질투하시오?"

유표는 손건의 말을 듣고 이에 채모를 큰 소리로 꾸짖었다.

"내 이미 결심했으니 그대는 여러 말 마라."

채모는 수치스러워 원망하며 나갔다. 유표는 마침내 손건에게 먼저 가서 현덕에게 보고하도록 하는 한편 친히 곽 밖으로 30리를 나와서 현덕을 영접했다. 유표를 만난 현덕은 예법을 갖춰 심히 공경했고, 유표 또한 매우 후하게 대접했다. 현덕은 관우와 장비 등을 인도하여 유표에게 알현시켰고 유표는 마침내 현덕 등과 함께 형주[11]로 들어가서 정원 딸린 주택을 마련하여 거주할 수 있게 해주었다.❹

한편 조조는 현덕이 이미 형주로 가서 유표에게 몸을 의탁했다는 것을 탐지하고는 바로 군대를 이끌고 공격하고자 했다. 정욱이 말했다.

"원소도 아직 제거하지 못했는데 갑작스럽게 형양荊襄을 공격하다가 원소가 북쪽에서 일어나기라도 한다면 승부를 알 수 없게 될 것입니다. 차라리 군대를 허도로 회군시켜 군사를 기르고 훈련하며 예리한 기세를 축적하고 내년 봄에 따뜻해지기를 기다리는 것이 나을 듯합니다. 그런 다음에 군대를 이끌고 먼저 원소를 격파한 후 형양을 취하신다면 남북의 이로움을 일거에 거둘 수 있을 것입니다."

그 말을 옳다고 여긴 조조는 마침내 군대를 거느리고 허도로 돌아갔다. 건안 7년(202) 정월, 조조는 다시 상의하여 군대를 일으켰다. 먼저 하후돈과 만총을 여남으로 보내 군대를 주둔시켜 지키면서 유표를 막게 하고, 조인과 순욱은 남아서 허도를 지키게 했다. 조조 자신은 친히 대군을 통솔하여 관도로 가서 주둔했다.

한편 원소는 지난해에 받은 충격으로 발병하여 피를 토하는 증상이 있었는데 지금에야 비로소 병이 조금 나아 허도를 공격하고자 상의했다. 심배가 간언했다.

"지난해 관도와 창정의 패배로 군심이 아직 북돋워지지 않았으니 지금은 도랑을 깊게 파고 보루를 높여 군사와 백성의 힘을 길러야 합니다."

한창 상의하고 있는데 갑자기 조조가 군대를 관도로 진군시켜 기주로 공격해온다는 보고가 들어왔다. 원소가 말했다.

"적군이 성 아래에 다다르고 장수가 해자까지 이르도록 기다린 다음에 적을 막으면 일은 이미 늦어질 것이오. 내가 직접 대군을 이끌고 나가 맞서야겠소."

원상이 말했다.

"아버님께서는 병든 몸이 완쾌되지 않았으니 멀리 출정하셔서는 안 됩니다. 원컨대 제가 군대를 거느리고 나아가 적을 막겠습니다."

원소는 허락하고 즉시 사람을 보내 청주의 원담, 유주의 원희, 병주의 고간을 불러 네 갈래로 나뉘어 함께 조조를 격파하려 했다.

방금 여남으로 향한 전고가 울렸었는데

다시 기북에서 정벌의 북 두드리는구나

才向汝南鳴戰鼓, 又從冀北動征鼙

승부는 어떻게 될 것인가?

제31회 형주에 몸을 의탁한 유비

❶

전풍의 죽음

『삼국지』「위서·원소전」은 전풍의 죽음을 다음과 같이 기록하고 있다.

"원소의 군대가 패한 후 어떤 사람이 전풍에게 말했다.

'그대는 반드시 중용될 것이오.'

전풍이 말했다.

'만일 우리 군대가 승리했다면 나는 틀림없이 살 수 있을 것이오. 그러나 지금 군대가 패했으니 나는 죽어야 할 것이오.'

원소가 돌아와 좌우에 일렀다.

'내가 전풍의 말을 듣지 않았으니 결국 그에게 비웃음을 살 것이오.'

마침내 원소는 전풍을 죽였다. 원소는 표면적으로는 관대하고 품위와 기개가 있었으나 기쁨과 노여움을 얼굴에 드러내지 않았고 속으로는 시기심이 많았다. 모든 일을 이와 같이 처리했다."

역사 기록을 보면 설령 봉기가 원소에게 참언을 하지 않았어도 원소의 성격상 전풍을 죽였을 것이라 생각된다.

또한 배송지 주 『선현행장先賢行狀』과 『자치통감』 권63 「한기 55」에 조조가 전풍에 대해 한 말이 기록되어 있다.

"처음 태조는 전풍이 군대를 따라 출정하지 않는다는 것을 듣고는 기뻐하며 말했다.

'원소는 반드시 패할 것이다.'

원소가 도주했을 때 다시 말했다.

'원소가 전풍 별가別駕의 계책을 받아들였다면 승패를 알 수 없었을 것이다.'"

②

사환은 원상에게 죽지 않았다

『삼국지』「위서·서황전」에 따르면 "서황은 고시故市(지금의 허난성 옌진延津)에서 사환과 함께 원소의 물자를 수송하는 수레를 공격하여 가장 많은 공을 세웠다"고 기록하고 있고, 「위서·하후돈전」 배송지 주 『위서』에는 "사환의 자는 공유公劉로 젊어서는 의협심이 강하고 기백이 있었다. 태조가 처음에 군대를 일으켰을 때 문객의 신분으로 따랐는데 중군교위中軍校尉(영제 중평 5년인 188년, 서원팔교위西園八校尉를 설치하여 금군禁軍을 통솔했는데 중군교위는 그중 하나로 조씨의 호위병을 통솔했다)에 임명되었고 정벌에 나설 때 항상 장수들을 감독하여 심복이 되었으며 후에 중령군中領軍에 봉해졌다. 건안 14년(209)에 사망했다"고 기록하고 있다.

사환은 창정 전투(201)에서 사망한 것이 아니라 8년 후인 209년에 병사한다. 또한 사환은 서황의 부하 장수가 아니라 오히려 서황(편장군)보다 직위가 높은 자리(중령군)에 있었다. 중령군은 위나라 때 설치되었으며 금위군禁衛軍을 담당 및 관리하는 요직이었다.

③

창정 전투의 실제 상황

창정 전투에 관해서 역사는 다음과 같이 기록하고 있다.

『자치통감』 권64 「한기 56」은 "201년 여름 4월, 조조는 황하 강가에서 병력을 과

시하고 창정에 주둔해 있던 원소의 군대를 습격하여 격파했다. 조조는 9월에 허현으로 회군했다"고 기록하고 있고, 『삼국지』 「위서·무제기」는 "건안 6년(201) 여름 4월, [조조는] 황하 강가에서 무력을 과시하고 창정에 주둔한 원소의 군대를 공격하여 격파했다. 원소는 기주로 돌아가 흩어진 병사를 다시 모으고 자신을 배반한 여러 군현을 공격하여 평정했다"고 기록하고 있다.

창정 전투에 관한 내용은 상세하게 기록되어 있지 않으며 아마도 소규모 전투였던 것으로 여겨진다. 또한 원소 부자가 참가하지 않았던 전투로 보인다.

❹

유비의 여남 전투

조조가 여남의 유비를 공격한 내용에 관한 역사 기록은 상세하지 않다. 『삼국지』 「위서·무제기」는 "공(조조)이 남쪽으로 유비 정벌에 나섰다. 유비는 공이 친히 출정했다는 소식을 듣고는 유표에게 달아났으며 공도 등도 모두 흩어졌다"고 기록하고 있으며, 『자치통감』 권64 「한기 56」에는 "건안 6년(201), 조조가 직접 여남에 있는 유비를 공격했고 유비는 유표에게로 달아났다. 공도 등도 모두 흩어졌다"고 기록하고 있다.

소설의 내용처럼 유비가 조조와 전투를 벌여 패했다기보다는 아예 처음부터 유표에게로 달아나 몸을 의탁했다고 할 수 있다.

또한 소설에서는 유벽과 공도가 여남 전투에서 죽는 것으로 묘사되었으나 유벽과 공도의 죽음에 관한 역사 기록은 보이지 않는다.

원소의 몰락과
자식들의 권력 다툼

원상은 기주를 빼앗으려고 서로 다투고,
허유는 장하를 터뜨리는 계책을 바치다

奪冀州袁尙爭鋒,
決漳河許攸獻計

원상은 자신이 사환을 베어 죽인 이후로 용맹을 자부하며 원담 등의 군사들이 도착하기를 기다리지 않고 직접 수만 명의 군사를 이끌고 여양을 나가 조조의 선봉대와 맞섰다. 장료가 앞장서서 말을 몰며 나오자 원상이 창을 잡고 싸우러 나왔는데 3합도 채 버텨내지 못하고 대패하여 달아났다. 승세를 탄 장료가 들이치자 지탱할 수 없게 된 원상은 허겁지겁 군사를 이끌고 기주[1]로 도망쳐 돌아갔다. 원상이 패하고 돌아왔다는 소식을 들은 원소는 또 충격을 받아 앓던 병이 다시 발병했고 피를 몇 말이나 토하더니 혼절하여 바닥에 쓰러졌다. 유劉부인이 허둥대며 부축해 침실로 들였지만 병세는 점점 위중해졌다. 유부인은 급히 심배와 봉기를 원소의 침상 앞으로 청해 후사를 상의했다. 원소는 손으로 가리키기만 할 뿐 말을 하지 못했다. 유부인이 말했다.

　"상을 후계자로 잇게 할까요?"

　원소가 고개를 끄덕였다. 심배가 바로 침상 앞으로 가서 유언을 적었다. 원소는 누운 채 몸을 굴리면서 크게 외마디 비명을 지르더니 다시 한 말이

넘는 피를 토하고는 죽었다. 후세 사람이 지은 시가 있다.

대대로 공경을 지내 명성을 세울 수 있었고
젊어서는 의지와 기개로 거침없이 내달렸네
삼천 명의 준걸들을 쓸데없이 불러 모았고
용맹한 백만 대군 넘쳤으나 소용이 없구나

양에 범 가죽 걸쳤으니 공 이룰 수 없었고
봉황 털에 닭 담력이니 일을 이루기 어렵네
더욱 가엾고 한 가지 마음 아프게 한 것은
집안 불행이 공연히 두 형제에게까지 퍼졌네
累世公卿立大名, 少年意氣自縱橫
空招俊傑三千客, 漫有英雄百萬兵
羊質虎皮²功不就, 鳳毛鷄膽事難成
更憐一種傷心處, 家難徒延兩弟兄 ❶

원소가 죽자 심배 등이 장례를 주관했다. 유부인은 즉시 원소가 총애하던 첩 다섯 명을 모조리 살해했으며, 또한 그 망령들이 구천에서 다시 원소를 만날까 염려되어 그 머리카락을 잘라버리고³ 얼굴을 찔러 시신을 훼손시켰는데 그 투기가 이처럼 악독했다. 원상도 총애를 받던 첩들의 가솔들이 자신을 해칠까 두려워 모조리 잡아다가 죽였다.❷

심배와 봉기는 원상을 세워 대사마⁴ 장군으로 삼고, 기주, 청주, 유주, 병주의 네 개 주를 통솔하는 목을 겸하게 했으며 사자를 파견해 부고를 알렸다.

이때 원담은 이미 출병하여 청주를 떠난 후였는데 부친이 죽었다는 것을 알고는 곽도, 신평과 함께 상의했다. 곽도가 말했다.

"주공께서 기주에 계시지 않으니 심배와 봉기가 틀림없이 현보顯甫(원상의 자)를 세워 주인으로 삼았을 것입니다. 속히 가셔야 합니다."

신평이 말했다.

"심배와 봉기 두 사람은 틀림없이 계책을 미리 정해놓았을 것입니다. 지금 급히 가신다면 필시 화를 당하실 겁니다."

원담이 말했다.

"그럼 어떻게 해야 하오?"

곽도가 말했다.

"성 밖에 군사를 주둔시키고 그들의 동정을 살펴야 합니다. 제가 직접 가서 살펴보겠습니다."

그러고는 곽도가 즉시 기주로 들어가 원상을 만났다. 인사를 마치자 원상이 물었다.

"형님은 어찌하여 오지 않으셨소?"

곽도가 말했다.

"병으로 군중에 계시기 때문에 만나실 수 없습니다."

원상이 말했다.

"내가 부친의 유언을 받았는데 나를 주인으로 세우고 형님은 직책을 더해서 거기장군⁵으로 삼으셨소. 지금 조조의 군대가 경계를 압박하고 있으니 청컨대 형님께서 선봉이 되어주시고 나는 뒤를 따라 즉시 병력을 이동시켜 지원하겠소."❸

곽도가 말했다.

"군중에는 좋은 계책을 상의할 사람이 없으니 원컨대 심정남審正南(심배의 자)과 봉원도逢元圖(봉기의 자) 두 사람을 보내 도와주시기 바랍니다."

원상이 말했다.

"나 역시 이 두 사람에게 의지하여 아침저녁으로 계책을 세워야 하는데 어떻게 보낸단 말이오!"

곽도가 말했다.

"그렇다면 두 사람 가운데 한 사람만 보내주시면 어떻겠습니까?"

원상은 어쩔 수 없이 두 사람에게 제비뽑기를 하여 뽑히는 자가 가도록 했다. 봉기가 뽑히자 원상은 즉시 봉기에게 인수를 건네주고 곽도와 함께 원담의 군중으로 가라고 명했다. 봉기가 곽도를 따라 원담의 군중에 이르렀는데 원담이 무탈한 것을 보고는 속으로 불안해하며 인수를 바쳤다. 원담이 크게 노하여 봉기를 참수시키려 했다. 곽도가 은밀하게 간언했다.

"지금 조조의 군대가 경계를 압박하고 있으니 잠시 봉기를 이곳에 머물게 하여 원상의 마음을 안심시켜야 합니다. 조조를 격파한 다음에 와서 기주를 다투어도 늦지 않습니다."

원담은 그 말에 따라 즉시 군영을 빼서 출발했고 여양에 이르러 조조군과 대적했다. 원담이 대장 왕소汪昭를 출전시키자 조조는 서황을 내보내 맞서게 했다. 두 장수가 싸운 지 몇 합이 못 되어 서황이 한칼에 왕소를 베어내며 말 아래로 떨어뜨렸다. 조조군은 승세를 타고 들이쳤고 원담의 군대는 대패했다. 원담은 패잔병을 거두어 여양으로 들어가면서 사람을 보내 원상에게 구원을 요청했다. 원상은 심배와 계책을 상의하고는 단지 군사 5000여 명만 보내 돕게 했다. 조조는 구원병이 이미 도착했다는 것을 탐지하고는 악진과 이전에게 군사를 이끌고 도중에 맞서게 했고 이들은 양쪽으로 구원병을 포위하여 모조리 죽였다. 원상이 5000명의 군사만 지원한 데다 또 도중에 몰살당했다는 것을 알게 된 원담은 크게 노하여 이에 봉기를 불러 호되게 욕을 했다. 봉기가 말했다.

"제가 주공께 편지를 써서 보내 친히 구원하러 오시도록 요청하겠습니다."

원담은 즉시 봉기에게 편지를 쓰게 하고 사람을 기주로 보내 원상에게 전달하게 했다. 원상은 심배와 상의했다. 심배가 말했다.

"곽도는 꾀가 많은 자인데 지난번에 다투지 않고 그냥 간 것은 조조의 군대가 경계에 있었기 때문입니다. 이제 조조를 격파하고 나면 틀림없이 기주를 다투러 올 것입니다. 차라리 구원병을 보내지 말고 조조의 힘을 빌려 그를 제거하는 것이 좋겠습니다."

원상은 그 말에 따라 군사를 보내지 않기로 했다. 사자가 돌아와 보고하자 크게 성난 원담은 즉시 봉기를 베어버리고 조조에게 항복하고자 상의했다. 일찌감치 정탐꾼이 은밀하게 원상에게 그 사실을 보고했다. 원상은 심배와 상의했다.

"원담이 조조에게 항복하도록 그냥 뒀다가 그들이 힘을 합쳐 공격해온다면 기주가 위태로워질 것이오."

이에 심배를 남겨두어 대장 소유蘇由와 함께 기주를 굳게 지키게 하고 자신은 대군을 인솔해 원담을 구하러 여양으로 갔다. 원상이 군중에 누가 감히 선봉이 되겠냐고 묻자 대장 여광呂曠과 여상呂翔 형제가 앞서서 가기를 원했다. 원상은 군사 3만 명을 점검하여 선봉으로 삼아 먼저 여양으로 가게 했다. 원상이 직접 온다는 소식을 들은 원담은 크게 기뻐하며 마침내 조조에게 항복하려던 상의를 그만뒀다. 원담은 성안에 군사를 주둔시키고 원상은 성 밖에 군사를 주둔시키면서 앞에선 뿔을 잡고 뒤에선 다리를 잡는 기각지세를 이루었다. 하루가 못 되어 원희와 고간도 모두 군대를 이끌고 성 밖에 당도했으며 군사를 세 곳에 주둔시키고 매일 출병하여 조조와 대치했다. 그러나 원상은 여러 차례 패했고 조조의 군대는 거듭 승리를 거뒀다.❹

건안 8년(203) 봄 2월, 조조가 길을 나누어 공격하자 원담, 원희, 원상과 고간이 모두 대패하여 여양을 버리고 달아났다. 조조가 군대를 이끌고 기주[6]까지 추격하자 원담과 원상은 성으로 들어가 굳게 지켰고, 원희와 고간은 성 밖 30리 떨어진 곳에 군영을 세우고 허장성세를 부렸다. 조조의 군대가 연일 공격했으나 함락시키지 못했다. 곽가가 나서서 말했다.

"원씨가 장자를 폐하고 막내를 세웠으나 형제간의 권력이 서로 팽팽하여 각자 사적인 도당을 세운 상태입니다. 지금 상황이 급해졌기에 서로 구원하고 있는 것이지 느슨해지면 서로 다툴 것입니다. 차라리 남쪽 형주로 거병하여 유표를 토벌하면서 원씨 형제의 변화를 기다리는 것이 나을 듯합니다. 변화가 생겼을 때 그들을 공격하면 단번에 평정할 수 있을 것입니다."

조조는 그 말을 옳다 여기고 가후賈詡[7]를 태수로 임명해 여양을 지키게 하고, 조홍에게 군사를 이끌고 관도를 지키게 했다. 조조 자신은 대군을 이끌고 형주로 진군했다.

원담과 원상은 조조의 군대가 스스로 물러갔다는 소식을 듣고는 서로 축하했다. 원희와 고간은 각자 작별을 하고 떠났다. 원담은 곽도, 신평과 함께 상의했다.

"내가 장자인데도 부친의 기업을 계승할 수 없게 되고 계모의 소생인 원상이 도리어 큰 작위를 이어받았으니 내 마음이 진실로 달갑지가 않소."

곽도가 말했다.

"주공께서는 성 밖에다 군대를 배치하시고 술을 마시자고 하여 현보顯甫

(원상의 자)와 심배를 청하십시오. 그런 다음 도부수를 매복시켜놓았다가 그들을 죽이면 큰일은 정해질 것입니다."

원담은 그 말을 따르기로 했다. 마침 별가 왕수王修가 청주에서 왔는데 원담이 이 계책을 그에게 알렸다. 왕수가 말했다.

"형제라는 것은 좌우 손과 같습니다. 지금 다른 사람과 싸우는 상황에 자신의 오른손을 절단하고 '내가 반드시 이길 것이다'라고 말을 한들 어찌 승리를 얻을 수 있겠습니까? 무릇 형제를 버리고 친하게 지내지 않는다면 천하에 그 누가 친해지려 하겠습니까? 저 험담하는 자들은 골육 간을 이간시켜 하루아침의 이익을 구하려 하는 것이니 원컨대 귀를 막고 듣지 마십시오."

성난 원담은 왕수를 큰 소리로 꾸짖어 물리치고는 사람을 보내 원상을 청했다. 원상은 심배와 상의했다. 심배가 말했다.

"이것은 틀림없이 곽도의 계책입니다. 주공께서 가신다면 반드시 간계에 빠질 것이니, 차라리 기세를 몰아 저들을 공격하는 것이 나을 듯합니다."

원상은 그 말에 따라 즉시 갑옷을 걸치고 말에 올라 군사 5만 명을 이끌고 성을 나갔다. 원상이 군대를 이끌고 오는 것을 본 원담은 일이 새나간 것을 알고는 역시 무장을 하고 말에 올라 원상과 맞붙어 싸웠다. 원상이 원담에게 욕설을 퍼부었다. 원담 또한 욕을 했다.

"네놈이 아버님을 독살하고 작위를 찬탈하더니 이제는 또 형까지 죽이려 왔느냐!"

두 사람이 직접 맞붙어 싸웠으나 결국 원담이 대패했다. 원상은 직접 화살과 돌을 무릅쓰고 처들어갔다. 원담이 패잔병을 이끌고 평원으로 달아나자 원상도 군사를 거두고 돌아갔다.

원담은 곽도와 더불어 다시 군사를 진격시킬 일을 상의하고 잠벽岑璧을 장수로 삼아 군대를 이끌고 진격하도록 했다. 원상도 직접 군사를 거느리고 기주를 나왔다. 양쪽의 진세가 원형으로 펼쳐지자 깃발과 북이 마주하며 대등한 형세를 이루었다. 잠벽이 욕을 하며 진을 나왔다. 원상이 직접 싸우려고 할 때 대장 여광呂曠이 말에 박차를 가하고 칼을 휘두르며 달려나가 잠벽과 맞붙었다. 두 장수가 몇 합을 싸우지도 않았는데 여광이 잠벽을 베어 말 아래로 떨어뜨렸다. 또 패한 원담의 군대는 다시 평원으로 달아났다. 심배는 원상에게 진군을 권했고 이에 평원까지 추격했다. 원담은 막아낼 수가 없자 평원성 안으로 들어가 굳게 지키며 성 밖으로 나오지 않았다. 원상은 삼면으로 성을 포위하고 공격했다. 원담은 곽도와 계책을 상의했다. 곽도가 말했다.

"지금 성안에는 양식이 적고 저들의 군사들 사기가 충천하니 형세가 대적하기 어려울 것 같습니다. 제 어리석은 생각으로는 사람을 보내 조조에게 투항하고 조조로 하여금 기주를 공격하게 한다면 원상은 틀림없이 기주를 구하러 돌아갈 것입니다. 그때 장군께서 군사를 이끌고 협공한다면 원상을 사로잡을 수 있을 것입니다. 또한 조조가 원상의 군대를 격파하면 우리는 그 틈에 무기와 물자들을 거두어들여 조조에 대항할 것입니다. 조조의 군대는 멀리서 왔기 때문에 양식을 잇지 못한다면 반드시 스스로 물러날 것입니다. 그렇게 되면 우리는 기주를 차지할 수 있고 그다음 뜻을 세워 천하를 도모할 수 있을 것입니다."

원담은 그 말을 따르기로 하고 물었다.

"누구를 사자로 삼을 만하오?"

곽도가 말했다.

"신평의 아우 신비辛毗는 자가 좌치佐治로 평원현령으로 있습니다. 이 사람에게 말재주가 있으니 사자로 삼을 만합니다."

원담이 즉시 신비를 부르자 그가 선뜻 왔다. 원담은 편지를 써서 신비에게 건넸고 3000명의 군사들로 하여금 신비가 경계를 벗어날 때까지 호송하게 했다.

신비는 편지를 바치러 밤새 조조에게로 갔다. 이때 조조는 서평[8]에 군대를 주둔시키고 유표를 정벌하고자 했으며 유표는 현덕에게 군대를 이끌고 선봉이 되어 맞서게 하고 있었다. 아직 서로 맞붙어 싸우고 있지 않았을 때 신비가 조조의 군영에 당도했다. 조조를 만나 인사를 마치자 조조가 오게 된 뜻을 물었다. 신비는 원담이 구원을 요청한다는 뜻을 자세히 말하고는 서신을 올렸다. 편지를 읽고 난 조조는 신비를 군영 안에 머물게 하고 문무 관원들을 불러 계책을 의논했다. 정욱이 말했다.

"원담은 원상의 공격이 다급해지니 어쩔 수 없어 항복하는 것으로 믿을 수 없습니다."

여건과 만총 또한 말했다.

"승상께서는 이미 군대를 이끌고 이곳에 오셨는데 어찌 다시 유표를 버리고 원담을 돕겠습니까?"

순유가 말했다.

"세 공의 말씀은 좋은 방법이 아닙니다. 제 어리석은 견해로 살펴보건대, 바야흐로 천하에 일이 일어나고 있는데도 유표는 장강과 한수 사이에 들어앉아서 발 뻗을 생각을 하지 않고 있으며 이는 그가 천하에 뜻이 없는 것입니다. 원씨는 네 개 주를 차지하고 있고 갑옷 입은 장사만 수십만 명인 데다 두 아들이 화목하게 지내면서 함께 뜻을 이루려고 한다면 천하의 일은 알 수 없게 될 것입니다. 지금 그 형제가 서로 공격하다가 세력이 궁해져 투항하려 하니 그 틈을 이용하여 우리가 먼저 군대를 거느리고 원상을 제거한 후에 그 변화를 살펴보다가 원담까지 멸망시킨다면 천하를 평정할 수 있을 것입니다. 이 기회를 놓쳐서는 안 됩니다."

조조는 매우 기뻐하며 즉시 신비를 불러 술을 마시면서 그에게 일렀다.

"원담이 항복하겠다고 하는데 진심이요, 아니면 거짓이오? 원상의 군대를 과연 이길 수 있겠소?"

신비가 대답했다.

"명공께서는 진심이냐 거짓이냐를 묻지 마시고 그 형세만 논의하시지요. 원씨는 여러 해 동안 계속 실패하여 손실을 입었는데 밖으로는 전쟁으로 피로해졌고 안으로는 모신들이 죽임을 당했으며, 형제는 이간질하는 말만 듣더니 피차 원수지간이 되어 나라는 두 개로 나뉘었습니다. 게다가 기근까지 겹쳐 자연재해로 백성이 지쳐 있으니 어리석은 자와 지혜로운 자에게 물을 필요도 없이 모두 흙이 무너지고 기와가 깨져 무너질 것이라는 것을 알고 있습니다. 이야말로 하늘이 원씨를 멸망시키려는 때입니다. 지금 명공께서 군대를 거느리고 업성을 공격하시면 원상은 구원하러 돌아가지 않자니 거점을 잃게 될 것이고, 돌아가 구원하게 된다면 원담이 그 배후를 쫓을 것입니다. 명공의 위력으로 몹시 피곤한 무리를 공격하는 것은 마치 센바람이 가을 낙엽을 쓸어버리는 것과 같습니다. 이러한 것을 도모하지 않고 형주를 정벌하신다면, 형주는 풍요롭고 안락한 땅으로 나라가 조화롭고 백성이 평화로워 흔들 수 없을 것입니다. 더군다나 천하의 근심거리로 하북보다 큰 것은 없으니, 하북이 평정된다면 패업을 이루실 것입니다. 원컨대 명공께서는 자세히 살펴보시기 바랍니다."

조조가 크게 기뻐했다.

"신좌치辛佐治(신비의 자)와 늦게 만난 것이 한스럽소!"

그날로 조조는 군대를 통솔하며 기주를 취하러 돌아갔다. 현덕은 조조에게 계책이 있을까 염려되어 추격하여 기습하지 않고 군대를 이끌고 형주로 돌아갔다.

한편 조조의 군대가 황하를 건넜다는 소식을 알게 된 원상은 다급하게 군사를 이끌고 업성으로 돌아가면서 여광과 여상을 시켜 그 뒤를 끊으라고 명했다. 원상이 군대를 물리는 것을 본 원담은 이에 평원의 군마를 크게 일으켜 뒤를 쫓아 추격했다. 그런데 수십 리를 못 갔을 때 '쾅!' 하는 포성이 울리더니 양쪽에서 군사들이 일제히 쏟아져 나왔다. 왼쪽에서는 여광, 오른쪽에서는 여상 두 형제가 나오며 원담의 가는 길을 가로막았다. 원담이 고삐를 당겨 말을 세우고는 두 장수에게 고했다.

"아버님께서 살아 계셨을 때 내가 결코 두 장군을 푸대접하지 않았는데, 지금 어찌하여 내 아우를 따르면서 나를 핍박하시오?"

원담의 말을 들은 두 장수는 바로 말에서 내려 원담에게 항복했다. 원담이 말했다.

"내게 항복하지 말고 조승상께 항복하시오."

두 장수는 원담을 따라 군영으로 돌아왔다. 원담은 조조의 군대가 당도하기를 기다렸다가 두 장수를 이끌고 조조를 만났다. 조조가 크게 기뻐하며 자신의 딸을 원담에게 시집보내기로 약속하고 즉시 여광과 여상을 중매쟁이로 삼았다.❺

원담은 조조에게 기주를 공격해 빼앗기를 청했다. 조조가 말했다.

"지금 군량과 마초의 보급로가 아직 연결되지 않았고 운반하는 데도 고되니 내가 황하를 건너서 기수[9]를 막아 물길을 백구[10]로 흘러 들어가게 하여 군량 운송로를 통하게 만든 다음에 군사를 진격시키겠네."

그러고는 원담에게 잠시 평원에 있도록 했다. 조조는 군대를 이끌고 물러나 여양에 주둔하고 여광과 여상을 열후列侯로 봉하고는 군대를 따라다니며 지시를 기다리게 했다. 곽도가 원담에게 일렀다.

"조조는 딸의 혼인을 허락했으나 아마도 진심이 아닐 것입니다. 지금 또 여광과 여상에게 작위를 하사하고 군중으로 데리고 간 것은 하북의 인심을 속이는 것으로 나중에 반드시 우리에게 화가 될 것입니다. 주공께서는 장군 인장 두 개를 새겨서 은밀히 사람을 시켜 두 장군에게 보내며 안에서 호응하게 하십시오. 조조가 원상을 격파하기를 기다렸다가 기회를 틈타 바로 도모하십시오."

그 말에 따라 원담은 즉시 장군 인장 두 개를 새겨서 몰래 두 장군에게 보냈다. 장군 인장을 받아든 두 장군은 곧장 조조에게 가서 보고했다. 조조가 껄껄 웃으며 말했다.

"원담이 은밀하게 인장을 보낸 것은 그대들이 안에서 협조하도록 한 것으로 내가 원상을 격파하기를 기다렸다가 바로 중간에서 일을 벌이려는 것일 뿐이네. 자네들은 잠시 인장을 받아두고 있게나. 내게도 따로 생각해놓은 게 있네."

이때부터 조조는 원담을 죽일 생각을 품었다.

한편 원상은 심배와 상의했다.

"지금 조조의 군대가 물길을 백구로 돌려 군량을 운반해오면 틀림없이 기주를 공격하러 올 것인데 어찌하면 좋겠소?"

심배가 말했다.

"무안11의 장관(현령) 윤해尹楷에게 격문을 보내 모성12에 주둔하여 상당 上黨의 군량 보급로를 통하게 하고, 저수의 아들 저곡沮鵠에게는 한단13을 지키면서 멀리서 성원하게 하십시오. 주공께서는 평원으로 군대를 진격시켜 서둘러 원담을 공격하고 먼저 그를 끊은 다음에 조조를 격파하십시오."

원상은 크게 기뻐하며 심배와 진림을 남겨두어 기주를 지키게 하고는 마연馬延과 장의張顗 두 장수를 선봉으로 삼아 그날 밤으로 군사를 거느리고 평원을 공격하기로 했다. 원상의 군사가 가까이 접근해오자 원담은 조조에게 위급함을 알렸다. 조조가 말했다.

"내가 이번에는 틀림없이 기주를 얻게 되는구나."

한창 말하는 사이에 마침 허유가 허창에서 왔는데 원상이 다시 원담을 공격한다는 말을 듣고는 조조를 만나서 말했다.

"승상께서는 어찌 이곳에 앉아서 지키기만 하고 하늘이 천둥을 쳐서 두 원씨를 죽이기만 기다리고 계신단 말입니까?"

조조가 웃으면서 말했다.

"나는 이미 결과를 예상하고 있소."

즉시 조홍에게 먼저 진군하여 업성을 공격하게 하고 조조 자신은 일군을 거느리고 윤해를 공격하러 갔다. 군사들이 경계에 다다르자 윤해가 군사를 이끌고 나와 맞섰다. 윤해가 말을 몰아 나오자 조조가 말했다.

"허중강許仲康(허저의 자)은 어디에 있느냐?"

허저가 대답하고 나오더니 말고삐를 놓고 곧장 윤해에게 달려들었다. 윤해는 미처 손쓸 틈도 없이 허저의 칼에 찍혀 말 아래로 떨어졌고 나머지 무리는 도망쳐 뿔뿔이 흩어졌다. 조조는 그들에게 투항을 권유하고 즉시 군대를 통솔하여 한단을 공격했다. 저곡이 출병하여 맞섰다. 장료가 말을 몰고 나가 저곡과 맞붙어 싸웠다. 3합을 싸우지도 못하고 저곡은 대패했고 장료는 그 뒤를 추격했다. 달리던 두 말의 거리가 가까워지자 장료는 급히 활을 꺼내 쏘았고 씨잉 하는 활시위 소리와 함께 저곡은 말에서 떨어지고 말았다. 조조가 군마를 휘몰아 들이치자 무리는 모두 달아나 흩어졌다. 이에 조조는 대군을 이끌고 전진하여 기주에 이르렀다. 조홍은 이미 성 아래에 가까이 근접해 있었다. 조조는 삼군에 영을 내려 성을 빙 둘러 토산을 쌓게 하고, 또한 몰래 땅굴을 파서 공격하게 했다. 한편, 심배는 계책을 세워 결연히 성을 지키고 있었는데 법령이 매우 엄격했다. 동문을 지키던 장수 풍례馮禮가 술에 취해 순찰을 잘못하자 심배가 호되게 꾸짖었다. 원한을 품은 풍례는 몰래 성을 나와 조조에게 항복했다. 조조가 성을 깨뜨릴 계책을 묻자 풍례가 말했다.

"돌문14 안은 흙이 두터워 땅굴을 파서 들어갈 수 있습니다."

조조는 즉시 풍례에게 300명의 장사를 이끌고 심야에 땅굴을 파서 들어가게 했다.

한편 심배는 풍례가 성을 나가 항복한 이후부터는 매일 밤 직접 성에 올라 군마를 철저하게 점검하고 살폈다. 그날 밤 돌문 누각 위에서 멀리 성 밖에 등불이 없는 것을 보고는 심배가 말했다.

"풍례가 틀림없이 군사를 이끌고 땅굴을 파서 들어올 것이다."

그러고는 급히 정예병들을 불러 돌을 운반해 돌문의 갑문15을 내려치게 하니 문이 닫히면서 풍례와 300명의 장사들이 모조리 땅속에 파묻혀 죽었다. 한바탕 꺾이고 만 조조는 마침내 땅굴 파는 계책을 포기하고 원수16 물가로 군대를 물려 원상이 회군하기를 기다렸다. 평원을 공격하던 원상은 조조가 이미 윤해와 저곡을 격파하고 대군이 기주를 겹겹으로 에워쌌다는 소식을 듣고는 바로 군사를 빼서 기주를 구원하러 돌아갔다. 부하 장수 마연馬延이 말했다.

"큰길을 따라가면 반드시 조조의 복병이 있을 것입니다. 오솔길을 택해 서산[17]을 따라 부수 어귀[18]로 나간 뒤 조조의 군영을 빼앗으면 틀림없이 포위를 풀 수 있을 것입니다."

원상은 그 말에 따라 직접 대군을 이끌어 앞서가고 마연과 장의에게 뒤를 가로막게 했다. 어느새 정탐꾼이 조조에게 이 사실을 보고했다. 조조가 말했다.

"저들이 큰길을 따라오면 내가 피해야겠지만, 서산의 오솔길로 온다면 한 번의 싸움으로 사로잡을 수 있을 것이다. 내가 헤아리건대 원상은 틀림없이 불붙이는 것을 신호로 삼아 성안에서 호응하게 할 것이다. 나는 군사를 나누어 그들을 공격할 것이다."

이에 군사 배치를 끝냈다.

한편 부수 어귀를 나온 원상은 동쪽으로 양평[19]에 이르러 군사를 양평정陽平亭에 주둔시켰다. 그곳은 기주로부터 17리 떨어져 있으며 한쪽은 부수와 맞닿아 있는 곳이었다. 원상은 군사들에게 명하여 땔감과 건초를 쌓게 하고 밤이 되면 불태워 신호를 보내게 했다. 주부 이부李孚를 조조군의 도독으로 변장시켜 보냈다. 이부가 곧장 성 아래에 이르러 크게 소리 질렀다.

"성문을 열어라!"

이부의 목소리를 알아들은 심배가 성안으로 들이자 이부가 말했다.

"주군께서 이미 양평정에 군대를 배치하시고 호응하기를 기다리시는데 성안에서 군사를 내보내면 불을 붙여 신호를 보내시오."

심배는 성안에 짚을 쌓게 하고 불을 놓는 것으로 서로 소식을 전하기로 했다. 이부가 말했다.

"성안에 양식이 없으니 노약자와 부상자 그리고 부녀자들을 내보내 항복하게 하시오. 그러면 저들이 틀림없이 방비를 하지 않을 것이니 우리는 즉시 백성의 뒤를 따라나가면서 그들을 공격하도록 합시다."

심배가 그 의견을 따르기로 했다. 이튿날 성 위에 백기를 세웠는데 깃발에는 '기주백성출항冀州百姓出降'이라고 적혀 있었다. 조조가 말했다.

"성안에 식량이 떨어져 늙고 약한 백성을 내보내 항복시키게 하면서 틀림없이 뒤에는 군사들이 따라나올 것이다."

조조는 장료와 서황에게 각기 군사 3000명을 이끌고 가서 양쪽에 매복하도록 했다. 조조 자신은 말을 타고 휘개[20]를 펼치며 성 아래에 이르니, 과연 성문이 열리면서 백성이 노인을 부축하고 어린아이를 이끌며 나오는데 손에는 흰 깃발을 들고 있었다. 백성이 거의 다 나왔을 때 성안에서 별안간 군사들이 뛰쳐나왔다. 그때 조조가 붉은 깃발을 한 번 흔들자 장료와 서황이 양쪽 길로 일제히 쏟아져 나와 난도질했고 병사들은 성안으로 다시 되돌아갔다. 조조 자신도 말을 나는 듯이 몰아 뒤를 쫓으며 조교 근방까지 이르렀으나 성안에서 쇠뇌와 화살이 비 오듯 쏟아졌다. 화살 하나가 조조의 투구에 꽂혔는데 자칫하면 정수리가 뚫릴 뻔했다. 장수들이 급히 구출해 진으로 돌아왔다. 조조가 옷을 갈아입고 말을 바꾼 후 장수들을 이끌고 원상의 군영을 공격하자 원상도 직접 나와 대적했다. 이때 각 갈래의 군마가 일제히 들이치자 양쪽 군사는 혼전을 벌였고 원상은 결국 대패했다. 원상은 패잔병을 이끌고 서산으로 물러나 군영을 세우고는 사람을 시켜 마연과 장의의 군사들을 재촉해서 오게 했다. 그러나 조조가 이미 여광과 여상을 보내 두 장수를 귀순시킨 것을 알지 못했다. 두 장수가 여광과 여상을 따라 항복하러 오자 조조 또한 그들을 열후로 봉했다. 그날로 군대를 진격시켜 서산을 공격하면서 먼저 여씨 형제와 마연, 장의를 시켜 원상의 군량 수송로를 중간에서

끊게 했다. 서산을 지켜낼 수 없음을 분명히 알게 된 원상은 밤에 남구[21]로 달아났다. 그러나 군영을 설치하기도 전에 사방에서 불빛이 일어나더니 복병들이 쏟아져 나왔다. 군사들은 미처 갑옷을 걸치거나 말에 안장을 얹을 틈도 없었다. 원상의 군대는 크게 무너져 50리나 뒤로 물러났으며 세력이 궁해지고 힘이 다하여 예주자사[22]인 음기陰夔를 조조의 군영으로 보내 항복을 청했다. 조조는 그것을 허락하는 척하고 도리어 그날 밤 장료와 서황을 시켜 원상의 군영을 기습해 빼앗아버리고 말았다. 원상은 인수印綬, 절월節鉞, 갑옷, 군수 물자를 모조리 버리고 중산[23]을 향해 달아났다.

조조는 군사를 돌려 기주를 공격했다. 허유가 계책을 바쳤다.

"어찌하여 장하[24]의 물을 터뜨려 기주를 수몰시키지 않소?"

그 계책을 옳다 여긴 조조는 먼저 군사들을 보내 성 밖에 참호를 파게 했는데 그 둘레가 40리나 되었다. 심배는 성 위에서 조조의 군사들이 성 밖에 도랑을 파고 있는 것을 보았으나 그 깊이가 매우 얕았다. 심배가 은연중 비웃었다.

"저것은 장하의 물을 터뜨려 성으로 유입시키려는 짓이군. 도랑이 깊어야 물을 댈 수 있지 저렇게 얕으면 무슨 소용이 있겠는가!"

결국 아무런 대비를 하지 않았다. 그날 밤 조조는 군사를 10배 더 증강시켜 도랑을 파내는 데 협력하게 했다. 동틀 무렵에는 도랑의 폭과 깊이가 2장이나 되었고 장하의 물을 끌어오니 성안의 수심이 수척이나 되었다. 더욱이 군량마저 끊겨 군사가 모두 굶어 죽을 지경이었다. 성 밖에 있던 신비가 원상의 인수와 의복을 창에 걸어 들어올리며 성안 사람들에게 투항을 권했다. 몹시 화가 난 심배는 노인과 아이를 막론하고 신비의 가솔 80여 명을 끌어다 성 위에서 그들을 참수하고 머리를 성 밖으로 내던졌다. 신비는 울음을 그치지 않았다. 심배의 조카 심영審榮은 평소에 신비와 서로 두텁게 지내는 사이였는데 신비의 가솔들이 해를 당하는 것을 보고는 속으로 분노하여 은밀하게 성문을 바치겠다는 글을 써서 화살에 묶어 성 아래로 쏘아 보냈다. 군사들이 그 편지를 주워 신비에게 줬고 신비는 조조에게 바쳤다. 조조는 먼저 명령을 하달했는데, 기주에 들어가거든 원씨 집안의 노소를 살해해서는 안 되며, 군사와 백성 가운데 항복한 자는 죽이지 못하게 했다. 이튿날 날이 밝자 심영은 서문[25]을 활짝 열어 조조의 군대가 들어오도록 했다. 신비는 말에 박차를 가해 먼저 성으로 들어갔고 장수들이 뒤이어 기주로 밀고 들어갔다. 동남쪽 성루에 있던 심배는 조조의 군사들이 이미 성으로 들어온 것을 보고는 몇 명의 기병을 거느리고 성에서 내려와 죽기로 싸웠는데 마침 서황과 맞닥뜨려 서로 뒤섞였다. 서황이 심배를 사로잡아 결박한 채 성 밖으로 나왔다. 길에서 신비를 만났는데 신비는 이를 부득부득 갈면서 채찍으로 심배의 머리를 후려쳤다.

"쳐 죽일 도적놈아! 오늘 네놈은 끝장이다!"

심배도 욕설을 퍼부었다.

"신비, 이 역적 놈아! 조조를 끌어들여 우리 기주를 깨뜨렸구나. 네놈을 죽이지 못하는 것이 한이로다!"

서황이 심배를 조조 앞으로 끌고 오자 조조가 물었다.

"성문을 바치고 나를 맞이한 자가 누구인지 아는가?"

심배가 말했다.

"모른다."

"그대의 조카인 심영이 바쳤느니라."

심배는 격노했다.

"조카 놈이 행실이 좋지 않더니, 결국 이 지경까지 이르게 했구나!"

조조가 말했다.

"어제 내가 성 아래까지 갔었는데 성안에 무슨 쇠뇌와 화살이 그렇게 많았는가?"

"적었다! 너무 적었던 것이 한스럽다!"

"경은 원씨에게 충성했으니 그렇게 안 할 수 없었겠지. 이제 내게 항복하겠는가?"

"항복하지 않는다! 절대로 항복 못 하겠다!"

신비가 땅바닥에 엎드려 절하며 소리 내어 울었다.

"식솔 80여 명이 모조리 이 도적놈한테 살해당했습니다. 원컨대 승상께서는 저놈을 죽여 이 한을 씻도록 해주십시오!"

심배가 말했다.

"나는 살아서도 원씨의 신하이고 죽어서도 원씨의 귀신이 될 것이니, 너희 같이 헐뜯고 아첨하는 역적 놈들과는 다르니라! 어서 내 목을 쳐라!"

조조는 끌어내게 했다. 형이 집행되기 전에 심배는 형을 집행하는 자에게 큰 소리로 꾸짖었다.

"나의 주인은 북쪽에 계시니, 내 얼굴이 남쪽을 향해 죽게 하지 말거라!"[26]

그러고는 북쪽을 향해 무릎을 꿇고 목을 길게 늘어뜨리며 칼날을 받았다. 후세 사람이 한탄한 시가 있다.

하북 땅에 명사들이 많다고는 하지만
그 누가 심정남과 같은 자 있겠는가
어리석은 주인 때문에 목숨 잃었지만

그 마음은 옛사람과 다름이 없도다

충성스럽고 곧은 말에는 숨김이 없고

청렴한 그 의지는 욕심 부리지 않네

죽음에 이르러서도 북쪽을 바라보니

항복한 무리 모두가 부끄러워하네

河北多名士, 誰如審正南

命因昏主喪, 心與古人參

忠直言無隱, 廉能志不貪

臨亡猶北面, 降者盡羞慚 ❻

심배가 죽자 조조는 그의 충의를 가엾게 여겨 성 북쪽에 장사를 지내도록 명했다.

장수들이 조조를 입성토록 청했다. 조조가 막 출발하려는데 도부수들이 한 사람을 에워싸며 왔다. 조조가 보니 바로 진림이었다. 조조가 그에게 일렀다.

"그대는 전에 본초를 위해 격문을 쓸 때 나의 죄상만 적었으면 될 터인데, 어찌하여 조부와 부친까지 욕보였는가?"

진림이 대답했다.

"화살이 시위에 걸려 있어 쏠 수밖에 없었습니다."²⁷

좌우에서 조조에게 그를 죽이라고 권했지만, 조조는 그의 재주를 어여삐여겨 용서해주고 종사로 삼을 것을 명했다.

한편 조조의 장자 조비는 자가 자환子桓으로 이때 나이 18세였다. 조비가 태어났을 때 푸른 자줏빛에 거개[28]와 같이 둥근 운무 한 조각이 피어올랐는데 방 안을 가득 덮어 하루 종일 흩어지지 않았다. 망기[29]를 하는 자가 조조에게 일렀다.

"이것은 천자의 기운입니다. 아드님께서는 말할 수 없을 정도로 지극히 귀한 분이 되실 것입니다!"

조비는 8세에 글을 지을 수 있는 걸출한 재능이 있었고 고금의 일에 정통했으며 말타기와 활쏘기에 능숙했고 검술을 좋아했다. 이 당시 조조가 기주를 점령할 때 조비는 부친을 따라 군중에 있었는데 먼저 호위 군사를 거느리고 곧장 원소의 집으로 달려가더니 말에서 내려 검을 뽑고 들어갔다. 어떤 장수가 그를 가로막으면서 말했다.

"승상께서 명을 내리시기를 어느 누구도 원소의 부중으로 들어가는 것을 허락하지 않으셨습니다."

조비가 큰 소리로 꾸짖어 물리치고는 검을 들고 후당으로 들어갔다. 두 명의 부인이 서로 끌어안고 울고 있는 것이 보였는데 조비는 앞으로 다가가 그들을 죽이려고 했다.

사대에 걸친 높은 직위는 이미 꿈이 되었고
한집안의 골육들은 다시 불행을 당하는구나
四世公侯已成夢, 一家骨肉又遭殃

그들의 목숨은 어떻게 될 것인가?

제32회 원소의 몰락과 자식들의 권력 다툼

❶

원소는 정식으로 후계자를 지목하지 않았다

원소는 사망 시 정확하게 자신의 후계자를 지목하지 않았는데, 역사는 다음과 같이 기록하고 있다.

『삼국지』「위서·원소전」에 "건안 7년(202), 원소는 우울해하다 죽었다. 원소는 막내아들 원상을 사랑했고 용모도 빼어나 그를 후계자로 삼고자 했으나 뜻을 공개적으로 표시하지 않았다. 심배와 봉기는 신평, 곽도와 권력을 다투었는데, 심배와 봉기는 원상과 결탁했고 신평과 곽도는 원담과 도당을 결성했다. 모두 원담이 장자였으므로 그를 세우려고 했다. 심배 등은 원담이 세워진 후 신평 등이 자신들을 해칠까 두려워 원소의 평소 의향에 근거하여 원상을 추대해 원소의 지위를 대신하게 했다"고 기록하고 있고, 『후한서』「원소전」에는 "원소가 죽기 전에 후계자를 확정 짓지 못했는데 봉기와 심배는 평소에 거만하고 우쭐대어 원담이 미워했었고, 신평과 곽도는 모두 원담에게 의탁하고 있어 심배, 봉기와 대립하고 있었다. 사람들은 원담이 장자였기 때문에 그를 후계자로 세우려 했다. 심배 등은 원담이 세워지면 신평 등이 해칠까 두려워 원소의 유언을 위조하여 원상을 후계자로 옹립했다"고 기록되어 있다.

❷

『삼국지』 「위서·원소전」 배송지 주 『전론典論』에 따르면 "원소의 처인 유씨는 원상을 사랑하여 그의 재능을 자주 칭찬했고 원소 또한 그의 용모를 특별하게 생각하여 후계자로 삼으려고 했지만 공개적으로 표시하지 못하고 세상을 떠났다. 유씨는 성격이 잔인하고 질투가 심했는데 원소가 죽자 시신을 염하기도 전에 원소가 총애했던 첩 다섯 명을 모조리 죽였다. 죽은 자에게 의식이 있다면 지하에서 원소와 다시 만나게 될 것이라고 생각하여 이에 머리를 깎고 얼굴에 묵형墨刑을 가하여 형체를 훼손시켰다. 원상 또한 죽은 자의 가족을 모조리 죽였다"고 기록하고 있다.

❸

원담은 자칭 거기장군이었다

『삼국지』 「위서·무제기」에 "원소는 군사가 패한 다음 병이 나서 피를 토하다가 5월(202)에 죽었다. 막내아들 원상이 그의 직무를 대신했고 원담은 스스로 거기장군이라 부르며 여양黎陽에 주둔했다"고 기록되어 있다. 「위서·원소전」은 "원담이 청주에서 업성으로 돌아왔으나 후계자에 오를 수 없었으므로 스스로 거기장군이라 불렀다. 이로부터 원담과 원상 사이에 틈이 생기게 되었다"고 기록하고 있어 원소의 유언에 의한 것이 아니라 스스로 거기장군이라 불렀던 것임을 알 수 있다. 『자치통감』 권64 「한기 56」에도 같은 내용이 기록되어 있다.

❹

소설의 내용처럼 역사에서도 원담이 봉기를 죽인 상황이 기록되어 있다. 『후한서』 「원소전」에 따르면 "원상은 원담에게 매우 적은 군사만 줬고 동시에 봉기로 하여금 원담을 따르게 했다. 원담은 군대를 증대시켜주기를 요청했으나 심배 등이 또 상의해주지 않았다. 원담은 매우 화를 냈으며 바로 봉기를 죽였다"고 기록되어 있다.

❺

조조와 원담과의 사돈 관계

소설과는 다르게 역사는 조조가 자신의 아들을 원담의 딸과 결혼시켰다고 기록하고 있다.

『삼국지』「위서·무제기」에 "건안 8년(203) 겨울 10월, 여양에 당도하여 아들 조정曹整(이희李姬의 소생)을 원담의 딸과 결혼시켰다"고 기록되어 있고, 「위서·원소전」에도 "태조는 원담이 간사한 것을 알고 있었지만 그와 혼인 관계를 체결하여 위로한 다음 군대를 이끌고 허현으로 돌아왔다"고 기록되어 있다.

그러나 「위서·무제기」의 기록에 따르면 그 이듬해(204)에 "공(조조)이 업성을 포위 공격했을 때 원담은 감릉甘陵(현 명칭, 치소는 산둥성 린칭臨淸 동북쪽), 안평安平(왕국 명칭, 치소는 허베이성 헝수이衡水 지저우冀州구), 발해, 하간河間(왕국 명칭, 치소는 허베이성 셴현獻縣 동남쪽)을 공격하여 빼앗았다. (…) 공은 원담에게 편지를 보내 맹약을 어긴 것을 꾸짖고는 그와 혼인 관계를 끊어 원담의 딸을 돌려보낸 다음에 진군했다"고 한다.

배송지는 "이때는 원소가 죽은 지 1년 5개월이 지났을 뿐이었다. 원담이 비록 밖으로 나와 백부의 집에 있었다 하더라도 3년 동안 상복을 입지 않고 삼년상 이내에 혼례를 치른 것은 도의에 어긋난다. 위무魏武(조조)가 혹여 임시방편으로 그와 약속을 했더라도 이해에 결혼 예식을 올리는 것은 아니다"라고 평가하고 있다.

❻

『삼국지』「위서·원소전」에 "심배의 조카 심영審榮이 동문을 지키고 있었는데 밤에 성문을 열어 태조의 군대를 들였고 성안에서 심배와 교전을 벌여 심배를 사로잡았다. 심배는 의기가 장렬하고 끝내 굴복하는 말을 하지 않았으므로 이를 지켜보던 사람들도 모두 감탄했다. 결국 그를 참수했다"고 기록되어 있다.

심배가 죽기 전 조조와 나눈 대화와 심배가 잡혔을 때 신비가 말채찍으로 머리를 때리며 욕설을 퍼붓고 심배 또한 욕설로 맞받아친 소설의 내용은 『후한서』「원소전」

과 이현 주석 『선현행장先賢行狀』에 거의 같은 내용으로 기록되어 있다. 조조는 심배를 죽일 생각이 없었으나 심배가 굴복하지 않았고 신비가 통곡하여 어쩔 수 없이 죽인 것으로 역사는 기록하고 있다.

또한 『삼국지』 「위서·무제기」와 「위서·원소전」 그리고 『후한서』 「원소전」에 따르면 성을 포위한 5월부터 8월까지 업성에서 굶어 죽은 자가 절반이 넘었다고 기록하고 있다.

마침내 북방을 평정하다

조비는 난리를 틈타 진씨를 맞아들이고,
곽가는 계책을 남겨 요동을 평정하다

曹丕乘亂納甄氏,
郭嘉遺計定遼東

두 부인이 목놓아 울고 있는 것을 본 조비는 검을 뽑아 그녀들을 베려고 했다. 그때 갑자기 붉은빛이 눈에 가득 들어오자 검을 어루만지며 물었다.

"너희는 누구냐?"

한 부인이 고했다.

"첩은 원장군의 처인 유씨입니다."

조비가 말했다.

"그럼 이 여자는 누구요?"

유씨가 말했다.

"이 사람은 차남 원희의 처인 진씨[1]입니다. 원희가 유주에 주둔하고 있는데 며느리인 진씨가 멀리 가려고 하지 않아 여기에 머물고 있습니다."

조비가 그 여자를 가까이 앞으로 끌어당겨 보니 머리는 풀어헤쳤고 얼굴은 더러웠다. 조비가 옷소매로 얼굴을 닦아내니 진씨는 옥 같은 피부에 꽃같이 예쁜 얼굴로 경국지색[2]이었다. 바로 유씨에게 말했다.

"나는 조승상의 아들이오. 그대 집안을 내가 보호할 테니 염려하지 마시오."

마침내 검을 어루만지며 대청에 앉았다.

한편 조조는 장수들을 통솔하며 기주성³으로 진입했고 성문을 지나가려는데 허유가 말고삐를 놓고 가까이 달려오더니 채찍으로 성문을 가리키며 조조를 불렀다.

"아만阿瞞(조조의 아명), 자네가 나를 얻지 못했다면 어떻게 이 문을 들어갈 수 있었겠는가?"

조조는 껄껄 웃었다. 그 말을 들은 장수들은 분노를 품었다. 조조가 원소 부중의 문 앞에서 내리고는 물었다.

"누가 이 문을 들어갔느냐?"

지키던 장수가 대답했다.

"세자께서 안에 계십니다."

조조가 조비를 불러내 꾸짖었다. 유씨가 나와서 절하며 말했다.

"세자가 아니었다면 첩의 가족을 온전하게 보호할 수 없었을 것입니다. 원컨대 진씨를 세자의 처첩이 되도록 해주십시오."

조조가 불러내니 진씨가 앞에서 엎드려 절을 올렸다. 조조가 그녀를 보면서 말했다.

"참으로 나의 며느릿감이로다!"

마침내 조비에게 그녀를 맞아들이도록 했다.❶

이미 기주를 평정한 조조는 친히 원소의 묘에 가서 제사를 지냈는데 재배하고 울면서 몹시 비통해했다. 관원들을 돌아보며 일렀다.

"옛날에 내가 본초와 함께 군대를 일으켰을 때 본초가 내게 '일을 성공시키지 못한다면 어느 방면으로 가서 근거지를 마련하면 좋겠소?'라고 묻기에 내가 그에게 '그대의 뜻은 어떻소?'라고 되물었더니, 본초가 대답하기를 '남쪽으로 황하를 의지하고 북으로는 연과 대,[4] 그리고 사막의 무리를 막고 남쪽으로 향하여 천하를 다툰다면 아마 일을 성취할 수 있지 않겠소?'라고 했소. 그래서 내가 '천하의 지혜와 역량 있는 인재를 임용하여 도의로써 그들을 통솔한다면 어디를 막론하고 성공을 거둘 수 있을 것이오'라고 대답했소. 이 말을 한 지가 어제 같은데 본초가 이미 세상을 떠났으니 내가 눈물을 흘리지 않을 수가 없소!"

이에 모두 탄식했다. 조조는 원소의 처인 유씨에게 황금과 비단 그리고 양식을 하사했다. 그러고는 즉시 명령을 하달했다.

"하북에 거주하는 백성은 전쟁의 난을 입었으니 금년의 조세를 모두 면제하노라."

그러는 한편 조정에 표문을 올려 아뢰고 조조 스스로 기주목을 겸했다.❷

어느 날 허저가 말을 달려 동문으로 들어가다가 마침 허유와 마주쳤다. 허유가 허저를 불러 말했다.

"너희는 내가 없었으면 어찌 이 문을 출입할 수 있었겠는가?"

성난 허저가 말했다.

"우리가 온갖 어려움과 위험을 다 겪으면서 몸을 돌보지 않고 목숨을 걸고 싸워 성지를 점령한 것인데, 네가 어찌 감히 허풍을 떠는가!"

허유가 욕을 했다.

"너희야 모두 하찮은 필부에 지나지 않으니 어찌 말할 만한 가치가 있겠느냐!"

크게 화가 난 허저가 검을 뽑아 허유를 죽이고는 머리를 들고 조조에게 와서 말했다.

"허유가 너무 무례하여 제가 죽였습니다."

조조가 말했다.

"자원子遠(허유의 자)과 나는 옛 친구인지라 서로 농담했을 뿐인데, 무슨 까닭으로 그를 죽였느냐!"

허저를 심히 꾸짖고는 허유를 후하게 장사 지내도록 했다. ❸

그러고는 사람들에게 기주의 현사를 두루 찾아보게 했다. 기주의 백성이 말했다.

"기도위 최염崔琰은 자가 계규季珪라 하며 청하 동무성5 사람입니다. 일찍이 원소에게 여러 차례 계책을 바쳤는데 원소가 따르지 않자 병을 핑계로 집에서 지내고 있습니다."

조조는 즉시 최염을 불러 기주의 별가종사로 임명하고는 그에게 일렀다.

"어제 기주의 호적을 조사해보니 모두 30만 명으로 큰 주라 할 만하오."

최염이 말했다.

"지금 천하가 지리멸렬 와해되고 구주6는 직물이 찢어지듯 분열되었으며 두 원씨 형제가 서로 다투는 바람에 기주 백성의 시체가 들판에 버려져 있는데 승상께서는 급히 이곳 풍속7을 물어 도탄에 빠진 백성을 구원할 생각은 않고 먼저 호적이나 셈하고 계시니 어찌 이 기주의 백성이 명공에게 바라는 것이라 하겠습니까?"

그 말을 들은 조조는 얼굴빛을 바꾸며 그에게 사과하고 귀빈으로 대접했다.

기주를 평정한 조조는 사람을 시켜 원담의 소식을 정탐하게 했다. 이때 원담은 군사를 이끌고 감릉, 안평, 발해, 하간8 등에서 약탈을 일삼고 있었는데 원상이 중산으로 패주했다는 소식을 듣고는 군대를 통솔하여 원상을 공격했다. 원상은 싸울 마음이 없어 곧장 유주로 달아나 원희에게 몸을 의탁했다. 원담은 원상의 무리를 모조리 항복시키고 다시 기주를 도모하고자 했다. 조조가 사람을 보내 불렀지만 원담은 오지 않았다. 크게 성난 조조는 편지를 보내 그와 파혼을 선언하고 직접 대군을 이끌며 그를 정벌하러 평원에 이르렀다. 조조가 직접 군대를 통솔하여 온다는 소식을 들은 원담은 유표에게 사람을 보내 구원을 요청했다. 유표는 현덕을 청해 상의했다. 현덕이 말했다.

"지금 조조는 기주를 이미 점령했기에 군세가 한창일 것이며 원씨 형제는 오래지 않아 반드시 조조에게 사로잡힐 것이므로 그를 구원하는 것은 이로울 것이 없는 데다, 하물며 조조가 항상 형양을 엿보고 있으니 우리는 단지 군사를 양성하면서 스스로 지키기만 해야지 경솔하게 행동해서는 안 됩니다."

유표가 말했다.

"그렇다면 어떻게 거절하면 좋겠소?"

현덕이 말했다.

"원씨 형제에게 편지를 써서 화해를 명분으로 삼아 완곡하게 거절해야 합니다."

그 말을 옳게 여긴 유표는 먼저 사람을 시켜 원담에게 편지를 보냈다.

"군자는 환란에서 피란할 때도 원수의 나라로는 가지 않는다고 했소. 일전에 그대가 무릎을 꿇고 조조에게 항복했다고 들었는데, 이것은 돌아가신 부친의 원수를 잊고 수족 같은 형제의 우의를 저버린 것이며 원수와 동맹한 치욕을 남긴 것이오. 그대는 기주[9]의 아우가 인정과 도의를 따르지 않고 제멋대로 굴었다 하더라도 자신의 뜻을 굽히고 아우를 따랐어야 했소. 상황이 평정되기를 기다린 다음에 천하로 하여금 굽음과 곧음을 평평하게 했다면 그 또한 고상하고 정의에 부합되지 않겠소?"

또 원상에게도 편지를 보냈다.

"청주[10]의 형은 타고난 성격이 몹시 성급하여 시비를 따지는 데 변별력을 잃은 것 같소. 그대는 마땅히 먼저 조조를 제거하여 부친의 원한을 갚고 끝냈어야 했소. 사태를 안정시킨 다음에 그 옳고 그름을 따졌으면 또한 좋지 않았겠소? 길을 잃고도 되돌아갈 줄 모르는 것처럼 잘못을 저지르고도 고칠 줄을 모른다면 한로와 동곽[11]이 스스로 곤궁한 지경에 빠져 농부에게 잡히는 것과 같을 것이오."

유표의 편지를 받은 원담은 유표가 군대를 파견할 뜻이 없음을 알아차렸으며, 또한 스스로도 조조를 대적할 수 없다고 헤아려 마침내 평원을 버리고 남피[12]로 달아났다. 조조가 남피까지 추격했을 때는 추위가 심해져 강줄기가 모두 얼어붙어 군량을 실은 배가 움직일 수 없었다. 조조가 그곳 현지 백성을 시켜 얼음을 깨서 배를 끌게 하자, 그 영을 듣고는 백성이 달아났다. 크게 화가 난 조조는 도망간 백성을 잡아다 참수시키려 했다. 소문을 들은 백성이 이에 직접 군영으로 와서 자수했다. 그러자 조조가 말했다.
"너희를 죽이지 않으면 내 호령이 통하지 않을 것이고, 너희를 죽이자니 내 차마 그렇게는 못하겠다. 그러니 너희는 빨리 산속으로 들어가 숨도록 하고, 내 군사들에게 붙잡히지 않도록 해라."
백성은 모두 눈물을 흘리면서 떠났다.

원담이 군사를 이끌고 성을 나가 조조의 군대와 맞섰다. 양쪽 진영이 원형으로 펼쳐지자[13] 조조가 말을 몰고 나가 채찍으로 원담을 가리키며 욕했다.

"내가 너를 후하게 대접했거늘 너는 어찌하여 다른 마음을 품었느냐?"

원담이 말했다.

"너는 나의 경계를 침범했고 내 성지를 빼앗았다. 그리고 내게 아내를 주겠다더니 발뺌해놓고 도리어 나한테 다른 마음을 먹었다고 하느냐!"

조조가 크게 성내며 서황을 내보냈다. 원담은 팽안彭安을 시켜 맞서 싸우게 했다. 두 말이 서로 엉켰으나 몇 합도 채 못 되어 서황이 팽안을 베어 말아래로 떨어뜨렸다. 원담의 군사는 패하여 남피로 들어갔다. 조조는 군사들을 보내 사면으로 포위했다. 원담은 당황하여 신평辛評을 보내 조조를 만나 항복을 약속하게 했다. 조조가 말했다.

"원담 그 녀석은 이랬다저랬다 변덕이 심해서 내가 믿기 어렵소. 그대의 아우 신비를 내가 이미 중용하고 있으니 그대 또한 이곳에 남는 것이 좋을 듯하오."

신평이 말했다.

"승상께서는 틀렸습니다. 제가 들건대 '주인이 귀해지면 신하는 영광스럽게 되고, 주인이 근심에 빠지면 신하는 욕을 당한다'고 했습니다. 제가 오랫동안 원씨를 섬겼는데 어찌 그를 배신할 수 있겠습니까!"

조조는 그를 머물게 할 수 없음을 알고 돌려보냈다. 신평은 돌아와서 원담을 만나 조조가 투항을 허락하지 않는다고 말하자 원담이 큰 소리로 꾸짖었다.

"네 아우가 지금 조조를 섬기고 있으니 너도 두마음을 품은 것이냐?"

신평은 그 말을 듣고는 가슴이 꽉 막혀 혼절하더니 바닥에 쓰러졌다. 원담이 부축해서 나가라고 했으나 잠시 후에 죽고 말았다. 원담이 후회하고 있는데 곽도가 일렀다.

"내일 백성을 모조리 몰아 앞세우고 군사들을 그 뒤에 따르게 하여 조조와 생사를 걸고 승부를 겨루시지요."

그 말을 따르기로 한 원담은 그날 밤 남피의 백성을 모조리 모아놓고 칼과 창을 잡게 한 뒤 명령을 따르게 했다. 이튿날 새벽에 네 개의 성문을 활짝 열고 뒤에 있는 군사들이 앞에 선 백성을 몰면서 함성을 크게 지르며 우르르 몰려나와 곧장 조조의 군영에 이르렀다. 양군이 어지러이 진시辰時에서 오시午時까지 난타전을 벌였으나 승부를 가리지 못하고 죽은 시체들만 도처에 널렸다. 확실하게 승리를 거두지 못한 것을 본 조조는 말을 버리고 산에 올라 친히 북을 두드렸다. 그 모습을 본 장수와 병사들은 필사적으로 앞으로 나아갔다. 원담의 군대는 대패했고 무수히 많은 백성이 살해되었다. 위엄을 떨치며 진을 뚫고 돌진한 조홍은 마침 원담과 맞닥뜨렸다. 조홍이 칼을 들어올려 난도질하자 원담은 결국 진중에서 조홍에게 살해되고 말았다. 진영이 크게 혼란스러운 것을 본 곽도는 급히 성안으로 달려 들어가려 했다. 멀리서 그 광경을 본 악진이 활을 집어 화살을 얹고 해자를 향해 쏘았는데 사람과 말이 모두 죽어 자빠졌다.❹

조조는 군사를 이끌고 남피로 들어가 백성을 위로했다. 이때 별안간 한 떼의 군마가 달려왔는데 바로 원희의 부하 장수 초촉[14]과 장남張南이었다. 조조가 직접 군사를 이끌고 그들과 맞서려고 했다. 그러나 두 장수[15]가 창을 거꾸로 잡고 갑옷을 떼어내며 특별히 항복하러 온 것이라고 이르자 조조는 그들을 열후로 봉했다. 또 흑산[16]의 도적 장연張燕이 군사 10만 명을 이끌고 항복하자 조조는 그를 평북장군[17]으로 봉했다.

조조는 명령을 내려 원담의 수급을 사람들에게 보이게 하고는 곡을 하는 자가 있으면 참수시키도록 했다. 원담의 머리를 북문 밖에 걸었는데 어떤 사람이 베로 만든 관을 쓰고 상복을 입은 채 원담의 머리 밑에서 곡을 했다. 주변 사람들이 조조에게 끌고 갔다. 조조가 물어보니 그는 청주 별가 왕수로 원담에게 간언했다가 쫓겨났는데, 원담이 죽었다는 것을 알고는 와서 곡을 한 것이었다. 조조가 말했다.

"너는 내가 영을 내린 것을 아느냐?"

왕수가 말했다.

"잘 알고 있습니다."

"너는 죽는 것이 두렵지 않느냐?"

"그가 살았을 때 나를 불러들여 관직에 임용시켰는데, 그가 죽었는데도 울지 않는 것은 의리가 아닙니다. 죽음이 두려워서 의리를 잊는다면 어찌 이 세상에 얼굴을 들고 살겠습니까? 원담의 시신을 거두어 장사 지낼 수 있게 해주신다면 죽어도 여한이 없겠습니다."

조조가 말했다.

"하북에는 의로운 인사들이 어찌 이토록 많을 수 있단 말이냐! 원씨가 그들을 쓰지 않은 것이 애석하구나! 그들을 제대로 임용해 썼다면 내가 어찌 감히 눈을 똑바로 뜨고서 이 땅을 엿볼 수 있었겠는가!"

마침내 원담의 시신을 거두어 장사 지내게 하고 왕수를 예우하여 귀빈으로 대접하면서 사금중랑장[18]으로 임명했다. 그에게 물었다.

"지금 원상이 이미 원희에게 가서 의탁했는데 그를 잡으려면 어떤 계책을 쓰면 좋겠소?"

왕수가 대답하지 않았다. 조조가 말했다.

"충신이로다."❺

곽가에게 묻자 대답했다.

"원씨의 항복한 장수 초촉[19]과 장남 등을 시켜 그를 공격하도록 하십시오."

그 말에 따라 조조는 초촉, 장남, 여광, 여상, 마연, 장의에게 각기 자신들의 본부 군사를 이끌고 세 길로 나누어 유주를 공격하게 하고, 다른 한편으로는 이전과 악진에게 장연과 연합하여 병주를 쳐서 고간을 공격하도록 했다.

한편 원상과 원희는 조조군이 장차 이를 것이라는 것을 알고 있었으나 적과 맞서기 어렵다고 판단하여 성을 버리고 군사들을 이끌어 밤새 요서[20]로 달아나 오환[21]에게 의탁하러 갔다. 유주자사 오환촉[22]은 유주의 관원들을 모아놓고 삽혈[23]로써 맹세하고 함께 원상을 버린 후 조조에게 가는 일을 상의했다. 오환촉이 먼저 말했다.

"나는 조승상이 당대의 영웅이라는 것을 알기에 지금 투항하려 하니 영을 따르지 않는 자는 목을 베겠소."

순서에 따라 삽혈을 하다가 별가 한형韓珩의 차례가 되었는데, 한형은 바로 검을 땅바닥에 내던지며 크게 소리 질렀다.

"우리가 원공 부자의 두터운 은혜를 입었거늘 지금 주인이 패망하여 지혜로는 구할 수 없고 용기로는 죽을 수 없으니, 이것은 의리가 부족한 것이오! 북쪽으로 향해 조조에게 항복하겠다면 나는 하지 않겠소!"

모두 얼굴빛이 달라졌다. 오환촉이 말했다.

"무릇 큰일을 일으키려면 대의를 세워야 하오. 일이 성취되고 안 되는 것은 한 사람에게 달려 있는 것이 아니오. 한형이 이미 그런 뜻을 가지고 있다면 편한 대로 하도록 내버려두겠소."

그러고는 한형을 밖으로 밀어냈다. 오환촉은 바로 성을 나가 세 갈래의 군마를 영접하고 곧장 조조에게 가서 항복했다. 조조는 크게 기뻐하며 오환촉에게 진북장군鎭北將軍의 벼슬을 더해주었다.❻

그때 갑자기 척후 기병이 보고했다.

"악진, 이전, 장연이 병주를 공격하는데 고간이 호관구(호관의 길목)²⁴를 지키고 있어 함락시킬 수가 없습니다."

조조는 직접 군대를 통솔하여 그곳으로 나아갔다. 세 장수가 맞이하면서 고간이 관을 막아내고 있어 깨뜨리기 어렵다고 설명했다. 조조는 장수들을 모아놓고 고간을 격파할 계책을 논의했다. 순유가 말했다.

"고간을 격파하려면 반드시 거짓으로 항복하는 사항계詐降計를 써야 비로소 이룰 수 있을 것입니다."

그것을 옳다고 여긴 조조는 항복한 장수 여광과 여상을 불러 귓속말을 소곤소곤하며 이렇게 저렇게 하라고 일렀다. 여광 등이 군사 수십 명을 이끌고 곧장 관 아래로 가서 소리 질렀다.

"우리는 원래 원씨의 옛 장수들이었는데 어쩔 수 없이 조조에게 항복했소. 그러나 조조의 사람됨이 교활하고 간사하여 우리를 박대했소. 다시 옛 주인을 섬기고자 돌아왔으니 어서 관문을 열고 받아주시오."

그 말을 믿지 못한 고간은 두 장수만 관 위로 올라와서 이야기하라고 했다. 두 장수는 갑옷을 벗고 말을 버리며 관으로 들어와서는 고간에게 일렀다.

"조조군은 이제 막 도착했으니 군심이 안정되지 않은 틈을 이용하여 오늘 밤 그들의 군영을 기습하십시오. 저희가 앞장서겠습니다."

고간은 기뻐하며 그 말에 따라 그날 밤 여씨 형제에게 1만여 명의 군사를 이끌고 앞장서게 했다. 그런데 조조의 군영에 이르렀을 때 뒤에서 함성이 크게 진동하더니 복병이 사방에서 일어났다. 계책에 빠진 것을 안 고간은 급히 호관성으로 돌아가려 했으나 악진과 이전이 이미 관을 빼앗은 상태였다. 고간은 길을 찾아 달아나서 선우²⁵에게 몸을 의탁하러 갔다. 조조는 군대를 통솔하여 관 입구를 막고 사람을 시켜 고간을 추격하도록 했다. 고간이 선우의 경계에 당도하자 마침 북번北番의 좌현왕左賢王²⁶과 마주치게 되었다. 고간이 말에서 내려 땅바닥에 엎드리며 절을 올리고는 말했다.

"조조가 강토를 병탄하고 이제는 왕자님의 구역을 침범하려고 하니, 삼가 저희를 구원해주시어 함께 힘을 합쳐 영토를 탈환하고 북방을 그들로부터 보전하십시오."

좌현왕이 말했다.

"나는 조조와 원수진 일이 없거늘 어찌 나의 영토를 침략한단 말인가? 네가 나를 조씨와 원한을 맺게 하려는 것이 아니더냐!"

고간을 큰 소리로 꾸짖고 물리쳤다. 여러모로 궁리를 해봐도 갈 곳이 없어진 고간은 유표에게 의탁하기로 했다. 그러나 상락²⁷에 이르렀을 때 그곳 도위 왕염王琰에게 피살되고 말았고, 그 머리는 조조에게 보내졌다. 조조는 왕염을 열후로 봉했다.❼

이미 병주를 평정한 조조는 서쪽²⁸으로 오환을 공격하고자 상의했다. 조홍 등이 말했다.

"원희와 원상의 병사들은 이미 패한 데다 장수들도 죽었기에 세력은 쇠퇴하고 힘은 다하여 멀리 사막으로 찾아들어 갔습니다. 우리가 지금 군대를 이끌고 서쪽으로 공격하러 갔다가 만약 유비와 유표가 빈틈을 이용해 허도를 기습한다면 우리가 구원할 사이도 없이 큰 화를 입을 것입니다. 청컨대 군사를 돌리고 진격하지 않는 것이 상책입니다."

곽가가 말했다.

"공들의 말씀은 틀렸소. 주공께서 비록 그 위엄이 천하에 떨치고 있다고 는 하지만 사막 사람들은 멀리 떨어져 있다는 것만 믿고 틀림없이 방비를 하 지 않을 것이오. 대비가 없는 틈을 이용해 불시에 들이친다면 반드시 깨뜨릴 수 있소. 게다가 원소는 오환에게 베푼 은혜가 있고, 원상과 원희 형제가 아 직도 살아 있으니 제거하지 않을 수 없소. 유표는 앉아서 담론이나 할 줄 알 지 일을 처리할 능력이 없는 사람일 뿐이며 스스로도 자신의 재능이 유비를 다스릴 수 없음을 알고 있소. 유비에게 중임을 맡기면 통제할 수 없음을 두 려워할 것이고, 그렇다고 사소한 임무를 맡기면 유비가 제대로 하지 않을 것 이오. 비록 나라를 비워두고 멀리 정벌을 나간다 할지라도 아무런 근심이 없 을 것이오."

조조가 말했다.

"봉효奉孝(곽가의 자)의 말이 지극히 옳소."

마침내 대소 삼군과 수천 량의 수레를 인솔하여 진군했다. 그러나 길게 긴 누런 모래만 보이고 사방에서 광풍이 일어났으며 도로는 울퉁불퉁 험난 하여 사람과 말이 행군하기 어려웠다. 군사를 되돌릴 마음이 생긴 조조가 곽가에게 물었다. 곽가는 이때 기후와 풍토가 맞지 않아 병으로 수레 위에 누워 있었다. 조조가 울면서 말했다.

"내가 사막을 평정하고자 공을 멀리 나오게 하여 고생을 시키고 결국 병 까지 얻게 했으니 내 마음이 어찌 편안하겠소!"

곽가가 말했다.

"저는 승상의 크신 은혜를 감사하게 여기고 있으니 비록 죽는다 하더라도 만분의 일도 갚을 수가 없습니다."

"내가 보기에 북쪽 지방이 험난하여 회군했으면 하는데 어떻소?"

"군사 행동은 신속하게 움직이는 것이 최고라고 했습니다. 지금 천리 밖면 곳을 기습하는데 물자 수레가 많으면 신속하게 움직이는 데 이로움이 없으니 차라리 가볍게 무장한 군사들로 하여금 두 배의 속도로 길을 재촉하여 적들의 대비가 없을 때 습격하게 하는 것이 좋습니다. 다만 반드시 지름길을 잘 알고 있는 자가 인도해야 합니다."

결국 곽가를 역주^{29}에 머물러 병을 치료하게 하고 길을 안내할 관원을 찾아 인도하게 했다. 어떤 사람이 원소^{30}의 옛 장수인 전주田疇가 이곳 상황을 잘 안다고 하자 조조가 불러서 물었다. 전주가 말했다.

"이 길은 여름과 가을 사이에 물이 차는데 수레와 말이 통과할 만큼 얕지 않으며 그렇다고 배가 다니기에는 깊지 않아서 가장 움직이기 어려운 곳입니다. 차라리 군사를 돌려서 노룡구^{31}를 거쳐 백단^{32}의 험준한 곳을 넘은 뒤 허허벌판으로 나가 유성^{33} 가까이 접근하여 방비가 없을 때 기습한다면, 답돈^{34}을 한 번의 싸움으로 사로잡을 수 있을 것입니다."

조조는 그의 말에 따라 전주를 정북장군靖北將軍^{35}으로 봉하고 길을 안내하는 향도관이 되어 앞장서게 했다. 장료가 두 번째로 그 뒤를 따랐으며 조조 자신은 뒤에서 호송했고 가볍게 무장한 기병들은 두 배의 속도로 길을 재촉하며 전진했다. 전주가 장료를 이끌고 앞서가다가 백랑산^{36}에 이르렀을 때, 마침 답돈 등의 수만 기병과 연합하여 다가오던 원희, 원상과 맞닥뜨렸다. 장료가 나는 듯이 달려가 조조에게 보고했다. 조조는 직접 높은 곳으로 올라가 고삐를 당겨 말을 멈추어 세우고 멀리 바라보니 답돈의 병사들이 대오도 없고 가지런하지도 않았으며 들쭉날쭉했다. 조조가 장료에게 일렀다.

"적병이 가지런하지 않으니 즉시 공격하라."

이에 지휘 깃발을 장료에게 넘겨주었다. 장료는 허저, 우금, 서황을 이끌고 군사를 네 갈래로 나누어 산을 내려가 있는 힘을 다해 급히 공격하니 답돈의 군대가 크게 어지러워졌다. 장료가 말고삐를 놓고 달려들어 답돈을 베어 말 아래로 떨어뜨리자 나머지 무리가 모두 항복했다. 그러자 원희와 원상은 수천의 기병을 이끌고 요동으로 달아났다.❽

조조는 군사를 거두어 유성으로 들어가 전주를 유정후[37]로 봉하고 유성을 지키게 했다. 그러나 전주는 눈물을 흘리며 말했다.

"저는 의리를 저버리고 도망친 사람으로 두터운 은혜를 받아 목숨을 구한 것만도 다행인데, 어찌 노룡의 요새지를 팔아 포상과 녹봉을 꾀하겠습니까! 죽어도 감히 후작의 작위를 받을 수는 없습니다."

조조는 그를 의롭게 여겨 이에 의랑議郎으로 임명했다. 조조는 선우 사람들을 위로하고 준마 1만 필을 거두어들여 그날로 회군했다. 이때 날씨는 추운 데다 건조해 200리를 가도 물이 없었다. 군량마저 떨어져 말을 잡아먹었고 30~40장이나 땅을 파야 비로소 물을 얻을 수 있었다. 역주로 돌아온 조조는 일찍이 간언했던 자들에게 무거운 상을 내리고 장수들에게 일렀다.❾

"내가 이전에 위험을 무릅쓰고 멀리 정벌을 나갔는데 뜻밖에 운이 좋아 성공했소. 비록 승리를 얻었다고는 하나 하늘이 도우신 것이니 본보기로 삼아서는 안 될 것이오. 여러분의 간언이 조금도 빈틈없는 계책이었으므로 상을 내리는 것이오. 이후로는 말하는 것을 어려워하지 마시오."

조조가 역주에 당도했을 때 곽가는 이미 세상을 떠난 지 며칠이 지난 뒤였고 관아에 관을 임시로 안치해두고 있었다. 조조가 그곳으로 가서 제사를 지내면서 통곡했다.

"봉효가 죽었으니, 이것은 바로 하늘이 나를 버리는 것이로다!"

관원들을 돌아보며 말했다.

"여러분의 나이가 모두 나와 동년배인데 봉효만이 가장 어려 내가 뒷일을 맡기려고 했소. 뜻하지 않게 중년에 요절을 했으니 내 마음이 찢어지는구려!"

곽가의 측근들이 곽가가 죽기 전에 써놓은 편지를 바쳤다.

"곽공이 죽기 전에 직접 이 편지를 쓰고 부탁하기를 '승상께서 편지에 적은 대로만 하신다면 요동의 일은 평정될 것이다'라고 했습니다."

조조가 편지를 뜯어 읽어보고는 고개를 끄덕이면서 감탄했다. 사람들 모두 그 의미를 알지 못했다. 이튿날 하후돈이 사람들을 이끌고 와서 아뢰었다.

"요동태수 공손강公孫康은 오래도록 기한 내에 조공을 바치지도 않고 복종하지 않고 있습니다. 지금 원희와 원상이 또 그에게 가서 의탁하고 있으니 반드시 나중에 우환거리가 될 것입니다. 차라리 아직 움직이지 않은 틈을 이용해 속히 가서 정벌하는 것이 나을 듯하고, 그러면 요동을 손에 넣을 수 있을 것입니다."

조조가 웃으면서 말했다.

"공들의 호랑이 같은 위엄을 번거롭게 하지 않아도 될 것이오. 며칠 후면 공손강이 두 원씨의 머리를 보낼 것이오."

장수들 모두 믿으려 하지 않았다.

한편 원희와 원상은 수천 명의 기병을 이끌고 요동으로 달아났다. 요동태수 공손강은 본래 양평[38] 사람으로 무위장군 공손도公孫度의 아들이었는데 이날 원희와 원상이 의탁하러 온다는 것을 알고는 즉시 본부의 속관들을 모아놓고 그 일을 상의했다. 공손공公孫恭이 말했다.

"원소는 살아 있을 때 일찍이 요동을 삼키려는 마음이 있었습니다. 지금 원희와 원상이 병사들은 패하고 장수들은 죽어 의지할 곳이 없어지자 이곳으로 의탁하러 오는 것으로 이것은 비둘기가 까치집을 빼앗으려는 의도입니다.[39] 그들을 받아들이면 후에 틀림없이 우리를 도모하려 할 것입니다. 차라리 그들을 속여 성안으로 들인 다음 죽여서 머리를 조공에게 바치는 것이 나을 듯합니다. 그렇게 되면 조공은 반드시 우리를 후하게 대접할 것입니다."

공손강이 말했다.

"다만 조조가 군대를 이끌고 요동으로 쳐들어올까 걱정되니, 차라리 두 원씨를 받아들여 우리를 돕게 하는 것이 좋을 듯하네."

공손공이 말했다.

"사람을 시켜 탐문해보십시오. 조조의 군대가 공격하러 온다면 두 원씨를 머물게 하고, 만일 조조가 움직이지 않는다면 두 원씨를 죽여서 조공에게 보내십시오."

공손강은 그 말을 따르기로 하고 사람을 보내 소식을 알아보게 했다.

한편 요동에 당도한 원희와 원상 두 사람은 은밀하게 의논했다.

"요동의 군병이 수만 명이나 되니 조조와 승패를 다툴 만하다. 지금 잠시 의탁했다가 나중에 공손강을 죽이고 그 땅을 빼앗아 기력을 기른 후 중원과 대항한다면 하북을 회복할 수 있을 것이다."

상의를 끝낸 후 공손강을 만나려 했다. 그러나 공손강은 그들을 역관에 머물게 하고는 병을 핑계로 바로 만나려 하지 않았다. 하루가 못 되어 정탐꾼이 돌아와 보고했다.

"조조군이 역주에 주둔하고 있는데 요동으로 쳐들어올 의도는 없는 것 같습니다."

공손강은 크게 기뻐하며 먼저 도부수들을 담장을 장식하는 휘장 속에 매복시킨 다음 두 원씨를 들어오게 했다. 서로 만나 인사를 마치고 앉기를 명했다. 이때 날씨가 매우 추웠는데 넓은 평상 위에 방석이 없는 것을 보고는 공손강에게 일렀다.

"자리 좀 깔아주시오."

그러자 공손강이 눈을 부라리며 말했다.

"너희 두 놈의 머리가 장차 만 리 길을 가야 하는데 무슨 자리가 필요하느냐!"

원상이 소스라치게 놀랐다. 공손강이 큰 소리로 꾸짖었다.

"좌우는 어찌하여 손을 쓰지 않는가!"

도부수들이 우르르 몰려나와 그 자리에서 두 사람의 머리를 찍었고, 목갑에 그 머리를 담는 사람을 역주로 보내 조조를 만나게 했다. 이때 조조는 역주에 머물고 있었는데 잠시 군사 행동을 멈추고 움직이지 않고 있었다. 하후돈과 장료가 들어와 아뢰었다.

"요동을 공격하지 않을 거라면 허도로 돌아가십시오. 유표가 다른 마음을 품을까 염려됩니다."

조조가 말했다.

"두 원씨의 수급이 당도하면 즉시 회군하겠네."

모두 은연중 비웃었다. 그때 갑자기 요동의 공손강이 사람을 파견해 원희와 원상의 수급을 보내왔다는 보고가 들어왔다. 모두 크게 놀랐다. 사자가 서신을 올리자 조조가 크게 기뻐했다.

"봉효의 헤아림이 틀리지 않았구나!"

사자에게 무거운 상을 내리고 공손강을 양평후襄平侯, 좌장군으로 봉했다. 관원들이 물었다.

"어찌하여 봉효의 헤아림에서 벗어나지 않았다고 말씀하십니까?"

조조가 마침내 곽가의 편지를 꺼내 보여줬다.

"지금 원희와 원상이 요동으로 몸을 의탁하러 간다고 들었는데 명공께서는 절대로 군사를 진격시켜서는 안 됩니다. 공손강은 오래전부터 원씨가 요동을 삼키지 않을까 두려워했는데 두 원씨가 의탁하러 간다면 틀림없이 의심할 것입니다. 군사를 동원하여 그를 공격한다면 반드시 힘을 합쳐 맞설 것이고 그렇게 된다면 급히 함락시킬 수가 없게 될 것입니다. 공격을 늦추면 공손강과 원씨는 반드시 자기들끼리 서로 도모하려 들 것입니다. 지금 그들의 형세가 그렇습니다."

모두 껑충껑충 뛰며 곽가를 칭찬했다. 조조는 관원들을 거느리고 다시 곽가의 영전에 제를 올렸다. 곽가는 38세의 나이에 세상을 떠났으나 11년 동안 정벌에 따라다니면서 뛰어난 공적도 많이 세웠다. 후세 사람이 찬탄한 시가 있다.

하늘에서 곽봉효를 내려주셨으니
많은 영웅호걸 중에도 으뜸이로다
배 속에는 경전과 사서가 가득하고
가슴속에는 갑옷과 병기를 숨겼네

지모를 꾀하고 운영함은 범여[40] 같고

계책을 결정함에 진평[41]과 흡사하다

애석하구나, 몸이 먼저 가버렸으니

중원의 대들보가 무너진 듯하구나

天生郭奉孝, 豪傑冠群英

腹內藏經史, 胸中隱甲兵

運謀如范蠡, 決策似陳平

可惜身先喪, 中原梁棟傾 ❿

조조는 군대를 인솔하여 기주로 돌아왔고 사람을 시켜 먼저 곽가의 영구를 허도로 옮겨 안장하도록 했다.

정욱 등이 청했다.

"북방은 이미 평정되었으니 이제 허도로 돌아가 조속히 강남으로 내려갈 계책을 세우셔야 합니다."

조조가 웃으면서 말했다.

"그런 뜻을 가진 지 오래였소. 여러분의 말씀이 바로 내 뜻과 같소."

이날 밤 기주성[42] 동쪽 모퉁이 누각에 묵으면서 난간에 기대어 하늘을 우러러 천문을 살폈다. 이때 순유가 곁에 있었는데 조조가 하늘을 가리키며 말했다.

"남방의 왕성한 기운이 한결같으니 도모하지 못할까 염려되오."

순유가 말했다.

"승상의 하늘 같은 위엄으로 무엇인들 복종시키지 못하겠습니까!"

한창 보고 있는데 별안간 한 줄기 황금빛이 땅에서 일어나는 것이 보였다.

순유가 말했다.

"저것은 틀림없이 땅속에 보물이 들어 있는 것입니다."

조조는 누각에서 내려와 사람을 시켜 그 황금빛이 일어나는 곳을 파보게
했다.

별자리 모양이 바야흐로 남쪽을 가리키자

황금 보물이 금방 북쪽 땅에서 나오는구나

星文方向南中指, 金寶旋從北地生

과연 어떤 물건을 얻을 것인가?⓫

제33회 마침내 북방을 평정하다

①

　『후한서』「공융전」이현 주『위략』에 따르면 "원희가 유주자사로 부임하여 나갔을 때 아내 진씨甄氏는 집에 남아서 시어머니를 모시고 있었다. 업성이 격파되자 문제文帝(조비)가 원소의 집안으로 들어갔는데 황후(진씨, 즉 문소진황후文昭甄皇后)가 두려워하며 시어머니 무릎 위에 엎드렸다. 문제가 머리를 들게 하고 보니 얼굴이 평범하지 않았다. 태조는 그의 뜻을 알고 맞아들였다"고 기록되어 있고, 『삼국지』「위서·문소진황후전」은 "건안 연간에 원소의 차남 원희가 진씨를 처로 맞아들였다. 원희가 유주자사로 부임하여 나갔을 때 진후는 남아서 시어머니를 모셨다. 기주가 평정되자 문제는 업성에서 진씨를 황후로 맞아들였고 그녀는 총애를 받아 명제明帝(조예曹叡)와 동향공주東鄕公主를 낳았다"고 기록하고 있다.

　『세설신어』「혹닉惑溺」편에 다음과 같은 고사가 기록되어 있다.

　"위魏 진후甄后는 총명하고 아름다웠는데 먼저 원희의 처가 되어 매우 총애를 받았다. 조공(조조)이 업성鄴城을 함락시키고 도륙할 때 사람을 시켜 급히 진씨를 불러오게 했다. 좌우에서 보고했다. '이미 오관중랑장五官中郞將(조비를 말하며 당시 오관중랑장이었다)이 데려갔습니다.' 그러자 조조가 말했다. '금년에 물리쳐야 할 적은 바로 그놈이다!'"

❷

　『삼국지』「위서·무제기」에 "공(조조)은 원소의 묘에 가서 제사를 지내 추모하고 통곡하며 눈물을 흘렸다. 원소의 부인을 위로하고 원씨 집안의 노복과 진귀한 보물을 돌려주었으며 또 각종 비단을 하사하고 관부에서 그들에게 양식을 제공하도록 했다"고 기록되어 있다. 또한 조조와 원소가 함께 군사를 일으켰을 때 서로 나눈 대화 내용도 역사는 사실로 기록하고 있다.

❸

허저는 허유를 죽이지 않았다

　『삼국지』「위서·최염전崔琰傳」에 허유에 관한 기록이 있다.

　"처음에 태조는 시기심과 각박한 성격이 있어 용인하지 못한 자가 있었는데, 노국魯國의 공융, 남양南陽의 허유와 누규婁圭는 모두 옛 관계에 의지하여 공경하지 않았다가 처형되었다."

　배송지 주『위략』은 "허유는 자신의 공적(오소烏巢에서의 승리)을 믿고 교만하게 굴었으며, 때때로 태조와 농담을 하기도 하고 매번 자리에서 언행을 신중히 하지 않고 태조의 어린 시절 이름을 부르며 '모갑某甲(남에 대한 대명사, 대부분 피휘 등에 사용) 경이 나를 얻지 못했다면 기주를 손에 넣지 못했을 것이오'라고 했다. 태조는 웃으면서 '네 말이 옳다'고 했으나 내심 그를 미워했다. 그 후 [조조]를 수행하여 업성의 동문을 통과할 때 좌우를 돌아보며 '이 사람(조조)이 나를 얻지 못했으면 이 문을 출입하지 못했을 것이다'라고 말했다. 누군가 이 말을 전한 자가 있었고 마침내 체포되었다"고 기록하고 있다.

　허유는 허저에 의해서 죽임을 당한 것이 아니라 자신의 본분을 잊고 오만하게 굴다가 결국 조조에게 처형당했다.

❹

원담의 죽음

원담의 죽음에 관한 내용은 역사 기록과 다르다.

『삼국지』「위서·무제기」는 "건안 10년(205) 봄 정월, [조조]가 원담을 공격하여 격파했으며 원담을 참수하고 그 처자식을 주살하자 기주는 평정되었다"고 했고, 배송지 주 『위서』는 "공(조조)이 원담을 공격할 때 아침부터 한낮까지 싸웠으나 승패가 나지 않았다. 그러자 공이 친히 북채와 북을 집어들었고 병사들은 모두 분발하여 즉시 쳐부수고 함락했다"고 기록하고 있다. 「위서·원소전」에도 "건안 10년(205) 정월, [조조는] 원담을 공격해 점령했으며 원담과 곽도 등을 참수했다"고 기록되어 있다.

또한 『후한서』「원소전」은 "원담은 머리를 풀어헤치고 말을 타며 미친 듯이 도망쳤는데 추격하던 사병은 그가 평범한 사람 같지 않다고 여겨 기를 쓰며 추격했다. 원담은 말에서 떨어졌고 돌아보며 말했다. '어이, 나를 놓아주면 너를 부귀하게 만들수 있다.' 그러나 말을 끝내기도 전에 그의 머리는 이미 땅바닥에 떨어지고 말았다. 이어서 조조는 곽도 등을 참수했고 그의 처자식을 도륙했다"고 기록하고 있다.

그러나 조홍이 원담을 죽이고 악진이 곽도를 죽였다는 기록은 없다.

「위서·악진전」에 따르면 그 이듬해인 건안 11년(206) 조조가 헌제에게 표문을 올려 악진, 우금, 장료를 칭찬했고 이들은 승진하게 되는데 이 세 사람의 활약과 공적이 가장 컸던 것 같다.

❺

『삼국지』「위서·왕수전王脩傳」은 다음과 같이 기록하고 있다.

"태조가 기주를 격파한 다음 원담이 또 배반했다. 태조는 군대를 이끌고 남피南皮에서 원담을 공격했다. 왕수는 당시 낙안樂安(군국郡國 명칭으로 후한 때 낙안국樂安國으로 명칭이 변경되었다. 치소는 임제臨濟, 지금의 산둥성 가오칭高靑 서북쪽)에서 군량을 운반하고 있었는데 원담의 위급한 처지를 듣고는 자신이 통솔하던 병사 및 각 종사 등 수십 명을 인솔하여 원담에게로 갔다. 고밀현高密縣에 이르러 원담이 죽었다는 소식을 듣고는 말에서 내려 곡을 하며 말했다.

'그대가 없으니 내 어디로 돌아가야 한단 말인가?'

그러고는 태조가 있는 곳으로 가서 원담의 시신을 입관하고 안장하게 해달라고 요청했다. 태조는 왕수의 의도를 떠보려고 일부러 묵묵히 대답하지 않았다. 왕수가 또 말했다.

'저는 원씨의 두터운 은혜를 입었으니 만일 원담의 시신을 입관할 수 있다면 죽임을 당한다 해도 여한이 없을 것입니다.'

태조는 왕수의 의기를 아름답게 여기고 그의 요구를 들어주었다.

남피를 격파한 후 왕수의 가산을 조사해보니 곡물이 10곡도 되지 않았고 책만 수백 권이 있을 따름이었다. 태조가 탄식하며 말했다.

'절개 있는 선비는 그 명성을 헛되게 하지 않는구나.'

이에 예로써 왕수를 불러 사공연司空掾으로 임명하고 사금중랑장司金中郎將을 대리하도록 했으며 위군魏郡 태수로 승진시켰다."

❻

이후 한형의 행적에 대해 『후한서』 「원소전」에서는 "조조는 한형의 절개를 들은 후에 그가 평범하지 않다고 여겨 여러 차례 불렀으나 모두 거절당했고 끝내 고향에서 죽었다"고 기록되어 있다. 이현 주 『선현행장』에는 "한형韓珩은 자가 자패子佩로 대군代郡(군 명칭으로 후한 시기에 치소를 고류高柳, 산시山西성 양가오陽高 서북쪽으로 옮겼다. 유주에 속했으며 북쪽으로 오환烏桓, 흉노 등의 종족과 이웃하고 있었으므로 북방의 중요한 군郡이었다) 사람으로 청렴하고 순수했으며 도량이 있었다. 어려서 부모님이 돌아가셔서 형과 누나를 봉양했는데 종족들은 그가 부모에게 효도하고 윗사람을 공경한다고 칭찬했다"고 기록하고 있다.

❼

『삼국지』「위서·원소전」 배송지 주와 『후한서』「원소전」 이현 주 『전론』은 다음과 같이 기록하고 있다.

"상락도위上洛都尉 왕염은 고간을 체포한 공적으로 후작에 봉해졌다. 그러자 그의 처는 방 안에서 큰 소리로 울었는데 왕염이 부귀를 얻었으니 장차 첩을 얻어 자신에 대한 사랑을 빼앗길 것이라고 생각했기 때문이다."

❽

『삼국지』「위서·전주전田疇傳」은 다음과 같이 기록하고 있다.

"전주가 말했다.

'우리가 만일 은밀하게 군대를 되돌려 노룡구에서 백단의 험준함을 넘은 뒤 적들이 방비하지 않는 텅 빈 곳으로 출병한다면 길은 가깝고 편리할 것이고, 그들이 아무런 준비를 하고 있지 않을 때에 공격한다면 답돈의 수급을 싸우지 않고도 얻을 수 있습니다.'

태조가 말했다.

'좋소.'

이에 군사를 인솔하여 돌아가면서 길옆 물가에 세워져 있는 큰 나무에 이렇게 적었다.

'지금은 한여름이라 길이 통하지 않으니, 가을과 겨울 사이까지 기다렸다가 다시 진군하리라.'

적군의 정찰 기병은 그것을 보고 정말로 태조의 대군이 돌아갔다고 생각했다."

❾

전주는 누구인가?

『삼국지』「위서·전주전」의 기록에 따르면, "전주는 독서를 좋아하고 검술에 뛰어났으며 22세 때 유우劉虞가 그를 종사로 임명했다. 공손찬이 유우를 살해했기 때문에 공손찬을 따르지 않았고 그 후에 원소가 몇 차례나 초빙하려고 했으나 거절했다. 원소가 죽은 다음 그의 아들 원상이 또한 불렀지만 전주는 끝까지 가지 않았다. 그리고 조조가 네 차례나 임용하려고 불렀으나 끝내 받아들이지 않았다. 조조는 탄식하며 그를 굽힐 수 없음을 알고 의랑으로 봉했다'고 기록하고 있다. 전주는 원소의 사람이 아니라 유우의 사람이었다. 또한 조조가 유정후柳亭侯로 봉했다고 했는데 '정후亭侯'로 봉한 것으로 기록되어 있다.

❿

요동 평정은 곽가가 아닌 조조의 계책이었다

소설처럼 곽가가 죽기 전에 서신으로 요동 평정의 계책을 남겼다는 기록은 어디에도 없다. 이것은 순수하게 조조가 세운 계책으로 『삼국지』「위서·무제기」는 다음과 같이 기록하고 있다.

"건안 12년(207) 8월, 요동의 선우單于 속복환速僕丸을 비롯한 요서군遼西郡과 우북평군右北平郡의 오환족 수령들은 동족을 버리고 원상, 원희와 함께 요동군遼東郡으로 도망갔는데 그들은 여전히 수천 명의 기병을 보유하고 있었다.

처음에 요동군태수 공손강은 외진 곳에 있다는 것만 믿고 한나라 조정에 복종하지 않고 있었다. 공(조조)이 오환을 격파하자 누군가 [조조에게] 공손강을 정벌한다면 원상 형제를 사로잡을 수 있을 것이라고 권했다. 이에 공이 말했다.

'내 지금 공손강으로 하여금 원상과 원희의 머리를 베어 보내게 할 것이니, 군사들을 번거롭게 움직일 필요 없소.'

9월, 공이 군대를 이끌고 유성柳城에서 돌아오니, 공손강이 과연 원상, 원희 및 속복환 등을 참수하여 그 수급을 역참 수레를 이용하여 보내왔다. 그러자 장수들이 의아해하며 물었다.

'공께서 돌아왔는데 공손강이 원상과 원희의 머리를 베어 수급을 보낸 것은 무슨 까닭입니까?'

공이 말했다.

'공손강은 평소에 원상 등을 두려워했기에 내가 급하게 움직이면 그들은 서로 힘을 합쳐 대항할 것이고, 잠시 늦추면 서로 도모할 것이니, 형세가 그렇게 되게 한 것이오.'"

⑪

제갈량과 쌍벽을 이룰 만한 천재, 곽가

소설에서 곽가에 대한 평가가 대단히 높게 소개되지는 않은 듯하지만, 사실 곽가는 조조에게 있어 최고의 모사였을 뿐만 아니라 당대 최고의 인재이며 천재였다고 할 수 있다. 『삼국지』 「위서·곽가전」을 통해 간략하게나마 그에 대해 살펴볼 수 있다.

역사는 그를 "곽가는 심사숙고하며 모략을 세웠고 사물의 이치에 통달했다"고 기록하고 있으며, 처음에 순욱이 조조에게 곽가를 추천했을 때 조조는 곽가를 만나 천하의 일을 논한 다음 "내게 대업을 성취하게 할 이는 바로 이 사람이구나"라고 말했다.

조조가 군대를 이끌고 돌아가려 했을 때 공격하라고 설득해 여포를 사로잡을 수 있었던 것도 곽가의 공적이며, 곽가가 손책은 필부의 손에 죽게 될 것이라고 평가했는데 과연 일개 식객에게 죽임을 당한 것까지 맞췄다. 곽가는 조조를 도와 원소의 세력을 물리치고 중국 북부를 통일할 수 있었다.

조조는 일찍이 "오직 봉효奉孝(곽가의 자)만이 나의 생각을 알 수 있소"라고 말했고, 적벽대전에서 패한 다음에 "곽봉효가 살아 있었더라면, 나를 이 지경에 이르게 하지는 않았을 것이다"라며 한탄했는데 이는 조조가 얼마나 곽가의 죽음을 아쉬워했는지 알 수 있는 대목이다.

곽가는 11년 동안 조조의 최측근으로 활약하면서 상당히 많은 공적을 세웠다. 역사는 곽가가 병사했을 때 조조가 다음과 같이 말했다고 기록한다.

"[조조는] 친히 조문하며 매우 슬퍼하면서 순유 등에게 말했다.

'여러분의 연령은 모두 나와 동년배인데, 오직 봉효만이 가장 젊소. 천하의 대사를 이룬 후에 나는 그에게 뒷일을 부탁하려 했는데, 중년의 나이에 요절했으니, 이것은 운명이오!'"

우연의 일치라고 해야겠지만 건안 12년(207)에 곽가는 38세의 나이로 병사하는데, 바로 그해에 27세인 제갈량이 세상에 모습을 드러낸다.

단계를 뛰어넘은 적로

채부인은 병풍 뒤에서 밀담을 엿듣고,
유황숙은 말에 박차를 가해 단계를 뛰어넘다

蔡夫人隔屛聽密語,
劉皇叔躍馬過檀溪

조조가 황금빛이 솟아나는 곳을 파내어보니 구리로 만든 참새가 나왔다. 순유에게 물었다.

"이것은 무슨 징조요?"

순유가 말했다.

"옛날 순임금의 모친께서 옥으로 만든 참새가 품으로 들어오는 꿈을 꾸고서 순임금을 낳으셨다고 합니다. 지금 구리로 만든 참새를 얻은 것 또한 상서로운 징조입니다."

조조가 크게 기뻐하며 즉시 높은 대臺를 쌓아 그것을 경축하게 했다. 이에 그날로 땅파기를 시작하여 나무를 잘라내고, 기와를 굽고 벽돌을 갈아 장하漳河 위에 동작대銅雀臺를 세우기 시작했다. 대략 계산하니 1년 정도면 공사를 마칠 수 있었다. 작은아들 조식曹植이 나서며 말했다.

"대를 여러 층 지으시려면 반드시 세 개의 대를 세워야 합니다. 중간에 높은 것을 동작銅雀이라 하고, 왼쪽은 옥룡玉龍, 오른쪽은 금봉金鳳이라 이름하십시오. 그리고 두 개의 구름다리를 지어서 허공을 가로지르게 한다면 정말 장관일 것입니다."

조조가 말했다.

"내 아들의 말이 참으로 훌륭하구나. 대가 완성되면 나의 노년을 즐길 수 있겠구나!"

조조에게는 원래 아들이 다섯 있었는데 오직 조식만이 총명하고 지혜로 웠으며 문장을 잘 써서 조조가 평소에 가장 사랑했다. 이에 조식과 조비를 업군[1]에 남겨두어 대를 축조하게 했고 장연은 북방 군영을 지키게 했다. 조 조는 이번에 얻은 원소의 군사 50~60만 명을 거느리고 허도로 회군했으며 공이 있는 신하들에게 큰 벼슬을 내렸다. 또 표문을 올려 곽가에게 정후貞侯 의 시호를 추증하고 그의 아들 곽혁郭奕을 승상 부중에서 키웠다. 그러고는 다시 모사들을 모아놓고 남쪽으로 유표를 정벌할 일을 상의했다. 순욱이 말 했다.

"대군이 이제 막 북방을 정벌하고 돌아왔으니 다시 움직여서는 안 됩니다. 잠시 반년을 기다리면서 정기를 기르고 예기를 축적한다면 유표와 손권은 북 한 번 두드리고 단숨에 점령할 수 있을 것입니다."

조조는 그 말을 따르기로 하고 즉시 군사를 나누어 둔전[2]으로 농사를 짓 게 하며 동원 명령을 기다리게 했다.

한편 현덕이 형주에 온 이후로 유표는 그를 매우 후하게 대접했다. 어느 날 서로 모여서 한창 술을 마시고 있는데 갑자기 항복한 장수 장무張武와 진 손陳孫이 강하江夏에서 백성을 약탈하고 함께 모반을 꾀하고 있다는 보고가 들어왔다. 유표가 놀라며 말했다.

"두 도적놈이 또 반란을 일으켰으니 그 화가 적지 않겠구나!"

현덕이 말했다.

"형님께서는 염려 마십시오. 이 비가 직접 가서 그들을 토벌하리다."

유표는 크게 기뻐하며 즉시 3만의 군마를 점검하여 유비에게 주고 출정하게 했다. 명령을 받은 현덕이 즉시 출발했는데 하루가 못 되어 강하에 당도했다. 장무와 진손이 군사를 이끌고 맞섰다. 현덕은 관우, 장비, 조운과 함께 문기 아래서 말을 몰아 나가며 멀리 바라보았는데 장무가 타고 있는 말이 지극히 기운차고 날렸다. 현덕이 말했다.

"저 말은 틀림없이 천리를 달리는 말일 게야."

말이 미처 끝나기도 전에 조운이 창을 잡고 달려나가 적진으로 쳐들어갔다. 장무가 말고삐를 놓고 달려나와 맞섰으나 3합도 못 되어 조운의 창에 찔려 말 아래로 떨어졌고, 조운은 손으로 장무의 말의 재갈과 고삐를 잡아당겨 말을 끌면서 진으로 돌아왔다. 그 광경을 본 진손이 도로 빼앗으려 쫓아왔다. 그때 장비가 크게 고함을 지르더니 장팔사모를 잡고 곧장 뛰쳐나가 진손을 찔러 죽였다. 장무의 무리는 패하여 모두 뿔뿔이 흩어져 달아났다. 현덕은 잔당들을 복종시키고 다시 강하의 각 현을 평정한 다음 회군했다.❶

유표는 곽을 나와 유비를 영접하고 성으로 들어가 연회를 열어 공적을 축하했다. 술이 거나하게 취하자 유표가 말했다.

"내 아우가 이토록 뛰어난 재능을 가지고 있으니 형주도 믿고 의지할 곳이 생겼네. 다만 남월³이 수시로 침략하고 있고, 장로張魯와 손권 또한 모두 근심거리네."

현덕이 말했다

"이 아우에게 세 장수가 있어 임용할 만합니다. 장비에게 남월의 경계를 순시하게 하고, 운장은 고자성⁴을 지키도록 하면서 장로를 눌러 안정시키고, 조운은 삼강三江을 막아내면서 손권을 감당하게 한다면 어찌 근심할 만하겠습니까?"

유표가 기뻐하며 그 말을 따르려고 했다. 채모가 그의 누이 채부인에게 고했다.

"유비가 세 장수는 밖으로 보내 거주하도록 하고 자신은 형주[5]에 머물고자 하니 나중에 반드시 우환거리가 될 것이오."

이에 채부인이 유표에게 말했다.

"제가 듣기로는 형주의 많은 사람이 유비와 왕래한다고 하는데 그를 방비하지 않을 수 없어요. 지금 그를 성안에 살게 하면 이로울 것이 없으니 차라리 그를 다른 곳으로 보내는 것이 나을 듯해요."

유표가 말했다.

"현덕은 어진 사람이오."

채씨가 말했다.

"다른 사람과 당신의 마음이 다를까봐 염려해서 그러는 거예요."

유표는 망설이며 대답하지 않았다. ❷

이튿날 성을 나갔더니 현덕이 타고 있는 말이 지극히 좋은 말로 보였다. 이것이 장무의 말이라는 것을 알게 되자 유표는 현덕의 칭찬을 그치지 않았다. 현덕은 즉시 그 말을 유표에게 선사했다. 유표는 크게 기뻐하며 그 말을 타고 성안으로 돌아왔다. 괴월이 보고서 묻자 유표가 말했다.

"이 말은 현덕이 선물로 준 것이오."

괴월이 말했다.

"이전에 돌아가신 형님 괴량이 말의 좋고 나쁨을 가장 잘 보았는데 이 월 또한 말을 꽤 볼 줄 압니다. 이 말은 눈 밑에 눈물이 고일 정도로 움푹 패어 있고 이마 주변에 흰 점이 있어 '적로的盧'라고 불리는데 이 말을 타게 되면 주인을 해롭게 합니다. 장무가 이 말 때문에 죽었으니 주공께서 타셔서는 안 됩니다."

유표는 그 말을 듣기로 했다. 이튿날 현덕을 연회에 청해 술을 마시다가 말했다.

"어제 좋은 말을 받아 후의에 깊이 감사하네. 그러나 아우님이 자주 진군하여 정벌에 나서니 아우님에게 소용이 있을 듯하네. 그래서 그 말을 돌려주기로 했네."

현덕이 일어나 감사했다. 유표가 또 말했다.

"아우님이 이곳에 너무 오래 있으면 군사 관련 일을 그만둘까 염려되네. 양양에 속해 있는 고을 신야현^{6}은 돈과 양식이 상당한 곳일세. 아우가 데리고 있던 본부 군마를 이끌고 그곳에 가서 주둔하는 것은 어떠한가?"

현덕이 승낙했다. 이튿날 유표와 작별하고 본부 군마를 이끌며 신야로 향했다. 막 성문을 나서는데 어떤 사람이 말 앞에서 장읍^{7}하면서 말했다.

"공께서는 지금 이 말을 타서는 안 됩니다."

현덕이 보니 바로 형주에 막료로 있는 산양^8 사람 이적伊籍으로 자가 기백機伯이었다. 현덕이 급히 말에서 내려 묻자 이적이 말했다.

"어제 괴이도蒯異度(괴월의 자)가 유형주에게 '이 말은 적로라고 하며 이 말을 타게 되면 주인에게 해롭다'고 하는 말을 들었습니다. 그 때문에 공께 이 말을 돌려준 것입니다. 공께서 어찌 다시 그 말을 타실 수 있단 말씀입니까?"

현덕이 말했다.

"선생께서 사랑해주시니 깊이 감사드리오. 그러나 사람이 죽고 사는 문제는 운명에 달려 있는 것이지 어찌 말이 방해할 수 있겠소!"

유비의 고견에 감복한 이적은 이때부터 항상 현덕과 왕래했다. ❸

현덕이 신야에 당도하자 군사들과 백성이 모두 기뻐했고 정치도 새로워졌다. 건안 12년(207) 봄, 감부인이 유선劉禪을 낳았다. 이날 밤 백학 한 마리가 현 관아 지붕 위로 날아와서는 소리 높여 40여 차례를 울더니 서쪽으로 날아갔다. 분만할 때는 기이한 향기가 방 안에 가득했다. 감부인이 일찍이 밤에 하늘을 우러러 북두를 삼키는 꿈을 꾸고 임신을 했기에 아명을 아두阿斗라 했다. 이때 조조는 군대를 통솔하여 북쪽을 정벌하고 있었다. 현덕은 즉시 형주⁹로 가서 유표를 설득했다.

"지금 조조가 모든 군사를 동원해 북쪽으로 정벌을 나가 허창이 텅 비어 있으니 형양의 군사들로 그 틈을 이용해 허창을 기습한다면 큰일을 이룰 수 있을 것입니다."

유표가 말했다.

"나는 아홉 개의 군을 차지하는 것으로 충분한데, 어찌 다른 것을 도모할 수 있단 말인가?"

현덕은 묵묵히 있었다. 유표가 현덕을 후당으로 청해 함께 술을 마셨다. 술이 거나하게 취하자 유표가 별안간 길게 탄식했다. 현덕이 말했다.

"형님께서는 무슨 까닭으로 길게 탄식하십니까?"

"내게 걱정거리가 있는데 터놓고 말하기가 쉽지 않네."

현덕이 다시 물으려고 할 때 채부인이 병풍 뒤에서 나와 서자 유표는 이에 머리를 숙이고는 말을 하지 않았다. 잠시 후 술자리가 끝나고 현덕은 신야로 돌아갔다.

이해 겨울에 조조가 유성으로 돌아갔다는 소식을 들은 현덕은 유표가 자신의 말을 받아들이지 않는 것을 몹시 한탄했다. 어느 날 갑자기 유표가 보낸 사자가 당도했는데 현덕에게 형주에서 만나자고 청했다. 현덕은 사자를 따라갔다. 유표가 현덕을 맞이하고 예를 마친 후 후당으로 청해 함께 술을 마시며 현덕에게 일렀다.

"근래에 듣자 하니 조조가 군대를 거느리고 허도로 돌아갔는데 그 세력이 날로 강성해지고 있어 틀림없이 형양을 삼킬 마음을 가질 것이네. 이전에 아우님의 말을 듣지 않았다가 이런 좋은 기회를 놓친 것이 후회되네."

현덕이 말했다.

"지금 천하가 분열되어 전쟁이 날마다 일어나고 있는데 기회를 어찌 다 놓쳤다고 말씀하십니까? 나중에라도 기회가 생겼을 때 따르면 되니 아직 후회하실 필요는 없습니다."

"아우님의 말씀이 지극히 타당하네."

서로 마주하며 술을 마셨다. 술이 거나하게 취하자 유표가 갑자기 눈물을 줄줄 흘렸다. 현덕이 까닭을 묻자 유표가 말했다.

"내게 고민거리가 있어 지난번에 아우님에게 털어놓으려고 했었는데 말하기가 적절하지 못했었네."

현덕이 말했다.

"형님께서 무슨 결정하기 곤란한 일이라도 있으십니까? 이 아우를 쓰실 곳이 있다면 비록 죽는다 하더라도 마다하지 않겠습니다."

유표가 말했다.

"전처 진씨陳氏 소생인 큰아들 기琦의 사람됨은 비록 어질지만 연약하여 공훈을 세우고 업적을 쌓기에는 부족하고, 후처 채씨 소생인 작은아들 종琮은 상당히 총명하네. 내가 큰아들을 폐하고 작은아들을 세우자니 예법에 어긋나는 것 같고, 그렇다고 큰아들을 세우자니 채씨 종족들이 모두 군사 관련 일을 관장하고 있어 나중에 틀림없이 난이 일어날 것 같네. 지금 어찌해볼 도리가 없어 이렇게 망설이기만 하고 결단을 내리지 못하고 있네."❹

현덕이 말했다.

"예로부터 큰아들을 폐하고 작은아들을 세우는 것은 환란의 길을 택하는 것입니다. 채씨의 권력이 걱정스럽다면 서서히 그들의 힘을 줄이시면 됩니다. 작은아들을 지나치게 귀여워하시어 자리에 세워서는 안 됩니다."

유표는 잠자코 있었다.

원래 채부인은 평소에 현덕을 의심하고 있었기에 현덕과 유표가 만나서 의논이라도 하면 반드시 와서 몰래 엿들었다. 이때도 마침 병풍 뒤에 있다가 현덕의 그 말을 듣고는 마음속으로 몹시 현덕을 증오했다. 현덕은 자신이 실언한 것을 알고는 즉시 일어나 측간에 갔다. 오랫동안 말을 타지 않아 넓적다리에 다시 살이 찐 것을 보고는 현덕 또한 자신도 모르게 눈물을 줄줄 흘렸다. 잠시 후 다시 술좌석으로 들어갔다. 유표는 현덕의 얼굴에 눈물 흘린 자국을 보고는 이상하게 생각하며 물었다. 현덕이 길게 탄식했다.

"저는 평소에 몸이 말안장에서 떠나지 않아 넓적다리에 살이 없었는데, 지금 오랫동안 말을 타지 않아 넓적다리에 군살이 붙었습니다. 세월만 헛되이 지나가고 곧 늙을 텐데 공훈과 업적을 세우지도 못했으니 이것이 슬플 따름입니다!"

유표가 말했다.

"아우님이 허창에서 조조와 푸른 매실로 술을 데우면서 함께 영웅을 논했을 때 당대의 명사들을 모두 제시했는데 조조가 모조리 동의하지 않고 '천하의 영웅은 오직 사군과 조조뿐이오'라고 말했다고 들었네. 조조의 권력으로도 자신을 감히 아우의 앞에 두지 못했는데 어찌하여 공훈과 업적을 세우지 못할 것을 염려하는가?"

현덕은 술이 취한 김에 실언하고 말했다.

"제가 기본만 되어 있다면 천하의 그저 그런 평범한 무리쯤이야 그야말로 걱정할 필요가 없습니다."

그 말을 들은 유표는 묵묵히 말이 없었다. 실언한 것을 스스로 깨달은 현덕은 취한 척하며 일어나서 관사로 돌아가 쉬었다. 후세 사람이 현덕을 찬탄한 시가 있다.

조공이 머릿수에서 손가락을 꼽아보더니만
'천하 영웅은 오직 나와 사군뿐'이라 하네
허벅지에 군살이 생겼다고 탄식하고 있으니
어떻게 천하를 셋으로 나누지 않을 것인가
曹公屈指從頭數, 天下英雄獨使君
髀肉復生猶感嘆, 爭敎寰宇不三分

한편 현덕의 말을 들은 유표는 입으로는 비록 말을 하지는 않았지만 속으로는 기분이 나빴다. 유표 또한 현덕과 작별하고 안채로 들어갔다. 채부인이 말했다.

"방금 내가 병풍 뒤에서 현덕이 하는 말을 들었는데 사람을 심하게 경시하는 것을 봐서는 형주를 삼킬 의도가 있음을 충분히 볼 수 있어요. 지금 제거하지 않았다가는 틀림없이 후환이 될 거예요."

유표는 대답을 하지 않고 고개만 가로저을 뿐이었다. 채씨는 즉시 은밀하게 채모를 불러들여 이 일을 상의했다. 채모가 말했다.

"먼저 관사로 가서 그를 죽인 다음에 주공께 알리지요."

채씨가 그 말을 옳게 여겼다. 채모는 나가자마자 바로 그날 밤에 군사를 점검했다.

한편 현덕은 관사에서 손에 촛불을 들고 앉아 있다가 삼경이 지난 후에야 비로소 잠자리에 들려고 했다. 그때 갑자기 한 사람이 문을 두드리고 들어왔는데 다름 아닌 이적이었다. 알고 보니 이적은 채모가 현덕을 죽이려 한다는 것을 탐지하고 특별히 야밤에 알리러 온 것이었다. 이적은 채모의 계략을 현덕에게 즉각 알리고 속히 떠나도록 재촉했다. 현덕이 말했다.

"경승景升(유표의 자)에게 작별도 하지 않고 어떻게 그냥 간단 말이오?"

이적이 말했다.

"공께서 작별 인사를 하려 한다면 반드시 채모에게 해를 당하실 겁니다."

현덕은 이에 이적과 작별하고 급히 수행원들을 불러 일제히 말에 올라 날이 밝기를 기다리지 않고 밤새 신야로 달아났다. 채모가 군사들을 이끌고 관사에 왔을 때는 현덕이 이미 멀리 떠난 뒤였다. 채모는 손쓸 수 없음을 원망하다 벽에 시 한 수를 적고는 곧장 들어가 유표를 만나 말했다.

"유비가 모반할 뜻이 있어 벽에 반시[10]를 적어놓고는 작별도 하지 않고 갔습니다."

유표는 그 말을 믿지 않고 직접 관사로 가서 살펴봤는데 과연 4구의 시가 적혀 있었다.

여러 해 동안 헛되이 곤궁함에 익숙해져
쓸데없이 옛 산과 냇물만 바라보는구나
용이 어찌 못 속에만 틀어박혀 있겠는가

우레를 타고 하늘로 오르고 싶어하노라

數年徒守困, 空對舊山川

龍豈池中物, 乘雷欲上天

시를 본 유표는 크게 노하여 검을 뽑고 말했다.

"맹세컨대 이 의리 없는 놈을 죽이고 말 테다!"

그러나 몇 걸음 가지 않아 문득 생각이 났다.

'내가 현덕과 오랫동안 상대했지만 일찍이 그가 시를 짓는 것을 보지 못했다. 이것은 틀림없이 다른 사람이 우리를 이간시키려는 계책이다.'

즉시 관사로 되돌아가서 예리한 칼끝으로 시를 긁어버리고는 검을 버린 후 말에 올랐다. 채모가 청했다.

"군사들을 이미 점검하여 준비했으니 신야로 가서 유비를 사로잡을 수 있습니다."

유표가 말했다.

"경솔하게 행동하지 말고 천천히 도모해도 될 것이네."

유표가 의심만 하고 결정하지 못하는 것을 본 채모는 이에 은밀하게 채부인과 상의했다. 수일 내로 양양에 관원들을 대대적으로 모아놓고 그곳에서 유비를 도모하기로 했다.[11] 이튿날 채모는 유표에게 아뢰었다.

"최근 몇 년간 풍년이 들었으니 응당 관원들을 양양에 모아 위로하고 격려하는 뜻을 보여주시기 바랍니다. 청컨대 주공께서 한번 가셨으면 합니다."

유표가 말했다.

"요 며칠 사이 내가 기력이 쇠약해지는 병에 걸려 갈 수가 없네. 두 아들이 주인이 되어 손님을 접대하도록 하라."

채모가 말했다.

"공자들은 나이가 어려 예절에 실수가 있을까 염려됩니다."

유표가 말했다.

"그렇다면 신야로 가서 현덕을 청해 손님을 대접하게 하라."

채모는 계책이 맞아떨어졌음을 속으로 기뻐하며 바로 사람을 보내 현덕을 양양으로 오라고 청했다.

한편 신야로 달아난 현덕은 자신의 실언으로 화를 초래했음을 알고 사람들에게는 그 일을 말하지 않았다. 그런데 별안간 사자가 와서는 양양으로 와달라고 청했다. 손건이 말했다.

"어제 주공께서 다급하게 돌아오신 것을 봤는데 몹시 불쾌해하시는 것 같았습니다. 제 어리석은 생각으로는 형주에서 틀림없이 무슨 사고가 있었던 것으로 추측됩니다. 게다가 오늘 갑자기 모임에 오시라고 청하니 함부로 가시면 안 될 것 같습니다."

그제야 비로소 현덕은 있었던 일을 여러 사람에게 이야기했다. 운장이 말했다.

"형님께서 스스로 실언하셨다고 의심하나 유형주께서는 결코 불만스러워하거나 책망할 뜻이 없는 듯합니다. 남의 말을 함부로 믿어서는 안 됩니다. 양양은 이곳에서 그다지 멀지도 않은데 가지 않으시면 유형주께서 도리어 의심할 것입니다."

현덕이 말했다.

"운장의 말이 옳네."

장비가 말했다.

"술자리에 좋은 술자리가 없고 모임에 좋은 모임이 없으니 차라리 가지 않는 게 좋겠소."

조운이 말했다.

"제가 마보군 300명을 이끌고 함께 가서 주공께 아무 일 없도록 보호하겠습니다."

현덕이 말했다.

"그렇게 하면 정말 좋겠네."

마침내 조운과 함께 그날로 양양으로 갔다. 채모가 곽까지 나와 영접했는데 대단히 겸손하고 공손했다. 뒤이어 유기와 유종 두 아들이 한 무리의 문무 관료를 이끌고 나와 맞이했다. 두 공자가 함께 있는 것을 본 현덕은 조금도 의심하지 않았다. 이날은 현덕을 관사로 청해 잠시 쉬게 했다. 조운은 300명의 군사를 이끌고 관사를 둘러싸고 보호했다. 그는 갑옷을 입고 검을 찬 채 걷거나 앉거나 현덕의 곁을 떠나지 않았다. 유기가 현덕에게 고했다.

"부친께서 기력이 쇠약해지는 병에 걸려 거동할 수 없으셔서 특별히 숙부님을 청해 손님을 접대하고 각처를 방비하는 관원들을 위로하고 격려하라고 하셨습니다."

현덕이 말했다.

"나는 본래 이런 일을 감당할 수 없는데 형님의 명령이 있으시니 따르지 않을 수가 없네."

이튿날 9군 42주[12]의 관원들이 모두 도착했다는 보고가 들어왔다. 채모는 미리 괴월을 청해 계책을 상의했다.

"유비는 당대의 효웅[13]이오. 이곳에 오래 머물게 하면 나중에 반드시 해가 될 것이니 오늘 그를 제거해야만 하오."

괴월이 말했다.

"선비들과 백성의 기대를 저버릴까 두렵소."

채모가 말했다.

"내가 이미 비밀리에 여기에서 유형주의 명령을 받들었소."

"그렇다면 미리 준비를 해야겠소."

채모가 말했다.

"동문 현산峴山으로 가는 큰길은 이미 내 아우인 채화蔡和에게 군사를 이끌고 지키게 했고, 남문 밖은 이미 채중蔡中에게 지키라고 했소. 또한 북문 밖은 이미 채훈蔡勳에게 지키라고 했소. 서문 쪽은 지킬 필요가 없는데 앞에 단계[14]로 막혀 있어 수만 명의 무리가 있다 하더라도 쉽게 건너지 못할 것이오."

괴월이 말했다.

"내가 보기에는 조운이 걸을 때나 앉아 있을 때나 현덕에게서 떨어지지 않고 있으니 손쓰기 어려울 것 같아 걱정이오."

"내가 500명의 군사를 성안에 매복시켜 준비해놨소."

"문빙文聘과 왕위王威 두 사람에게 별도로 바깥 대청에 술자리를 마련하여 무장들을 대접하게 하시지요. 먼저 그곳으로 조운을 청한 다음에 일을 진행시켜야 할 것이오."

채모는 그 말을 따르기로 했다. 이날 소와 말을 잡고 주연을 크게 베풀었다. 현덕이 타고 있던 적로마가 주 관아에 이르자 말을 후원으로 끌고 가서 매어두게 했다. 관원들이 모두 대청에 도착했다. 현덕이 주인 자리에 앉고 두 공자는 양쪽에 나누어 앉았으며 나머지 관원은 각기 순서에 따라 자리에 앉았다. 조운은 검을 차고 현덕의 곁에 서 있었다. 문빙과 왕위가 들어와서는 조운을 별도의 술자리로 청했으나 조운은 사양하고 가려 하지 않았다.

현덕이 조운에게 그 자리로 가라고 하자 조운은 마지못해 명에 따라 나갔다. 채모는 밖에서 철통같이 수습해놓고 현덕이 데리고 온 300명의 군사들을 전부 관사로 돌려보내고는 술이 거나하게 취했을 때를 기다렸다가 신호를 보내 손을 쓰기로 했다. 술이 세 순배째 돌았을 때 이적이 잔을 들어 현덕 앞으로 와서는 현덕을 보면서 나지막한 목소리로 일렀다.

"측간에 가시지요."

현덕은 이적의 의중을 깨닫고는 즉시 자리에서 일어나 측간으로 갔다. 이적은 술잔을 돌리고 나서 서둘러 후원으로 들어가더니 현덕을 만나 귓속말로 알렸다.

"채모가 계책을 꾸며 공을 해치려 하는데, 성 밖 동쪽, 남쪽, 북쪽 세 곳은 모두 군마들이 지키고 있어 오직 서문으로만 달아날 수 있습니다. 공께서는 속히 도망치십시오!"

깜짝 놀란 현덕은 급히 매어 있던 적로마를 풀어 후원 문을 열고 나가서는 나는 듯이 말에 올라 수행원들을 돌아볼 겨를도 없이 필마단기로 서문을 향해 달아났다. 문을 지키던 관리가 까닭을 물었으나 현덕은 대답도 하지 않고 말에 채찍질하며 달아났다. 문을 지키던 관리가 막아내지 못하고 즉시 채모에게 보고했다. 채모는 곧바로 말에 올라 500명의 군사들을 이끌고 뒤따라 추격했다.

한편 서문으로 돌진한 현덕은 몇 리를 달리지도 못했는데 앞에 커다란 개천이 가는 길을 가로막고 있었다. 단계라 불리는 그 개천은 너비가 여러 장이며 양강[15]으로 흘러 들어가는데 물결이 몹시 세찼다. 개천가에 이른 현덕은 건널 수 없음을 보고는 고삐를 당겨 말을 멈추어 세웠다가 다시 돌아가려 했는데, 멀리 성 서쪽에서 먼지가 자욱하게 피어오르는 것이 추격병이 곧들이닥칠 것 같았다. 현덕이 말했다.

"이번에는 죽겠구나!"

결국 말을 돌려 개천가로 갔다. 고개를 돌려보니 추격병이 더 가까이 접근하고 있었다. 다급해진 현덕은 말고삐를 놓고 개천으로 달려 내려갔다. 몇 걸음 가지도 못해 말의 앞발굽이 갑자기 빠지면서 물에 옷이 축축하게 젖었다. 이에 현덕이 말에 채찍질하며 크게 소리쳤다.

"적로, 적로야! 오늘 나를 해칠 생각이냐!"

말을 마치자마자 적로마가 별안간 물속에서 몸을 위로 솟구치더니 한 번에 세 장이나 나는 듯이 뛰어 서쪽 기슭에 올랐다. 현덕은 마치 구름과 안개 속에서 헤쳐 나온 듯했다. 후세에 소학사蘇學士가 고풍시 한 수를 지어 홀로 말에 박차를 가해 단계를 넘은 일을 노래했다.

몸은 늙어가고 꽃은 시들어 봄날은 저무는데
벼슬 찾아 떠돌다가 우연히 단계 길에 이르렀네
마차 세우고는 멀리 바라보며 외로이 배회하니
눈앞에는 붉은 꽃솜들이 흩날리며 떨어지는구나

속으로 생각해보니 함양의 화덕[16]이 쇠락하고
용은 다투고 범은 싸우며 서로 으르렁거리네
양양의 관원 술자리에서 왕손이 술을 마시는데
연회석상에 있던 현덕의 몸이 장차 위태롭구나

목숨 건지고자 홀로 서문 밖으로 뛰쳐 달아나니

등 뒤에서는 추격병들에게 따라잡히게 되었네
안개 자욱한 출렁이는 냇물 단계가 앞을 막으니
다급히 소리치며 말을 달려 앞으로 뛰어들었네

말발굽에 밟혀 부서지는 유리 같은 푸른 물결
바람 소리 울리는 곳 황금 채찍 휘두르는구나
귓가에 천기의 기병들 달리는 소리 들려오고
홀연히 물결 속에서 쌍룡[17]이 날아오르는구나

장차 서천 땅을 홀로 제패할 진정한 영주로서
용마를 타고 있었으니 두 용이 서로 만났구나
단계의 시냇물은 언제나 동쪽으로 흘러가지만
용마와 영주는 지금 모두 어디로 갔는가

물결 앞에서 거듭 탄식하니 마음 비통해지고
지는 저녁 해는 적적하게 빈산만 비추는구나
천하삼분의 원대한 포부도 모두 꿈만 같으니
쓸쓸한 발자취만이 헛되이 세상에 남아 있구나
老去花殘春日暮, 宦遊偶至檀溪路
停驂遙望獨徘徊, 眼前零落飄紅絮
暗想咸陽火德衰, 龍爭虎鬪交相持
襄陽會上王孫飮, 坐中玄德身將危
逃生獨出西門道, 背後追兵復將到

一川煙水漲檀溪, 急叱征騎往前跳

馬蹄踏碎靑玻璃, 天風響處金鞭揮

耳畔但聞千騎走, 波中忽見雙龍飛

西川獨霸眞英主, 坐下龍駒兩相遇

檀溪溪水自東流, 龍駒英主今何處

臨流三嘆心欲酸, 斜陽寂寂照空山

三分鼎足渾如夢, 蹤迹空留在世間

단계를 뛰어넘어 서쪽 기슭에 이른 현덕이 동쪽 기슭을 바라보았는데 채모가 이미 군사를 이끌고 시냇가에 이르러 크게 소리 지르고 있었다.

"사군께서는 무슨 까닭으로 술자리를 뜨고 도망가시오?"

현덕이 말했다.

"내가 네놈과 원수진 일이 없거늘 무슨 이유로 나를 해치려 했느냐?"

채모가 말했다.

"저는 절대로 그런 마음이 없습니다. 사군께서는 다른 사람의 말을 듣지 마십시오."

현덕은 채모가 손으로 활을 집어 화살을 꺼내는 것을 보고는 급히 말을 젖혀 서남쪽으로 향해 달아났다. 채모가 좌우에 일렀다.

"이것은 무슨 귀신의 도움이란 말이냐?"

이제 막 군사를 거두어 성으로 돌아가는데 서문 안에서 조운이 300명의 군사를 이끌고 쫓아오는 것이 보였다.

뛰어오른 용 같은 준마는 주인을 구원하고

쫓아온 범 같은 장수는 원수를 죽이려 드네

躍去龍駒能救主, 追來虎將欲誅仇

채모의 목숨은 어떻게 될 것인가?❺

제34회 단계를 뛰어넘은 적로

❶

『삼국지』「위서·유표전」 배송지 주 사마표司馬彪 『전략』에 따르면 유표가 처음 형주자사가 되었을 때 "오직 강하의 도적 장호張虎와 진생陳生만이 무리를 모아 양양을 점거하자 유표는 괴월과 방계龐季를 필마단기로 보내 그들을 설득하여 항복시켰고 강남이 마침내 모두 평정되었다"고 기록하고 있다.

유비가 평정한 것이 아니라 유표가 형주자사가 된 초기에 형주 지역의 도적들을 평정한 것이며, 소설에서는 장무張武와 진손陳孫으로 소개하지만 『전략』에는 장호와 진생으로 나와 있다. 그러나 『후한서』「유표전」에는 '장호와 진좌陳坐'로 기록되어 있다.

❷

유표는 유비를 중용하지 않았다

『후한서』「유표전」에 따르면 "건안 6년(201), 유비가 원소로부터 도망쳐 형주로 왔다. 유표는 그를 융숭하게 대접했으나 중용하지는 않았다"고 기록하고 있고, 『삼국지』「촉서·선주전」에는 "선주에게 귀의하는 형주의 호걸들이 나날이 많아지자 유표는 그의 마음을 의심하여 은밀하게 선주를 방비했다"고 기록되어 있다.

❸

이적에 관련된 역사 기록은 많지 않다. 『삼국지』 「촉서·이적전」은 이적에 관해 다음과 같이 기록하고 있다.

"이적은 자가 기백機伯이며 산양군山陽郡 사람이다. 어렸을 때 같은 읍인邑人(같은 현 사람, 유표는 산양 고평高平 사람이다. 고평은 지금의 산둥성 웨이산微山 서북쪽)인 진남장군鎭南將軍 유표에게 의탁했다. 선주가 형주에 있었을 때 이적은 항상 선주와 왕래하며 의지할 뜻을 나타냈다. 선주로부터 받은 대우는 간옹과 미축 등에 버금갔다.

이적이 사신으로 오국吳國에 파견되었을 때 손권은 그가 말재주가 뛰어나다는 소리를 듣고는 말로 따져 그를 힐책하려 했다. 이적이 막 궁중으로 들어와 손권에게 무릎을 꿇고 엎드려 절을 올렸다. 손권이 말했다.

'무도無道한 군주를 섬기느라 수고롭겠소?'

이적이 즉시 대답했다.

'한 번 절하고 일어났을 뿐인데 수고롭다고 하기에는 부족하지요.'

이적의 기지와 민첩함이 대부분 이와 같았다. 손권은 그의 재능을 매우 경이롭게 여겼다."

❹

유기와 유종은 이복형제였을까?

소설에서는 유종이 후처 채씨의 소생이라고 했지만, 『후한서』 「유표전」에 의하면 "유표에게는 두 아들이 있었는데 유기와 유종이었다. 처음에 유표는 유기가 가장 자신을 닮아 그를 매우 사랑했는데, 후에 유종을 위해 후처 채씨의 조카를 맞아들였다. 채씨는 유종을 사랑하고 유기를 싫어하기 시작했다"고 하여 다르게 기록하고 있다. 『후한서』의 기록으로 보면 유기와 유종은 어미가 같은 형제였을 것으로 판단되지만, 일반적인 견해는 유종을 채씨 소생으로 인식하고 있다.

『삼국지』 「위서·유표전」은 "당초 유표와 그의 처는 모두 작은아들 유종을 사랑하여 후계자로 삼고자 했고, 채모와 장윤도 유종의 도당이 되었다"고 기록하여 유종이

후처 채씨 집안의 신임을 얻었던 것은 사실이며, 이 기록에 근거해보면 유종이 채씨의 소생이었기에 채씨 집안의 지지를 얻을 수 있었던 것으로도 판단할 수 있다. 또한 유기와 유종의 태어난 연도는 정확하지 않지만 두 사람의 나이 차가 많았던 것을 보면 유종이 채씨의 소생이었다는 견해도 설득력 있다.

어쨌든 유종이 채씨의 소생임을 증명할 수 있는 정확한 역사 기록은 존재하지 않는다.

❺

유비가 적로를 타고 단계를 뛰어넘은 일은 사실일까?

『삼국지』「촉서·선주전」 배송지 주 『세어』에 다음과 같은 내용이 기록되어 있다.

"유비가 번성에 주둔하고 있었는데 유표는 예로 대했지만 유비의 사람됨을 꺼려 그다지 신뢰하지 않았다. 유표가 일찍이 유비를 연회에 초청한 적이 있었는데, 괴월과 채모가 연회에서 해치려고 하자 유비는 그것을 눈치채고 측간에 가는 척하고는 몰래 도망쳐 나왔다. 타고 다니던 말의 이름이 적로였는데 적로를 타고 달아나다가 양양성 서쪽 단계 물속에 빠져 나올 수가 없었다. 유비가 급히 말했다.

'적로여, 오늘 위험에 빠졌구나. 힘을 내라!'

이에 적로는 단번에 세 장이나 치솟아 마침내 단계를 건넜다."

그러나 또 손성孫盛은 "이것은 불가능한 이야기다. 유비는 이때 타향에서 몸을 의지해 거주하고 있었다. 손님과 주인의 세력에서 차이가 나는데, 만일 이런 변고가 있었다면 어찌 감히 편안하게 유표가 죽을 때까지 아무런 분쟁이 없었겠는가? 이것은 모두 세상 사람들이 멋대로 만든 말로 사실이 아니다"라고 평가했다.

배송지가 손성의 비평을 실은 것으로 봐서 배송지 자신도 이 일을 믿지 않은 듯하다.

은자를 만나다

현덕은 남장에서 은자를 만나고,
선복은 신야에서 영주를 만나다

玄德南漳逢隱淪,
單福新野遇英主

채모가 이제 막 성으로 돌아가려고 하는데 조운이 군사를 이끌고 성을 나와 뒤를 쫓아왔다. 원래 조운은 한창 술을 마시고 있다가 별안간 인마들이 움직이는 것을 보고는 급히 안으로 들어가서 살펴보았더니 술좌석에 현덕이 보이지 않았다. 깜짝 놀란 조운은 밖으로 나와 관사로 갔다가 사람들이 채모가 군사를 이끌고 서쪽을 향해 쫓아갔다고 이야기하는 것을 듣게 되었다. 조운은 화급하게 창을 움켜쥐고 말에 올라 데리고 왔던 300명의 군사를 이끌고 서문으로 달려나가다가 마침 돌아오던 채모와 마주쳤다. 급히 그에게 물었다.

"우리 주인은 어디에 계시오?"

채모가 말했다.

"사군께서 자리를 뜨고 가버리셨는데, 어디로 가셨는지 모르겠소."

조운은 신중하고 세밀한 사람이라 덤벙대지 않고 즉시 말을 채찍질하여 앞으로 나아갔다. 멀리 큰 시냇물이 눈에 들어왔는데 달리 갈 만한 길이 없었다. 이에 다시 말을 돌려 돌아와서는 채모에게 소리 질러 물었다.

"그대는 우리 주인을 연회에 오시라고 청해놓고 무슨 까닭으로 군마를 이끌고 추격했는가?"

채모가 말했다.

"9군 42주현의 관료들이 모두 이곳에 있는데, 상장上將인 내가 어찌 방어하며 보호하지 않을 수 있겠는가?"

조운이 말했다.

"그대는 우리 주인을 핍박해 어디로 가시게 했는가?"

"사군께서 홀로 서문을 나가셨다고 들어서 이곳까지 왔는데 보이지 않네."

조운은 놀라고 의심스러웠지만 단정할 수 없어 곧장 시냇가로 가서 살펴보았는데 단지 건너편 기슭 일대에 물자국만 보일 뿐이었다. 조운은 속으로 곰곰이 생각했다.

'설마 말을 타고 시내를 뛰어넘으신 것은 아니겠지?'

300명의 군사를 사방으로 흩어 둘러보게 했으나 현덕의 종적을 전혀 찾을 수 없었다. 조운이 다시 말을 돌려 돌아왔을 때 채모는 이미 성으로 들어간 뒤였다. 조운은 바로 문을 지키는 군사를 붙잡고 추궁했으나 모두 똑같이 말했다.

"유사군께서는 나는 듯이 말을 몰아 서문으로 나가셨습니다."

조운은 다시 성으로 들어가려 했으나 또 매복이 있을까 두려워 결국은 군사를 이끌고 급히 신야로 돌아갔다.

한편 말에 박차를 가하며 시내를 뛰어넘은 현덕은 취한 듯 정신이 나간 듯 했다. 현덕은 생각했다.

'이렇게 넓은 시냇물을 단번에 뛰어넘었으니 어찌 하늘의 뜻이 아니겠는가!'

구불구불 이어진 길을 따라 남장[1]을 향해 말을 채찍질하며 달리는데 해가 서쪽으로 기울었다. 한창 가고 있는데 한 목동이 소 등에 걸터앉아 단적[2]을 불면서 오는 게 보였다. 현덕이 탄식했다.

"내 신세가 저 아이만 못하구나!"

바로 말을 세우고는 그 목동을 쳐다봤다. 목동 또한 소를 세우고 피리 부는 것을 멈추더니 현덕을 자세히 보면서 말했다.

"장군께서는 혹시 황건을 격파한 유현덕이 아니신지요?"

현덕이 놀라 물었다.

"너 같은 외진 시골 아이가 어떻게 내 이름을 아느냐?"

목동이 말했다.

"저는 본래 알지 못하는데 항상 스승님께서 손님이 오시는 날이면 유현덕이라는 사람이 있는데, 키가 7척 5촌이고 손은 무릎 아래까지 길게 늘어졌으며 눈으로는 자기 귀를 돌아볼 수 있는 당대의 영웅이라고 여러 차례 말씀하셨지요. 지금 장군의 용모가 그 말씀과 같아 틀림없이 그분이 맞을 거라고 생각했지요."

현덕이 말했다.

"너의 스승님은 누구시냐?"

"제 스승님은 복성인 사마司馬 씨이고 함자가 휘徽이며 자가 덕조德操라 하는데 영천潁川 분입니다. 도호道號를 '수경 선생水鏡先生'이라고 하시지요."

"너의 스승님은 누구와 벗하며 지내시냐?"

아이가 말했다.

"양양의 방덕공龐德公, 방통龐統과 교제하시지요."

현덕이 말했다.

"방덕공과 방통은 어떤 사람들이냐?"

동자가 말했다.

"숙질간입니다. 방덕공 선생은 자가 산민³인데 제 스승님보다 열 살 많으시고, 방통 선생은 자가 사원土元인데 제 스승님보다 다섯 살 적지요. 하루는 제 스승님께서 나무 위로 올라가 뽕잎을 따고 계셨는데 마침 방통 선생께서 찾아오셨어요. 두 분이 나무 밑에 앉아서 함께 의논하셨는데 하루 종일 싫증내지 않으셨어요. 제 스승님께선 방통 선생을 매우 사랑하시어 아우라고 부르시지요."❶

"네 스승님은 지금 어디에 계시느냐?"

목동이 멀리 가리키며 말했다.

"앞에 있는 숲속 장원에 계세요."

"내가 바로 유현덕이다. 네가 나를 인도해서 스승님을 만나 뵙게 해다오."

동자가 바로 현덕을 인도하여 2리 남짓 가자 어느 장원 앞에 당도했다. 말에서 내려 중문에 이르렀는데 갑자기 매우 아름다운 거문고 소리가 들렸다. 현덕은 동자에게 잠시 알리지 말라 하고 귀를 기울여 거문고 소리를 들었는데, 그때 거문고 연주가 별안간 멈추더니 한 사람이 웃으면서 나왔다.

"아름답고 그윽한 거문고 소리에 별안간 기세가 우렁찬 곡조가 일어나니 틀림없이 영웅이 엿듣는 것이로다."

동자가 가리키며 현덕에게 일렀다.

"이분이 바로 제 스승님이신 수경 선생이세요."

현덕이 그 사람을 보니 소나무 같은 외모에 학 같은 골격을 갖췄고 풍채 또한 평범하지 않았다. 황망히 앞으로 나아가 예를 행하는데 젖은 옷자락이 아직도 축축했다. 수경이 말했다.

"공께서는 오늘 다행히 큰 화를 면하셨구려!"

현덕은 놀라면서도 의아해했다. 아이가 말했다.

"이분이 유현덕이세요."

수경이 초당으로 청해 손님과 주인 자리에 각자 앉았다. 현덕이 보니 선반에 서적이 가득 쌓여 있고 창밖에는 소나무와 대나무가 빼곡하게 심어져 있으며 돌 침상 위에 거문고가 가로놓여 있는데 청명한 기운이 넘실거렸다. 수경이 물었다.

"명공께서는 무슨 일로 오셨소?"

현덕이 말했다.

"우연히 이곳을 지나다가 아이가 가리켜 왔는데, 존안을 뵙게 되었습니다. 큰 행운입니다!"

수경이 웃으면서 말했다.

"공께서는 숨기실 필요가 없습니다. 공께서는 지금 난을 피해 이곳으로 오신 것이지요."

현덕이 결국 양양에서 있었던 일을 고했다. 수경이 말했다.

"내가 공의 안색을 살펴보고 이미 알고 있었소."

그러고는 현덕에게 물었다.

"내가 명공의 고명하신 이름을 오래전부터 들었는데 무슨 까닭으로 지금까지 실의에 빠져 낙심하시오?"

"운명이 순탄치 못해 이 지경에 이르렀습니다."

"그렇지 않소. 장군 좌우에 둘 만한 사람을 얻지 못했기 때문이지요."

"제가 비록 재주는 없으나 문관으로는 손건, 미축, 간옹이 있고, 무관으로는 관우, 장비, 조운이 있으며 그들이 충성을 다하여 서로 도와주고 있으므로 그들의 힘에 상당히 의지하고 있습니다."

"관우, 장비, 조운은 만 명을 대적할 수는 있지만 애석하게도 그들을 잘 쓸 수 있는 사람이 없지요. 손건과 미축 같은 무리는 백면서생⁴에 불과하고 세상을 구할 경륜이 있는 인재는 아니지요."

"저 또한 일찍이 산골짜기에 살고 있는 현명하고 유능한 인재를 구하려고 몸을 기울였으나 그런 사람을 만나지 못했으니 어찌하겠습니까!"

"공자께서 말씀하시기를 '열 집 정도의 작은 마을에도 반드시 충성스럽고 신의 있는 사람이 있다十室之邑, 必有忠信'⁵고 했소. 어찌하여 사람이 없다고 말씀하시오?"

"저는 어리석고 사리에 어두워 알지 못하니, 원컨대 가르쳐주십시오."

"공께서는 형양 여러 군에서 아이들이 부르는 동요를 듣지 못했소?"

그 동요는 다음과 같았다.

"8~9년 사이에 쇠약해지기 시작하여, 13년에 이르면 하나도 남는 것이 없으리. 마침내 천명이 돌아갈 곳이 있으니, 진흙 속에 몸을 서리고 있던 용이 하늘을 향해 날아가리八九年間始欲衰, 至十三年無孑遺. 到頭天命有所歸, 泥中蟠龍向天飛."

수경이 말했다.

"이 동요는 건안 초에 유행했지요. 건안 8년에 유경승이 전처를 잃자마자 바로 생가에 난리가 났으니 이것은 '쇠약해지기 시작했다'고 이르는 것이고, '남는 것이 하나도 없다'는 것은 머지않아 경승이 죽게 되면 문무관원들이 몰락하고 흩어져 남는 게 없게 된다는 것이며, '천명이 돌아갈 곳이 있다'는

것과 '용이 하늘을 향해 날아가리'라는 말은 아마도 장군에게 부합되는 말인 것 같소."❷

이 말을 들은 현덕은 놀라 사양하며 말했다.

"제가 어찌 감히 그것을 감당하겠습니까!"

"지금 천하의 뛰어난 인재들이 모두 이곳에 있으니 공은 마땅히 가서 구해야 할 것이오."

현덕이 급히 물었다.

"뛰어난 인재가 어디에 있습니까? 과연 어떤 사람들입니까?"

"복룡伏龍과 봉추鳳雛 두 사람 중 한 사람만 얻어도 천하를 편안하게 할 수 있을 것이오."❸

"복룡과 봉추는 어떤 사람들입니까?"

수경이 손뼉을 치며 크게 웃었다.

"좋아! 좋구나!"

현덕이 다시 묻자 수경이 말했다.

"날이 이미 늦었으니 장군께서는 이곳에서 임시로 하룻밤 묵으시고 내일 말씀드리리다."

그러고는 즉시 아이에게 음식을 차려 대접하도록 하고 말도 후원으로 끌고 가 먹이게 했다.

현덕은 음식을 먹고 바로 초당 곁에서 잠을 잤다. 그러나 현덕은 수경이 했던 말이 생각나서 잠을 이룰 수가 없었다. 한밤중에 별안간 어떤 사람이 문을 두드리더니 들어오는 소리가 들렸다. 수경이 말했다.

"원직元直은 무슨 일로 오셨소?"

현덕은 잠자리에서 일어나 몰래 들으니 그 사람이 대답하는 소리가 들렸다.

"오래전부터 유경승이 착한 사람을 좋아하고 나쁜 사람은 증오한다고 들어서 특별히 찾아갔지요. 그런데 만나 보니 헛되이 명성만 있지 실제는 그렇지 못했지요. 착한 사람을 좋아하나 쓸 줄 모르고 악한 사람을 미워하나 버리지 못하는 사람이었지요. 그래서 글을 남겨 작별하고 이곳으로 왔소."

수경이 말했다.

"공은 왕을 보좌할 만한 재주를 가지고 있으니 마땅히 사람을 가려서 섬겨야 하거늘 어찌하여 자신을 돌보지 않고 경승을 만나러 갔단 말이오? 더욱이 영웅호걸이 눈앞에 있는데도 공은 스스로 알아보지 못할 뿐이오."

그 사람이 말했다.

"선생의 말씀이 맞소."

그들의 말을 들은 현덕은 크게 기뻐하며 속으로 이 사람은 틀림없이 복룡이나 봉추일 것이라 헤아렸다. 즉시 나가서 보고 싶었으나 또 경솔한 것 같아 걱정되어 나가지 않았다.

날이 밝기를 기다려 현덕은 수경에게 뵙기를 청하고 물었다.

"어젯밤에 왔던 사람은 누구입니까?"

"그 사람은 나의 벗이오."

현덕이 만나게 해달라고 하자 수경이 말했다.

"이 사람은 현명한 군주에게 가서 의탁하고자 하여 이미 다른 곳으로 갔소."

현덕이 그 사람의 성명을 묻자 수경이 웃으면서 말했다.

"좋아! 좋구나!"

현덕이 다시 물었다.

"복룡과 봉추는 어떤 사람들입니까?"

수경은 또 웃기만 했다.

"좋아! 좋구나!"

현덕이 절을 하며 수경에게 산을 나가 서로 도우면서 함께 한실을 지탱시키자고 청했다. 수경이 말했다.

"산과 들에서 한가롭게 사는 사람이라 세상에서 쓰이는 바를 할 수 없소. 나보다 10배는 나은 사람이 공을 돕겠다고 스스로 올 것이니 공께서는 그를 찾아보시오."

한창 논의하고 있는데 갑자기 장원 밖에서 사람들이 아우성치고 말들이 울어대는 소리가 들렸다. 아이가 와서 알렸다.

"어떤 한 장군이 수백 명을 이끌고 장원으로 왔습니다."

깜짝 놀란 현덕이 나가 보니 바로 조운이었다. 현덕은 크게 기뻐했다. 조운이 말에서 내려 들어와서는 말했다.

"제가 밤에 현으로 돌아왔다가 주공을 찾을 수가 없어 밤새 물어서 이곳까지 왔습니다. 주공께서는 속히 현으로 돌아가시지요. 누군가 현으로 싸우러 오지나 않았을지 걱정됩니다."

수경과 작별한 현덕은 조운과 함께 말에 올라 신야로 갔다. 몇 리를 못 가서 한 떼의 인마가 달려오는데 살펴보니 바로 운장과 익덕이었다. 서로 만나 크게 기뻐했다. 현덕이 말에 박차를 가하여 단계를 뛰어넘은 일을 이야기하자 모두 한탄하며 놀라워했다.

현에 도착하여 손건 등과 함께 상의했다. 손건이 말했다.

"먼저 경승에게 편지를 보내 이 일을 알리시지요."

현덕은 그 말을 따르기로 하고 즉시 손건을 보내 서신을 올리게 했다. 손건이 형주[6]에 당도하자 유표가 손건을 불러들여 물었다.

"내가 현덕에게 양양의 모임에 참석하라고 청했거늘 무엇 때문에 자리를 떠났단 말인가?"

손건이 서찰을 바치면서 채모가 계책을 세워 현덕을 해치려 했고 현덕이 말에 박차를 가해 단계를 뛰어넘어 탈출할 수 있었던 일들을 자세하게 이야기했다. 크게 화가 난 유표는 급히 채모를 불러 호되게 꾸짖었다.

"네놈이 어찌 감히 내 아우를 해치려 했단 말이냐!"

그러고는 채모를 끌어내 참수하라 명했다. 채부인이 나와 울면서 살려달라고 청했으나 유표의 분노는 여전히 풀리지 않았다. 손건이 고했다.

"채모를 죽이면 황숙께서 이곳에서 편안히 사실 수 없을까 걱정됩니다."

유표는 채모를 꾸짖기만 하고 풀어줬고 큰아들 유기를 시켜 손건과 함께 현덕에게 가서 용서를 빌게 했다. 유기가 명을 받들어 신야로 오자 현덕이 맞이했고 주연을 베풀어 대접했다. 거나하게 취하자 유기가 갑자기 눈물을 떨어뜨렸다. 현덕이 까닭을 묻자 유기가 말했다.

"계모 채씨가 항상 저를 모해할 마음을 품고 있으나, 이 조카에게는 화를 면할 계책이 없습니다. 바라건대 숙부님께서 가르쳐주십시오."

현덕이 항상 조심하고 효도를 다한다면 자연히 화가 없어질 것이라고 권했다. 이튿날 유기는 울면서 작별했다. 현덕이 말을 타고 유기를 곽 밖까지 전송하면서 말을 가리키며 유기에게 일렀다.

"이 말이 아니었다면 내 이미 저승 사람이 되었을 걸세."

유기가 말했다.

"그것은 말의 힘이 아니라 바로 숙부님의 크나큰 복입니다."

말을 마치고는 서로 작별했고 유기는 눈물을 흘리며 떠났다.

현덕이 말을 돌려 성으로 들어오는데 갑자기 저잣거리에서 갈건[7]에 베 도포를 입고 검은 띠에 검은 신발을 신은 사람이 목청껏 노래 부르며 오고 있었다.

> 하늘과 땅이 뒤집어짐이여, 불길이 꺼지려고 하는구나[8]
> 큰 집 무너지려 함이여, 한 기둥으로 지탱하기 어렵네
> 산골에 어진 이 있음이여, 현명한 군주에 의탁하려 하네
> 현명한 군주 어진 이 구함이여, 나를 알아보지 못하시네
> 天地反覆兮, 火欲殂; 大廈將崩兮, 一木難扶
> 山谷有賢兮, 欲投明主; 明主求賢兮, 却不知吾

노래를 들은 현덕은 속으로 생각했다.

'이 사람이 혹시 수경 선생이 말씀하신 복룡이나 봉추가 아닐까?'

즉시 말에서 내려 인사를 나누고 현 관아로 청해 성명을 묻자 그 사람이 대답했다.

"저는 영상[9] 사람으로 성이 선單이고 이름이 복福이라 합니다. 오래전부터 사군께서 선비를 받아들이고 덕과 재능 있는 인재를 불러들이신다고 들었기에 의탁하고자 왔는데 감히 바로 나설 수가 없어서 사군께서 들으실 수 있도록 저잣거리에서 노래를 불렀습니다."

현덕은 크게 기뻐하며 귀빈으로 대접했다. 선복이 말했다.

"사군께서 타고 계셨던 말을 다시 한번 보여주시지요."

현덕이 말안장을 내리고 대청 아래로 끌고 오게 했다. 선복이 말했다.

"이것은 적로마가 아닙니까? 비록 천리마라 할지라도 주인을 해치는 말이니 타서는 안 됩니다."

현덕이 말했다.

"이미 겪었소."

단계를 뛰어넘은 일을 자세히 이야기했다. 선복이 말했다.

"그것은 주인을 구원한 것이지 주인을 해친 것은 아닙니다. 결국은 한 번이라도 주인을 해칠 것인데 저에게 액막이할 수 있는 방법이 한 가지 있습니다."

현덕이 말했다.

"그 액막이 방법을 들려주시오."

"공의 의중에 원한이 있는 사람에게 이 말을 주시고, 그 사람을 해치기를 기다렸다가 타시면 자연히 무사해질 것입니다."

그 말을 들은 현덕이 안색을 바꾸며 말했다.

"공은 처음 이곳에 오자마자 내게 정도를 가르쳐주지는 않고 자신을 이롭게 하기 위해 다른 사람을 해치는 것을 가르치니 나는 감히 그 가르침을 들을 수 없소."

선복이 웃으면서 사과했다.

"사군께서 어질고 덕이 있으시다는 말은 들었지만 감히 바로 믿을 수가 없어 이런 말로 시험해본 것뿐입니다."

현덕 또한 안색을 바꾸고 일어나 사과했다.

"제가 어찌 다른 사람에게까지 미칠 만한 인과 덕이 있겠습니까. 오로지 선생께서 가르쳐만 주십시오."

"제가 영상에서 이곳으로 오는데 신야 사람들이 '신야의 목이신 유황숙님, 이곳에 오신 이후로 백성이 풍족해졌네'라고 노래 부르는 것을 들었습니다. 사군의 인과 덕이 다른 사람에게 미치고 있음을 볼 수 있었습니다."

현덕은 이에 선복을 군사[10]로 삼고 본부의 인마를 조련하게 했다.

한편 기주에서 허도로 돌아온 조조는 항상 형주를 취할 마음이 있어 특별히 조인과 이전 및 항복한 장수 여광과 여상 등에게 군사 3만 명을 이끌고 번성[11]에 주둔하게 한 후 형양을 호시탐탐 주시하며 기회를 엿보아 허실을 정탐하게 했다. 이때 여광과 여상이 조인에게 아뢰었다.

"지금 유비가 군대를 신야에 주둔시키고 있는데 군사들을 모으고 말을 사들이며 마초를 쌓고 군량을 저장해놓고 있는 것으로 봐서는 그 뜻이 작지 않으니 일찌감치 그를 도모해야 합니다. 저희 두 사람은 승상께 항복한 이후로 하찮은 공적도 세우지 못했으니 정예병 5000명만 주신다면 유비의 수급을 가져와 승상께 바치겠습니다."

조인은 매우 기뻐하며 두 여씨 형제에게 군사 5000명을 주어 신야로 쳐들어가게 했다. 척후 기병이 즉시 이 사실을 현덕에게 보고했다. 현덕은 선복을 청해 대책을 상의했다. 선복이 말했다.

"이미 적병이 쳐들어오고 있다면 경계 안으로 들어오게 해서는 안 됩니다. 관공에게 일군을 이끌고 왼쪽으로 나가 적군이 오는 길에서 대적하게 하고, 장비에게는 일군을 거느리고 오른쪽으로 나가 적군의 퇴로를 대적하게 하십시오. 그리고 공께서는 직접 조운을 데리고 출병하여 적이 오는 길에서 정면으로 맞서 싸우신다면 적을 격파할 수 있을 것입니다."

현덕은 그 말에 따라 즉시 관우, 장비 두 사람을 보내 임무를 완수하게 하고는 자신은 선복, 조운 등과 함께 2000명의 인마를 이끌고 관을 나가 적과 맞서기로 했다. 몇 리를 못 갔을 때 산 뒤에서 먼지가 자욱하게 일더니 여광과 여상이 군사를 이끌고 당도했다. 양편이 각기 진을 벌이고 양쪽 날개에 궁수를 배치했다. 현덕이 문기 아래로 말을 몰며 나가서 크게 소리쳤다.

"오는 자는 누구이기에 감히 나의 경계를 침범하느냐?"

여광도 말을 몰며 나왔다.

"내가 바로 대장 여광이다. 승상의 명을 받들어 특별히 네놈을 사로잡으러 왔노라!"

현덕은 벌컥 화를 내며 조운을 내보내 싸우게 했다. 두 장수가 엎치락뒤치락하기를 몇 합이 못 되었는데 조운이 한 창에 여광을 찔러 말 아래로 떨어뜨렸다. 현덕이 바로 군사들을 휘몰아 들이치자 여상은 대적하지 못하고 이내 군사를 이끌며 도망쳤다. 한창 달아나고 있는데 길가에서 한 부대가 튀어나왔다. 진두지휘하는 대장은 바로 관운장이었다. 한바탕 돌격해오자 여상은 군사들 태반이 꺾인 채 길을 찾아 도망쳤다. 그러나 10리도 달아나지 못해 또 한 부대가 가는 길을 가로막았는데 앞장선 대장이 창을 잡고 크게 고함쳤다.

"장익덕이 여기 있다!"

곧장 여상에게 달려들었다. 여상은 미처 손쓸 겨를도 없이 장비의 한 창에 찔려 뒤집어지면서 말 아래로 떨어져 죽었다. 남은 무리는 사방으로 흩어져 달아났다. 현덕은 군사를 합쳐 추격하며 달아나던 군사 태반을 사로잡았다. 현덕은 회군하여 현으로 돌아온 후 선복을 극진히 대우하고 삼군에게 포상했다.

한편 패잔병들이 돌아와 조인에게 보고했다.

"여씨 형제는 피살되었고 군사 대부분이 생포되었습니다."

깜짝 놀란 조인은 이전과 상의했다. 이전이 말했다.

"두 장수는 적을 얕잡아 보다가 죽은 것이니 지금은 잠시 군사 행동을 멈추고 기다리면서 승상께 서면으로 보고하고, 대군을 일으켜 오시게 한 다음 토벌하여 섬멸하는 것이 상책일 것입니다."

조인이 말했다.

"그렇지 않소. 지금 두 장수가 전사했고 또 허다한 군마가 꺾였는데 이 원수를 속히 갚지 않을 수 없소. 신야는 비좁은 땅에 불과한데 어찌 승상의 대군을 수고롭게 할 수 있단 말이오?"

"유비는 인걸이라 가볍게 볼 수 없습니다."

"공은 어찌 그리 겁이 많소!"

"병법에 이르기를 '적을 알고 나를 알면 백 번 싸워 백 번 이긴다知彼知己, 百戰百勝'고 했습니다. 저는 싸우는 것을 겁내는 것이 아니라 이기지 못할까 염려하는 것뿐입니다."

조인이 성냈다.

"공은 두마음을 품은 게 아니오? 나는 무슨 일이 있어도 유비를 사로잡을 것이오!"

"장군께서 가시겠다면 저는 남아서 번성을 지키겠습니다."

"그대가 함께 가지 않겠다면 정말로 두마음을 품은 것이로다!"

이전은 어쩔 수 없이 조인과 함께 2만5000명의 군마를 점검해 일으키고 강을 건너 신야로 향했다.

부장이 수레로 시신을 운반하는 욕을 당하니
주장이 다시 치욕을 씻어낼 군사를 일으키네
偏裨既有輿尸辱, 主將重興雪恥兵

승부는 과연 어떻게 될 것인가?

제35회 은자를 만나다

❶

『삼국지』「촉서·방통전」에 따르면 "영천 사람 사마휘는 고상하며 인재를 잘 감별했는데 방통이 약관의 나이에 그를 찾아갔다. 사마휘는 뽕나무 위에서 뽕잎을 따고 있었는데 방통을 그 나무 아래에 앉게 하고는 함께 낮부터 밤까지 담소를 나누었다. 사마휘는 방통을 매우 경이롭게 여겼고 그를 남주南州(형주를 가리킨다) 선비 가운데서 으뜸이라고 했는데 이때부터 방통의 명성이 점차 혁혁해졌다'고 기록하고 있다. 『세설신어世說新語』「언어言語」에서는 "남군 사람 방사원龐士元(사원은 방통의 자)은 사마덕조司馬德操(덕조는 사마휘의 자)가 영천에 있다는 소식을 듣고는 2000리의 길을 고생스럽게 가서 그를 만났다'고 했다.

❷

『삼국지』「위서·유표전」 배송지 주 『수신기搜神記』는 다음과 같이 기록하고 있다.

"건안 연간 초에 형주 동요에 '8~9년 사이에 쇠약해지기 시작하여, 13년에 이르면 하나도 남는 것이 없으리八九年間始欲衰, 至十三年無孑遺'라고 했다. 이 말은 중흥中興(노필은 『삼국지집해』에서 진경운陳景雲의 말을 인용하여 흥興은 평平이라 해야 한다고 했다. 중평中平 원년에 황건이 기의하여 천하가 어지러워졌다) 이래로 형주가 보전되었고 유표가 형주목이 되자 백성도 풍요롭고 안락해졌으나 건안 8~9년에 이르러 쇠약해진 다는 것이다. 쇠약해지기 시작한다는 것은 유표의 처(유표의 전처를 말하는 것으로 채 씨는 후처다)가 사망하고 제장들도 몰락한다는 것이다. 13년에 아무것도 남지 않는다 는 것은 유표가 또 사망하기 때문에 상실되고 부서진다는 말이다."

그다음의 두 구절인 '마침내 천명이 돌아갈 곳이 있으니, 진흙 속에 몸을 서리고 있던 용이 하늘을 향해 날아가리到頭天命有所歸, 泥中蟠龍向天飛'는 역사 기록에 없으 며 소설에서 추가로 삽입한 것이다.

❸

와룡, 봉추, 수경은 방덕공龐德公이 이름 지었다

『삼국지』「촉서·방통전」 배송지 주『양양기』에 따르면 "제갈공명을 와룡, 방사원을 봉추, 사마덕조를 수경이라 한 것은 모두 방덕공이 한 말이다"라고 기록하고 있다.

유비의 곁을 떠나는 서서

현덕은 계책을 써서 번성을 습격하고,
원직은 말을 달려 제갈공명을 천거하다

玄德用計襲樊城,
元直走馬薦諸葛

분노한 조인은 마침내 본부의 군사를 크게 일으켜 밤새 강을 건너 신야를 완전히 평정하려고 했다.

한편 승리를 거두고 현으로 돌아온 선복은 현덕에게 일렀다.

"조인이 번성에 군대를 주둔시키고 있는데, 이제 두 장수가 죽은 것을 알았을 테니 틀림없이 대군을 일으켜 싸우러 올 것입니다."

현덕이 말했다.

"그렇다면 어떻게 맞서야 좋겠소?"

"저들이 군사를 모조리 일으켜서 온다면 번성은 텅 비어 있을 테니 그 틈을 이용해 빼앗으면 될 것입니다."

현덕이 계책을 물었다. 선복이 귓속말로 이렇게 저렇게 하라고 일러주었다. 현덕은 크게 기뻐하며 미리 준비를 마쳤다. 그때 별안간 척후 기병이 보고했다.

"조인이 대군을 이끌고 강을 건너 쳐들어오고 있습니다."

선복이 말했다.

"과연 내 예상에서 벗어나지 않는군."

즉시 현덕에게 출병하여 적과 맞서라고 청했다. 양쪽 진영이 원형으로 펼쳐지자 조운이 말을 몰고 나가서는 적장은 대답하라고 불렀다. 조인이 이전에게 진을 나가 조운과 맞붙어 싸우라고 명했다. 대략 10여 합을 싸웠을 때 이전은 대적할 수 없음을 짐작하고는 말을 돌려 본진으로 물러났다. 조운이 말고삐를 놓고 뒤를 쫓자 진영 양 날개에 있던 군사들이 활을 쏘아 저지했고 결국 각기 싸움을 멈추고 군영으로 돌아갔다.

이전이 돌아와 조인을 만나 말했다.

"저들의 정예병을 가볍게 대적할 수 없으니 차라리 번성으로 돌아가는 것이 좋을 듯합니다."

조인이 벌컥 화를 냈다.

"네놈이 출병하기도 전에 이미 군심을 태만하게 만들더니, 이제는 또 적들로부터 뇌물을 받아 처먹고 거짓으로 패하는구나. 그 죄가 참수를 해야 마땅하다!"

즉시 도부수들에게 소리쳐 이전을 끌어내 목을 치라고 하자 장수들이 애써 요청하여 간신히 면했다. 이에 이전을 이동시켜 후군을 통솔하게 하고, 조인 자신이 직접 군사를 이끌고 선봉이 되었다. 이튿날 북을 울리며 군사를 진격시켜 하나의 진세를 펼치고는 사람을 시켜 현덕에게 묻게 했다.

"내가 펼친 진을 아느냐?"

선복이 바로 높은 곳으로 올라가서 살펴보고 난 다음에 현덕에게 일렀다.

"저것은 '팔문금쇄진八門金鎖陣'입니다. 팔문八門이라는 것은 휴休, 생生, 상傷, 두杜, 경景, 사死, 경驚, 개開를 말합니다. 생문生門, 경문景門, 개문開門으로 들어가면 길하고(吉), 상문傷門, 경문驚門, 휴문休門으로 들어가면 다치며(傷),

두문杜門, 사문死門으로 들어가면 죽게 됩니다(亡). 비록 지금 팔문의 배치가 가지런하나 중간이 순조롭게 통하지 못하고 있습니다. 동남쪽 구석인 생문으로 치고 들어가서 곧장 서쪽 경문景門으로 나오면 진이 반드시 어지러워질 것입니다."

현덕은 명령을 전달하여 군사들에게 진의 양쪽 날개를 지키도록 하고 조운에게 군사 500명을 이끌고 동남쪽으로 들어가서 곧장 서쪽을 향해 나오게 했다. 영을 받은 조운이 창을 잡고 말에 박차를 가해 군사를 이끌며 곧장 동남쪽 구석을 향해 달려갔고, 크게 소리치며 중군으로 치고 들어갔다. 조인은 즉시 북쪽으로 달아났다. 조운은 그 뒤를 쫓지 않고 오히려 서문으로 돌파했다가 다시 서쪽으로부터 치고 들어와 동남쪽 구석으로 돌아 나왔다. 조인의 군사는 크게 어지러워졌다. 그때 현덕이 군사를 휘몰아 들이치자 조인의 군대는 대패하여 퇴각했다. 선복은 추격하지 말라 명하고 군사를 거두어 돌아왔다.

한바탕 패하고 만 조인은 비로소 이전의 말을 믿게 되었고, 다시 이전을 청해 상의하며 말했다.

"내 진이 격파되는 것을 봐서는 틀림없이 유비의 군중에 유능한 자가 있을 것이오."

이전이 말했다.

"우리는 여기에 있지만 번성이 몹시 걱정됩니다."

조인이 말했다.

"오늘 밤 군영을 급습합시다. 승리를 거두면 다시 계책을 상의하기로 하고, 승리하지 못하면 그때는 즉시 군사를 물려 번성으로 돌아갑시다."

"안 됩니다. 유비가 반드시 준비하고 있을 겁니다."

"그렇게 의심이 많아서야 어떻게 군사를 쓰겠소!"

결국 이전의 말을 듣지 않고 직접 군사를 이끌고 선봉이 되었다. 이전에게는 뒤에서 지원하게 한 다음, 그날 밤 이경에 군영을 기습하기로 했다.

한편 선복이 현덕과 군영에서 대책을 상의하고 있는데 갑자기 신풍[1]이 휘몰아쳤다. 선복이 말했다.

"오늘 밤 조인이 틀림없이 군영을 급습하러 올 것입니다."

현덕이 말했다.

"어떻게 해야 대적할 수 있소?"

선복이 웃으면서 말했다.

"제가 이미 예상하고 정해놓았습니다."

즉시 빈틈없이 군사 배치를 마쳤다. 이경이 되자 조인의 군사들이 군영에 가까이 접근했는데, 군영 안에서 사방을 에워싸는 불길이 일더니 군영과 방어용 울타리가 불타기 시작했다. 대비가 있었음을 깨달은 조인은 급히 군사를 후퇴시키라는 명령을 내렸다. 그때 조운이 갑자기 들이쳤다. 조인은 군사를 거두고 군영으로 돌아갈 겨를도 없이 북쪽 강을 향해 다급하게 도망쳤다. 강가에 도착하여 막 배를 찾아 강을 건너려는데 강기슭에서 군사들이 몰려왔다. 앞장선 대장은 다름 아닌 장비였다. 조인은 필사적으로 싸웠고 이전은 조인을 보호하며 배에 올라 강을 건넜으나 조인의 군사들 태반이 강물에 빠져 죽었다. 간신히 강을 건넌 조인은 기슭으로 올라 달아났고 번성에 이르러 문을 열라고 소리쳤다. 그런데 성 위에서 둥둥둥 북소리가 울리더니 한 장수가 군사를 이끌고 나와서는 크게 호통을 쳤다.

"내가 번성을 차지한 지 이미 오래되었다!"

깜짝 놀란 조인의 무리가 쳐다보니 바로 관운장이었다. 조인은 크게 놀라 말을 돌리고는 곧장 달아났다. 운장이 조인의 뒤를 죽일 듯이 추격했다. 조인은 또 수많은 군마를 잃고 밤새 허창으로 도망쳤다. 가는 도중에 조인은 선복이 군사가 되어 계책을 꾸미고 책략을 결정했다는 사실을 비로소 알게 됐다. 조인이 패하여 허창으로 돌아간 일은 더 이상 이야기하지 않겠다.

한편 완승을 거둔 현덕이 군사를 이끌고 번성으로 들어가자 현령 유필劉泌이 나와서 영접했다. 현덕은 우선 백성부터 안정시켰다. 유필은 장사 사람으로 역시 한실의 종친이었고, 즉시 현덕을 자신의 집으로 초청해 주연을 베풀며 대접했다. 한 사람이 유필의 곁에서 시립하고 있었다. 현덕이 그 사람을 보니 풍채가 좋고 의기가 당당하여 유필에게 물었다.

"이 사람은 누구요?"

유필이 말했다.

"이 사람은 저의 생질로 구봉寇封이라 하는데 본래는 나후² 구씨寇氏의 아들로 부모가 모두 돌아가셔서 이곳에 의지하며 살고 있습니다."

현덕은 그를 사랑하여 양자로 삼고 싶어했다. 유필은 흔쾌히 그 뜻을 따라 즉시 구봉을 시켜 현덕에게 절을 올리고 아버지로 모시게 했으며 이름을 유봉劉封으로 바꾸었다. 현덕은 유봉을 데리고 돌아와서는 운장과 익덕에게 절을 시키고 숙부로 모시게 했다. 운장이 말했다.

"형님께서는 이미 아들이 있는데 구태여 양자를 두실 필요가 있습니까? 훗날 반드시 혼란이 발생할 것입니다."

현덕이 말했다.

"내가 아들같이 대하면 저도 반드시 나를 아버지처럼 섬길 것이니 무슨 환란이 있겠는가!"

운장은 기뻐하지 않았다. 현덕은 선복과 계책을 상의하여 조운에게

1000명의 군사를 이끌어 번성을 지키게 하고 현덕 자신은 군사를 인솔하여 신야로 돌아갔다.❶

한편 조인은 이전과 함께 허도로 돌아가 조조를 만난 후 땅바닥에서 울면서 절을 올리고 죄를 청했다. 그리고 장수를 잃고 군사들이 꺾인 일을 자세하게 이야기했다. 조조가 말했다.

"이기고 지는 것은 군사를 부리는 데 있어서 흔한 일이다. 유비를 위해 계책을 계획하는 자가 누군지는 알고 있느냐?"

조인이 선복이란 자가 계책을 꾸민다고 하자 조조가 말했다.

"선복은 어떤 자인가?"

정욱이 웃으면서 말했다.

"이 사람은 선복이 아닙니다. 이 사람은 어렸을 적에 검술 배우기를 좋아했는데, 중평³ 말년에 일찍이 다른 사람의 원수를 갚겠다고 살인을 저지르고는 머리를 풀어헤치고 얼굴에 진흙을 바른 채 달아났다가 관원에 붙잡혔습니다. 성명을 물어도 대답하지 않자 관원이 그를 수레 위에 묶어 북을 두드리며 저잣거리를 다니면서 사람들이 알아볼 수 있게 했으나 비록 알아보는 자가 있다 하더라도 감히 말하지 못했습니다. 결국 그의 벗이 몰래 구출해줬습니다. 그리하여 이름을 바꾸고 도망쳐서는 평소의 태도와 행실을 바꾸고 배우기 위해 두루 유명한 스승을 찾아다녔으며 일찍이 사마휘와도 더불어 담론을 했다고 합니다. 이 사람은 영천潁川의 서서徐庶로 자가 원직元直이라합니다. 선복은 가탁한 이름입니다."

조조가 말했다.

"서서의 재주가 그대와 비교하면 어떠하오?"

정욱이 말했다.

"저보다 10배는 낫습니다."

"현사가 유비에게 돌아가다니 애석하구나! 이제 날개를 달았구나! 어찌하면 좋겠소?"

"서서가 비록 저들에게 있으나 승상께서 쓰시고자 한다면 불러오는 것은 어렵지 않습니다."

"어떻게 해야 그가 오겠소?"

"서서는 지극히 효성스러운 사람입니다. 어려서 부친을 잃고 노모만 집에 계십니다. 현재 그의 아우인 서강徐康도 이미 죽었기 때문에 노모를 봉양할 사람이 없습니다. 승상께서 사람을 시켜 모친을 속여 허창으로 모셔온 뒤 편지를 써서 그 아들을 부르게 하신다면 서서는 틀림없이 올 것입니다."

조조는 매우 기뻐하며 사람을 보내 밤새 서서의 모친을 데려오게 했고 하루가 못 되어 모셔왔다. 조조가 후하게 대접하며 일렀다.

"아드님이신 서원직은 천하에 뛰어난 재주를 가진 사람이라고 들었소. 지금 신야에 있는데 역신 유비를 도와 조정을 배반하고 있으니 아름다운 옥이 흙탕물에 떨어진 격이라 진실로 애석하오. 지금 번거로우시겠지만 노모께서 편지를 써서 허도로 돌아오라고 부르신다면 내가 천자 앞에서 책임지고 보증하여 반드시 후한 상을 내리도록 하겠소."

즉시 좌우에 문방사우를 두 손으로 받들라 명하고는 서서의 모친에게 편지를 쓰게 했다. 서서의 모친이 물었다.

"유비는 어떤 사람이오?"

조조가 말했다.

"패군⁴의 비천한 놈으로 자기 멋대로 '황숙'이라 떠들고 신의라고는 조금도 없는, 말하자면 겉으로는 군자인 체하지만 속은 소인배에 불과하지요."

서서의 모친이 엄하게 말했다.

"너는 어찌하여 그토록 심하게 거짓으로 속이는가! 나는 오래전부터 현덕이 중산정왕의 후예이며 효경 황제 각하의 현손이라고 들었다. 자신보다 신분이 낮아도 재능과 식견이 있는 선비에게 몸을 굽히고, 자신을 단속하고 정중하게 남을 대하며, 인과 덕을 시행하여 얻은 명성이 내내 돋보여 세상의 노인과 아이, 목동과 나무꾼 모두가 그 이름을 알고 있으니 진실로 당대의 영웅이다. 내 아들이 그런 사람을 보좌하고 있다니 주인을 제대로 얻은 것이다. 네가 비록 한나라 승상이라고 이름을 내걸었으나 진실로 한나라 역적이다. 도리어 현덕을 역신으로 몰아 내 아들에게 광명을 벗어나 어둠으로 가라고 하니 어찌 스스로 부끄러워하지 않는가!"

말을 마치더니 돌벼루를 집어 바로 조조를 때렸다. 크게 노한 조조가 무사들에게 서서의 모친을 끌어내 참수하라 호통쳤다. 정욱이 급히 제지하며 들어가 간언했다.

"서서의 모친이 승상께 무례한 짓을 한 것은 죽고자 함입니다. 승상께서 그녀를 죽이시면 의롭지 못하다는 평판을 초래할 것이고 오히려 서서 모친의 덕을 훌륭하게 만드는 꼴이 될 것입니다. 또한 서서의 모친이 죽게 되면 서서는 반드시 죽을힘을 다해 유비를 도와 원수를 갚고자 할 것입니다. 차라리 모친을 살려두어 서서로 하여금 몸과 마음을 두 곳으로 나누어지게 하는 것이 나으며, 설령 유비를 돕는다 하더라도 전력을 다하지 않을 것입니다. 잠시 서서의 모친을 살려두시면 이 욱이 서서를 속여 이곳으로 와 승상을 보좌하게 만들겠습니다."

조조는 그 말을 따르기로 하고 마침내 서서의 모친을 죽이지 않고 별당으로 보내 부양하게 했다. 정욱은 날마다 가서 문후를 드리고 서서와 결의 형제를 맺었다고 거짓말하면서 서서의 모친을 친모처럼 대했다. 그리고 자주 물건을 보내면서 반드시 서찰을 함께 갖추어 보냈다. 서서의 모친 또한 서찰로 답을 했다. 서서 모친의 필적을 얻게 된 정욱은 이에 그 글자체를 모방하여 가서家書 한 통을 가장하여 꾸몄고 심복 한 사람을 시켜 편지를 신야현으로 보내게 했다. 그 심복이 선복의 행막行幕(외지로 나갔을 때 사용하는 장막)을 찾아 묻자 군사가 인도하여 서서를 만나게 했다. 서서는 모친의 가서가 왔다는 것을 알고는 급히 불러들여 물었다. 가서를 가지고 온 사람이 말했다.

"저는 역관에서 심부름하는 아역인데 노부인의 말씀을 받들어 편지를 가지고 왔습니다."

서서가 편지를 뜯어보니 다음과 같은 내용이었다.

"근래에 네 아우 강康이 죽은 뒤로 눈을 들어 살펴봐도 혈육이라고는 아무도 없구나. 슬프고 처량하게 지내고 있는데 뜻밖에도 조승상이 사람을 시켜 나를 속여서 허창에 오게 하고는 네가 배반했다고 말하면서 나를 감옥에 가두려는 것을 정욱이 구해줘서 모면하게 되었다. 네가 항복한다면 내가 죽음을 면할 수 있을 것 같구나. 이 편지를 받는 날로 너를 양육하느라 고생한 정을 생각하여 밤새 달려와 효도를 다했으면 좋겠구나. 그런 다음에 천천히 고향으로 돌아가 농사지으면서 큰 화를 당하지 않도록 계획해보자꾸나. 내 목숨이 지금 가는 실에 매달려 있는 것 같으니 어서 구원해주길 바란다. 다시 여러 말 하지 않겠다."

편지를 읽고 난 서서는 눈물이 샘물 솟아오르듯 흘렸다. 편지를 가지고 현덕을 만나 말했다.

"저는 본래 영천의 서서이고 자가 원직이라 하는데 난을 피해 도망 다니느라 이름을 선복으로 바꿨습니다. 이전에 유경승이 현자를 초빙하고 인재를 받아들인다고 들었기에 일부러 가서 그를 만났습니다만, 그와 일을 논하고서야 비로소 쓸모없는 사람이라는 것을 알게 되어 편지를 써놓고 작별했습니다. 그리고 그날 야밤에 사마수경의 장원으로 가서 그 일을 간절히 하소연했습니다. 그랬더니 수경이 제가 주인을 알아보지 못한다고 몹시 책망하면서 '이곳에 있는 유예주를 어찌하여 섬기지 않느냐?'라고 말하기에, 제가 일부러 미친 척하며 저잣거리에서 노래를 부르면서 사군을 움직이게 했는데, 다행히 버리지 않고 중용하여 화답하셨습니다. 그러나 노모께서 지금 조조의 간계에 속으시어 허창에 감금되셨고 조조가 해를 입히려 하고 있으니 어찌하겠습니까. 노모께서 손수 편지를 쓰시어 부르시니 제가 가지 않을 수가 없습니다. 개와 말의 하찮은 힘이라도 보태어 사군께 보답하고자 했으나 어머니께서 잡혀 계시니 어쩔 수 없이 전력을 다할 수 없게 되었습니다. 지금 작별을 고하고 모친께 돌아가야 하나 훗날 다시 만날 수 있도록 대책을 강구해보겠습니다."

서서의 말을 들은 현덕은 통곡했다.

"어머니와 아들은 하늘이 내린 타고난 혈육이니 원직은 나를 염려하지 마시오. 노부인을 상견한 다음에 혹시라도 다시 가르침을 받을 수 있으면 좋겠소."

서서가 바로 절을 올려 감사드리고 떠나려 했다. 현덕이 말했다.

"하룻밤만 더 머무시면 내일 송별연을 베풀고 싶소."

손건이 은밀하게 현덕에게 일렀다.

"원직은 천하에 뛰어난 재주를 가진 사람이라 신야에 오래 있어서 우리 군중의 허실을 모두 알고 있습니다. 지금 조조에게 간다면 틀림없이 중용될 텐데 그러면 우리가 위태로워집니다. 주공께서는 힘써 그를 붙잡고 절대로 가게 해서는 안 됩니다. 조조는 원직이 가지 않으면 반드시 그 모친을 죽일 것입니다. 원직이 자신의 모친이 죽은 것을 알면 틀림없이 모친을 위해 원수를 갚으려 할 것이고 온 힘을 다해 조조를 공격할 것입니다."

현덕이 말했다.

"안 되오. 다른 사람의 손을 빌려 어머니를 죽이고 내가 그 아들을 쓰는 것은 어질지 못한 일이고, 그를 가지 못하게 붙잡아두어 모자의 천륜을 끊는 것은 의로운 일이 아니오. 내가 차라리 죽을지언정 어질지 못하고 의롭지 못한 일은 하지 못하겠소."

사람들이 모두 감탄했다.

현덕이 서서에게 술자리를 마련해 청하자 서서가 말했다.

"지금 노모께서 갇혀 계시다고 들으니 비록 금파金波와 옥액玉液 같은 맛있는 술이라 할지라도 목구멍으로 넘어가지 않을 것 같습니다."

현덕이 말했다.

"나도 공께서 떠나신다고 들으니 양손을 잃은 듯하고 용의 간과 봉황의 골수 같은 진귀한 음식도 맛있는 줄 모르겠소."

두 사람이 마주하고 울면서 날이 밝을 때까지 앉아 있었다. 장수들은 이미 곽 밖에 술자리를 마련해 송별연 준비를 마쳤다. 현덕과 서서가 함께 말을 나란히 하면서 성을 나가 장정[5]에 이르렀고 둘은 말에서 내려 작별했다. 현덕이 술잔을 들어 서서에게 일렀다.

"나는 인연이 깊지 않아 선생과 함께 있을 수 없게 되었소. 선생께서는 새

주인을 잘 모셔 공명을 이루시길 바라오."

서서가 울면서 말했다.

"저의 재주는 미약하고 지혜도 천박한데 사군께서 중용해주신 깊은 은혜를 입었습니다. 지금 불행하게도 도중에 이별하게 된 것은 진실로 늙으신 어머님 때문입니다. 설령 조조가 위협을 한다 해도 저는 평생 동안 단 한 가지 계책도 세우지 않을 것입니다."

현덕이 말했다.

"선생께서 떠나시면 나 또한 멀리 숲으로 숨어들어가 은거할까 하오."

"제가 사군과 함께 왕업과 패업을 도모하고자 했던 것은 이 마음을 믿었기 때문입니다. 이제는 늙으신 어머님 때문에 마음이 산란해졌으니 설령 이곳에 있다 하더라도 대업의 일에 이로울 것이 없게 되었습니다. 사군께서는 마땅히 다른 고상하고 현량한, 사군을 보좌할 수 있는 사람을 찾아 함께 대업을 도모하셔야지 어찌 이토록 낙심하십니까?"

"천하에 고상하고 현량한 사람이 있다 하더라도 선생보다 뛰어난 사람은 없을 거요."

"저는 가죽나무와 상수리나무같이 쓸모없는 사람인데[6] 어찌 감히 그런 숭고한 명예를 감당하겠습니까?"

작별에 앞서 다시 장수들을 돌아보며 일렀다.

"여러분께서는 사군을 잘 모시어 죽백竹帛에 이름을 드리우고 청사靑史에 공적이 분명하게 쓰이도록 계획하십시오. 절대로 처음부터 끝까지 함께 못하는 나를 본받지 말아주시오."

장수들도 슬퍼지지 않는 이가 없었다. 현덕은 차마 헤어지지 못하고 일정[7] 거리를 바래다주다가 또 일정 거리를 배웅했다. 서서가 작별하며 말했다.

"사군께서는 수고롭게 멀리까지 전송하지 마십시오. 저는 이곳에서 작별을 고하겠습니다."

현덕은 말 위에서 서서의 손을 잡으며 말했다.

"선생께서 이제 가시면 각자 하늘 밑의 멀리 떨어진 어느 한곳에 있게 될 것이니 언제 다시 만날 수 있을지 모르오!"

말을 마치더니 눈물을 비 오듯 쏟아냈다. 서서 또한 눈물을 흘리며 작별했다. 현덕은 수풀 곁에 말을 세우고 서서가 말을 타며 하인과 총총히 가는 모습을 바라보았다. 현덕이 울면서 말했다.

"원직이 떠나고 말았구나! 나는 장차 어떻게 해야 한단 말인가?"

눈물이 고인 눈으로 바라보는데 숲에 가려 보이지 않았다. 현덕이 채찍으로 가리키며 말했다.

"내가 저 나무들을 모조리 베어버리고 싶구나."

사람들이 까닭을 묻자 현덕이 말했다.

"서원직의 가는 모습을 내가 볼 수 없게 나무들이 가로막기 때문이오."

한창 바라보고 있는데 별안간 서서가 말고삐를 놓고 돌아오는 게 보였다. 현덕이 말했다.

"원직이 다시 돌아오는 것을 보니 혹시 갈 뜻이 없는 것은 아닐까?"

즉시 현덕은 기쁜 마음으로 말을 타고 달려나가서 맞이하며 물었다.

"선생께서 이렇게 돌아오시니 틀림없이 무슨 생각이 있으신 모양이오."

서서가 고삐를 당겨 말을 멈추어 세우더니 현덕에게 일렀다.

"제가 마음이 심란하여 한 말씀 드리는 것을 잊었습니다. 이곳에 덕행과 재지가 출중한 사람이 있는데 양양성 밖 20리 떨어진 융중[8]에 살고 있습니다. 사군께서는 어찌하여 그를 찾지 않으셨습니까?"

현덕이 말했다.

"원직께서 수고롭더라도 나를 위해 만날 수 있게 불러주시오."

서서가 말했다.

"이 사람은 억지로 부를 수 있는 사람이 아니니 사군께서 친히 가셔서 부탁하십시오. 이 사람을 얻는다면 주나라가 여망[9]을 얻고 한나라가 장량[10]을 얻은 것과 다름이 없습니다."

"이 사람은 선생의 재능과 덕행에 비교해서 어떻소?"

"저와 그를 비교하는 것은 걸음이 느린 둔한 말과 기린麒麟을 나란히 하고, 갈까마귀를 난새와 봉황과 짝짓는 것과 같습니다. 이 사람은 항상 자신을 관중[11]과 악의[12]에 비교하는데, 제가 보기에는 관중과 악의도 아마 이 사람에 미치지 못할 것입니다. 이 사람은 하늘을 날줄로 삼고 땅을 씨줄로 삼는 재능이 매우 뛰어난 이로 아마 천하에 제일가는 인물일 것입니다!"

현덕이 기뻐하며 말했다.

"원컨대 그 사람의 이름을 가르쳐주시오."

서서가 말했다.

"이 사람은 낭야 양도[13] 사람으로 성이 복성인 제갈諸葛이고 이름이 량亮이라 하며 자가 공명孔明이라 합니다. 바로 한나라 사례교위 제갈풍[14]의 후손입니다. 그의 부친은 존함이 제갈규諸葛珪이고 자가 자공[15]이라 하는데 태산군의 승[16]을 지냈으나 일찍 돌아가셨기 때문에 제갈량은 숙부인 현玄을 따랐습니다. 제갈현諸葛玄이 형주의 유경승과 오래된 친분이 있어 유경승에게 의지하게 되어 양양에 집을 얻었습니다.[17] 이후에 제갈현이 죽고 제갈량은 아우인 제갈균諸葛均과 함께 남양[18]에서 농사를 지으며 살고 있습니다. 그리고 '양보음'[19]을 부르는 것을 좋아합니다. 그가 사는 곳에 와룡강臥龍岡이라 불리는 언덕이 하나 있는데, 이 때문에 스스로 호를 '와룡 선생'이라고 지었습니다. 이 사람은 당대에 비길 만한 자가 없는 뛰어난 재주를 가진 사람이니 사군께서는 급히 왕림하여 만나보셔야 합니다. 이 사람이 사군을 보좌하게 된다면 천하 평정이 무슨 걱정이겠습니까!"❷

현덕이 말했다.

"이전에 수경 선생께서 일찍이 나에게 '복룡과 봉추 두 사람 중에 한 명만 얻어도 천하를 안정시킬 수 있다'고 말씀하셨는데, 지금 말씀하시는 분이 혹시 복룡과 봉추가 아니오?"

서서가 말했다.

"봉추는 양양의 방통입니다. 복룡이 바로 제갈공명입니다."

현덕이 껑충껑충 뛰면서 말했다.

"오늘에야 비로소 '복룡과 봉추'의 말을 알아듣겠소. 재덕이 출중한 분이 목전에 있을 줄이야 어찌 짐작이나 했겠소! 선생의 말씀이 아니었다면 이 비는 저명한 분을 알아보지 못하는 눈뜬장님이 될 뻔했소!"

후세 사람이 서서가 말을 달려 제갈량을 천거한 일을 찬탄한 시가 있다.

고상 현량한 인재를 다시 보지 못함을 원망하며
갈림길에서 울며 작별하는 두 사람 정이 깊구나
몇 마디 말이 봄날에 우렛소리 진동하는 듯하니
능히 남양 땅에서 잠자던 용을 일으킬 수 있구나
痛恨高賢不再逢, 臨歧泣別兩情濃
片言却是春雷震, 能使南陽起臥龍 ❸

서서는 공명을 천거하고는 다시 현덕과 작별하고 말을 채찍질하며 떠났다. 현덕은 서서의 말을 듣고 비로소 사마덕조司馬德操(사마휘의 자)의 말을 깨달았는데, 술에 취했다가 깨어난 듯했고 마치 잠에서 막 깨어난 듯했다. 사람들을 거느리고 신야로 돌아와서는 즉시 예물을 두둑이 갖추어 관우, 장비와 함께 공명을 청하러 남양[20]으로 갈 준비를 했다.

한편 현덕과 작별한 서서는 떠나기 서운한 미련의 정을 느낀 데다 공명이 산을 나와서 현덕을 도우려 하지 않을까 걱정되어, 즉시 말을 타고 곧장 와룡강 아래에 이르러 초가집으로 들어가서 공명을 만났다. 공명이 오게 된 뜻을 묻자 서서가 말했다.

"저는 본래 유예주를 섬기려 했으나 늙으신 어머님이 조조에게 감금되신 데다 급히 서신을 전하여 오라고 부르시기에 어쩔 수 없이 그를 버리고 갈 수밖에 없게 되었소. 떠날 때에 공을 현덕에게 천거했소. 현덕이 가까운 시일 내에 찾아올 것이니 바라건대 공은 물리지 마시고 평생을 익힌 큰 재주를 펼쳐 그를 보좌한다면 매우 다행일 것이오!"

그 말을 들은 공명은 안색이 변했다.

"그대는 나를 제사에 쓰는 희생[21]으로 삼으려는가!"

말을 마치더니 옷소매를 뿌리치고 들어갔다. 서서는 부끄럽고 창피하여 물러나와서는 말에 올라 길을 재촉하며 어머니를 뵈러 허창으로 달려갔다.

벗에게 부탁한 말 한마디는 주인을 사랑해서이며
집으로 천 리 길 가는 것은 어머니 그리워서네
囑友一言因愛主, 赴家千里爲思親

뒷일은 과연 어떻게 될 것인가?❹

제36회 유비의 곁을 떠나는 서서

❶

이때 유비에게는 아들이 없었다

『삼국지』「촉서·유봉전劉封傳」에 따르면 "유봉은 본래 나후羅侯(후작 명칭, 봉지가 나현에 있으므로 나후라 함) 구씨寇氏의 아들이며 장사군長沙郡 유씨劉氏의 생질이다. 선주(유비)가 형주에 당도했을 때 아직 후사가 없었으므로 유봉을 양자로 삼았다. 선주가 촉으로 진입한 이후에 가맹葭萌(현 명칭으로 치소는 쓰촨성 광위안廣元 서남쪽)에서 회군하여 유장을 치려고 했을 당시 유봉은 20세 남짓이었다"고 기록하고 있다. 유비가 유봉을 양자로 들일 때 유비에게는 아들이 없었고 딸 하나만 있었다.

그리고 유비가 촉으로 들어간 시기는 건안 18년(213)이므로 이 무렵 유봉이 20세 정도였다면 유선劉禪이 태어난 해는 207년이니 유봉과 유선의 나이 차가 대략 14세인 것으로 판단된다.

봉선封禪의 의미

유비의 두 아들의 이름은 유봉劉封과 유선劉禪이다. 두 아들의 이름을 합치면 '봉선'이 된다.

봉선은 고대 제왕이 태평성세 혹은 하늘이 상서로움을 내릴 때 천지에 제사 지내는 대규모 전례典禮를 가리킨다. 옛사람들은 태산泰山이 가장 높다고 여겼기 때문에 인간의 제왕은 마땅히 가장 높은 태산에서 천제天帝에게 제사를 지내야 비로소 천명을 받는다고 했다.

'봉'은 '제천祭天(하늘에 제사 지내는 것)'으로 대부분 천자가 태산에 올라 단을 쌓고 하늘에 제사 지내는 것을 가리키며, '선'은 '제지祭地(땅에 제사 지내는 것)'로 태산 아래의 작은 언덕에서 땅에 제사를 지내는 것을 말한다. 시황제와 한 무제가 모두 이러한 봉선 대전大典을 거행했다. 『사기』에 「봉선서封禪書」가 있다.

유비는 자신의 아들들의 이름을 통해서 제왕이 되고자 하는 열망을 드러낸 듯하다.

❷

와룡 선생과 와룡강

소설에서 제갈량이 스스로 호를 '와룡 선생臥龍先生'이라고 지었다고 했지만, 『삼국지』「촉서·방통전」 배송지 주 『양양기襄陽記』에 따르면 "제갈공명諸葛孔明을 와룡臥龍, 방사원龐士元을 봉추鳳雛, 사마덕조司馬德操를 수경水鏡이라 한 것은 모두 방덕공龐德公이 한 말이다"라고 기록하여 방덕공이 부른 것이지 제갈량 스스로 호를 삼은 것은 아님을 알 수 있다. 또 '와룡강臥龍岡'은 남양군 군치郡治인 원현宛縣(지금의 허난성 난양南陽)에 있었고 융중에는 와룡강이 없었다.

❸

사마휘와 서서가 유비에게 제갈공명을 추천했다

『삼국지』「촉서·제갈량전」에 서서와 사마휘가 유비에게 제갈공명을 추천한 기록이 있다.

"당시 선주(유비)는 신야에 주둔하고 있었다. 서서가 선주를 만났는데 선주는 그를 신임했다. 선주에게 말했다.

'제갈공명은 와룡입니다. 장군께서는 그를 만나보기를 원치 않으십니까?'

선주가 말했다.

'그대가 그를 데리고 함께 오십시오.'

서서가 말했다.

'이 사람은 가서 만날 수는 있어도 억지로 불러오게 할 수는 없습니다. 장군께서 불편하더라도 직접 왕림하셔야 합니다.'"

또한 배송지 주『양양기』에 "유비가 사마덕조司馬德操(사마휘)를 찾아가 세상일을 물었다. 사마덕조는 '식견이 짧고 조잡한 유생이 어찌 당면한 정세를 알겠습니까? 당면한 정세를 아는 자는 준걸입니다. 이곳에 와룡과 봉추가 있습니다'라고 했다. 유비가 누구냐고 묻자 '제갈공명과 방사원입니다'라고 대답했다"고 기록되어 있다.

제갈량 성씨의 기원

『삼국지』「오서·제갈근전」배송지 주『오서』에 제갈 성씨에 관한 기록이 있는데 "그의 선대 갈씨葛氏는 본래 낭야 제현諸縣(치소는 산둥성 주청諸城 서남쪽) 사람이었는데 후에 양도陽都로 이주했다. 양도에는 앞서 성이 갈씨인 자들이 있었는데 당시 사람들이 제갈諸葛이라 불렀기 때문에 제갈 성씨가 되었다"고 했다.

서서와 제갈량은 함께 유비를 섬겼다

소설과는 다르게 서서와 제갈량은 한동안 함께 유비를 섬겼는데,『삼국지』「촉서·제갈량전」은 다음과 같이 기록하고 있다.

"유표가 죽고, 유종은 조공이 쳐들어온다는 소식을 듣고는 사자를 파견해 투항하기를 청했다. 선주는 번성에서 이 소식을 듣고는 부하들을 이끌고 남쪽으로 갔다. 제갈량과 서서가 함께 그를 따랐지만 조공의 추격을 받아 패하고 서서의 어머니가 붙잡혔다. 서서는 선주에게 작별을 고하면서 자기 심장을 가리키며 말했다.

'본래 장군과 함께 왕업과 패업을 도모하려 한 것은 모두 이 사방 한촌 되는 곳(심장)에 의지해서였습니다. 지금 노모를 잃어 마음이 혼란스럽습니다. 대업에 이로움이 없으니 여기서 헤어지기를 청합니다.'

그러고는 조공이 있는 곳으로 갔다."

서서는 소설의 내용처럼 모친의 편지를 받고 간 것이 아니었다. 서서의 모친이 조조에게 포로로 잡힌 것은 사실이지만 서서는 자발적으로 조조에게 갔다고 할 수 있다.

삼고초려

사마휘는 다시 명사를 천거하고,
유현덕은 초가를 세 번 찾아가다

司馬徽再薦名士,
劉玄德三顧草廬

서서는 길을 재촉하여 허창[1]으로 갔다. 조조는 서서가 이미 도착했다는 것을 알고는 즉시 순욱과 정욱 등 한 무리의 모사를 보내 맞이하라고 명했다. 서서가 승상부로 들어와 조조를 알현했다. 조조가 말했다.

　"공은 고명한 인사인데 무슨 까닭으로 자신을 낮추고 유비를 섬겼소?"

　서서가 말했다.

　"제가 어려서 난을 피하여 강호를 떠돌다가 우연히 신야에 이르게 되었고 마침내 현덕과 두텁게 교제하게 되었습니다. 여기 계신 노모께서 다행히 자애로운 관심을 받고 계시니 감사함을 감당할 수 없습니다."

　조조가 말했다.

　"공이 이제 이곳에 왔으니 아침저녁으로 모친을 봉양하게 되었고 나 또한 가르침을 들을 수 있게 되었소."

　서서는 예를 갖춰 감사드리고 나와서는 급히 모친을 찾아가 대청 아래에서 울면서 절을 올렸다. 깜짝 놀란 모친이 말했다.

　"너는 무슨 까닭으로 이곳에 왔느냐?"

"근래에 신야에서 유예주를 섬기고 있었는데, 어머님의 편지를 받고서 밤새 달려왔습니다."

서서의 모친은 벌컥 성을 내더니 탁자를 치며 욕을 했다.

"네 녀석이 강호를 몇 년간 떠돌아다녔기에 나는 네 학업에 진전이 있을 것이라 여겼는데 어찌하여 오히려 처음보다 못하단 말이냐! 네가 글을 읽었다면 모름지기 충과 효 두 가지를 모두 갖출 수 없다는 것을 알 것이다. 그런데 조조가 군주를 속이고 기만하는 역적임을 어찌 모른단 말이냐? 유현덕은 어질고 의로움이 사해에 펼쳐져 있으며 게다가 한실의 후예이니 네가 그분을 섬겼다면 주인을 제대로 얻은 것이다. 지금 거짓으로 꾸민 편지 한 통을 믿고서, 더군다나 자세히 살펴보지도 않고 광명을 버린 채 어둠을 찾아 잘못된 길로 들어서 스스로 오명을 취하려 하니 정말 어리석은 놈이로구나! 내 무슨 면목이 있어 너를 본단 말이냐! 너는 조상을 더럽혔으니 천지간에 헛되이 살고 있을 뿐이다!"

서서는 모친의 꾸지람에 바닥에 무릎 꿇고 엎드린 채 감히 쳐다보지도 못했다. 모친은 병풍 뒤로 돌아갔다. 잠시 후 하인이 나와서 알렸다.

"노부인께서 들보 사이에 목매어 자살하셨습니다."

서서가 황급히 구하러 들어갔을 때 모친은 숨이 이미 끊어진 뒤였다. 후세 사람이 서서의 모친을 찬탄한 '서모찬徐母贊'이란 시를 지었다.

어질구나! 서서의 모친이여, 훌륭한 명성을 천고에 전했도다
절개를 지킴에 부족함이 없었으니, 집안에 보탬이 되었구나
다방면으로 자식을 가르치니, 세상 살기에 스스로 고달팠네
그 기상은 산과 같았고, 그 의리는 가슴속에서 우러났도다

유예주 현덕을 칭송하고, 위 무제 조조에게 비난을 했도다

끓는 가마솥[2] 두려워 않고, 칼과 도끼도 무서워하지 않았다

오직 두려워한 것은 자신의 아들이 조상을 욕되게 할까였네

검으로 자결한 왕릉 어미 같고,[3] 베를 끊은 맹자 모친 같도다[4]

살아서는 명성을 얻었고, 죽어서는 가치 있는 곳을 얻었도다

어질구나! 서서의 모친이여, 훌륭한 명성을 천고에 전했도다

賢哉徐母, 流芳千古

守節無虧, 於家有補

敎子多方, 處身自苦

氣若丘山, 義出肺腑

讚美豫州, 毁觸魏武

不畏鼎鑊, 不懼刀斧

唯恐後嗣, 玷辱先祖

伏劍同流, 斷機堪伍

生得其名, 死得其所

賢哉徐母, 流芳千古

모친이 이미 돌아가신 것을 본 서서는 통곡하다 땅바닥에서 혼절했으며 한참 지난 뒤에야 비로소 소생했다. 조조는 사람을 시켜 예물을 보내 조문하도록 하고 또 친히 추모하는 제사에 갔다. 서서는 허창의 남쪽 평원에 모친을 장사 지내고 무덤을 지키면서 거상[5]했다. 서서는 조조가 하사한 물건을 모두 받지 않았다.❶

이때 조조는 남쪽을 정벌할 일을 상의했다. 순욱이 간언했다.

"날씨가 추우니 군사를 움직이지 마시고, 잠시 따뜻한 봄이 오기를 기다렸다가 신속하게 대규모로 진격시키는 것이 좋을 듯합니다."

조조는 그 말을 따르기로 하고 장하漳河의 물을 끌어다 못을 만들어 현무玄武라 이름 짓고 못 안에서 수군을 훈련시키면서 남쪽 정벌을 준비했다.

한편 현덕은 예물을 준비하고 제갈량을 만나러 융중으로 가려 했는데 갑자기 보고가 들어왔다.

"문밖에 어떤 선생이 오셨는데, 높은 관과 폭이 넓은 허리띠를 둘렀고 매우 고상하고 품위 있어 보입니다. 일부러 만나 뵈러 오셨다고 합니다."

현덕이 말했다.

"이분이 혹시 공명 선생이 아닐까?"

즉시 의복을 바로 하고 나가 맞이했다. 그 사람은 다름 아닌 사마휘였다. 현덕이 크게 기뻐하며 후당으로 청해 상석에 앉히고 절을 올리며 물었다.

"제가 선안6을 작별한 이래로 군사 관련 사무로 분주하여 찾아뵙지 못했습니다. 오늘 이렇게 왕림하시니 항상 깊이 존경하고 사모하던 마음이 크게 위로가 됩니다."

사마휘가 말했다.

"서원직이 이곳에 있다고 들어서 특별히 한 번 만나러 왔소."

"근래에 조조가 그 어머님을 감금했는데 서서의 모친께서 사람을 시켜 긴급하게 서신을 전달하여 허창으로 돌아오라고 불러서 갔습니다."

"그것은 조조의 계책에 걸린 것이오! 내가 평소에 서서의 모친께서 대단히 현명하시다고 들었는데, 설사 조조에게 감금되었다 하더라도 편지를 전달해 아들을 부르려 하지 않았을 테니 그 편지는 틀림없이 거짓일 게요. 원직이 가지 않았다면 모친께서 오히려 살아 계셨을 텐데, 지금 갔다고 하니 모친께서는 반드시 돌아가셨을 거요!"

현덕이 놀라 그 까닭을 물으니 사마휘가 말했다.

"서서의 모친께서는 고상하고 정의에 맞게 행동하시는 분이라 틀림없이 그 아들을 부끄럽게 보셨을 것이오."

현덕이 말했다.

"원직이 떠날 때 남양의 제갈량을 추천했는데 그 사람은 어떻습니까?"

사마휘가 웃으면서 말했다.

"원직이 떠나고자 했으면 혼자 가면 될 것을, 무엇하러 그에게 마음과 정력을 쏟게 하는가?"

"선생께서는 어찌하여 그런 말씀을 하십니까?"

"공명은 박릉7의 최주평崔州平, 영천의 석광원石廣元, 여남의 맹공위孟公威와 서원직 이 네 사람과 가까운 친구지요. 이 네 사람은 정교하고 순수한 것에 힘을 쏟았으나 유독 공명만은 그 대략적인 것만 살펴보았지요. 일찍이 손으로 무릎을 싸고 앉아서 길게 읊조리며 네 사람을 가리켜 '공들이 벼슬길에 들어서면 자사나 군수까지는 이를 것이오'라고 말했다고 하오. 사람들이 공명의 뜻은 어떠하냐고 묻자 공명은 웃기만 하고 대답하지 않았다고 하오. 언제나 자신을 관중과 악의에 비교하는데 그 재주를 헤아릴 수 없지요."

"어찌하여 영천에는 현사들이 그토록 많습니까!"

"옛날에 천문을 잘 보는 은규殷馗라는 사람이 있었는데 일찍이 '영천 분야에 뭇별이 모여 있어서 그 땅에 틀림없이 현사들이 많을 것'이라고 말했다고 하오."

이때 곁에 있던 운장이 말했다.

"제가 듣기로는 관중과 악의는 춘추전국시대 사람들로 그 공이 온 천하를 덮었다고 하는데, 공명 스스로 이 두 사람과 비교하는 것은 너무 지나친 것 아닙니까?"

사마휘가 웃으면서 말했다.

"내가 보기에는 이 두 사람과 비교하는 것은 마땅치 않고, 나는 다른 두 사람과 비교하고자 하오."

운장이 물었다.

"그 두 사람은 누구입니까?"

"주나라 800년을 일으킨 강자아姜子牙(강태공의 자)와 한나라 400년을 왕성하게 한 장자방張子房(장량의 자)이지요."

사람들이 아연실색했다. 사마휘가 계단을 내려와 작별하고 가려 하자 현덕이 만류했으나 막을 수가 없었다. 사마휘는 문을 나가 하늘을 우러러보며 껄껄 웃었다.

"와룡이 주인을 만났지만 때를 얻지 못했으니 애석하구나!"

그러고는 서둘러 떠났다. 현덕이 탄식했다.

"참으로 속세를 떠나 은거하는 현사로다!"

이튿날 현덕은 관우, 장비 그리고 수행원들과 함께 융중으로 갔다. 멀리 바라보니 산기슭에서 몇 명이 호미를 메고 밭을 갈며 노래를 부르고 있었다.

푸른 하늘은 둥근 일산과 같으며
대지는 마치 바둑판과도 같구나
세상 사람들은 흑백으로 나뉘어
오고 가며 영예와 치욕을 다투네
영화 얻은 자 스스로 평안하지만

치욕 보인 자 분명 고생스럽구나

남양 땅에 은거하는 자가 있으니

높이 누워 잠자기가 부족하구나

蒼天如圓蓋, 陸地似棋局

世人黑白分, 往來爭榮辱

榮者自安安, 辱者定碌碌

南陽有隱居, 高眠臥不足

노래를 들은 현덕은 고삐를 잡아당겨 말을 세우고 농부를 불러 물었다.

"그 노래는 누가 지은 것이오?"

농부가 대답했다.

"와룡 선생이 지은 겁니다."

"와룡 선생은 어디에 사시오?"

"이 산 남쪽 일대에 높은 언덕이 있는데 바로 와룡강臥龍岡입니다. 언덕 앞 나무가 듬성듬성한 숲 안쪽에 초가가 있는데 거기가 바로 제갈 선생께서 은 거하시는 곳입니다."

현덕은 농부에게 감사하고 말에 채찍질하며 앞으로 나아갔다. 몇 리를 못 가서 멀리 와룡강이 보였는데 과연 청아하고 수려한 풍광이 예사롭지 않았 다. 후세 사람이 고풍시 한 편을 지어 와룡이 살던 곳을 노래했다.

양양성에서 서쪽으로 이십 리쯤 떨어진 곳에서

떠 두른 듯 높은 언덕 흐르는 물을 베개 삼았네

높은 언덕은 구불구불 구름 일어나는 곳 누르고

흐르는 물 졸졸 흘러 석수[8]를 흩날리게 하는구나

기세는 곤한 용 돌 위에 휘감아 서리고 있는 듯
모양은 홀로된 봉황 소나무 그늘에 있는 듯하네
얼기설기 엮은 사립문 반쯤 닫혀 있는 초가집에
고결한 선비가 그 안에 누워 일어날 줄 모르네

높직한 대나무 서로 어우러져 푸른 병풍 이루고
사계절 내내 울타리에는 들꽃 향기 풍기는구나
침상 머리에 쌓여 있는 것은 모두 서적이어서
오가는 손님들 중에는 평범한 사람들 없구나

문 두드리는 원숭이는 때에 맞춰 과일을 바치고
문 지키는 늙은 학은 밤이면 글 읽는 소리 엿듣네
이름난 거문고는 오래된 비단 자루에 감춰져 있고
벽 가운데 걸린 보검에는 북두칠성 새겨져 있네[9]

초가집의 선생은 유달리 그윽하고 품위가 있어
한가한 때면 직접 나가 부지런히 논밭 가는구나
오직 봄 우렛소리에 놀라 꿈 깨기를 기다렸다가
한 소리 길게 소리 질러서 천하를 안정시키리라
襄陽城西二十里, 一帶高岡枕流水
高岡屈曲壓雲根, 流水潺湲飛石髓

勢若困龍石上蟠, 形如單鳳松陰裏

柴門半掩閉茅廬, 中有高人臥不起

修竹交加列翠屏, 四時籬落野花馨

床頭堆積皆黃卷, 座上往來無白丁

叩戶蒼猿時獻果, 守門老鶴夜聽經

囊裏名琴藏古錦, 壁間寶劍挂七星

廬中先生獨幽雅, 閑來親自勤耕稼

專待春雷驚夢回, 一聲長嘯安天下

장원 앞에 당도한 현덕이 말에서 내려 친히 사립문을 두드리자 한 동자가 나와 어디서 오셨냐고 물었다. 현덕이 말했다.

"한나라 좌장군, 의성정후, 예주목을 겸임한 황숙 유비가 특별히 선생을 찾아뵈러 왔다고 전해라."

동자가 말했다.

"저는 그렇게 긴 이름은 기억하지 못하겠는데요."

현덕이 말했다.

"그냥 유비가 찾아왔다고만 해라."

"선생께서는 오늘 아침 일찍 출타하셨는데요."

"어디로 가셨느냐?"

"종적이 일정하지 않아 어디로 가셨는지 모릅니다."

"언제 돌아오시냐?"

"돌아오는 시기도 일정하지 않아 3~5일 걸릴 때도 있고 10여 일 만에 돌아오실 때도 있어요."

현덕이 낙담해 마지않았다. 장비가 말했다.

"이왕 만나지 못할 바에는 그냥 돌아가십시다."

현덕이 말했다.

"잠시만 기다려보자."

운장이 말했다.

"일단 돌아가셨다가 다시 사람을 시켜 알아보는 것이 좋을 듯합니다."

현덕은 그 말을 따르기로 하고 동자에게 부탁했다.

"선생께서 돌아오시면 유비가 찾아왔었다고 전해라."

결국 말에 올랐다. 몇 리를 가다가 말고삐를 당겨 세우고는 융중의 풍광을 돌아보니 과연 산은 높지 않으나 수려하고 우아했고, 물은 깊지 않으나 맑고 깨끗했으며, 땅은 넓지 않으나 평평했고, 숲은 크지 않으나 무성했으며, 원숭이와 학이 서로 어울리고 소나무와 대숲이 비취색으로 서로 어우러져 그 경치에 빠져 보고 또 보기를 멈출 수가 없었다. 이때 갑자기 한 사람이 보였다. 용모에 기품이 서리고 풍채가 시원시원하며 머리에 소요건[10]을 쓰고 몸에는 검은 베의 도포를 입었는데 명아줏대 지팡이를 짚고는 산 후미진 오솔길로 오고 있었다. 현덕이 말했다.

"저분이 틀림없이 와룡 선생일 거야!"

급히 말에서 내려 앞으로 다가가 예를 갖춰 인사를 하고 물었다.

"선생께서는 와룡 선생이 아니신지요?"

그 사람이 말했다.

"장군은 누구시오?"

"유비라고 합니다."

"나는 공명이 아니라 공명의 친구인 박릉의 최주평이라고 하오."

"익히 존함을 들었는데 오늘 만나 뵙게 되어 행운입니다. 잠시 자리에 앉아 한 말씀 가르침을 받고자 합니다."

두 사람이 숲 사이의 돌 위에 마주 앉자 관우와 장비가 곁에 시립했다. 최주평이 말했다.

"장군께서는 무슨 까닭으로 공명을 만나려고 하시오?"

현덕이 말했다.

"바야흐로 지금 천하가 크게 어지러워지고 사방이 소란스러우니 공명을 만나 나라를 안정시키고 굳건히 할 수 있는 방책을 구하고자 할 따름입니다."

최주평이 웃으면서 말했다.

"공께서 변란을 평정하고자 하시니 비록 그것이 어진 마음이라 할 수는 있으나 예로부터 안정과 동란은 수시로 변하여 단정할 수 없는 것입니다. 고조께서 흰 뱀을 베고 의리를 중시하여 군대를 일으킨 후 무도한 진秦을 멸하신 것은 동란으로부터 안정된 것으로, 애제, 평제[11] 시대까지 200년간 태평 시대가 지속되다가 왕망이 황위를 빼앗는 바람에 다시 동란의 시기로 들어갔습니다. 광무께서 중흥하시어 기업을 다시 정돈하니 비로소 안정의 시대로 들어갔습니다. 지금까지 백성이 200년간 편안하게 지낸 터라 전쟁이 또 다시 사방에서 일어나게 되니 이는 바로 안정에서 동란의 시기로 들어가는 때이므로 갑자기 안정시킬 수 없는 것입니다. 장군께서는 공명으로 하여금 천지를 되돌려 바로잡고 깁고 꿰매어 나라를 정비하고자 하시나, 그렇게 하기 쉽지 않을 것이고 헛되이 마음과 힘을 낭비할까 염려될 따름입니다. '천명에 순응하는 자는 편안하고 한가하게 누리고, 하늘의 뜻에 어긋나는 자는 수고롭기만 하고 공을 세우지 못한다'는 말과 '하늘이 정한 운수는 어떠한 이치로도 바꿀 수가 없고, 운명은 일찌감치 결정된 것으로 사람이 애를 써도 달라질 수 없는 것이다'라는 말을 듣지 못하셨습니까?"

현덕이 말했다.

"선생께서 말씀하신 바는 진실로 고견이십니다. 그러나 저는 한나라 후예로서 한실을 보위해야 마땅한데 어찌 감히 운수와 운명에만 맡기겠습니까?"

최주평이 말했다.

"산과 들에 사는 사람과 천하의 일을 논하기에는 부족하나 질문을 받았기에 허튼소리를 했소."

"선생의 가르침을 잘 받았습니다. 그런데 공명이 어디로 갔는지 모르십니까?"

"나 또한 그를 만나고자 찾았는데 어디로 갔는지는 모르겠소."

"선생께서 저희 현으로 함께 가시는 것은 어떻습니까?"

"이 어리석은 사람은 천성이 한가하고 자유로운 것을 즐거워하여 공명에 뜻을 두지 않은 지가 오래되었소. 훗날 또 만나 뵙지요."

말을 마치더니 장읍[12]하고는 가버렸다. 현덕은 관우, 장비와 함께 말에 올라 떠났다. 장비가 말했다.

"공명을 찾아왔는데 보지도 못하고 오히려 이런 썩어빠진 선비나 만나 잡 담이나 한참 한 게지요!"

현덕이 말했다.

"이것 또한 은자의 말씀이네."

세 사람은 신야로 돌아왔다. 며칠이 지나서 현덕은 사람을 보내 공명의 소식을 알아보게 했다.

"와룡 선생이 이미 돌아오셨습니다."

현덕은 즉시 말을 준비시켰다. 장비가 말했다.

"촌뜨기 한 명 만나는데 구태여 형님께서 직접 가실 필요 없으니 사람을 보내 불러오게 하시오."

현덕이 큰 소리로 꾸짖었다.

"너는 어찌 맹자의 '현명한 사람을 만나고자 하면서도 올바른 방법으로 부르지 않는다면, 그것은 마치 그를 집안으로 들여보내려 하면서 도리어 문을 닫아버리는 것과 같다欲見賢人而不以其道, 猶欲其入而閉之門也'[13]는 말씀을 듣지 못했단 말이냐. 공명은 당대에 재덕이 출중한 분이신데 어찌 불러올 수 있단 말이냐!"

마침내 말에 올라 다시 공명을 방문하러 떠났다. 관우와 장비 또한 말을 타고 뒤를 따랐다.

바야흐로 때는 한겨울이라 추위가 심했고 먹장구름이 잔뜩 끼어 있었다. 몇 리를 가지 못해 별안간 삭풍이 매섭게 몰아치며 눈이 흩날렸는데 산은 마치 옥 무더기가 모인 듯 새하얗고 숲은 은으로 단장한 듯했다. 장비가 말했다.

"날씨는 춥고 땅은 얼어 아직 군사도 움직일 수 없는데, 어찌 멀리까지 쓸모없는 사람을 보러 간단 말이오! 차라리 신야로 돌아가 눈보라를 피하는 것이 좋겠소."

현덕이 말했다.

"공명에게 내가 성심성의를 다하고 있다는 뜻을 알게 하고 싶네. 아우들이 추위가 두렵다면 먼저 돌아가도 좋네."

장비가 말했다.

"죽음도 두려워하지 않는데 어찌 추위 따위를 겁낸단 말이오! 다만 형님이 헛되이 마음고생을 할까 염려하는 것뿐이오."

현덕이 말했다.

"여러 말 말고 뒤따르기나 하게."

공명의 초가가 거의 가까워졌을 때 갑자기 길가 주점에서 어떤 사람이 노래 부르는 소리가 들렸다. 현덕이 말을 세우고 그것을 들었다.

장사가 아직도 공적과 명성을 이루지 못한 것은

아아, 오래도록 따뜻한 봄을 만나지 못했기 때문이네

그대는 보지 못했는가, 동해의 강태공이 가시덤불 같은 어려움을 버리고

뒷 수레를 타고 마침내 주나라 문왕을 따른 것을

팔백 명의 제후들이 약속 없이 모여들고

흰 물고기 배 안으로 뛰어들어 맹진 나루터를 건넜다네[14]

목야 벌판의 일전으로 흘린 피가 강을 이루고 옷 두드리는 방망이 떠내려가니[15]

높이 드날리는 매처럼 위풍당당하고 맹렬하기가 무신들의 으뜸이었네

또 그대는 보지 못했는가, 고양 땅의 술꾼 역이기[16]도 초야에서 일어나

장읍만 하고 망탕산에서 '용준공'[17]을 만났도다

왕도와 패도의 고명한 의론에 깜짝 놀라

한고조 발을 씻다 말고 자리로 청하여 그 출중한 기개를 흠모했네[18]

동쪽으로 제나라 일흔두 개의 성을 함락시켰으니[19]

천하에 어느 누구도 그의 발자취를 계승할 수 없었네

강태공, 역이기 두 사람의 공적 숭고함이 이와 같거늘

지금까지 그 누가 영웅을 논하려 하겠는가[20]

壯士功名尚未成, 嗚呼久不遇陽春

君不見: 東海老叟辭荊榛, 後車遂與文王親

八百諸侯不期會, 白魚入舟涉孟津

牧野一戰血流杵, 鷹揚偉烈冠武臣

又不見: 高陽酒徒起草中, 長揖芒碭隆准公

高談王霸驚人耳, 輟洗延坐欽英風

東下齊城七十二, 天下無人能繼踪

二人功績尚如此, 至今誰肯論英雄

노래가 끝나자 또 어떤 한 사람이 탁자를 두드리며 노래를 불렀다.

우리 한고조 황제 검을 뽑아 천하를 깨끗이 하고
나라를 세워 기틀 드리운 지 사백 년이 되었도다[21]
환제와 영제 말기 때부터 화덕 운수 쇠퇴하더니
간신과 역적들이 재상의 집정 권력을 장악했도다

푸른 뱀이 날아서 옥좌의 곁으로 내려앉더니만
요사스러운 무지개도 옥당으로 내려왔도다
이때부터 도적떼 사방에서 개미떼처럼 모여들고
수많은 간웅 무리 기세 좋게 매처럼 날아올랐다

우리야 길게 휘파람 불며 공연히 손뼉 치면서
답답하면 시골 주점 와서 농가에 빚은 술 마시네
자신의 수양에만 힘을 쓰니 종일토록 편안한데
어찌 천고에 길이 이름을 남길 필요가 있겠는가

吾皇提劍淸寰海, 創業垂基四百載

桓靈季業火德衰, 姦臣賊子調鼎鼐

靑蛇飛下御座傍, 又見妖虹降玉堂

群盜四方如蟻聚, 奸雄百輩皆鷹揚

吾儕長嘯空拍手, 悶來村店飮村酒

獨善其身盡日安, 何須千古名不朽

노래를 마친 두 사람은 손뼉을 치며 껄껄 웃었다. 현덕이 말했다.

"와룡이 이곳에 있구나!"

즉시 말에서 내려 주점으로 들어갔다. 두 사람이 탁자에 기대어 마주 앉아 술을 마시고 있는 것이 보였는데 윗자리에 앉은 사람은 얼굴이 희고 수염이 길었으며, 아랫자리에 앉은 사람은 얼굴이 수려하고 평범하지 않으면서도 소박하고 예스러웠다. 현덕이 읍²²하면서 물었다.

"두 분 중에 어느 분이 와룡 선생이십니까?"

수염이 긴 사람이 말했다.

"공은 누구시오? 와룡은 무엇하러 찾으시오?"

"저는 유비라고 합니다. 선생을 찾고자 하는 것은 세상을 구하고 백성을 편안케 하는 방법을 구하고자 함입니다."

수염이 긴 사람이 말했다.

"우리는 와룡이 아니라 모두 와룡의 친구들이오. 나는 영천의 석광원이고, 이분은 여남의 맹공위지요."

현덕이 기뻐하면서 말했다.

"오래전에 두 분의 고명하신 이름을 들었는데 다행히 뜻하지 않게 만나 뵙게 되었습니다. 지금 수행하는 마필이 이곳에 있으니, 감히 청컨대 두 공께서 함께 와룡의 장원으로 가셔서 이야기나 나누었으면 좋겠습니다."

석광원이 말했다.

"우리는 모두 산과 들에 사는 게으른 무리라 나라를 다스리고 백성을 편안하게 하는 일은 알지 못하니 수고롭게 물어볼 필요가 없소. 명공께서는 말에 오르시어 와룡을 찾아가보시지요."❷

현덕은 이에 두 사람에게 작별하고 말에 올라 와룡강을 향했다. 장원 앞에 이르자 말에서 내려 문을 두드리고 동자에게 물었다.

"선생께서는 오늘 장원에 계시느냐?"

동자가 말했다.

"지금 초당에서 책을 읽고 계세요."

현덕은 크게 기뻐하며 즉시 동자를 따라 들어갔다. 중문에 이르자 문 위에 큰 글씨로 대구가 적혀 있었다.

욕심 없이 마음을 깨끗이 함으로써 뜻을 분명히 하고,
마음을 평온히 하고서야 원대한 경지에 이를 수 있다.
淡泊以明志, 寧靜而致遠

현덕이 적혀 있는 글을 보고 있는데 갑자기 시 읊는 소리가 들렸다. 문 곁에 서서 들여다보니 초당 위에 한 젊은이가 화로 곁에서 손으로 무릎을 감싸고 앉아 노래를 부르고 있었다.

봉황이 천 길 높이로 비상함이여 오동나무가 아니면 앉지 않도다

선비가 한곳에 은거하고 있음이여 주인이 아니면 의탁하지 않는다네

몸소 논밭을 경작하는 즐거움이여 내가 나의 초가집을 사랑하도다

잠시 거문고와 책에 오만한 심사 기탁함이여 하늘의 때를 기다리노라

鳳翔翔於千仞兮, 非梧不棲

士伏處於一方兮, 非主不依

樂躬耕於隴畝兮, 吾愛吾廬

聊寄傲於琴書兮, 以待天時

현덕은 그 노래가 끝나기를 기다렸다가 초당에 올라 인사를 했다.

"저는 선생을 오래도록 경모했으나 인연이 없어서 찾아뵙지 못했습니다. 지난번에 서원직 선생이 추천하여 선장仙莊에 왔으나 만나 뵙지 못하고 헛걸음했습니다. 오늘 특별히 눈보라를 무릅쓰고 왔는데 청아하고 품위 있는 용모를 우러러 뵙게 되어 진실로 천만다행입니다!"

그 젊은이가 황망히 답례하며 말했다.

"장군께서는 혹시 저의 형님을 만나러 오신 유예주가 아니십니까?"

현덕이 놀라 의아해하며 말했다.

"선생도 와룡이 아니십니까?"

"저는 바로 와룡의 아우인 제갈균諸葛均이라 합니다. 저희는 형제가 셋인데, 큰형님은 제갈근諸葛瑾으로 지금은 강동의 손중모孫仲謀(손권의 자)의 막료로 있고, 공명은 바로 둘째 형님입니다."

"와룡은 지금 댁에 계시나요?"

"어제 최주평과 약속하고 놀러 나갔습니다."

"어디로 놀러 가셨는지요?"

"작은 배를 타고 강과 호수에서 유람하기도 하고, 혹은 산마루를 올라 승려와 도사를 찾아가기도 하며, 때로는 시골에 사는 친구를 찾아가기도 하고, 어떤 때는 동부洞府(도교에서 신선이 사는 곳) 안에서 거문고를 타고 바둑을 두며 즐기기도 하는데, 오고 감을 헤아릴 수가 없어 가는 곳을 알 수가 없습니다."

"내가 이토록 공명과 인연이 깊지 않구려. 두 번이나 왔어도 재덕이 출중하신 분을 만나지 못하다니!"

"잠시 앉아 계시면 차라도 올리겠습니다."

장비가 말했다.

"그 선생이 집에 없다고 하니, 형님께서는 말에 오르시지요."

현덕이 말했다.

"내가 여기까지 왔는데 어떻게 한마디 말도 없이 돌아가겠는가?"

그러고는 제갈균에게 물었다.

"들자 하니 형님 되시는 와룡 선생께서는 병법에 능통하고 날마다 병서를 읽으신다고 하는데 들려주실 수 있겠소?"

제갈균이 말했다.

"모르겠습니다."

장비가 말했다.

"저자에게 뭘 물어보시오! 눈보라가 몹시 심하니 어서 돌아가는 게 좋겠소."

현덕은 장비를 큰 소리로 꾸짖어 제지했다. 제갈균이 말했다.

"형님이 집에 없어서 감히 오래 머물도록 하지 못하겠으니, 조만간 답례로 방문하도록 하겠습니다."

현덕이 말했다.

"어찌 감히 선생께서 왕림하시기를 바라겠습니까. 며칠 후에 제가 다시 오는 것이 마땅합니다. 원컨대 종이와 붓을 빌려주시면 몇 자 적어 글이라도 남겨 이 유비의 성심성의를 표하고자 하니 형님께 전달해주시기 바랍니다."

제갈균이 바로 종이와 붓, 먹과 벼루를 내놓았다. 현덕이 얼어붙은 붓에 입김을 불어 녹이면서 구름 모양의 도안이 있는 종이를 털어 펼치고 글을 적었다.

"제가 고명하신 이름을 오래도록 경모해오다가 두 번이나 뵙고자 왔으나 만나지 못하고 헛되이 돌아가니 낙담과 슬픔을 무엇에 비하리까! 이 비는 한나라 황실의 후예로서 과도한 칭호와 작위를 받았으나 엎드려 살펴보건대 조정이 쇠약해지고 기강이 무너지자 군웅들이 나라를 어지럽히고 흉포한 무리가 임금을 속이니 심장과 쓸개가 모두 찢어지려 합니다. 비록 나라를 바로잡고 백성을 구제하고자 하는 진실한 마음은 있으나 국가 대사를 관리하고 다스릴 책략이 부족합니다. 삼가 바라건대 선생께서 인자하신 마음과 충성과 의리로써 흔쾌히 여망(강태공) 같은 탁월한 재능을 펼치고 자방(장량) 같은 웅대한 지략을 실행해주신다면 천하의 커다란 행운일 것입니다! 이 또한 사직을 위해 진실로 다행일 것입니다! 우선 이것으로 뜻을 나타낸 후 다시 분향하고 목욕재계하여 특별히 존안을 찾아뵌 다음 직접 마주하고 저의 성의를 말씀드릴까 합니다. 바라건대 살펴주시고 양해해주시기 바랍니다."

현덕은 다 적고 나서 제갈균에게 건네고는 작별을 고하고 문을 나갔다. 제갈균이 나와서 전송하자 현덕은 거듭 간곡하게 뜻을 전하고 헤어졌다. 막 말에 오르려는데 갑자기 동자가 울타리 밖으로 손짓하며 소리치는 것이 보였다.

"노선생께서 오세요."

현덕이 보니 작은 다리 서쪽에서 한 사람이 방한모로 머리를 덮고 여우 가죽으로 만든 옷으로 몸을 덮어쓰고는 나귀를 타고 오는 것이 보였다. 그 뒤에는 푸른 옷을 입은 동자가 술이 담긴 조롱박을 들고 눈을 밟으며 따라오고 있었다. 작은 다리를 건너오며 시 한 수를 읊었다.

하룻밤 몰아친 북풍은 차갑기만 한데
만 리에 먹장구름이 두텁게 깔렸구나
광활한 하늘에 눈이 어지러이 흩날려
강과 산의 옛 모습을 모조리 바꾸었네
얼굴 들어 한없이 넓은 하늘 바라보니
마치 옥룡이 서로 싸우는 듯하구나
용의 하얀 비늘 어지럽게 날아다니니
눈 깜짝할 사이에 온 세상 뒤덮었구나
나귀를 타고서 조그만 다리 건너면서
홀로 매화꽃 시들어감을 탄식하노라
一夜北風寒, 萬里彤雲厚
長空雪亂飄, 改盡江山舊
仰面觀太虛, 疑是玉龍鬪
紛紛鱗甲飛, 頃刻遍宇宙
騎驢過小橋, 獨嘆梅花瘦

노래를 들은 현덕이 말했다.

"이번에는 정말 와룡이다!"

말안장에서 구르듯이 내려와 앞으로 다가가서 인사를 했다.

"선생께서 추위를 견디기가 쉽지 않으실 텐데, 이 유비가 기다린 지 오래되었습니다!"

그 사람이 황망히 나귀에서 내려 답례했다. 제갈균이 뒤에서 말했다.

"이분은 와룡 형님이 아니라, 바로 형님의 장인이신 황승언黃承彦 어른이십니다."

현덕이 말했다.

"방금 읊으신 시 구절이 지극히 고명하고 기묘합니다."

황승언이 말했다.

"이 늙은이가 사위 집에서 '양보음'을 보고 이 한 편을 기억해둔 것이외다. 작은 다리를 건너다가 우연히 울타리 사이에 피어 있는 매화를 보고는 감동이 일어 읊은 것이오. 뜻밖에도 존귀한 손님께서 들으셨군요."

현덕이 말했다.

"사위 되는 분은 만나셨습니까?"

"이 늙은이도 사위를 보러 온 것이오."

그 말을 들은 현덕은 황승언에게 작별을 고하고 말에 올라 돌아왔다. 마침 눈보라는 더욱 심해졌고 와룡강을 돌아보며 우울해 마지않았다. 후세 사람이 현덕이 눈보라를 무릅쓰고 공명을 찾아간 일을 읊은 시가 있다.

온 하늘 눈보라 치는데도 현량한 이 찾아갔지만

만나지 못하고 헛되이 돌아오니 마음이 아프네

개울과 다리 얼어붙고 산의 돌들은 미끄러운데

추위는 말안장 스며들고 갈 길은 멀기만 하구나

머리에는 배꽃 같은 눈송이 편편이 떨어지는데

얼굴 향해 버들솜 미친 듯 흩날리며 덮쳐오네

말 채찍질 멈추고서 고개 돌려 멀리 바라보니

휘황찬란한 은 더미처럼 와룡강 가득 채웠구나

一天風雪訪賢良, 不遇空回意感傷

凍合溪橋山石滑, 寒侵鞍馬路途長

當頭片片梨花落, 撲面紛紛柳絮狂

回首停鞭遙望處, 爛銀堆滿臥龍岡 ❸

현덕이 신야로 돌아온 다음 세월은 덧없이 흘러 다시 이른 봄이 되었다. 이에 점쟁이에게 시초를 이용하여 점을 쳐서²³ 길일을 선택하게 하고는 사흘 동안 재계하고 분향하며 목욕하고 옷을 갈아입고는 다시 와룡강으로 가서 공명을 만나려고 했다. 그 소식을 들은 관우와 장비는 유쾌하지 않았고 결국 일제히 들어가 현덕에게 간언했다.

고상하고 현량한 인사 영웅의 뜻을 따르지 않으니

절개를 굽혀 기어코 걸출한 이들 의심하게 만드네

高賢未服英雄志, 屈節偏生傑士疑

그들은 무슨 말을 할 것인가?

제37회 삼고초려

①

서서는 누구인가?

서서에 관한 역사 기록은 많지 않다. 『삼국지』 「촉서·제갈량전」 배송지 주 『위략』
에 따르면 "서서는 처음에 이름을 복福이라 했으며 본래는 단가자單家子 출신으로 어
려서부터 의협심이 강했고 검술을 좋아했다. 초평 연간(190~193)에 중원에 전쟁이
일어나자 석도石韜와 함께 남쪽 형주로 갔으며 그곳에 이르러 특별히 제갈량과 친해
졌다"고 기록하고 있다. 소설의 내용과 다르게 서서의 본명은 서복徐福이었다. 기록
에서 '단가자' 출신이라고 했는데 '단가'는 가난한 집안이라는 의미로 '단가자'는 곧
'가난한 집안 출신의 자제'다. 나관중이 '단가자'의 '단'을 성씨로 착각해(단이 성씨로
사용될 때는 '선單'이라 읽음), 단가자를 '선씨 성을 가진 집안의 자제'로 이해하고 소설
에서 '선복單福'이라고 한 듯하다.

또한 『위략』의 기록에 따르면 "형주가 [조조에게] 귀순하여 따르자, 공명은 유비와
함께 수행하며 떠났고, 서복은 석도와 함께 북쪽으로 왔다. 황초黃初 연간(220~226)
에 이르러 석도는 군수郡守, 전농교위典農校尉를 역임했고 서복의 관직은 우중랑장右
中郎將, 어사중승禦史中丞에 이르렀다. 대화大和(태화太和) 연간(227~232)에 이르러 제
갈량이 농우隴右(지구 명칭으로 농산隴山 서쪽 지구를 가리킨다. 고대에 서쪽을 '우右'라 했

기 때문에 '농우'라 했다. 대략 지금의 간쑤성 류판산六盤山 서쪽, 황하 동쪽 지구에 해당된다)

로 출병했을 때 원직元直(서복)과 광원廣元(석도)의 관직과 재물이 이와 같음을 듣고

탄식하며 '위에는 선비가 지극히 많구나! 어찌하여 저 두 사람이 중용되지 못한단

말인가?'라고 했다. 서서는 수년 뒤에 병으로 죽었으며 그의 비석은 팽성彭城에 있는

데 지금도 여전히 존재한다"고 기록하고 있다. 우중랑장은 4품이고 어사중승은 어사

대부의 속관이다. 건안 13년(208)에 조조에게 넘어갔고 제갈량이 농우로 출정(228)

한 다음 몇 년 후에 사망했다는 기록으로 보면 조조 진영에서 20년 이상 있다가 사

망한 것으로 추정된다. 활동이나 공적에 관한 역사 기록의 부재 등으로 봐서는 조조

진영에서 크게 두각을 나타내지 못한 평범한 모사에 불과했던 듯하다.

❷

석광원石廣元과 맹공위孟公威는 산과 들에 사는 한가한 무리였는가?

석광원은 이름이 도縚이며 자가 광원廣元이다. 『삼국지』 「촉서·제갈량전」 배송지

주 『위략』에 따르면 석광원은 조조가 형주를 점령한 다음에 군수와 전농교위를 역임

한다. 전농교위는 조위曹魏가 군국郡國에 설치한 둔전관屯田官이다. 6품으로 둔전 구

역의 농업 생산과 민정, 소작료를 관리했다. 지위는 군 태수에 해당된다.

그리고 「위서·온회전溫恢傳」에 따르면 맹공위는 "온회가 죽은 후 여남 사람 맹건孟

建(자는 공위公威)이 양주涼州자사로 임명되었는데 정치를 잘해 명성을 얻었으며 관

직이 정동장군征東將軍(정서장군征西將軍, 정남장군征南將軍, 정북장군征北將軍과 합쳐 사

정四征이라 했다)에까지 이르렀다"고 기록하고 있고, 배송지 주 『위략』에 따르면 "맹건

의 자는 공위公威로 어려서 제갈량과 함께 유학했다"고 기록하고 있다.

두 사람은 결코 은거하면서 한가롭게 지낸 사람들이 아니었다. 석광원은 위나라

에서 관직을 지냈고 맹공위는 고위직을 역임했다.

❸

『삼국지』 「촉서·제갈량전」 배송지 주 『양양기襄陽記』는 다음과 같이 기록하고 있다.

"황승언은 고상하고 시원시원했으며 면남沔南(면수沔水 남쪽)의 명사였는데, 어느 날 제갈공명에게 말했다. '그대가 부인을 고른다고 들었는데 내게 못생긴 딸이 하나 있소. 누런 머리에 얼굴은 시커먼데 재주는 서로 배필이 될 만하오.'

공명이 승낙하자 즉시 수레에 태워 보냈다. 당시 사람들은 이 일을 우스워하며 즐겼는데 마을에서는 '공명처럼 부인을 선택해서는 안 되니 그렇게 되면 아승阿承(황승언)의 추녀를 얻게 될 것이다'라는 말이 퍼졌다."

제갈량의 인척 인맥

『양양기구기襄陽耆舊記』에 따르면 "한나라 말엽에 채씨蔡氏가 가장 왕성했는데 채풍蔡諷의 손위 누이가 태위 장온張溫에게 시집갔다. 그들 사이에서 낳은 장녀는 황승언의 처가 되고 차녀는 유경승(유표)의 후처가 되었는데 이들은 채모의 누나다"라고 기록하고 있다. 즉 황승언의 처는 채씨이고 그녀의 여동생은 유표의 처인 채씨가 되며 동생은 바로 채모다. 결국 제갈량은 채씨 가족과 유표 부자와는 인척 관계였다. 또한 제갈량에게는 두 명의 누나가 있었는데, 작은누나는 방덕공의 아들 방산민龐山民에게 시집갔고 큰누나는 중로中盧의 대호족인 괴기蒯祺에게 시집갔다. 제갈량은 형주의 양대 호족인 채씨와 괴씨와는 인척 관계이며 그들의 후원을 받고 있었다.

융중 계책

융중에서 천하삼분 계책을 정하고,
손씨는 장강에서 싸워 원수를 갚다

定三分隆中決策,
戰長江孫氏報仇

공명을 두 번이나 찾아갔다가 만나지 못한 현덕은 다시 찾아가려고 했다. 관공이 말했다.

"형님께서 두 번이나 친히 찾아간 것도 그 예가 지나치신 겁니다. 제갈량이 헛된 명성만 있고 실제로는 배운 것이 없어서 일부러 피하며 감히 만나지 못하는 것으로 생각됩니다. 형님께서는 어찌하여 그 사람한테 그토록 미혹되셨습니까!"

현덕이 말했다.

"그렇지 않네. 옛날에 제나라 환공이 동곽東郭의 야인野人을 만나고자 했으나 다섯 번 찾아가서야 비로소 만날 수 있었다네.¹ 더군다나 내가 대현²을 만나고자 하는 것이 아닌가?"

장비가 말했다.

"형님께서 틀렸소. 그런 촌놈을 어찌 대현이라 할 만하겠소! 이번에 형님이 가실 필요 없소. 그놈이 오지 않겠다면 내가 밧줄로 묶어서 끌고 오겠소!"

현덕이 호통을 쳤다.

"자네는 어찌하여 주나라 문왕이 강자아姜子牙(강태공)를 찾아뵌 일을 듣지 못했단 말이냐? 문왕께서 그토록 현자를 공경하셨는데 어찌 이리도 무례할 수 있단 말인가! 자네는 이번에 따라오지 말게. 내 운장과 함께 가겠네."

장비가 말했다.

"두 형님이 모두 가시는데, 이 막냇동생이 어떻게 떨어지겠소?"

현덕이 말했다.

"자네가 함께 가겠다면 예의에 어긋나서는 아니 되네."

장비가 승낙했다.

그리하여 세 사람은 말에 올라 하인들을 데리고 융중으로 갔다. 초가집에서 1리쯤 떨어진 곳에 이르러 현덕은 말에서 내려 걸어갔고 마침 제갈균을 만났다. 현덕이 서둘러 인사하고 물었다.

"형님께서는 장원에 계십니까?"

제갈균이 말했다.

"어제저녁에야 돌아오셨습니다. 장군께서는 오늘 만나실 수 있을 겁니다."

말을 마치더니 서둘러 갔다. 현덕이 말했다.

"이번에는 운이 좋아 선생을 만날 수 있겠구나!"

장비가 말했다.

"저놈이 무례하구나! 우리를 장원까지 인도해도 괜찮을 텐데, 무슨 까닭으로 그냥 가버리는 것이냐!"

현덕이 말했다.

"저 사람도 나름대로 일이 있을 텐데, 어찌 억지로 시킬 수가 있겠느냐."

세 사람이 장원 앞에 당도하여 문을 두드리니 동자가 문을 열고 나와서 누구냐고 물었다. 현덕이 말했다.

"선동³이 수고롭겠지만, 유비가 선생을 찾아뵈러 왔다고 전해다오."

동자가 말했다.

"오늘은 선생님께서 집에 계시지만 지금은 초당에서 낮잠을 주무시고 계시는데 아직 깨어나지 않으셨어요."

현덕이 말했다.

"그렇다면 잠시 알리지 말거라."

관우와 장비 두 사람에게는 문 앞에서 기다리라고 분부했다. 현덕이 천천히 걸어 들어갔는데 선생이 초당의 궤석⁴ 위에 반듯이 드러누워 있는 게 보였다. 현덕은 두 손을 맞잡고 공손하게 섬돌 아래에 서 있었다. 한나절을 기다렸으나 선생은 깨지 않았다. 관우와 장비는 밖에서 오래도록 서 있어도 아무런 동정이 보이지 않자 안으로 들어갔는데 현덕이 아직도 시립하고 있는 것이 보였다. 장비가 크게 노하여 운장에게 일렀다.

"저 선생이란 놈이 어찌 이리도 오만하단 말이오! 우리 형님은 섬돌 아래에 시립하고 계시는데, 저놈은 편안하게 누워서 자는 척하면서 일어나지 않고 있소! 내가 집 뒤로 가서 불을 질러버릴 테니, 저놈이 일어나는지 않는지 봐야겠소!"

운장이 거듭 만류했다. 현덕은 여전히 두 사람에게 문 밖에 나가서 기다리게 했다. 초당 위에서 바라보니 선생이 몸을 굴려 일어날 듯하다가 갑자기 다시 안쪽 벽을 향해 누워서는 잠을 잤다. 동자가 알리려고 하자 현덕이 말했다.

"놀라시게 하지 말거라."

다시 한 시진 정도 서 있었더니 공명이 비로소 잠에서 깨면서 시를 읊었다.

큰 꿈을 누가 먼저 깨닫겠는가
평생을 나 스스로 알고 있도다
초당의 봄잠 충분히 잤는데도
창밖의 해는 더디기만 하구나
大夢誰先覺? 平生我自知
草堂春睡足, 窗外日遲遲 ❶

시를 읊고 난 공명이 몸을 뒤척이며 동자에게 물었다.

"속세의 손님이 오시지 않았느냐?"

동자가 말했다.

"유황숙께서 여기서 서서 기다리신 지 오래되었어요."

공명이 바로 몸을 일으키며 말했다.

"어찌하여 일찍 알리지 않았느냐! 옷을 갈아입어야겠다."

그러고는 바로 후당으로 들어갔다. 또 한참이 지나서야 비로소 의관을 정제하고 나와 맞이했다.

현덕이 공명을 보니 키는 8척이고 얼굴은 관옥⁵같이 잘생겼으며 머리에는 관건⁶을 쓰고 몸에는 학창의⁷를 걸쳤는데 경쾌한 것이 신선의 기풍이 있었다. 현덕이 무릎을 꿇고 절을 하며 말했다.

"한실의 후예이자 탁군의 우매한 사람으로 선생의 고명하신 이름을 오래전부터 우렛소리 듣듯이 들어왔습니다. 지난번에 두 차례나 찾아뵈었지만 만나 뵐 수 없어 책상에 천한 이름을 적었는데 아직 살펴보지 않으셨는지요?"

공명이 말했다.

"남양의 시골 사람으로 게으른 것이 습성이 되었습니다. 장군께서 누차 왕림해주시니 얼굴이 붉어 마지않습니다."

두 사람은 예를 마치고 손님과 주인 자리에 나누어 앉았다. 동자가 차를 올렸다. 차를 마시자 공명이 말했다.

"지난번에 남기신 글의 본심을 보건대 장군께서 백성과 나라를 근심하는 마음을 충분히 알 수 있었습니다. 그러나 저는 나이도 어리고 재능이 모자라 물으심에 대답하는 데 실수가 있지 않을까 한스럽습니다."

현덕이 말했다.

"사마덕조와 서원직의 말이 어찌 헛된 말이겠습니까? 선생께서는 비천하다고 버리지 마시고 가르침을 내려주시기 바랍니다."

"덕조와 원직은 당대의 뜻과 행동이 고결한 선비들입니다. 저는 일개 농부일 뿐인데 어찌 감히 천하의 일을 논하겠습니까? 두 공이 잘못 천거했습니다. 장군께서는 어찌하여 아름다운 옥을 버리시고 하찮은 돌멩이를 구하려 하십니까?"

"대장부가 세상을 경영할 뛰어난 재주를 품고서 어찌 숲과 샘 아래에 은거하며 헛되이 늙어갈 수 있단 말입니까? 원컨대 선생께서 천하의 백성을 생각하여 저의 어리석음을 깨우쳐주시고 가르침을 내려주십시오."

공명이 웃으면서 말했다.

"장군의 뜻을 말씀해주시지요."

현덕은 다른 사람들을 물리치고 자리를 가까이하여 고했다.

"한실이 쇠락하여 무너지고 간신들이 국권을 찬탈하고 있어 저는 역량을 헤아리지 않고 천하에 대의를 펼치고자 하나 기지와 책략이 조잡하고 짧아 시종 조금도 성취한 게 없었습니다. 선생께서 어리석음을 깨우치고 곤궁함에서 구제해주신다면 진실로 천만다행일 것입니다!"

공명이 말했다.

"동탁이 반란을 일으킨 이래로 천하의 호걸들이 동시에 일어났습니다. 조조의 세력이 원소에 미치지 못했음에도 결국 원소를 이길 수 있었던 것은 하늘이 좋은 기회를 내려주었을 뿐만 아니라 데리고 있는 인재들이 계책을 바쳤기 때문입니다. 지금 조조는 이미 백만의 군대를 보유했으며 천자를 끼고 제후들을 호령하고 있어, 이것은 실로 싸워서 승리할 수는 없습니다. 손권은 강동을 차지하여 이미 3대를 이어왔으며 국토의 지세가 험준하고 백성이 귀순하여 그를 따르고 있으니, 이것은 외부 지원으로 쓸 수는 있어도 도모할 수는 없습니다. 형주는 북쪽으로는 한면漢沔[8]을 의지하고 있고, 남쪽으로는 남해[9]의 물자를 모조리 취할 수 있으며, 동쪽으로는 오회[10]와 이어졌고, 서쪽으로는 파와 촉[11]으로 통하는데, 이곳은 무력을 사용하기에는 적합한 지방이지만 그 주인이 아니면 지켜낼 수 없는 곳입니다.[12] 아마도 하늘은 이곳을 가져다 장군을 도울 것 같은데 장군께서는 받을 뜻이 있으십니까? 익주는 험난하게 가로막힌 데다 비옥한 들판이 천 리나 끝없이 펼쳐져 있어 토지가 비옥하고 물산이 풍부한 하늘이 내려준 곳간이라 고조께서도 왕조 건립의 사업을 이루셨던 곳입니다. 지금의 유장劉璋은 어리석고 나약하여 비록 백성이 풍족하고 나라가 부유하나 돌볼 줄을 모르며 지모와 재능 있는 인사들은 현명한 군주를 얻기만을 기다리고 있습니다. 장군께서는 황실의 후예이신 데다 신의가 사해에 드러났고 영웅들을 널리 끌어모으고 있습니다. 목마른 자가 마실 물을 찾듯이 덕행과 재능이 뛰어난 현명한 인재 얻기를 간절히 원하고 계시니, 형주와 익주를 차지한 후 그 험준한 요충지를 지키고 유지하면서 서쪽으로는 제융[13]과 화친하고, 남쪽으로는 이와 월[14]을 어루만지며, 밖으로는 손권과 결합하고 안으로는 정치를 손질하셔야 합니다. 그런 다음 천하에 변화가 생기길 기다렸다가 상장 한 명에게 명하여 형주의 군사를 완성과 낙양으로 향하게 하고 장군께서는 몸소 익주의 군사들을 이끌고 진천[15]으로 출병하신다면 온 백성이 소쿠리에 밥을 담고 단지에 국을 담아들고 나와 장군을 환영하며 맞이할 것입니다. 진실로 이와 같이 한다면 대업[16]을 완성할 수 있고 한실도 일으킬 수 있을 것입니다. 이것이 제가 장군을 위해 세운 계책이니 장군께서는 오직 도모하시기 바랍니다."

말을 마치더니 동자에게 그림 한 축을 가져오게 하여 가운데 대청에 걸도록 하고는 가리키며 현덕에게 일렀다.

"이것은 서천 54주[17]의 지도입니다. 장군께서 패업을 이루고자 하신다면, 북쪽은 조조가 하늘이 내려준 좋은 기회인 천시를 차지했으니 양보하시고, 남쪽은 손권이 지리적 우세인 지리를 차지했으니 양보하셔야 합니다. 그런 다음 장군께서는 인화를 차지하셔야 합니다. 먼저 형주를 취하여 집으로 삼고, 뒤이어 즉시 서천[18]을 취하여 기업을 세우시어 세 세력이 정립하는 정족지세[19]를 이룬 다음에야 중원을 도모하실 수 있습니다."

제갈량의 말을 들은 현덕은 피석[20]하고 두 손을 맞잡아 인사를 하며 감사했다.

"선생의 말씀은 띠로 막힌 것 같던 마음을 순식간에 뚫는 듯하고 제게 마치 구름과 안개를 헤치고 푸른 하늘을 보게 하는 것 같습니다. 그러나 형주의 유표와 익주의 유장은 모두 한실의 종친인데 제가 어찌 차마 그곳을 빼앗을 수 있겠습니까?"

공명이 말했다.

"제가 밤에 천문 현상을 살펴보니 유표는 이 세상에 오래 있지 못할 것이고, 유장은 공훈과 업적을 세울 주인이 아니니 익주는 장래에 반드시 장군께 돌아갈 것입니다."

그 말을 들은 현덕은 머리를 조아리고 감사를 드렸다. 이 한 차례의 대화로 공명은 초가집을 나오기도 전에 이미 천하가 셋으로 나누어질 것이라는 것을 알고 있었으니 진실로 만고의 사람도 미치지 못할 것이외다! 후세 사람이 찬탄한 시가 있다.

유예주는 그 당시 고독하고 곤궁함을 탄식했는데
남양 땅에 와룡 있는 것이 얼마나 운이 좋았는가
미래에 천하가 삼분으로 나뉘는 곳을 알고자 하자
와룡 선생이 웃으면서 그림 속의 지도를 가리키네
豫州當日嘆孤窮, 何幸南陽有臥龍
欲識他年分鼎處, 先生笑指畫圖中

현덕이 공명에게 삼가 부탁했다.

"제가 비록 명성은 미약하고 덕은 보잘것없으나 원컨대 선생께서 비천하다고 버리지 마시고 산을 나와서 도와주시기 바랍니다. 두 손을 맞잡고 경건하게 현명한 가르침을 듣고자 합니다."

공명이 말했다.

"저는 농사짓는 일을 즐긴 지가 오래되어 세상사에 대처하는 데 게을러져 명을 받들 수가 없습니다."

현덕이 울면서 말했다.

"선생께서 나오시지 않는다면 백성은 어찌한답니까!"

말을 마치더니 눈물이 도포의 소매를 적셔 옷자락이 모두 축축해졌다. 그 뜻이 심히 정성스러운 것을 본 공명은 이에 말했다.

"장군께서 버리시지 않는다면 개와 말의 수고로움도 마다하지 않고 힘을 다하겠습니다."

현덕이 크게 기뻐하며 즉시 관우와 장비를 들어오게 하여 절을 올리고 황금과 비단의 예물을 바치게 했다. 공명은 사양하고 받지 않았다. 현덕이 말했다.

"이것은 대현을 초빙하는 예가 아니라 제 조그만 성의를 표하는 것뿐입니다."

공명은 비로소 예물을 받았다. 그리하여 현덕 등은 장원에서 함께 하룻밤을 묵었다. 이튿날 제갈균이 돌아오자 공명이 당부했다.

"내가 유황숙께서 세 번이나 찾아오신 은혜를 입어 나가지 않을 수 없게 되었다. 너는 이곳에서 직접 농사를 지으면서 논밭에 잡초가 우거지게 해서는 안 된다. 나의 공이 이루어지면 즉시 돌아와서 은거할 것이다."

후세 사람이 탄식한 시가 있다.

몸이 높은 관직에 오르기도 전에 물러설 것을 생각하니

공이 이루어지면 떠날 때 했던 말을 마땅히 회상하리라

오직 선주 유비가 거듭 신신당부하며 부탁한 말 때문에

가을바람 소슬하게 부는 오장원[21]에서 별이 떨어졌다네[22]

身未升騰思退步, 功成應憶去時言

只因先主丁寧後, 星落秋風五丈原

또 고풍시 한 편을 지었다.

고조 황제께서 삼척검을 뽑아서 손에 들었으니
망탕산에서 밤에 흰 뱀이 피를 흘리며 죽었다네
진을 평정하고 초를 멸한 후 함양에 들어갔으나
이백 년 전에 하마터면 한나라가 망할 뻔했었네

크도다, 광무제가 낙양에서 다시 나라 일으키니
환제 영제에 이르러 다시 분열되어 쇠약해졌네
헌제가 도읍을 옮기고자 허창으로 행차를 하니
천하의 각지에서 호걸들이 어지럽게 일어났도다

조조는 하늘이 내려준 기회 얻어 권력 독점하고
강동 땅의 손씨조차도 대업인 왕업을 열었도다
외롭고 곤궁한 현덕만이 천하를 떠돌아다니다가
홀로 신야에 머물며 백성의 고통을 근심하도다

남양 땅의 와룡 선생은 웅대한 뜻을 품고 있었고
배 속에는 강한 웅병과 정기[23] 용병술 갖추었다네
서서가 떠나기에 앞서 일러준 말 한마디 때문에
세 번이나 초가집 찾아가 서로의 마음을 알았네
선생의 나이는 그때 서른아홉[24]에 불과했는데
거문고와 서적 수습하여 융중의 논밭을 떠났다네

먼저 형주 획득한 다음에 서천 땅 취하고자 하니
경륜[25]을 크게 펼쳐 쇠퇴하는 시국을 만회했도다[26]

거침없는 혀끝에는 광풍과 천둥을 일으키는 듯
담소하면서도 가슴속 천지를 바꿀 능력 있도다
용 머리 쳐들고 범 눈초리로 천지를 안정시키니
천년만년 흘러가도 그 이름과 명성 영원하리라
高皇手提三尺雪, 芒碭白蛇夜流血
平秦滅楚入咸陽, 二百年前幾斷絶
大哉光武興洛陽, 傳至桓靈又崩裂
獻帝遷都幸許昌, 紛紛四海生豪傑
曹操專權得天時, 江東孫氏開鴻業
孤窮玄德走天下, 獨居新野愁民厄
南陽臥龍有大志, 腹內雄兵分正奇
只因徐庶臨行語, 茅廬三顧心相知
先生爾時年三九, 收拾琴書離隴畝
先取荊州後取川, 大展經綸補天手
縱橫舌上鼓風雷, 談笑胸中換星斗
龍驤虎視安乾坤, 萬古千秋名不朽

　　현덕 등 세 사람은 제갈균과 작별하고 공명과 함께 신야로 돌아왔다. 현덕은 공명을 스승처럼 대접했는데, 한 식탁에서 밥을 먹고 같은 침상에서 잠을 자며 온종일 함께 천하의 일을 의논했다. 공명이 말했다.

"조조가 익주에 현무라는 못을 만들고 수군을 조련시키는 것은 틀림없이 강남을 침범할 뜻이 있는 겁니다. 은밀하게 사람을 강 건너로 보내 정황을 알아보게 하십시오."

현덕은 그 말에 따라 사람을 시켜 강동을 탐문하게 했다.

한편 손권은 손책이 죽은 다음에 강동을 차지하고 부친과 형의 기업을 착실하게 이어 가고 있었다. 널리 재능이 걸출한 인재를 받아들이며 오회[27]에 영빈관을 열고 고옹과 장굉으로 하여금 사방에서 오는 손님들을 접대하게 했다. 여러 해 동안 서로를 추천하여 많은 인재가 모여들었다. 이때 회계의 감택闞澤은 자가 덕윤德潤이고, 팽성의 엄준嚴畯은 자가 만재曼才이며, 패현[28]의 설종薛綜은 자가 경문敬文이고, 여양[29]의 정병程秉은 자가 덕추德樞이며, 오군의 주환朱桓은 자가 휴목休穆이고, 같은 오군 사람인 육적陸績은 자가 공기公紀이며, 오현 사람 장온張溫은 자가 혜서惠恕이고, 오상[30]의 낙통駱統은 자가 공서公緒이며, 오정烏程의 오찬吾粲은 자가 공휴孔休였는데, 이 사람들이 모두 강동으로 오자 손권은 경의를 표하고 후하게 대접했다. 또 훌륭한 장수 몇 명을 얻었으니, 여남의 여몽呂蒙은 자가 자명子明이고, 오군의 육손陸遜은 자가 백언伯言이며, 낭야의 서성徐盛은 자가 문향文向이고, 동군의 반장潘璋은 자가 문규文珪이며, 여강廬江의 정봉丁奉은 자가 승연承淵이었다. 이들 문무 여러 사람이 함께 보좌하니 이로부터 강동에는 인물이 풍성하다는 소리를 듣게 되었다.

건안 7년(202)에 조조는 원소를 격파하고 사자를 강동으로 파견해 손권에게 아들을 입조시켜 천자를 따르라는 명을 내렸다. 손권은 망설이며 결정하지 못했다. 오태부인이 주유와 장소 등에게 명하여 직접 만나 의논했다. 장소가 말했다.

"조조가 우리에게 주공의 아드님을 입조시키라는 것은 제후를 견제하기 위한 방법입니다. 그러나 명을 따르지 않고 보내지 않는다면 조조가 군대를 일으켜 강동으로 쳐들어올까 염려됩니다. 그렇게 되면 형세가 틀림없이 위급해질 것입니다."

주유가 말했다.

"장군께서는 부친과 형님께서 남기신 기업을 이어받아 6군의 무리를 이끄는 데다 정예병과 풍족한 양식이 있으며 장수와 병사가 모두 명령에 복종하는데 무슨 핍박이 있다고 다른 사람에게 인질을 보내려 하십니까? 한번 인질로 들어가면 조씨와 연합하지 않을 수 없고 저들이 부르면 가지 않을 수 없으니, 이와 같이 한다면 다른 사람의 통제를 받게 되는 것입니다. 차라리 보내지 말고 천천히 그 변화를 보면서 별도로 좋은 계책으로 그들을 막아내는 것이 좋을 듯합니다."

오태부인이 말했다.

"공근公瑾(주유의 자)의 말이 맞네."

손권은 마침내 그 말에 따라 사자에게 거절하고 아들을 보내지 않았다. 이때부터 조조는 강남으로 쳐들어가 점령할 뜻을 품었으나 북방이 안정되지 않았기에 남쪽을 정벌할 겨를이 없었다.

건안 8년(203) 11월, 손권은 군대를 이끌고 황조를 쳐서 장강에서 전투를 벌였다. 황조의 군대는 무참하게 패했다. 손권의 부하 장수 능조凌操가 가벼운 배를 타고 앞장서서 하구[31]로 쳐들어갔다가 황조의 부하 장수 감녕甘寧이 쏜 화살에 맞아 죽었다. 능조의 아들 능통凌統은 이때 나이 겨우 15세였는데 필사적으로 힘을 내어 부친의 시신을 빼앗아 돌아왔다. 형세가 불리한 것을 본 손권은 군대를 거두어 동오로 돌아왔다.

한편 손권의 동생 손익孫翊은 단양[32]태수로 있었는데 성격이 강건하고 술을 좋아하여 술만 취하면 사졸들을 채찍질했다. 단양의 독장[33] 규람嬀覽과 군승[34]인 대원戴員 두 사람에게는 항상 손익을 죽일 마음이 있었는데, 손익의 수행원인 변홍邊洪과 결탁하여 그를 심복으로 삼고 함께 손익을 죽이기로 모의했다. 이때 장수와 현령들이 모두 단양[35]에 모였는데 손익이 주연을 베풀어 대접했다. 손익의 처인 서씨徐氏는 아름답고 지혜로웠으며 '주역'으로 점도 잘 쳤다. 이날도 괘 하나를 뽑아 점을 쳤는데 그 괘상卦象이 대흉大凶이라 손익에게 손님을 만나지 말라고 권했다. 그러나 손익은 따르지 않았고 결국 사람들과 모였다. 밤이 되어 술자리가 파하자 변홍이 칼을 차고 문밖까지 따라와 손익을 죽였다. 규람과 대원은 이에 변홍에게 죄를 뒤집어씌우고는 저잣거리에서 참수했다. 그러고는 그 기세를 몰아 손익의 집안 재산과 시첩들을 빼앗았다. 규람이 서씨의 미모를 보고는 그녀에게 일렀다.

　"내가 네 남편의 원수를 갚았으니 너는 마땅히 나를 따라야 한다. 따르지 않으면 죽을 것이다."

　서씨가 말했다.

　"남편이 죽은 지 얼마 되지 않아 차마 바로 따를 수는 없어요. 그믐까지 기다렸다가 제사 지내고 상복을 벗은 다음에 결혼해도 늦지 않을 거예요."

　규람은 그 말을 따르기로 했다. 서씨는 이에 손익의 심복이었던 옛 장수 손고孫高와 부영傅嬰을 은밀하게 불렀다. 두 사람이 부중으로 들어오자 울면서 고했다.

　"남편이 살아 계셨을 때 항상 두 공의 충성과 의리를 말씀하셨어요. 지금 규람과 대원 두 도적이 제 남편을 모살하고 그 죄를 변홍에게 뒤집어씌우더니 우리 집안 재산과 어린 하녀들까지도 모조리 나누어 가졌어요. 규람이 또 첩신을 강제로 차지하려고 하기에 첩이 거짓으로 허락하는 척하여 그 마음을 안심시켜놓았어요. 두 장군께서 사람을 보내 밤새 달려가서 오후[36]께 알리는 한편 은밀하게 계책을 세워 두 도적놈을 도모하고 원수를 갚아 치욕을 씻어낸다면 죽으나 사나 그 은혜를 잊지 않겠습니다!"

말을 마치고 두 번 절을 올렸다. 손고와 부영도 함께 울면서 말했다.

"우리는 평소에 부군의 극진한 대우에 감동을 받았으나 오늘의 난에 즉시 죽지 못한 것은 복수할 계책을 세우고자 했기 때문입니다. 부인께서 명하시는데 어찌 온 힘을 다하지 않겠습니까!"

이리하여 은밀하게 심복을 사자로 손권에게 보내 보고하도록 했다. 그믐이 되자 서씨는 먼저 손고와 부영 두 사람을 불러 밀실의 휘장 안에 매복시킨 다음에 당상에 제수를 차려놓았다. 제사를 끝내자마자 서씨는 상복을 벗어버리고는 목욕하고 향을 쐬었다. 그러고는 짙은 화장을 하고 화려하게 차려입은 후 평소와 마찬가지로 태연하게 웃고 이야기했다. 그 소식을 들은 규람은 매우 기뻐했다. 밤이 되자 서씨는 시녀를 보내 규람을 부중으로 오라 청했고 대청에 자리를 마련해 술을 마셨다. 술에 취하자 서씨는 바로 규람을 밀실로 맞아들였다. 규람이 기뻐하며 취한 김에 밀실로 들어갔다. 서씨가 크게 소리쳤다.

"손, 부장군께서는 어디 계세요!"

두 사람이 즉시 휘장 안에서 칼을 잡고 뛰어나왔다. 규람은 미처 손쓸 겨를도 없이 부영의 칼에 찍혀 바닥에 거꾸러졌고 손고가 다시 칼질하여 바로 죽였다. 서씨는 다시 대원을 술자리에 청했다. 대원이 부중으로 와서 대청에 이르자 그 역시 손고, 부영 두 장수에게 피살되었다. 그러는 한편 사람을 시켜 두 도적의 가솔과 잔당을 모조리 죽이게 했다. 서씨는 즉시 다시 상복을 입고 규람과 대원의 수급을 손익의 영전에 두고 제사를 지냈다. 하루가 못되어 손권이 직접 군마를 이끌고 단양에 당도했다. 서씨가 이미 규람과 대원두 도적을 죽인 것을 보고는, 이에 손고와 부영을 아문장[37]으로 봉하여 단양을 지키게 하고 서씨를 데리고 집으로 돌아가서 봉양했다. 강동 사람들 중에서씨의 덕을 칭송하지 않는 자가 없었다. 후세 사람이 서씨를 찬탄한 시가있다.

재능과 절개 모두 갖춘 여인 세상에 없으니
간악하고 사악한 무리 하루아침에 제거했네
평범한 신하는 역적 따르고 충신은 죽는다 하나
동오의 여장부인 서씨에는 미치지 못하리라
才節雙全世所無, 奸回一旦受摧鋤
庸臣從賊忠臣死, 不及東吳女丈夫 ❷

한편 동오 각지의 산적들이 모조리 평정되었다. 장강에는 전선 7000여 척을 보유하고 있었다. 손권은 주유를 대도독으로 임명하고 강동의 수륙군마를 통솔하게 했다. 건안 12년(207) 겨울 10월, 손권의 모친인 오태부인은 병세가 위독해지자 주유와 장소 두 사람을 불러 일렀다.

"나는 본래 오 땅 사람으로 어려서 부모를 잃고 동생인 오경과 함께 월중[38]에 살았소. 후에 손씨네로 시집와서 아들 넷을 낳았소. 큰아들 책을 낳을 때는 달이 품 안으로 들어오는 꿈을 꾸었고, 후에 둘째 아들 권을 낳았을 때도 해가 품 안으로 들어오는 꿈을 꾸었소. 점쟁이가 이르기를 '해와 달이 품 안으로 들어오는 꿈을 꾼 것은 그 아들이 크게 귀해질 것'이라고 했는데, 불행히도 책은 일찍 죽고 이제는 강동의 기업을 권에게 맡겼소. 바라건대 공 등이 마음을 합쳐 권을 도와준다면 내 죽어서도 기억하리다!"

또 손권에게 당부했다.

"너는 자포子布(장소의 자)와 공근公瑾(주유의 자)을 스승의 예로 섬겨야 하며 태만해서는 안 된다. 내 동생은 나와 함께 네 아버지에게 시집왔으니 또한 너의 어머니시다. 내가 죽은 다음에도 내 동생을 나를 모시듯이 섬겨야 한다. 네 누이동생도 잘 보살피고 길러서 훌륭한 사위를 골라 시집보내도록 해라."

말을 마치고는 마침내 숨을 거두었다. 손권은 슬피 울었고 예를 갖추어 장사 지냈음은 말할 필요도 없다. ❸

이듬해 봄이 되자 손권은 황조를 정벌하고자 상의했다. 장소가 말했다.

"상중에 있은 지 만 1년이 안 됐으니 군대를 움직여서는 안 됩니다."

주유가 말했다.

"원수를 갚고 한을 씻는데 어찌 1주년을 기다리겠습니까?"

손권이 망설이며 결정하지 못했다. 이때 평북도위³⁹ 여몽이 들어와서는 손권에게 고했다.

"용추의 수구⁴⁰를 지키는데 갑자기 황조의 부하 장수 감녕이 와서 항복했습니다. 감녕은 자가 흥패興霸로 파군 임강⁴¹ 사람이며 서사書史에 꽤 통달했고 힘도 세서 협객 노릇을 좋아하는 사람입니다. 일찍이 도망한 자들을 불러 모아 강호를 종횡무진하면서 허리에 구리 방울을 차고 다녔는데 사람들이 방울 소리만 듣고도 모두 피했다고 합니다. 또 서천의 비단으로 배의 돛을 만들어 그때 사람들이 모두 '금범적錦帆賊'이라고 불렀다고 합니다. 후에 지난날의 과오를 뉘우치고 진심으로 선한 일을 하고자 무리를 이끌고 유표에게 의탁하러 갔답니다. 그러나 유표를 만나보더니 일을 이룰 수 없다는 생각이 들어 바로 동오로 오고자 했고 황조에게 잡혀 하구에 있게 되었습니다. 지난번에 동오가 황조를 깨뜨렸을 때 황조가 감녕의 힘을 얻어 하구로 돌아갈 수 있었는데도 감녕을 몹시 박대했다고 합니다. 도독 소비蘇飛가 여러 차례 감녕을 황조에게 천거했는데, 황조가 '감녕은 강에서 약탈질이나 하던 도적인데 어찌 중용할 수 있겠는가!'라고 말했답니다. 이 때문에 감녕이 한을 품은 것입니다. 그 뜻을 안 소비가 술자리를 마련해 감녕을 집으로 불러서 '내가 공을 수차례 천거했으나 주공이 쓸 수 없다고 하니 어쩔 수 없소. 세월은 유수와 같고 인생은 기니 마땅히 스스로 원대한 계획을 세워야 할 것이오. 내가 공을 보증하여 주현⁴²의 현장으로 삼을 테니 스스로 거취 계획을 세우시오'라고 일렀다고 합니다. 이 때문에 감녕은 하구를 떠날 수 있었는데 강동으로 의탁하러 오려고 해도 황조를 구원하느라 능조를 죽인 일로 강동이 원망하지나 않을까 걱정하고 있었습니다. 그래서 제가 '주공께서는 목마른 사람이 물을 찾듯이 현사를 구하며 지나간 원한은 마음에 두지 않는 분이다. 하물며 각기 자신의 주인을 위한 것이었는데 다시 무슨 원한이 있겠는가?'라고 자세히 말했습니다. 그러자 감녕이 흔쾌히 무리를 이끌고 강을 건너 주공을 찾아뵈러 왔습니다. 주공께서는 결정하여 명령을 내려주십시오."

손권이 크게 기뻐하며 말했다.

"내가 흥패(감녕의 자)를 얻었으니 황조를 틀림없이 격파할 수 있을 것이다."

즉시 여몽에게 감녕을 데리고 들어오도록 했다.

감녕이 절을 올리자 손권이 말했다.

"흥패가 이곳으로 오게 되어 내 마음이 대단히 기쁜데 어찌 지난날의 원한을 마음에 두겠소? 의심 따위는 품지 마시고 내게 황조를 깨뜨릴 계책이나 가르쳐주시오."

감녕이 말했다.

"지금 한나라의 황위와 국가 체제가 날로 위급해지고 있어 조조는 끝내 찬탈할 것입니다. 그리되면 조조는 틀림없이 남쪽의 형주 땅을 차지하려고 다툴 것입니다. 유표는 멀리 고려하는 바가 없고 그 아들들 또한 어리석고 졸렬하여 선대의 기업을 계승하거나 전할 수 없으니 명공께서는 일찌감치 형주를 도모하셔야 합니다. 늦어지면 조조가 먼저 꾀할 것입니다. 그러나 지금은 우선 황조를 취하십시오. 황조는 지금 늙고 사리가 분명하지 않아 재물과 이익에만 힘을 쓰고, 관리와 백성을 침탈하고 못살게 굴어 사람들이 모두 원망하고 있으며, 전쟁 무기들도 손질하지 않고 군에도 법과 기율이 없는 상태입니다. 명공의 형세로 보아 반드시 격파하실 수 있을 것입니다. 황조의 군대를 격파하고 그 위엄과 기세로 서쪽으로 진군하여 초楚의 관문과 요새를 점거하고 파巴와 촉蜀을 도모한다면 패업을 결정하실 수 있을 것입니다."

손권이 말했다.

"이것이야말로 황금과 옥 같은 견해로다!"

마침내 주유를 대도독으로 삼아 수륙군병을 통솔하게 했다.[43] 여몽을 선두 부대의 선봉, 동습과 감녕을 부장으로 삼고, 손권 자신은 10만 대군을 이끌고 황조를 정벌하러 떠났다.

정탐꾼이 이 사실을 탐지하고 강하에 보고했다. 황조는 급히 무리를 모아 상의하여 소비를 대장으로 삼고, 진취陳就와 등룡鄧龍을 선봉으로 삼아 강하의 군대를 모조리 일으켜 적과 맞섰다. 진취와 등룡은 각기 몽동[44]이라는 전함을 이끌고 면구[45]를 가로막았다. 몽동 위에는 각기 강궁과 쇠뇌 1000여 개를 설치하고 수면 위에 몽동을 큰 밧줄로 묶어 고정시켰다. 동오의 군사들이 당도하자 몽동에서 북소리가 울리면서 활과 쇠뇌를 일제히 발사했다. 동오의 군사들은 감히 전진하지 못하고 강 아래로 몇 리나 물러났다. 감녕이 동습에게 일렀다.

"일이 이 지경에 이르렀으니 전진하지 않을 수 없소."

이에 작은 배 100여 척을 골라 배마다 정예병 50명을 태웠는데, 20명은 배를 젓게 하고 30명은 각기 갑옷을 입고 손에 강철 칼을 들게 했다. 이들이 화살과 돌을 피하지 않고 곧장 몽동 곁으로 다가가 큰 밧줄을 찍어 끊으니 마침내 몽동들이 바람과 물결을 타고 가로로 움직였다. 이때 감녕이 나는 듯이 몽동에 올라 등룡을 찍어 죽이자 진취가 배를 버리고 달아났다. 그런 상황을 본 여몽은 작은 배에서 뛰어내려 자신이 노를 저어 곧장 몽동 선단 사이로 들어가 배에 불을 질렀다. 진취가 급히 강기슭에 오르려 하자 여몽이 목숨을 돌보지 않고 쫓아가 한칼에 가슴을 찍어 쓰러뜨렸다. 소비가 군사를 이끌고 기슭에 당도하여 호응하려 했을 때는 동오의 제장이 이미 일제히 기슭에 올라온 뒤라 그 형세를 감당할 수 없었다. 결국 황조의 군대는 대패했다. 소비는 길을 버리고 황야로 달아나다 마침 동오의 대장 반장과 맞닥뜨렸다. 두 말이 서로 어우러져 싸웠으나 몇 합을 싸우지도 못하고 반장에게 사로잡혔고 반장은 곧장 배로 와서 손권에게 보였다. 손권은 좌우에 명하여 소비를 함거에 가두게 하고는 황조를 생포하기를 기다렸다가 함께 죽이기로 했다. 그러고는 삼군을 재촉하여 밤낮없이 쉬지 않고 하구를 공격했다.

금범적을 쓰지 않았다는 이유만으로

전함 묶었던 밧줄 끊어지게 했구나

只因不用錦帆賊, 至令衝開大索船

황조와의 승부는 어떻게 될 것인가?❹

제38회 융중 계책

❶

유비와 제갈량의 만남, 그리고 삼고초려三顧草廬

유비가 제갈량의 초가를 세 번이나 찾아갔다는 삼고초려에 대한 역사 기록은 소설과 서로 큰 차이가 있다. 우선 역사 기록에 따르면 삼고초려는 사실이지만, 누가 먼저 찾아갔느냐와 정말 세 번째 찾아가서야 비로소 만날 수 있었느냐는 문제가 쟁점인 듯하다.

『삼국지』「촉서·제갈량전」배송지 주 『위략』은 다음과 같이 기록하고 있다.

"유비가 번성에 주둔하고 있었다. 이때 조공은 비로소 하북을 평정했고 제갈량은 형주가 다음으로 공격받을 것을 알았으나 유표는 성정이 느긋하여 군사 관련 사무를 이해하지 못했다. 제갈량은 이에 북쪽으로 가서 유비를 만났는데 유비는 제갈량을 알지 못했고 또한 그의 나이가 어려 그저 유생으로 대했다. 자리에서 모임이 끝나고 모든 손님이 자리를 떠났는데 제갈량만 홀로 남았다. 유비는 그에게 무엇을 말하고 싶은지 묻지 않았다. 유비는 짐승의 털로 장식물을 짜는 것을 좋아했는데 마침 누군가 야크 꼬리를 보내주어 그가 손으로 직접 매듭을 땋았다. 제갈량이 이에 나서며 말했다.

'장군께서 가지고 계신 원대한 뜻이 장식물을 짜는 것입니까!'

유비는 제갈량이 보통 사람과 다르다는 것을 알고 이에 야크 꼬리를 던지고 대답했다.

'무슨 말이오! 내 잠시 시름을 잊고자 했을 뿐이오.'

제갈량이 마침내 입을 열었다.

'장군께서는 유진남劉鎭南(진남장군 유표)이 조공과 견줄 만하다고 보십니까?'

유비가 말했다.

'미치지 못하오.'

제갈량이 또 말했다.

'장군께서는 스스로 어떠하다고 생각하십니까?'

유비가 말했다.

'나 또한 그만 못하오.'

'지금 모두가 그에 미치지 못하고 장군의 무리는 수천 명에 불과하며 이것으로 적을 대적해야 하는데 어찌 아무런 계책이 없습니까!'

'나 또한 그것을 근심하고 있는데, 어찌하면 좋겠소?'

'지금 형주에는 사람들이 적지 않으나 호적에 등기된 사람이 적어 평상시에 징발한다면 사람들이 좋아하지 않을 것이니, 진남鎭南(유표)께 말씀드려 나라 안의 호적에 등기되지 않은 유랑민들을 모두 사실대로 호적에 등재하면 무리를 증대시킬 수 있습니다.'

유비는 그 계책을 따랐고 무리가 강성해졌다. 유비는 제갈량이 영명하고 지모가 있음을 알고 상객으로 대접했다. 『구주춘추』도 같은 말을 한다."

또 다른 기록으로 진수陳壽가 쓴 「제갈씨집목록諸葛氏集目錄」에는 "당시 좌장군 유비는 제갈량이 비범한 기량을 갖추고 있다고 생각하여 이에 초가집으로 세 차례나 제갈량을 방문했다. 제갈량도 유비의 웅대한 자태와 걸출함에 깊이 감동하여 흉금을 털어놓고 유비와 두터운 친분을 맺었다"고 기록되어 있고, 제갈량의 유명한 출사표에는 "선제께서는 신을 비천하다고 여기지 않으시고 송구스럽게도 몸소 몸을 낮추시고 세 번이나 신의 초가를 찾아와서 신에게 당시의 정세를 자문하셨습니다. 이로 말미암아 신은 감격하여 마침내 선제께 온 힘을 다할 것을 승낙했습니다"라고 기록되어 있다. 또한 「촉서·제갈량전」에는 "선주가 마침내 제갈량을 방문했는데 모두 세 차례나 찾아가서 만났다"고 기록되어 있다.

상기 기록들의 요점은 '제갈량이 먼저 유비를 찾아갔다'는 것과 '유비가 제갈량을 세 번 찾아갔다'는 차이에 대한 서로 다른 기록이다. 또한 세 번 찾아갔다면 세 번 모두 만났느냐 아니면 세 번째에서 비로소 만났느냐 하는 것도 하나의 문제라 할 수 있다.

배송지는 "제갈량이 표문을 올려 '선제께서는 신을 비천하다고 여기지 않으시고 송구스럽게도 몸소 몸을 낮추시고 세 번이나 신의 초가를 찾아와서 신에게 당시의 정세를 자문하셨습니다'라고 했으니 제갈량이 먼저 유비를 찾아간 것이 아닌 것은 명백하다. 비록 듣고 보는 말 중에 다른 말이 많다고는 하지만 각기 서로 어긋나는 것이 이 정도에 이르렀으니 또한 매우 기이하다고 할 만하다"고 말하면서 세 번 찾아간 주장에 동의하는 입장이다.

이 문제에 대해 많은 학자가 어느 것이 타당한지 나름대로 주장하기도 하고, 경우에 따라서는 두 가지를 서로 절충해서 주장하는 학자도 있지만, 누가 먼저 만나러 갔느냐가 중요한 것이 아니라 유비와 제갈량의 만남 자체가 중요하며 그로 인해 두 사람 간에 어떤 원대한 계획을 수립했느냐가 더욱 중요할 듯하다.

❷

손익의 죽음과 서씨에 관한 내용은 『삼국지』 「오서·손소전孫韶傳」 배송지 주 『오력吳歷』에 기록되어 있다.

『삼국지』 「오서·손익전孫翊傳」에 따르면 "건안 8년(203), 편장군이 되어 단양태수를 겸임했는데 이때 나이가 20세였다. 후에 돌연 좌우 측근인 변홍邊鴻이라는 자에게 피살되었는데 변홍도 즉시 주살되었다"고 기록하고 있다. 또한 『삼국지』 「오서·손소전孫韶傳」은 다음과 같이 기록하고 있다.

"손하孫河는 자가 백해伯海이고 본래 성이 유씨兪氏로 오군吳郡 사람이었다. 손책이 그를 아껴서 성을 손으로 바꾸고 손씨 호적에 등기시켰다.

당초에 손권이 오군태수 성헌盛憲을 죽이자 성헌이 태수를 담당했을 때 천거된 효렴인 규람嬀覽과 대원戴員은 도망가서 산속에 숨었다. 손익孫翊이 단양태수가 되었을 때 이들을 모두 예로써 상대하고 그들을 불러들였다. 규람을 대도독으로 임명하여 군대를 통솔하게 했고 대원은 군승郡丞으로 임명했다. 손익이 해를 입은 후 손하는 말을 달려 완릉宛陵(단양군 치소, 지금의 안후이성 쉬안청宣城)으로 가서 분노하며 규람과 대원을 꾸짖고는 그들이 온 힘을 다하지 않아 간사한 도적들이 반란을 일으킬 수 있었다고 했다. 두 사람은 의논하며 말했다.

'손백해孫伯海는 손장군과 관계가 먼 사이인데도 우리를 이토록 꾸짖으니 만일 토로장군討虜將軍(손권)이 온다면 우리는 목숨을 잃을 것이오.'

마침내 손하를 죽이고 사람을 북방으로 파견해 양주자사 유복劉馥을 맞아들였고 유복은 그들을 역양歷陽에 주둔하게 하고는 단양을 이용하여 호응하도록 했다. 후에 손익의 부하 서원徐元, 손고孫高, 부영傅嬰 등이 규람과 대원을 죽였다.

손권은 단양에 변란이 일어났다는 소식을 듣고는 초구椒丘(장시성 난창南昌 신젠新建구 동북쪽)로부터 돌아오는 길에 단양을 평정했고 군대를 이끌며 오군으로 돌아왔다."

❸

『삼국지』「오서·손파로오부인전」은 다음과 같이 기록하고 있다.

"손파로장군(손견, 원술로부터 파로장군으로 임명되었다)의 오부인吳夫人은 오나라 군주 손권의 어머니다. 원본原本은 오군 오현吳縣(치소는 지금의 장쑤성 쑤저우) 사람이지만 전당錢唐(현 명칭, 치소는 저장성 항저우)으로 이사했는데 어려서 부모를 여의고 남동생 오경吳景과 함께 살았다. 손견은 그녀의 재능과 외모를 듣고 아내로 맞아들이려 했다. 오씨의 친척들이 손견의 경박하고 교활함을 싫어하여 그의 구혼을 거절하려 하자 손견은 매우 부끄럽고 유감스럽게 생각했다. 오부인이 그녀의 친척들에게 말했다.

'어떻게 한 여자를 사랑하여 가족에게 화를 불러일으키겠습니까? 제가 만일 평생을 의지할 수 있는 사람을 만나지 못한다면 그것 또한 운명입니다.'

이에 손견과의 결혼을 허락했다. 후에 그녀는 4남 1녀를 낳았다.

손권이 어린 나이에 대업을 통괄하게 되자 오부인이 군대와 국가 대사를 다스리는 일을 도와 손권의 사업에 큰 힘이 되었다. 건안 7년(202), 오부인은 죽음에 임박하여 장소 등을 불러 그들에게 뒷일을 부탁했다. 오부인은 고릉高陵에 손견과 합장되었다.''

❹

황조와의 전투

소설에서는 황조와의 전투를 한 차례로 묘사하지만 『삼국지』「오서·오주전」에 따르면 건안 8년(203), 건안 12년(207), 건안 13년(208) 총 세 차례에 걸쳐 황조 정벌에 나선다. 또한 소설의 내용은 역사 기록과도 차이가 난다.

『삼국지』「오서·주유전」에는 "강하태수 황조가 부하 장수 등룡鄧龍을 파견해 수천 명의 군사를 이끌고 시상으로 진격하여 점령하게 했는데 주유가 추격해 토벌했고 등룡을 사로잡아 오군吳郡으로 보냈다"고 기록되어 있다. 「오서·여몽전呂蒙傳」에는 "손권을 수행하여 황조를 토벌했고 황조는 도독都督 진취陳就에게 명해 수군을 이끌고 맞서 싸우도록 했다. 여몽은 선봉대를 통솔하여 직접 진취를 참살했고 장수와 사졸들은 기세를 몰아 황조가 지키고 있는 성을 공격했다. 진취가 전사했다는 소식을 들은 황조는 성을 버리고 달아났으나 사병들이 추격하여 그를 사로잡았다. 손권이 '이 전쟁에서 승리를 거둘 수 있었던 것은 먼저 진취를 사로잡았기 때문이다'라고 말했다"고 기록되어 있다. 또한 「오서·능통전凌統傳」에 따르면 "후에 손권이 또 강하를 토벌했는데 능통에게 선봉을 맡게 했다. 그는 평소에 잘 대우한 수십 명의 장사들과 함께 배 한 척을 타고 자주 대군과 몇십 리 떨어져 있었다. 우강右江(강하성 동쪽의 한 갈래 장강으로 유입되는 수로)으로 진입했을 때 황조의 부하 장수 장석張碩을 참살하고 그의 선박과 부하를 모조리 포로로 잡았다"고 기록하고 있고, 「오서·

동습전董襲傳」에 따르면 "건안 13년(208), 손권이 황조를 공격했다. 황조는 면수沔水에서 장강으로 유입되는 곳 양쪽 연안에 두 척의 몽충蒙衝을 비껴놓고 방비하게 했는데 종려나무로 만든 큰 밧줄로 묶고 그 위에 큰 돌로 고정시켜놓았다. 배 위에는 1000명의 사병을 배치하고 쇠뇌 틀을 이용해 번갈아 발사하여 쇠뇌 살이 비 오듯 쏟아지게 했으므로 군대가 접근할 수 없었다. 동습과 능통은 선봉대를 이끌었고 그들은 각기 죽기를 각오한 100명의 군사를 이끌었는데 사람마다 두 겹의 갑옷을 입고 큰 배에 올라 두 척의 몽충 사이를 뚫고 들어갔다. 동습이 직접 두 가닥의 밧줄을 끊자 몽충이 물결 따라 표류했고 대군은 이에 전진할 수 있었다. 황조는 성문을 열고 달아났지만 사병들이 추격해 그를 참살했다"고 기록하고 있다.

박망에서의
첫 번째 공적

공자는 양양성에서 계책을 세 번 구하고,
박망파에서 처음으로 군대를 부리다

荊州城公子三求計,
博望坡軍師初用兵

손권은 군사들을 감독 및 지휘하며 하구를 공격했고 황조는 군사들이 패하고 장수들이 죽자 더 이상 지켜낼 수 없음을 알고는 마침내 강하를 버리고 형주[1]로 향해 달아났다. 황조가 틀림없이 형주로 달아날 것을 짐작한 감녕은 이에 동문 밖에 군사들을 매복시키고 황조를 기다렸다. 수십 기의 기병을 이끌고 동문을 뚫고 나온 황조가 한창 달려가고 있는데 한바탕 함성이 일더니 감녕이 가는 길을 막아섰다. 황조가 말 위에서 감녕에게 일렀다.

"내가 지난날 너를 가볍게 대접한 적이 없었는데 지금 어찌하여 핍박하는가?"

감녕이 큰 소리로 꾸짖었다.

"내가 이전에 강하에 있었을 때 공적을 많이 세웠거늘 너는 '강에서 약탈질이나 하는 도적'으로 나를 대접하더니, 오늘 무슨 할 말이 아직도 있단 말이냐!"

벗어나기 어렵다는 것을 안 황조는 말을 돌려 달아났다. 감녕은 돌진하여 사졸들을 제치고 곧장 뒤를 쫓았다. 그때 뒤에서 함성이 일어나더니 또 기병 몇 명이 쫓아왔다. 감녕이 보니 바로 정보였다. 감녕은 정보가 공을 뺏을까 염려되어 황급히 활을 집어 화살을 얹고 황조의 등을 향해 쏘았다. 황조는 정통으로 화살에 맞아 말에서 떨어졌다. 감녕은 황조의 목을 베어 매달고 말을 돌려 정보와 군사를 한곳에 모으고는 손권에게 돌아와 황조의 수급을 바쳤다. ❶

손권은 수급을 목갑에 담아두라 명하고 강동으로 돌아가 부친의 영전에 제물로 바쳐 제사를 지내려 했다. 삼군에 무거운 상을 내리고 감녕을 도위로 승진시켰다. 그러고는 군사를 나누어 강하를 지키고자 상의했다. 장소가 말했다.

"고립된 성은 지킬 수 없으니 차라리 잠시 강동으로 돌아가는 것이 좋을 듯합니다. 저희가 황조를 깨뜨린 사실을 유표가 알면 반드시 복수하러 올 것입니다. 우리가 쉬면서 힘을 비축했다가 피로한 적군과 맞서 싸운다면 반드시 유표를 패배시킬 수 있을 것입니다. 유표를 격파한 다음에 그 기세를 몰아 공격한다면 형양을 취할 수 있을 것입니다."

손권은 그 의견에 따르기로 하여 즉시 강하를 버리고 강동으로 군대를 철수시켰다.

함거 안에 갇혀 있던 소비가 몰래 사람을 시켜 감녕에게 구원을 청했다. 감녕이 말했다.

"소비가 말하지 않아도 내 어찌 그를 잊겠는가?"

대군이 오회²에 이르자 손권은 소비를 효수하고 황조의 수급과 함께 제물로 바쳐 제사를 지내라고 명했다. 감녕이 이에 들어와서는 손권을 만나 머리를 조아리고 울면서 고했다.

"제가 지난날 소비를 얻지 못했다면 제 뼈는 산골짜기에 묻혔을 터이고,

그렇다면 어찌 장군의 휘하에서 사력을 다해 싸울 수 있었겠습니까? 지금 소비의 죄는 죽어 마땅하나 아무개는 지난날 그의 은정을 잊을 수 없으니, 저의 관직을 반납하는 것으로 소비의 죄를 용서해주시기를 간절히 바랍니다."

손권이 말했다.

"그대에게 저자의 은혜가 있다면 내 그대를 위해 용서해주겠소. 그러나 저자가 도망치기라도 한다면 어떻게 하겠소?"

감녕이 말했다.

"소비가 죽음을 면하게 된다면 은혜에 감사해 마지않아 몸 둘 바를 모를 터인데 어찌 달아나려 하겠습니까! 소비가 달아나기라도 한다면 저는 원컨대 제 수급을 섬돌 아래에 바치겠습니다."

손권은 이에 소비를 사면하고 황조의 수급만을 제물로 바치고 제사를 지냈다. 제사를 마치고 연회를 베풀어 문무 관리들을 모두 모아놓고 공로를 축하했다.

한창 술을 마시고 있는데 별안간 자리에 있던 한 사람이 통곡하며 일어나더니 검을 뽑아 들고 감녕에게 달려들었다. 감녕이 급히 의자를 들어 그를 막았다. 손권이 놀라 그를 보니 바로 능통이었다. 감녕이 강하에 있을 때 그의 부친인 능조를 쏘아 죽였으므로 오늘 보게 되자 원수를 갚으려 한 것이었다. 손권이 얼른 그만두게 설득하고 능통에게 일렀다.

"흥패가 경의 부친을 쏘아 죽였으나 그때는 각기 자신의 주인을 위해 전력을 다하지 않을 수 없었소. 지금은 이미 한집안 사람이 되었으니 어찌 다시 옛 원한을 따지겠소? 모든 일은 내 얼굴을 봐서라도 이해해주시오."

능통이 머리를 조아리고 통곡하며 말했다.

"한 하늘 아래서 같이 살 수 없는 원수인데 어찌 용서하라 하십니까!"

손권과 여러 관원이 두 번 세 번 그를 만류해도 능통은 눈을 부라리고 감녕을 노려보기만 했다. 손권은 그날로 감녕에게 군사 5000명과 전함 100척을 통솔하여 하구³에서 주둔하면서 지키게 하여 능통을 피하도록 했다. 감녕은 예를 갖추어 감사드리고 군사를 이끌고 하구로 떠났다. 손권은 또 능통을 승렬도위⁴로 봉해 벼슬을 더해주니 능통은 한을 품기만 하고 그만둘 수밖에 없었다. 이로부터 동오는 전함을 많이 건조하고 군사를 나누어 강가를 지켰다. 또 손정孫靜에게 한 무리의 군대를 이끌고 오회를 지키도록 명하고, 손권 자신은 대군을 통솔하며 시상⁵에 주둔했다. 주유는 파양호⁶에서 날마다 수군을 훈련시키면서 전쟁을 대비했다. ❷

한편 현덕은 사람을 보내 강동의 소식을 알아보게 했다.

"동오가 이미 황조를 공격해 죽이고 지금은 시상에 군대를 주둔시켰습니다."

현덕이 바로 공명을 청해 상의했다. 한창 이야기하고 있는데 갑자기 유표가 사람을 보내 현덕에게 형주⁷로 와서 일을 상의하자고 청했다. 이에 공명이 말했다.

"이것은 필시 강동이 황조를 격파했으므로 주공을 청해 원수 갚는 일을 상의하고자 하는 것입니다. 제가 주공과 함께 가서 기회를 엿보면서 행동하면 저절로 좋은 계책이 생길 것입니다."

현덕은 그 말을 따라 운장을 신야에 남겨두어 지키게 하고, 장비에게 500명의 인마를 이끌고 따르게 하여 형주로 갔다. 현덕이 말 위에서 공명에게 일렀다.

"이제 경승(유표의 자)을 만나면 어떻게 대답해야겠소?"

공명이 말했다.

"먼저 양양의 일을 사과하십시오. 그가 주공께 강동을 토벌하러 가라고 하면 절대로 승낙해서는 안 되고 다만 신야로 돌아가 군마를 정돈하겠다고 만 말씀하십시오."

현덕은 그의 말을 따르기로 했다. 형주에 이르러 역관에서 휴식을 취하고 장비를 성 밖에 머물러 군사를 주둔시키게 하고는, 현덕은 공명과 함께 성으로 들어가 유표를 만났다. 예를 마치자 현덕이 계단 아래에서 죄를 청했다. 유표가 말했다.

"아우님이 해를 당한 일을 내 이미 전부 알고 있네. 그때 바로 채모를 참수시켜 아우에게 바치려 했는데, 사람들이 죄를 용서해달라고 부탁하기에 잠시 용서했네. 아우님은 너무 언짢게 여기지 말게나."

현덕이 말했다.

"채장군과는 관련 없는 일입니다. 모두 아랫사람이 한 짓으로 여겨집니다."

유표가 말했다.

"지금 강하를 빼앗기고 황조가 살해당했기에 보복할 계책을 함께 의논하자고 아우님을 청했네."

"황조는 성격이 포악하고 사람을 쓸 줄 몰랐기 때문에 이런 화를 입게 된 것입니다. 지금 군대를 일으켜 남쪽을 정벌하다가 조조가 북쪽에서 내려오기라도 한다면 또 어떻게 감당하시렵니까?"

유표가 말했다.

"내가 이제 늙고 병도 많아 일을 처리할 수도 없으니 아우님이 와서 나를 도와주게나. 내가 죽은 다음에 아우가 형주의 주인이 되어주게."

"형님께서는 어찌 그런 말씀을 하십니까? 제가 어찌 감히 이런 중임을 감당하겠습니까."

공명이 현덕에게 눈길을 보냈다. 현덕이 말했다.

"천천히 좋은 계책을 생각해보겠습니다."

결국 작별하고 나와서 역관으로 돌아왔다. 공명이 말했다.

"경승이 형주를 주공께 맡기려 하는데 어찌하여 거절하셨습니까?"

현덕이 말했다.

"경승이 나를 은혜와 예로써 대접했는데, 어찌 잔인하게 그 위기를 이용해 빼앗을 수 있단 말이오?"

공명이 감탄했다.

"진정 인자한 주인이십니다!"

한창 상의하고 있는데 갑자기 공자 유기가 왔다는 보고가 들어왔다. 현덕이 맞이하자 유기가 울면서 절을 올렸다.

"저를 계모가 받아들이지 않고 있어 목숨이 조석에 달려 있으니 바라건대 숙부님께서 가엾게 여겨 구해주십시오."

현덕이 말했다.

"조카님의 집안일인데 어찌하여 내게 묻는가?"

공명이 미소 지었다. 현덕이 공명에게 계책을 구했으나 공명이 말했다.

"이것은 집안일이라 제가 감히 들려드릴 수 없습니다."

잠시 후에 현덕이 유기를 전송하러 나가면서 귓속말로 속삭였다.

"내일 내가 공명에게 조카님을 답방하라고 할 테니 이렇게 저렇게 하면, 그가 기묘한 계책을 알려줄 걸세."

유기가 감사하며 떠났다. 이튿날, 현덕이 복통이 났다는 핑계를 대며 공명에게 자기 대신 유기에게 답방해달라고 부탁했다. 공명은 승낙하고 공자의 집 앞에 와서 들어가 공자를 만났다. 공자가 후당으로 들어오라 청했다. 차를 마시자 유기가 말했다.

"저를 계모가 받아들이지 않고 있으니 바라건대 선생께서 한 말씀 하셔서 구원해주십시오."

공명이 말했다.

"나는 이곳에 손님으로 의지하고 있는 처지인데 어찌 감히 다른 사람 혈육의 일에 관여할 수 있겠소? 일이 누설되기라도 한다면 그 해가 얕지 않을 것이오."

말을 마치고서는 자리에서 일어나 작별을 고했다. 유기가 말했다.

"여기까지 찾아오셨는데 어찌 바로 헤어질 수가 있소."

공명을 못 가게 만류하고 밀실 안으로 청해 함께 마셨다. 술을 마시다가 유기가 또 말했다.

"저를 계모가 받아들이지 않으니 선생께서 한마디 말씀으로 저를 구해주십시오."

"내가 감히 꾀할 수 없는 일이오."

말을 마치더니 또 작별하고 가려고 했다. 유기가 말했다.

"선생께서 말씀하지 않으시면 그만이지 왜 자꾸 가려고 하시오?"

공명이 이에 다시 자리에 앉았다. 유기가 말했다.

"저에게 고서 한 권이 있는데 선생께서 한번 살펴보시지요."

이에 공명을 한 작은 누각 위로 안내했다. 공명이 말했다.

"책은 어디에 있소?"

유기가 울면서 절을 올렸다.

"계모가 저를 받아들이지 않아 제 목숨이 조석에 달려 있는데 선생께서는 모질게도 저를 구해줄 한마디 말씀도 없소?"

공명이 화를 내며 안색을 바꾸더니 바로 누각을 내려가려고 했으나 누각의 사다리는 이미 치워진 상태였다. 유기가 하소연했다.

"저는 좋은 계책을 가르쳐달라고 청하는데 선생께서는 일이 새나갈까 염려되어 말씀하지 않으시려는 것 같소. 오늘은 위로는 하늘에 이르지 못하고 아래로는 땅에 닿을 수 없으니 선생께서 입 밖으로 내시는 말씀은 제 귀에 들어갈 뿐이오. 이제 가르침을 주실 수 있을 것이오."

공명이 말했다.

"사이가 먼 사람은 사이가 가까운 사람들의 일에 끼어들지 않는다'고 했는데, 내가 어찌 공자를 위해 일을 꾸밀 수 있겠소?"

"선생께서 끝내 저를 위해 가르쳐주지 않겠다는 것이오! 이제 제 목숨은 굳게 보전할 수 없게 되었으니 선생 앞에서 죽겠소."

이에 검을 뽑아 스스로 목을 베려 했다. 공명이 말리면서 말했다.

"좋은 계책이 있소."

유기가 절을 올렸다.

"바라건대 즉시 가르침을 내려주시오."

"공자께서는 어찌하여 신생과 중이의 일[8]을 듣지 못했단 말이오? 신생은 안에 있어서 죽었지만 중이는 밖에 있는 바람에 안전했소. 지금 황조가 막 죽어 강하를 지키고 다스릴 사람이 없어졌는데, 공자께서는 어찌하여 강하에 군사를 주둔시키고 지키겠다는 말씀을 올리지 않소. 강하로 가면 화를 피할 수 있을 것이오."

유기가 두 번 절하며 가르침에 감사드리고 이에 사람에게 사다리를 가져오라 명하고는 공명을 누각 아래로 내려가게 해줬다. 공명이 하직을 고하고 돌아와서는 현덕을 만나 있었던 일을 자세히 이야기하자 현덕이 크게 기뻐했다.❸

이튿날 유기가 강하를 지키고 싶다고 유표에게 말씀을 올렸다. 유표가 주저하며 결정을 내리지 못하자 현덕을 청해 함께 상의했다. 현덕이 말했다.

"강하는 중요한 곳이라 다른 사람이 지킬 수 있는 곳이 아니니 바로 공자께서 직접 가셔야 합니다. 동남쪽의 일은 형님 부자께서 맡으시고, 서북쪽의 일은 제가 담당하겠습니다."

유표가 말했다.

"근래에 듣자 하니 조조가 업군에 '현무지'⁹를 만들어 수군을 훈련시킨다고 하는데, 틀림없이 남쪽으로 정벌할 뜻이 있는 것이니 방비하지 않을 수가 없네."

현덕이 말했다.

"이미 그 뜻을 알고 있으니 형님께서는 걱정하지 마십시오."

마침내 작별을 고하고 신야로 돌아왔다. 유표는 유기에게 군사 3000명을 이끌고 강하로 가서 군대를 주둔시키며 지키라고 명했다.

한편 조조는 삼공의 직위를 없애고 스스로 승상의 지위로 삼공의 직분을 겸했다. 모개毛玠를 동조연東曹掾, 최염崔琰을 서조연西曹掾으로 임명했고 사마의司馬懿를 문학연文學掾으로 삼았다. 사마의는 자가 중달仲達이고 하내 온현¹⁰ 사람으로 영천태수였던 사마준司馬雋의 손자이자 경조윤을 지낸 사마방司馬防의 아들이며 주부 사마랑司馬朗의 아우였다.❹ 문관들이 완전히 갖추어지자 이에 무장들을 모아놓고 남쪽으로 정벌할 일을 상의했다. 하후돈이 나서며 말했다.

"근래에 들자 하니 신야에 있는 유비가 매일 사졸들을 훈련시키고 있다고 하는데 나중에 반드시 우환거리가 될 것이니 일찌감치 도모해야 합니다."

조조가 즉시 하후돈을 도독으로 임명하고 우금, 이전, 하후란夏侯蘭, 한호韓浩를 부장으로 삼아 군사 10만 명을 이끌고 곧장 박망성[11]으로 가서 신야를 엿보게 했다. 순욱이 간언했다.

"유비는 영웅인 데다 지금 제갈량이 군사軍師[12]를 겸하고 있어 함부로 대적할 수 없습니다."

하후돈이 말했다.

"유비는 쥐새끼 같은 무리일 뿐이니 내 기필코 그자를 사로잡겠습니다."

서서가 말했다.

"장군께서는 유비를 가볍게 보지 마십시오. 지금 현덕이 제갈량을 얻어 보좌로 삼았으니 호랑이에게 날개가 생긴 것과 같습니다."

조조가 말했다.

"제갈량은 어떤 사람이오?"

서서가 말했다.

"제갈량은 자가 공명으로 도호는 와룡 선생이라고 합니다. 하늘을 날줄로 삼고 땅을 씨줄로 삼을 만큼 재능이 매우 뛰어난 데다 변화무쌍한 계책을 지니고 있어 진실로 당대의 가장 재능이 출중한 사람이니 얕보아서는 안 됩니다."

조조가 말했다.

"공과 비교하면 어떻소?"

서서가 말했다.

"제가 어찌 감히 량과 비교를 하겠습니까? 제가 반딧불같이 희미한 불빛이라면 량은 휘영청 밝은 달빛입니다."

하후돈이 말했다.

"원직元直(서서의 자)의 말은 틀렸소. 내가 보기에 제갈량은 지푸라기에 불과할 뿐인데, 어찌 두려워할 만하겠소! 내가 한바탕 싸워서 유비를 사로잡고 제갈량을 생포하지 못한다면 제 수급을 승상께 바치겠소."

조조가 말했다.

"자네가 일찌감치 승전보를 알려 내 마음을 위로해주게."

하후돈이 기세 좋게 조조에게 하직하며 군대를 이끌고 출발했다.

한편 현덕은 공명을 얻은 이후로 그를 스승의 예로써 대접했다. 관우와 장비 두 사람은 불만에 차서 말했다.

"공명은 나이도 어린데 무슨 재능과 학식을 갖추었겠습니까? 형님께서는 그를 지나치게 대접하시지만 아직 진정한 성과도 보여주지 못하고 있지 않습니까!"

현덕이 말했다.

"내가 공명을 얻은 것은 마치 물고기가 물을 얻은 것과 같네. 두 아우는 다시 여러 말 말게."❺

관우와 장비는 현덕의 말을 듣고는 아무 말도 않고 물러났다. 어느 날 어떤 사람이 야크 꼬리를 보내왔는데, 현덕이 그 꼬리를 가져다 친히 모자를 엮어 만들었다. 공명이 들어와서 그 모습을 보고는 정색을 하며 말했다.

"명공께서는 원대한 뜻이 없어져 이런 일을 하십니까?"

현덕이 모자를 바닥에 던져버리고는 사과했다.

"내가 잠시 이런 것이나 하면서 근심을 잊으려 했을 뿐이오."

공명이 말했다.

"명공께서는 조조와 비교해서 스스로 어떻다고 생각하십니까?"

"조조만 못하오."

"명공의 군사는 수천 명에 불과한데, 만일 조조의 군대가 쳐들어온다면 어떻게 맞서시렵니까?"

"그 일을 걱정하고는 있으나 아직 좋은 계책이 없소."

"속히 민병을 모집하시면 제가 그들을 훈련시켜 대적할 수 있게 만들겠습니다."

현덕이 즉시 신야의 백성을 모집하여 3000명을 얻었다. 공명이 아침저녁으로 진법을 가르쳤다.

그때 별안간 조조가 파견한 하후돈이 군사 10만 명을 이끌고 신야로 쳐들어온다는 보고가 들어왔다. 장비가 그 소식을 듣고서 운장에게 일렀다.

"공명더러 나아가 적과 맞서라고 하면 되겠네."

한창 말하고 있는데 현덕이 두 사람을 불러들여 일렀다.

"하후돈이 군대를 이끌고 온다는데 어떻게 대적해야 좋겠는가?"

장비가 말했다.

"형님께서 공명을 얻은 것은 마치 물고기가 '물'을 얻은 것과 같다고 하셨는데, 어찌하여 '물'에게 가라고 하지 않소?"

"지혜는 공명에게 의지하지만 용맹은 모름지기 두 아우가 있어야 하는데 어찌하여 평계를 대서 회피하려 하는가?"

관우와 장비가 나가자 현덕은 공명을 청해 상의했다. 공명이 말했다.

"다만 관우와 장비 두 사람이 제 명령을 들으려 하지 않을까 걱정될 뿐입니다. 주공께서 저에게 군대 통솔을 맡기시겠다면 검과 인장을 빌려주십시오."

현덕이 즉시 검과 인장을 공명에게 넘겨줬다. 공명은 마침내 장수들을 모아놓고 명령을 듣게 했다. 장비가 운장에게 일렀다.

"잠시 군령을 들으러 가서 그가 어떻게 군사를 배치하는지 봅시다."

공명이 명령을 하달했다.

"박망 왼쪽에 예산豫山이라는 산이 있고, 오른쪽에는 안림安林이라는 숲이 있는데 군마를 매복시킬 만한 곳이오. 운장은 1000명의 군사를 이끌고 예산으로 가서 매복하는데 적군이 이르더라도 맞서지 말고 그냥 지나가도록 내버려두고 기다리시오. 군수 물자와 군량 및 마초는 틀림없이 뒤쪽에 있을 것이니 남쪽에서 불길이 일어나는 것이 보이면 군사를 출동시켜 공격하고 그들의 군량과 마초를 불태우시오. 익덕은 1000명의 군사를 이끌고 안림 배후에 있는 산골짜기에 매복해 있다가 남쪽에서 불길이 일어나는 것이 보이면 즉시 뛰어나와 박망성 옛 군량과 마초를 저장해둔 곳으로 가서 불을 놓아 태워버리시오. 관평과 유봉은 군사 500명을 이끌어 미리 불붙일 준비를 해두고 박망파[13] 뒤 양쪽에서 기다리고 있다가 초경쯤에 적군이 당도하면 즉시 불을 지르시오."

또 번성[14]에 있는 조운에게 돌아오라 명하여 선봉으로 삼고는 싸움에 이기려 하지 말고 지기만 하라고 명했다.

"주공께서는 친히 일군을 거느리고 지원군이 되십시오. 각기 계책에 따라 실행해야 하고 절대로 실수가 있어서는 안 되오."

운장이 말했다.

"우리 모두 나가서 적과 맞서는데 군사께서는 무슨 일을 할 것이오?"

공명이 말했다.

"나는 앉아서 이 현의 성을 지키고만 있을 것이오."

장비가 껄껄 웃었다.

"우리 모두 나가서 싸우는데 당신은 집 안에 앉아서 편안하게 있구려!"

공명이 말했다.

"검과 인장이 여기 있느니라. 명을 어기는 자는 참수하리라!"

현덕이 말했다.

"어찌 '군막 안에서 전략을 수립하여 천리 밖의 승패를 결정한다運籌帷幄之
中, 決勝千里之外'[15]는 말을 듣지 못했는가? 두 아우는 명령을 어기지 말거라."

장비가 냉소하며 나갔다. 운장이 말했다.

"우리가 잠시 그의 계책이 맞는지 안 맞는지 두고 보았다가 그때 그에게
따져도 늦지 않을 걸세."

두 사람이 떠났다. 여러 장수도 모두 공명의 병법을 알지 못했기에 비록
명령을 듣기는 했지만 모두 의심을 품었다. 공명이 현덕에게 일렀다.

"주공께서는 오늘 즉시 군사를 이끌고 박망산 밑에 주둔하십시오. 내일 해
질 무렵에 적군이 반드시 올 것이니 주공께서는 바로 군영을 버리고 달아나
십시오. 불길이 일어나는 것이 보이기만 하면 그때 즉시 군사를 돌려서 들이
치십시오. 저는 미축, 미방과 함께 군사 500명을 이끌고 현을 지키고 있을 것
입니다."

그러고는 손건과 간옹에게 경축 연회를 준비시키고 공적을 기록하는 장
부인 '공로부'[16]를 마련하게 했다. 군사 배치를 마쳤으나 현덕 또한 의심을 품
지 않을 수 없었다.

한편 하후돈과 우금 등은 군사를 이끌고 박망에 이르렀는데 정예병을 반
으로 나누어 선봉대로 삼고 나머지는 군량을 실은 수레를 호송하게 하며 행
군했다. 때는 가을철이라 강한 가을바람이 서서히 일었다. 인마가 서둘러 가

고 있는데 멀리 앞쪽에서 먼지가 자욱하게 날아오르는 것이 보였다. 하후돈이 즉시 인마를 벌여놓고 길을 안내하는 향도관에게 물었다.

"여기가 어디냐?"

대답했다.

"앞쪽이 바로 박망파이고 뒤쪽은 나천구羅川口입니다."

하후돈은 우금과 이전에게 대오의 전열을 맡겨 멈추게 하고는 직접 말을 몰아 진 앞으로 나갔다. 멀리 군마가 달려오는 것을 바라보더니 하후돈이 갑자기 껄껄 웃었다. 사람들이 물었다.

"장군께서는 어찌하여 웃으십니까?"

하후돈이 말했다.

"내가 웃는 것은 서원직이 승상 면전에서 제갈량을 하늘에서 내려온 사람이라 과장한 것이 생각나서 그러네. 이런 군마로 선봉을 삼아 나와 대적하려 하니 그야말로 개와 양을 몰아 호랑이와 표범과 싸우자는 격이 아닌가! 내가 승상 앞에서 유비와 제갈량을 사로잡겠다고 큰소리쳤는데 오늘 반드시 내 말대로 될 것이네."

바로 말고삐를 놓고 앞으로 달려나갔다. 조운이 말을 몰고 나오자 하후돈이 욕을 했다.

"너희가 유비를 따르는 것은 의지할 곳 없어 떠돌아다니는 외로운 넋이 귀신을 따르는 격이로다!"

조운이 크게 성내며 말고삐를 놓고 달려나와 싸웠다. 두 말이 서로 엎치락뒤치락한 지 몇 합이 못 되었는데 조운이 거짓으로 패한 척하고 달아났다. 그러자 하후돈이 그 뒤를 쫓았다. 조운이 대략 10여 리쯤 달아다나 말을 돌려 다시 싸우더니 몇 합을 싸우지도 않고 또 달아났다. 그때 한호가 말에 박차를 가하며 앞으로 달려와 간언했다.

"조운이 유인하고 있는 것 같으니 매복이 있을까 걱정됩니다."

하후돈이 말했다.

"적군이 이 모양이면 비록 도처에 매복이 있다 하더라도 내 무엇을 두려워하겠는가!"

결국 한호의 말을 듣지 않고 곧장 박망파까지 쫓아갔다. 그때 '쾅!' 하는 포성이 울리더니 현덕이 직접 군사를 이끌고 뛰쳐나와 맞붙어 싸웠다. 하후돈이 웃으면서 한호에게 일렀다.

"이게 겨우 매복해 있다는 병사라네! 내 오늘 저녁에 신야까지 당도하지 못하면 맹세컨대 군사를 멈추지 않고 진격할 것이야!"

이에 군사들을 재촉하여 앞으로 진격시키니 현덕과 조운이 뒤로 물러났다가 바로 달아났다.

날은 이미 늦어져 두꺼운 구름이 짙게 깔렸고 달빛마저 사라졌다. 낮에 불었던 바람이 밤이 되자 더욱 거세졌다. 하후돈은 단지 군사들을 돌아보며 추격하는 데만 재촉했다. 우금과 이전이 뒤를 쫓다 협소한 곳에 이르렀는데 양쪽이 모두 갈대숲이었다. 이전이 우금에게 일렀다.

"적을 얕잡아 보면 반드시 패하기 마련이오. 남쪽 길은 좁고 산과 하천이 서로 가까이 붙어 있는 데다 나무들이 울창하게 무리지어 있는데 저들이 화공을 쓴다면 어찌한단 말이오?"

우금이 말했다.

"그대의 말이 맞소. 내가 앞으로 가서 도독께 말씀드릴 터이니, 그대는 후군을 멈춰 세우시오."

이전이 즉시 고삐를 당겨 말을 돌리고는 크게 소리쳤다.

"후군은 천천히 행군하라!"

그러나 추격하느라 급히 달려가던 인마들이 어떻게 바로 멈출 수 있겠는가? 우금도 말고삐를 놓고 질주하며 크게 소리쳤다.

"전군의 도독께선 잠시 멈추십시오!"

한창 달려가고 있던 하후돈은 후군으로부터 우금이 달려오는 것을 보고는 그 까닭을 물었다. 우금이 말했다.

"남쪽 길은 좁고 산과 하천이 서로 가까이 붙어 있는 데다 나무들도 울창하니 화공을 방비하셔야 합니다."

문득 정신이 든 하후돈이 즉시 말을 돌려 군마를 전진시키지 말라고 명했다. 그러나 말이 채 끝나기도 전에 배후에서 함성이 진동하더니 어느 결에 온통 불길이 타오르는 것이 보였고 뒤이어 양쪽 갈대밭에도 불길이 일어났다. 삽시간에 사방팔방이 모조리 불길이 된 데다, 때마침 바람까지 거세게 불어 불길은 더욱 맹렬해졌다. 조씨 집안의 인마는 자기편끼리 서로 마구 짓밟아 죽는 자가 헤아릴 수 없이 많았다. 이때 조운이 군사들을 되돌려 적군을 쫓으며 죽이자 하후돈은 연기를 무릅쓰고 화염을 뚫고서 달아났다.

한편 형세가 좋지 않음을 본 이전은 급히 박망성으로 달아나고 있었는데 불빛 속에서 한 부대가 가는 길을 막아섰다. 앞장선 대장은 바로 관운장이었다. 이전은 말고삐를 놓고 혼전을 벌이다가 길을 찾아 도망갔다. 우금은 군량과 마초를 실은 수레들이 모조리 불타버린 것을 보고는 즉시 오솔길로 달아났다. 하후란과 한호가 군량과 마초를 구하러 달려오다가 장비와 맞닥뜨렸다. 그러나 몇 합을 싸우지도 못해 장비가 한 창에 하후란을 찔러 말 아래로 떨어뜨렸다.❻

한호는 급히 길을 찾아 달아나 겨우 벗어날 수 있었다. 날이 밝아올 때까지 무찌르다가 비로소 군사들을 거두었다. 죽은 시체가 온 들판에 널렸고 피는 흘러 강을 이룰 지경이었다. 후세 사람이 이 일을 지은 시가 있다.

박망에서 서로 대치하다가 화공으로 공격하니
군사의 지휘가 담소 중에 뜻대로 이루어졌네
마침내 조공의 간담 놀라서 터지게 할 것이니
막 초가집을 나와서 첫 번째 공적을 세웠도다
博望相持用火攻, 指揮如意笑談中
直須驚破曹公膽, 初出茅廬第一功 ❼

하후돈은 패잔병을 수습하여 스스로 허창으로 돌아갔다.

한편 공명은 군사를 거두었다. 관우와 장비 두 사람이 서로 일렀다.

"공명은 진정한 영웅호걸이로다!"

몇 리를 못 갔을 때 미축과 미방이 군사를 이끌고 한 량의 작은 수레를 에워싸고 있는 것이 보였다. 수레 안에 한 사람이 단정히 앉아 있는데 바로 공명이었다. 관우와 장비가 말에서 내려 수레 앞에 엎드려 절을 올렸다. 잠시 후에 현덕, 조운, 유봉, 관평 등이 모두 당도했고 군사들을 모이게 하여 획득한 군량과 마초, 군수 물자들을 나누어준 다음 신야로 개선했다. 신야의 백성이 멀리서 먼지가 일어 길을 덮는 것을 보고는 절을 올렸다.

"우리가 목숨을 보전할 수 있었던 것은 모두 사군께서 현인을 얻으신 덕분입니다!"

공명이 현으로 돌아와 현덕에게 일렀다.

"하후돈이 패해서 돌아가기는 했으나 조조가 틀림없이 직접 대군을 이끌고 쳐들어올 것입니다."

현덕이 말했다.

"그렇다면 어찌하면 좋겠소?"

"저에게 조조의 군대를 대적할 계책이 한 가지 있습니다."

적을 격파했으나 아직 전마가 쉬지도 못했는데

적군을 피하기 위해 또 좋은 계책에 의지해야지

破敵未堪息戰馬, 避兵又必賴良謀

그 계책이란 어떠한 것일까?

제39회 박망에서의 첫 번째 공적

①

황조는 감녕에게 죽임을 당하지 않았다

『삼국지』「오서·오주전」에 따르면 건안 8년(203), 건안 12년(207), 건안 13년(208) 총 세 차례에 걸쳐 황조 정벌에 나선다. 역사 기록에 따르면 "건안 13년(208) 봄, 손권은 재차 황조를 정벌하러 갔다. 황조는 먼저 수군을 파견해 손권의 군대를 막아내도록 했지만, 도위都尉 여몽이 황조의 선봉대를 깨뜨렸고 능통과 동습 등이 모든 정예 부대로 황조를 공격해서 마침내 그 성을 함락하고 군민들을 학살했다. 황조는 홀로 빠져나와 달아났지만 기사騎士 풍칙馮則이 뒤를 쫓아가 그 머리를 베어 효수했으며 그의 백성 남녀 수만 명을 포로로 잡았다"고 했다.

황조는 풍칙이라는 손권의 부하 장수에게 죽임을 당한 것이지 소설의 내용처럼 감녕에게 죽임을 당하지는 않았다. 풍칙이란 인물에 관한 상세한 기록은 없다.

②

능통과 감녕의 충돌

소설과 역사 기록에는 약간의 차이가 있다. 두 사람의 충돌은 손권이 참석한 연회석상이 아닌 여몽의 집에서 일어났다. 『삼국지』「오서·감녕전」 배송지 주 『오서』는 이 내용을 다음과 같이 기록하고 있다.

"능통은 감녕이 자신의 부친인 능조를 죽인 것을 원망하고 있었으므로, 감녕은 항상 능통을 대비했고 서로 만나지 않았다. 손권도 능통에게 감녕을 원수로 여겨서는 안 된다고 명했다. 일찍이 여몽의 집에서 모였는데 술이 거나하게 취하자 능통이 칼을 잡고 춤을 추었다. 감녕도 일어나면서 말했다.

'나도 쌍극무雙戟舞를 출 수 있소.'

그러자 여몽이 말했다.

'감녕도 할 수 있겠지만 내 솜씨보다는 못할 것이오.'

그러고는 칼을 쥐고 방패를 잡고서 몸으로 그들을 떼어놓았다. 나중에 손권은 능통의 마음을 알고 감녕에게 병사를 인솔하여 반주半州(장시성 주장九江 서쪽)로 옮겨 주둔하게 했다."

『삼국지』「촉서·제갈량전」에 따르면 "유표의 큰아들 유기는 제갈량을 대단히 중시했다. 유표는 후처의 참언을 듣고 작은아들 유종을 총애했으며 유기를 좋아하지 않았다. 유기는 늘 제갈량에게 자신을 안전하게 할 방법을 요청했지만 제갈량은 번번이 얼버무리며 그것을 거절하고 계책을 세우지 않았다"고 기록하고 있다. 유기가 제갈량에게 자신의 안전을 위한 계책을 물으면서 사다리를 치운 내용은 사실로, 소설에도 같은 내용으로 기록되어 있다. 그리고 이때 마침 황조가 죽는 바람에 강하태수가 되었다고 기록되어 있다.

유표의 아들은 세 명이었다

유표에게는 유기와 유종 외에 유수劉脩라는 아들이 또 있었던 듯하다. 『삼국지』「위서·진사왕식전陳思王植傳」 배송지 주 지우摯虞의 『문장지文章志』에 따르면 "유계서劉季緒는 이름이 수脩로 유표의 아들이다. 관직이 동안군東安郡(원래는 현이었는데 건안 연간에 군이 되었다가 폐지되었다. 치소는 동안현東安縣으로 지금의 산둥성 이수이沂

水 서남쪽)태수에까지 이르렀고, 시詩, 부賦, 송頌 6편을 저술했다"고 기록되어 있다.

❹

사마의를 발탁하다

『진서晉書』「선제기宣帝記」에 조조가 사마의를 발탁한 내용이 기록되어 있다.

"위魏 무제武帝(조조)가 사공司空이 되었을 때 선제宣帝(사마의)에 대해 듣고는 그를 불렀다. 선제는 한나라의 명운이 바야흐로 쇠미해짐을 알고 조씨曹氏에게 절개를 굽히지 않으려 했고 이에 관절 통풍 때문에 일상생활을 할 수 없다며 이를 사양했다. 위 무제는 사람을 시켜 밤에 은밀히 살펴보게 했는데 선제는 꼼짝 않고 누워 움직이지 않았다. 위 무제가 승상이 되자 다시 선제를 불러 문학연文學掾으로 삼고는 칙령을 가지고 가는 자에게 말했다. '만약 다시 머뭇거린다면 즉시 잡아 가두도록 하라.' 선제는 두려워하며 취임했다."

❺

『삼국지』「촉서·제갈량전」은 다음과 같이 기록하고 있다.

"유비와 제갈량의 정이 날로 깊어졌다. 관우와 장비 등이 기뻐하지 않으므로 선주는 그들에게 설명하며 말했다.

'내게 공명이 있는 것은 물고기가 물을 만난 것과 같다. 원컨대 그대들은 다시 언급하지 마라.'

관우와 장비는 다시 이의를 제기하지 않았다."

❻

하후란은 죽지 않았다

『삼국지』「촉서·조운전」 배송지 주 『운별전』에 따르면 "하후돈과 박망에서 싸웠을 때 하후란을 생포했다. 하후란은 조운과 같은 고향 사람이라 어린 시절부터 서로 잘 알았기에 조운은 선주에게 그를 살려달라고 했고 이후 하후란이 법률에 밝아 그를 추천해 군정軍正(군중의 군법 감찰 관원)으로 삼았다"고 기록되어 있어 소설과 다르게 하후란은 이때 죽지 않았다.

❼
박망에서의 승리는 과연 제갈량의 계책이었을까?

박망에서의 전투는 소설과는 다르게 훨씬 이전에 벌어졌던 일이다.

『자치통감』권64 「한기 56」은 "건안 7년(202), 유표가 유비를 시켜 북쪽으로 침범하여 섭현葉縣(치소는 허난성 예현葉縣 서남쪽)에 이르자 조조가 하후돈과 우금 등을 파견해 유비를 막게 했다"고 했고, 『삼국지』「촉서·선주전」은 "유표는 선주로 하여금 박망에서 하후돈과 우금 등을 막도록 했다. 시간이 오래 지나 선주는 복병을 두고 돌연 스스로 자신의 군영을 불태우고는 거짓으로 도주했다. 하후돈 등이 선주를 뒤쫓았지만 복병에게 격파되었다"고 기록하고 있다.

또한 「위서·이전전」에도 다음과 같이 기록하고 있다.

"유표는 유비를 파견해 북방을 침범했고 섭현에 이르렀다. 태조는 이전을 보내 하후돈을 따라가서 막도록 했다. 유비는 하루아침에 군영을 불태우고 떠났으며 하후돈이 군사들을 이끌고 그를 추격하려 하자 이전이 말했다.

'적군이 이유도 없이 물러났으니 틀림없이 매복하고 있을 것으로 의심됩니다. 남쪽으로 가는 길은 비좁고 초목이 우거져 있으므로 추격해서는 안 됩니다.'

하후돈은 듣지 않고 우금과 함께 적군을 추격했고, 이전은 남아서 지켰다. 과연 하후돈 등은 적군이 매복한 곳 가운데로 들어가 전세가 불리해졌고 이전이 구하러 가자 유비는 구원병이 도착한 것을 보고는 흩어져 물러났다."

이 전투는 건안 7년(202)에 벌어졌으며 제갈량이 등장한 시기는 건안 12년(207)으로 제갈량은 5년 후에나 세상에 모습을 드러낸다. 이 전투가 벌어진 시기에 제갈량은 겨우 22세에 불과했고, 아마 융중에 있었을 것이다. 또한 이 전투에서는 소설과 다르게 화공이 아닌 매복 공격이었고 역사는 명백하게 유비가 주도한 전투로 기록하고 있다.

유표의 죽음과
불타는 신야성

채부인은 의논하여 형주를 바치고,
제갈량은 신야를 불태우다

蔡夫人議獻荊州,
諸葛亮火燒新野

현덕이 공명에게 조조의 군대를 막아낼 계책을 요청했다. 공명이 말했다.

"신야는 작은 현이라 오래 머물 수 있는 곳이 아닙니다. 근래에 유경승의 병이 위독해졌다고 하니 이 기회를 이용해 형주를 취하여 발붙이고 살 곳으로 삼는다면 어쩌면 조조를 막아낼 수 있을 겁니다."

현덕이 말했다.

"공의 말씀은 매우 훌륭하오. 그러나 내가 경승의 은혜를 받았거늘 어찌 그를 도모할 수 있단 말이오!"

"지금 취하지 않으시면 나중에 후회해도 늦을 것입니다!"

"내가 차라리 죽을지언정 차마 의리를 저버리는 일은 할 수가 없소."

"나중에 다시 상의하시지요."

한편 패하고 허창으로 돌아온 하후돈이 스스로 결박한 채 조조를 만나서는 땅바닥에 엎드려 죽여달라고 청하자 조조는 결박을 풀어주었다. 하후돈이 말했다.

"제가 제갈량의 간계에 빠졌습니다. 제갈량은 화공을 써서 우리 군대를 격파시켰습니다."

조조가 말했다.

"자네는 어릴 때부터 군사를 부렸거늘 어찌하여 좁은 곳에서는 화공을 대비해야 하는 것을 몰랐는가?"

"이전과 우금도 그 말을 했으나 후회했을 때는 이미 늦은 상태였습니다."

조조가 이에 이전과 우금에게 상을 내렸다. 하후돈이 말했다.

"유비가 이처럼 제멋대로 날뛰니 진정 마음 깊숙이 스며든 우환거리입니다. 급히 제거하지 않을 수 없습니다."

조조가 말했다.

"내가 우려하는 것은 유비와 손권뿐이고, 나머지는 신경 쓸 필요가 없는 자들이네. 이제 이 기회를 빌려 강남을 소탕하여 평정해야겠네."

즉시 50만 대병을 일으키라 명령을 전달하고 조인과 조홍을 제1대, 장료와 장합을 제2대, 하후연과 하후돈을 제3대, 우금과 이전을 제4대로 삼았다. 조조 자신은 제장들을 이끌고 제5대가 되었는데 부대마다 각기 군사 10만 명씩 이끌도록 했다. 또 허저를 절충장군[1]으로 명하여 군사 3000명을 이끌고 선봉으로 삼았다. 건안 13년(208) 7월 병오丙午일에 출병하기로 날을 잡았다.❶

태중대부 공융이 간언했다.

"유비와 유표는 모두 한실의 종친이니 함부로 정벌해서는 안 됩니다. 손권은 호랑이처럼 6군을 버티고 앉아 있는 데다 장강의 험준함을 끼고 있어 역시 쉽게 취할 수 없습니다. 지금 승상께서 이처럼 의롭지 못한 군대를 일으키시면 천하의 기대를 잃지 않을까 염려됩니다."

조조가 성을 냈다.

"유비, 유표, 손권은 모두 명을 거스르는 역적이거늘 어찌 토벌하지 않는단 말이오!"

즉시 공융을 큰 소리로 꾸짖어 물리치고는 명령을 하달했다.

"다시 간언하는 자가 있다면 반드시 참수하리라!"

승상부를 나온 공융이 하늘을 우러러 탄식했다.

"어질지 못한 이가 어진 이를 치고 있으니 어찌 패하지 않을 수 있겠는가!"

이때 어사대부禦史大夫 치려郗慮의 문객이 이 말을 듣고는 치려에게 보고했다. 치려는 공융에게 자주 모욕을 당했기에 마음속으로 공융을 증오하고 있었는데, 이 말을 듣고는 조조에게 보고하며 그 위에 덧붙여 말했다.

"공융이 평소에 항상 승상을 업신여기는 데다 평소에 예형과도 서로 사이가 좋았습니다. 예형이 '중니仲尼(공자의 자)가 죽지 않았소'라고 공융을 칭송하면 공융이 '안회(공자의 제자)가 다시 살아났소'라고 예형을 칭찬했습니다. 지난번에 예형이 승상을 모욕한 것은 바로 공융이 시켜서 그런 것입니다."

크게 성난 조조는 마침내 정위²에게 공융을 체포하라 명했다. 공융에게는 두 아들이 있었는데 아직 나이가 어렸다. 이때 형제는 집에서 마주 앉아 바둑을 두고 있었다. 좌우에서 급히 알렸다.

"아버님께서 정위에게 잡혀갔는데 장차 참수당하실 것 같습니다! 두 공자께서는 어찌하여 급히 피하시지 않습니까?"

두 아들이 말했다.

"새의 둥지가 뒤집어졌는데 어찌 성한 알이 있겠는가?"³

말을 마치기도 전에 정위가 들이닥쳤고 공융의 가솔들과 두 아들을 모조리 잡아다 참수했다. 공융의 시신을 저잣거리에 내놓고 사람들에게 보였다. 경조⁴의 지습脂習이 공융의 시신 앞에서 엎드려 소리 내어 울었다. 그 소식을 들은 조조가 크게 노하여 그를 죽이려 했다. 그러자 순욱이 말했다.

"제가 들으니 지습이 항상 공융에게 '공은 지나치게 강직한데 이는 바로 화를 부르는 길이오'라고 간언했다고 합니다. 지금 공융이 죽었다고 와서 우는 이는 바로 의로운 사람이기에 죽여서는 안 됩니다."

조조는 이에 그만뒀다. 지습은 공융 부자의 시신을 거두어 장사 지내주었다. 후세 사람이 공융을 찬탄한 시가 있다.

공융은 일찍이 북해태수로 있으면서
호탕한 기개가 무지개를 꿰뚫었네
자리에는 손님들이 언제나 가득했고
술 단지에는 술이 비어 있지 않았네

문장은 세상 사람들을 놀라게 했으며
담소하며 고관과 귀인들을 경멸했네
역사서는 그를 충직하다고 찬양했고
사관은 태중대부5라 역사에 기록했네
孔融居北海, 豪氣貫長虹
坐上客長滿, 樽中酒不空
文章驚世俗, 談笑侮王公
史筆褒忠直, 存官紀太中 ❷

공융을 죽인 조조는 다섯 부대의 군마를 차례대로 출발시키라는 명을 전달하고 순욱 등은 남겨두어 허창을 지키게 했다.

한편 형주의 유표는 병세가 위중해지자 현덕을 청해 두 아들을 부탁하고자 했다. 현덕이 관우와 장비를 데리고 형주[6]로 와서 유표를 만났다. 유표가 말했다.

"내 병은 이미 고황[7]에 들어 더 이상 치료할 수 없는 지경에 이르렀으니 머지않아 죽을 것이네. 그래서 특별히 아우님에게 두 아들을 부탁하고자 하네. 내 자식들은 재주가 없어 아비의 기업을 이을 수 없을 것이니, 내가 죽은 다음에는 아우님이 형주를 다스려주게나."

현덕이 울면서 절을 올렸다.

"이 비는 있는 힘을 다해 조카님을 보좌할 것인데 어찌 감히 다른 뜻을 품겠습니까!"

한창 말하고 있는 사이에 조조가 직접 대병을 통솔하여 오고 있다는 보고가 들어왔다. 현덕은 급히 유표에게 작별을 고하고 밤사이 신야로 돌아갔다. 병중에 있던 유표는 그 소식을 듣고는 적잖이 놀라 유언을 쓰고자 상의하여 큰아들 유기를 형주의 주인으로 삼고 현덕이 보좌하도록 했다. 그 소식을 들은 채부인은 크게 노하여 내문을 잠그고 채모와 장윤張允(유표의 생질)을 시켜 외문을 지키게 했다. 이때 강하에 있던 유기는 부친의 병이 위중해졌음을 알고는 형주로 병문안을 왔다. 외문에 당도했는데 채모가 막아서며 말했다.

"공자께서는 부친의 명을 받들어 강하에 주둔하면서 그곳을 지키고 계시니 그 임무가 막중한데, 지금 멋대로 직무를 이탈했다가 동오의 군사들이 쳐들어오기라도 한다면 어찌하실 것이오? 들어가서 주공을 만나게 된다면 주공께서 틀림없이 진노하시어 병이 더욱 위중해질 것이니 효도가 아니오. 속히 돌아가시오."

유기는 문밖에서 한바탕 통곡을 하고는 말에 올라 강하로 돌아갔다. 병세
가 위독해진 유표는 오기를 기대했던 유기가 오지 않자 8월 무신戊申일에 크
게 몇 차례 외치더니 숨을 거두었다. 후세 사람이 유표를 탄식한 시가 있다.

지난날 원씨가 황하 이북을 차지한다고 들었고
유표 또한 한양[8]에서 패권을 장악했다고 하네
모두가 암탉이 울어서[9] 집안에 부담을 주더니
가련하게도 오래지 않아 모두 멸망하고 말았네
昔聞袁氏居河朔, 又見劉君霸漢陽
總爲牝晨致家累, 可憐不久盡銷亡 ❸

유표가 죽자 채부인은 채모, 장윤과 상의하여 유언을 가짜로 적어 차남인
유종을 형주의 주인으로 삼은 다음 곡을 하며 초상을 알렸다. 이때 유종의
나이 겨우 14세였지만 자못 총명하여 사람들을 모아놓고 말했다.

"아버님께서 세상을 떠나셨지만 형님은 현재 강하에 계시고 더욱이 숙부
님인 현덕은 신야에 계시오. 그대들이 나를 세워 주인으로 삼았는데, 만약
형님과 숙부님이 군대를 일으켜 죄를 묻는다면 어떻게 해명해야 좋겠소?"

아무도 대답하지 못하자 막관幕官(막료) 이규李珪가 말했다.

"공자님의 말씀이 참으로 훌륭하십니다. 지금 급히 유언을 강하로 발송하
여 대공자님을 형주의 주인으로 모시고 현덕에게 함께 일을 처리하도록 명
하십시오. 그렇게 된다면 북으로는 조조를 대적할 수 있고 남으로는 손권을
막을 수 있을 것입니다. 이것이 만전을 기할 수 있는 계책입니다."

채모가 큰 소리로 꾸짖었다.

"너는 무엇 하는 놈이기에 감히 제멋대로 지껄이며 주공의 유언을 거역한 단 말이냐!"

이규가 욕설을 퍼부었다.

"네놈이 안팎으로 도당을 결성해 거짓으로 유언을 꾸며 큰아들을 패하고 작은아들을 세우고는 형양의 9군을 채씨의 수중으로 넘기려는 수작이 이제 분명하구나! 돌아가신 주군의 영혼이 반드시 네놈을 죽일 것이다!"

채모가 크게 노하여 좌우에 소리 질러 이규를 끌어내서 참수하라 명했다. 이규는 죽음에 이르러서도 큰 소리로 욕설을 멈추지 않았다. 이리하여 채모는 마침내 유종을 주인으로 세웠다. 채씨 종족은 형주의 군대를 나누어 통솔했고 치중[10] 등의鄧義와 별가 유선劉先에게 명하여 형주[11]를 지키도록 했으며 채부인 자신은 유종과 함께 양양으로 나아가[12] 주둔하며 유기와 유비를 방비했다. 그리고 유표의 관을 양양성 동쪽 한양의 평원에 장사 지내고 끝내 유기와 현덕에게는 유표의 사망을 알리지 않았다.

유종이 양양에 이르러 막 말을 쉬게 하려는데 별안간 조조가 대군을 이끌고 곧장 양양으로 쳐들어오고 있다는 보고가 들어왔다. 깜짝 놀란 유종이 즉시 괴월과 채모 등을 청해 대책을 상의했다. 동조연東曹掾 부손傅巽이 진언했다.

"조조의 군사들이 쳐들어오는 것만 걱정스러운 것이 아닙니다. 지금 강하에 있는 큰 공자와 신야의 현덕에게도 우리가 초상을 알리지 않았기에 저들이 군대를 일으켜 죄를 묻는다면 형양은 위태로워질 것입니다. 이 손에게 계책이 하나 있는데 형양의 백성을 태산같이 안정시키고 또 주공의 칭호와 작위도 보전할 수 있을 것입니다."

유종이 말했다.

"어떤 계책을 낼 거요?"

부손이 말했다.

"형양의 아홉 개 군을 조조에게 바치면 조조는 틀림없이 주공을 후하게 대접할 것입니다."

유종이 큰 소리로 꾸짖었다.

"무슨 말이오! 내가 돌아가신 부친의 기업을 받아 아직도 안정적으로 자리 잡지 못했는데 어찌 바로 포기할 수 있단 말이오?"

괴월이 말했다.

"부공제公悌(부손의 자)의 말이 옳습니다. 무릇 거스르고 순응하는 데는 중요한 도리가 있고 강하고 약함에는 정해진 추세가 있습니다. 지금 조조가 남쪽을 정벌하고 북쪽을 토벌하는 것은 조정의 명분을 내세우는 것으로 주공께서 그것에 대항하신다면 명분을 따르지 않게 되는 것입니다. 더군다나 주공께서는 새롭게 주군의 자리에 오르셨기에 밖의 우환은 안정되지 않았고 안에서의 근심도 일어나려 하고 있습니다. 형양의 백성이 조조의 군대가 이를 것이라는 말을 들으면 싸우지도 않고 담이 먼저 서늘해질 텐데 어찌 그들을 대적할 수 있겠습니까?"

유종이 말했다.

"여러 공께서 하신 좋은 말씀을 내가 따르지 않는 것이 아니오. 다만 돌아가신 부친의 기업을 하루아침에 다른 사람에게 넘기는 것이 천하에 웃음거리가 될까 염려될 뿐이오."

말을 미처 마치기도 전에 한 사람이 의연하게 나와 말했다.

"부공제와 괴이도蒯異度(괴월의 자)의 말이 대단히 훌륭한데 어찌하여 따르지 않으십니까?"

사람들이 보니 산양 고평[13] 사람으로, 성이 왕王이고 이름이 찬粲으로 자가 중선仲宣이었다. 왕찬의 용모는 여위고 허약하며 신체는 왜소했다. 그가 어렸을 때 중랑[14] 채옹을 만나러 갔었는데 이때 채옹은 자리를 가득 채운 고귀한 친구들과 앉아 있다가 왕찬이 왔다는 소리를 듣고는 신발을 거꾸로 신고 나가 맞이했다. 빈객들이 모두 놀라며 말했다.

"채중랑께서는 어찌하여 유독 이 아이를 공경하시오?"

채옹이 말했다.

"이 아이의 뛰어난 재주는 나도 미치지 못하오."

왕찬은 견문이 넓고 기억력이 좋았는데 사람들 모두 그에게 미치지 못했다. 일찍이 길가에 있는 비문을 한 번 살펴보고는 바로 암송할 수 있었고, 사람들이 바둑 두는 것을 보다가 바둑판이 흐트러지면 왕찬이 복기했는데 한 알도 틀리지 않았다. 또 산술도 잘했고, 그의 문사는 미묘하여 당시 사람들이 미칠 수 없었다. 17세 때 조정에서 불러 황문시랑의 관직을 임명했으나 취임하지 않았다. 후에 난을 피해 형양으로 왔고 유표가 그를 귀빈으로 삼았다. 이날 유종에게 일렀다.

"장군께서는 스스로 조공과 비교하여 어떠하다고 생각하십니까?"

유종이 말했다.

"미치지 못하지요."

왕찬이 말했다.

"조공의 군사들은 강하고 장수들은 용맹하며 지혜가 많고 계략이 풍부합니다. 또한 하비에서 여포를 사로잡고 관도에서 원소를 무너뜨렸으며 농우에서 유비를 몰아내고[15] 백랑白狼에서 오환을 격파했으니, 제거하고 소탕하여 평정한 자들이 헤아릴 수 없을 정도입니다. 이제 대군을 거느리고 남쪽 형양

으로 내려오고 있으니 그 세력을 막아내기 어렵습니다. 부손과 괴월 두 공의
계책은 상책으로 장군께서는 망설이다가 후회하는 일이 없도록 하십시오."

유종이 말했다.

"선생께서 가르쳐주신 것이 지극히 옳소. 다만 어머님께 아시도록 말씀드
려야 하오."❹

이때 채부인이 병풍 뒤에서 돌아 나오며 유종에게 일렀다.

"이미 중선, 공제, 이도 세 사람의 견해가 서로 같은데 내게 알릴 필요가
있겠느냐?"

그리하여 유종은 뜻을 결정하고 즉시 항복하는 글을 써서 송충宋忠을 시
켜 비밀리에 조조의 군영으로 가서 바치게 했다. 명령을 받아든 송충은 곧
장 완성에 이르러 조조를 만나 항복하는 글을 바쳤다. 조조는 크게 기뻐하
며 송충에게 후하게 상을 내리고 유종더러 성을 나와 영접하라고 분부하고
는 그를 영원히 형주의 주인으로 삼겠다고 했다.

송충은 조조에게 작별을 고하고 형양[16]으로 돌아오고자 길에 올랐다. 강
을 건너려는데 별안간 한 떼의 인마가 달려왔다. 다름 아닌 관운장이었다.
송충은 피할 겨를도 없이 운장에게 불려갔고 운장은 형주의 일을 꼬치꼬치
캐물었다. 송충이 처음에는 숨기고 감추려 했으나 운장이 따져 묻는 바람에
전후 사정을 하나하나 사실대로 고할 수밖에 없었다. 깜짝 놀란 운장이 송
충을 체포하여 신야로 가서 현덕에게 보여주고는 그 사실을 말했다. 그 사실
을 들은 현덕이 통곡을 했다. 장비가 말했다.

"일이 이미 이렇게 되었으니 먼저 송충을 베어 죽입시다. 그리고 군대를 일
으켜 강을 건너서 양양을 빼앗아 채씨와 유종을 죽인 다음에 조조와 맞붙
어 싸웁시다."

현덕이 말했다.

"자네는 잠시 입 다물고 있게. 내게도 짐작되는 것이 있네."

이에 송충을 큰 소리로 꾸짖었다.

"너는 사람들이 일을 벌이는 것을 알면서도 어찌하여 일찌감치 내게 와서 보고하지 않았느냐? 지금 너를 베어 죽인다 하더라도 일에 이로울 것이 없다. 속히 가거라."

송충이 예를 갖추어 감사드리고는 머리를 감싸고 쥐새끼처럼 달아났다.❺

현덕이 한창 침울해하고 있는데 갑자기 공자 유기가 보낸 이적이 왔다는 보고가 들어왔다. 현덕은 지난날 이적이 자신을 구해준 은혜를 고맙게 여겨 계단을 내려가 그를 맞이하면서 재삼 감사하다고 말했다. 이적이 말했다.

"강하에 계시는 큰 공자님이 형주의 주공께서 이미 세상을 떠나신 것과 채부인과 채모 등이 상의하여 부고도 알리지 않은 채 결국은 유종을 주인으로 세웠다는 소식을 듣게 되었습니다. 그래서 공자께서 사람을 양양으로 보내 알아보게 했는데 돌아와서는 사실이라고 보고했습니다. 사군께서 모르시고 계실까 염려되어 특별히 아무개를 보내 부친께서 돌아가시기 전에 남기신 애서哀書[17]를 상신하며 아울러 휘하의 정예병을 모조리 일으켜 함께 양양으로 가서 그들의 죄를 묻자고 사군께 청하십니다."

현덕이 글을 읽고 나서 이적에게 일렀다.

"기백機伯(이적의 자)께서는 유종이 본분을 넘어 주인 자리에 앉은 것만 아시고 유종이 이미 형양 아홉 개 군을 조조에게 바치려 하는 것은 모르시는군요!"

이적이 깜짝 놀랐다.

"사군께서는 어떻게 그것을 아십니까?"

현덕이 송충을 체포했던 일을 자세하게 이야기했다. 이적이 말했다.

"그렇다면 사군께서 조문한다는 명분으로 양양으로 가서서 유종을 나와서 맞이하도록 유인하여 바로 사로잡고 그 무리를 죽인다면 형주는 사군의 것이 될 것입니다."

공명이 말했다.

"기백의 말이 맞습니다. 주공께서는 그 말을 따르시지요."

현덕이 눈물을 흘리며 말했다.

"내 형님께서 병이 위중하실 때 어린 자식을 내게 부탁하셨는데 지금 그 아들을 잡고 그 땅을 빼앗는다면 훗날 죽어 구천에서 무슨 면목으로 내 형님을 다시 뵐 수 있단 말이오?"

공명이 말했다.

"이 일을 그렇게 하지 않으신다면 지금 조조의 군대가 이미 완성에 이르렀는데 어떻게 적을 막겠습니까?"

현덕이 말했다.

"차라리 번성으로 달아나 피하는 것이 낫겠소."

한창 상의하고 있는데 척후 기병이 나는 듯이 달려와 조조군이 이미 박망에 당도했다고 보고했다. 현덕이 황급히 이적에게 강하로 돌아가 군마를 정돈하라고 보내는 한편 공명과 더불어 적을 막아낼 계책을 상의했다. 공명이 말했다.

"주공께서는 안심하십시오. 지난번에 한 줌의 불로 하후돈의 인마 태반을 태웠습니다. 이번에 조조의 군대가 또 왔으나 틀림없이 그를 계책에 맞아떨어지게 할 것입니다. 우리가 신야에 머물 수 없게 되었으니 일찌감치 번성으로 가는 것이 좋을 듯합니다."

그러고는 즉시 사람을 보내 네 개의 성문에 방문을 게시하여 거주 백성에게 분명히 알렸다.

"남녀노소를 불문하고 따르기를 원하는 자는 오늘 즉시 나를 따라 번성으로 가서 잠시 피하도록 하라. 이를 그르쳐서는 안 된다."

손건을 강변으로 보내 배를 조달하여 백성을 구제하게 하고 미축을 보내 각 관리의 가족들을 호송해 번성으로 가도록 했다. 그러는 한편 공명은 제 장들을 모아 명령을 듣게 했는데 먼저 운장에게 명령했다.

"군사 1000명을 이끌고 백하[18] 상류로 가서 매복하시오. 각기 모래흙을 가득 담은 포대를 지니고 백하의 물을 막았다가 내일 삼경 이후에 하류에서 사람들이 아우성치고 말들이 울어대는 소리를 듣거든 급히 포대를 치워서 물을 터뜨려 그들을 수몰시키고 물의 흐름을 따라 내려오면서 호응하시오."

또 장비를 불렀다.

"군사 1000명을 이끌고 박릉 나루터에 가서 매복하시오.[19] 물살이 가장 느린 곳이라 조조의 군사들이 물에 빠지게 되면 반드시 이곳으로 도망 올 것이니, 즉시 기세를 몰아 쳐들어와서 호응하시오."

또 조운을 불렀다.

"군사 3000명을 이끌고 4대로 나누시오. 그대 자신은 1대를 거느려 동문 밖에 매복하고 나머지 3대는 서, 남, 북쪽 세 문에 나누어 매복시키시오. 그에 앞서 성안 민가의 지붕 위에 유황과 염초를 많이 감추어두시오. 조조군이 성으로 들어오면 틀림없이 민가에서 편히 쉴 것이오. 내일 해질 무렵 이후에 반드시 큰 바람이 불 터이니, 바람이 이는 것이 보이면 즉시 서, 남, 북쪽의 세 문에 매복한 군사들에게 성안으로 불화살을 쏘게 하고, 성안에서 불길이 크게 일어나기를 기다렸다가 성 밖에서 함성을 지르며 위세를 부리시오. 다만 동문만은 남겨두어 그들이 달아나면 그대는 동문 밖에서 도망치는 그들의 뒤를 공격하시오. 날이 밝으면 관우, 장비 두 장수와 합류하고 군사를 거두어 번성으로 돌아오시오."

다시 미방과 유봉 두 사람에게 명했다.

"군사 2000명을 이끌고 절반은 홍기, 나머지 반은 청기를 들고 신야성 밖 30리 떨어진 작미파鵲尾坡 앞으로 가서 주둔하시오. 조조군이 오는 것이 보이면 홍기군은 왼쪽으로 달리고 청기군은 오른쪽으로 달리시오. 그들은 속으로 의심하여 틀림없이 뒤쫓지 않을 것이오. 그러면 그대 두 사람은 제각기 나뉘어 매복하시오. 그러다가 성안에서 불길이 일어나는 것이 보이면 즉시 패잔병을 뒤쫓아 가서 죽인 다음에 백하 상류로 가서 호응하시오."

각기 배치를 끝낸 공명은 현덕과 더불어 높은 곳에 올라 멀리 바라보면서 승전보가 오기만을 기다렸다.

한편 조인과 조홍은 군사 10만여 명을 거느리고 선봉대가 되었는데, 그 전면에는 이미 허저가 3000명의 철갑군을 이끌고 길을 열면서 기세 드높게 신야로 쳐들어오고 있었다. 이날 정오쯤에 작미파에 이르렀다. 그때 비탈 앞에 한 무리의 인마가 청기와 홍기를 들고 있는 것이 보였다. 허저가 군사들을 재촉해 앞으로 나아갔다. 유봉과 미방이 군사들을 4대로 나누었고 청기, 홍기를 든 군사들이 각기 왼쪽, 오른쪽으로 돌아갔다. 허저는 고삐를 당겨 말을 세우고는 잠시 진격을 멈추게 했다.

"앞에 반드시 복병이 있을 것이다. 우리는 이곳에 잠시 머물러야겠다."

허저가 홀로 나는 듯이 선봉대인 조인에게 달려가 이 사실을 보고했다. 조인이 말했다.

"이것은 의병으로 틀림없이 매복이 없을 것이오. 속히 진격하시오. 내가 군사를 재촉해 뒤따라가겠소."

허저가 다시 비탈 앞으로 돌아와 군사를 거느리며 밀고 들어갔다. 숲속까지 추격해 찾았으나 한 사람도 보이지 않았다. 이때 해는 이미 서쪽으로 기울어 저물고 있었다. 허저가 막 앞으로 진격하려는데 산 위에서 연주 소리가 요란하게 들렸다. 고개를 들어보니 산꼭대기에 한 무더기의 깃발들이 보였다. 깃발들 속에 두 개의 산개가 있었는데, 왼쪽은 현덕, 오른쪽은 공명으로 두 사람이 마주 앉아 술을 마시고 있었다. 크게 성난 허저가 군사를 이끌고 길을 찾아 산을 오르려 하자 산 위에서 뇌목과 포석[20]이 쏟아져 내려와 전진할 수가 없었다. 그때 산 뒤에서 함성이 크게 진동했다. 허저는 길을 찾아 싸우려고 했으나 날이 이미 저물고 말았다.

조인이 군사를 이끌어 신야성을 빼앗은 뒤 말을 쉬게 하라고 했다. 성 아래에 군사들이 이르렀는데 네 개의 성문이 활짝 열려 있었다. 조조의 군사들이 돌진해 들어갔으나 막는 자가 없었고 성안 또한 한 사람도 보이지 않아 완전히 텅 비었다. 조홍이 말했다.

"이것은 세력이 미약하고 계략이 소진되어 백성을 모조리 데리고 도망친 것이오. 우리 군은 잠시 성에서 편히 쉬었다가 내일 날이 밝으면 군사를 진격시킵시다."

이때 각 군사는 많이 걸어서 피곤한 데다 허기까지 지자 모두 빈집을 빼앗아 밥을 지었다. 조인과 조홍은 관아 안에서 편히 쉬었다. 초경이 지나자 광풍이 불기 시작했고 문을 지키던 군사가 나는 듯이 달려와 불이 났다고 보고했다. 조인이 말했다.

"이것은 필시 군사들이 밥을 짓다가 조심하지 않아 불이 난 것이니 놀라지 마라."

말이 끝나기도 전에 연속으로 몇 차례 급히 보고가 들어왔는데 서, 남, 북쪽 세 문에서 모두 불길이 일어났다는 것이었다. 조인이 급히 장수들에게 말에 오르라고 명했을 때는 불길이 현 전체에 가득했고 위아래가 온통 붉은빛이었다. 이날 밤의 불길은 지난날 박망에서 군량을 불태웠던 불보다 더욱 거셌다. 후세 사람이 찬탄한 시가 있다.

간사한 영웅 조조가 중원을 지키고 있더니
9월에 남으로 정벌하여 한천[21]에 이르렀네
풍백[22]이 격노하여 신야현에 이르렀고
축융[23]도 날아 내려와 화염이 하늘에 닿았네
奸雄曹操守中原, 九月南征到漢川
風伯怒臨新野縣, 祝融飛下焰摩天 ❻

조인은 장수들을 거느린 채 연기를 뚫고 불을 무릅쓰며 길을 찾아 이리저리 뛰어다녔는데 동문 쪽에 불길이 없다는 말을 듣고는 급히 동문으로 달려나갔다. 군사들은 자기편끼리 서로 짓밟아 죽은 자를 헤아릴 수 없을 정도였다.

조인 등이 이제 막 불길을 벗어났는데 배후에서 한바탕 고함 소리가 일더니 조운이 군사를 이끌고 쫓아오면서 혼전을 벌였다. 패한 군사들은 각기 목숨을 건지고자 달아날 뿐 누구도 몸을 돌려 교전을 벌이려 하지 않았다. 한창 달아나고 있는데 미방이 한 부대를 이끌고 나타나서는 또 한바탕 돌격해

왔다. 조인이 대패하여 길을 찾아 달아났지만 유봉이 또 한 부대를 이끌고 가로막아 한바탕 들이쳤다. 사경에 이르자 사람과 말이 모두 기진맥진했다. 군사들은 머리가 까맣게 타고 이마에 화상을 심하게 입은 상태였다. 백하 강변까지 달아나니 기쁘게도 강물이 그다지 깊지 않아 사람과 말이 모두 강으로 내려가 물을 마셨다. 사람들은 서로 시끄럽게 떠들었고 말들도 큰 소리로 울부짖었다.

한편 운장은 강 상류에서 포대로 강물을 막고 있었는데 해질 무렵에 멀리 신야에 불길이 이는 것이 보였다. 사경쯤에 별안간 하류에서 사람들이 아우성치고 말들이 울부짖는 소리가 들리자 급히 군사들에게 일제히 포대를 끌어올리라 명했다. 터진 물살이 하늘가까지 가득 차오를 듯 하류를 향해 세차게 흘러가자 조조군의 인마들이 모조리 물에 빠져 죽은 자가 무수히 많았다. 조인은 장수들을 이끌고 물살이 느린 곳을 향하여 길을 찾아 달아났다. 박릉 나루터에 이르렀는데 함성이 크게 일더니 일군이 가는 길을 가로막았다. 앞장선 대장은 바로 장비였다. 장비가 크게 소리 질렀다.

"역적 조조의 군사들은 어서 와서 목숨을 내놓거라!"

조조의 군사들은 깜짝 놀랐다.

성안에서 방금 붉은 화염 내뿜는 것 보았는데

물가에서 다시 검은 바람(장비)과 마주쳤구나

城內才看紅焰吐, 水邊又遇黑風來

조인의 목숨은 어떻게 될 것인가?

제40회 유표의 죽음과 불타는 신야성

❶

순욱의 계책

『삼국지』「위서·순욱전」은 다음과 같이 기록하고 있다.

"태조가 유표를 토벌할 준비를 할 때 순욱에게 어떤 책략을 채용해야 하는지 자문을 구하자, 순욱이 말했다.

'현재 화하華夏(중원 지구)는 이미 평정되었으므로, 남토南土(남방 각지)는 자신의 처지가 곤란함을 알 것입니다. 대대적으로 원현宛縣과 섭현葉縣(남양군 속현으로 지금의 허난성 예현葉縣 남쪽)으로 출병하면서, 별도로 비밀리에 샛길을 따라 가볍게 무장한 병사를 전진시키면, 허를 찔러 적을 습격할 수 있습니다.'

태조가 진군하기 시작했는데, 때마침 유표가 병으로 세상을 떠났다. 태조는 순욱의 계책에 따라 곧장 원현과 섭현으로 달려갔고, 유표의 아들 유종은 형주를 내주고 영접하며 투항했다."

❷

공융의 죽음

『후한서』「공융전」과 『삼국지』「위서·최염전」 배송지 주 『속한서續漢書』에 따르면 공융은 공자 20대손이라고 기록하고 있는데, 성격이 강직하여 수차례 조조에게 반기를 들고 비난했기에 예형과 마찬가지로 비극적인 삶으로 마감한다.

『후한서』「공융전」과 『삼국지』「위서·최염전」 배송지 주 『위씨춘추』에 따르면 조조가 업성을 점령한 뒤에 조비에게 원소의 며느리 진씨를 사사로이 들이게 하자 "공융이 조조에게 글로 '무왕이 주紂(상나라 마지막 왕)를 토벌했을 때 주왕의 애첩 달기妲己를 그의 아우인 주공단周公旦(무왕의 아우)에게 하사한 셈이다'라고 했다. 조조는 무슨 의미인지 깨닫지 못하고 나중에 어느 경전에 나온 말이냐고 묻자, 공융이 '지금 발생한 상황에 비춰 헤아려보건대 그렇다고 생각합니다'라고 말했다"고 기록되어 있다. 이렇듯 조조를 모욕하고 비웃었다.

또한 『후한서』「공융전」에 따르면 "당시 흉년인 데다 전쟁도 끊이지 않아서 식량이 부족해지자 조조는 조정에 표문을 올려 금주령 제정을 요청했는데, 공융은 여러 차례 편지를 써서 조조와 논쟁을 벌였고 공융은 항상 조조에 대한 모욕적인 언사를 편지에 적었다"고 기록하고 있고, 『삼국지』「위서·최염전」 배송지 주 장번張璠의 『한기漢紀』에는 "태조가 금주령을 제정하자 공융은 편지를 써서 조롱했다. '하늘에는 주기酒旗(별자리 이름)라는 별이 있고 땅에는 주천酒泉(간쑤성 주취안酒泉)이라는 군郡이 있으며, 또 사람에게는 맛 좋은 술의 덕德이 있습니다. 요임금이 술을 많이 마시지 않아 성스러움을 이룬 것도 아니며 더군다나 하왕夏王 걸桀과 상왕商王 주紂가 색色으로 인해 나라를 망쳤다고 지금 혼인을 금지시키겠습니까?'라고 했다"는 기록도 있다.

이외에도 공융이 조조를 비난했던 역사 기록을 많이 찾아볼 수 있다. 소설에는 그에게 두 아들이 있었다고 했는데 『후한서』「공융전」은 공융의 딸은 7세, 아들은 9세였으며 부인과 함께 모두 조조에게 죽임을 당할 당시 공융의 나이는 56세였다고 기록하고 있다.

③

유표의 죽음

『후한서』「유표전」에 따르면 "유표는 등에 난 종기로 인해 죽었다. 유표는 형주를 20년 가까이 다스렸지만 집안에 남아 있는 재산이 없었다"고 기록하고 있다. 이현 주석에 따르면 『대어代語』에 "유표가 죽은 후 80여 년 후인 진晉 태강太康 연간(280~289)에 무덤이 발견되었는데 유표와 처의 신체가 살아 있는 듯했고 향기가 몇 리에 걸쳐 퍼졌다"고 기록되어 있다.

유표가 형주를 유비에게 부탁했을까?

『삼국지』「촉서·선주전」배송지 주『영웅기』는 "유표는 병이 들자 유비에게 형주자사를 겸임하게 했다"고 기록하고 있다.『위서』는 다음과 같이 기록하고 있다.

"유표가 돌아보며 말했다.

'내 아들은 재주가 없고 장수들도 쇠약해졌소. 내가 죽은 다음에 경이 형주를 섭정해주시오.'

유비가 말했다.

'자식들이 현명하니 군께서는 병환만 걱정하십시오.'

누군가 유비에게 유표의 말을 따르라고 권하자 유비가 말했다.

'이 사람이 나를 두텁게 대우해줬는데 지금 그의 말을 따른다면 사람들은 반드시 나를 박정하다고 여길 것이니 차마 그렇게 할 수 없소.'"

소설은 이 기록을 근거로 이야기를 전개시킨 것 같지만 배송지는 사실이 아니라고 하면서 "유표 부부는 평소에 유종을 사랑하여 적자를 버리고 서자를 세우려 했기에 그들의 정은 오래전에 정해져 있었다. 임종 무렵에 형주를 유비에게 넘겨줄 리가 없다. 이 말은 사실이 아니다"라고 평가했다.

유표의 두 아들 유기와 유종은 유표의 전처 소생이었지만 후처인 채부인은 조카 딸을 유종에게 시집보냈기 때문에 유종이 후사를 잇길 원했다.「촉서·유표전」에도 "당초 유표와 그의 처는 모두 작은아들 유종을 총애하여 그를 후계자로 세우려 했고, 채모와 장윤도 유종을 지지했다"고 기록되어 있어 애초부터 유종을 후계자로 결정했다고 할 수 있다.

그리고 「촉서·선주전」은 "선주에게 귀의하여 따르는 형주의 호걸들이 날로 증가하자 유표는 그의 마음을 의심하여 몰래 선주를 방비했다"고 기록하고 있고, 「촉서·유표전」에는 "유표는 비록 외모에는 기품이 있었지만 내심 시기와 의심이 많았다"고 했다.

역사 기록과 배송지의 평가를 종합해보면 유표는 형주를 유비에게 넘겨줄 의향이 없었다고 해야 옳을 것 같다. 「촉서·선주전」 배송지 주 공연孔衍의 『한위춘추漢魏春秋』에 "유형주(유표)가 임종 때 내게 남은 자식들을 부탁했다"고 한 유비의 말은 형주를 맡긴 것이 아니라 자식들을 돌봐달라는 의미로 해석하는 것이 맞다. 정치적인 통치를 맡긴 것과 단순히 자식을 부탁한 것은 구별할 필요가 있다.

❹

소설에서 채옹이 왕찬을 높게 평가하고 바둑을 복기한 내용 등은 모두 사실로 기록되어 있다. 『삼국지』 「위서·왕찬전」에 따르면 "왕찬은 열일곱 살에 사도로 초빙되었고 황제는 조서를 내려 그를 황문시랑黃門侍郞으로 임명했는데 서경西京(장안)이 혼란스러웠으므로 모두 부임하지 않고 형주로 가서 유표에게 의탁했다. 유표는 그의 용모가 추하고 또 신체가 허약하며 행동거지가 제멋대로라 생각하며 중시하지 않았다. 유표가 세상을 떠나자 왕찬은 유표의 아들 유종에게 태조에게 귀순할 것을 권했다"고 기록하고 있고 배송지 주 『문사전文士傳』에도 그 내용이 기록되어 있다. 그러나 『후한서』 「유표전」에 괴월蒯越, 한숭韓嵩, 동조연東曹掾 부손傅巽 등이 유종에게 투항을 권유한 내용은 있으나 왕찬은 언급되지 않았다.

❺

송충은 관우에게 잡힌 것이 아니다
『삼국지』 「촉서·선주전」 배송지 주 공연의 『한위춘추』와 『자치통감』 권65 「한기 57」

은 다음과 같이 기록하고 있다.

"유종은 항복을 했으나 감히 유비에게 알리지 못했다. 유비 또한 그 사실을 몰랐으나 한참 지난 뒤에야 알고서 사람을 보내 유종에게 물었다. 유종은 송충宋忠을 보내 유비에게 그 취지를 설명했다. 이때 조공은 이미 완성에 와 있었고 유비는 깜짝 놀라 송충에게 일렀다.

'경들이 일을 그렇게 해놓고 일찍 알려주지 않다가 지금 화가 닥쳐서야 비로소 내게 알려주는 것은 너무 지나치지 않은가!'

칼을 뽑아 들고 송충에게 말했다.

'지금 경의 목을 잘라도 내 분함을 풀기에 부족하지만 대장부가 이별을 앞두고 경들 같은 자들을 죽이는 것 또한 수치스러운 일이다!'

이에 송충을 돌려보냈다."

송충은 관우에게 사로잡혀 쥐새끼처럼 달아나는 인물이 아니었다. 『삼국지』「촉서·윤묵전尹默傳」에 따르면 "윤묵은 형주로 유학하여 사마덕조(사마휘), 송중자宋仲子(송충) 등과 함께 고문으로 된 경학을 배웠다"는 기록이 있다. 송충은 당시 형주학파荊州學派를 이끈 인물로 고문 경학經學의 대가였다. 유종은 유비 등에게 존경받는 대유학자인 송충을 보내 조조에게 항복한 사실을 통보한 것이었다.

신야 전투의 실체

『삼국지』「촉서·제갈량전」은 "유표가 죽고 유종은 조공이 형주로 쳐들어온다는 소식을 듣자 사자를 보내 투항하기를 청했다. 번성에서 그 소식을 들은 선주는 그의 부대를 이끌고 남쪽으로 갔다"고 기록하고 있고, 「촉서·선주전」은 "조공이 남쪽으로 유표를 정벌할 무렵 마침 유표가 죽었다. 그의 아들 유종이 지위를 계승했으나 [조조에게] 사자를 보내 항복을 청했다. 그때 선주는 번성에 주둔하고 있었는데 조공의 병마가 쳐들어오는 줄을 모르고 있다가 [조조 군대가] 원현宛縣에 이르렀을 때에야 비로소 그 소식을 듣고 마침내 군사들을 이끌고 떠났다"고 기록하고 있다.

당시 유비는 번성에 있었지 신야에 있지 않았으며 또한 조조와 아무런 전투 없이 후퇴한 것으로 역사는 기록하고 있다. 신야 전투는 나관중이 만들어낸 허구의 이야기일 뿐이다. 『자치통감』에도 신야 전투는 아예 존재하지 않는다.

제21회 영웅론과 원술의 죽음

1   오류. 『삼국지』 「촉서·선주전」의 기록에 따르면 유비가 허현으로 왔을 때 조조가 표문을
     올려 유비를 '좌장군'에 임명했다고 기록하고 있다. 이때 유비는 예주목이 아니라 '좌장군'
     이었다.

2   오류. 이 당시 공부工部라는 관서는 존재하지 않았다. 『삼국지』 「촉서·선주전」에 '장군 왕자
     복'으로 기록되어 있다.

3   오류. 『삼국지』 「촉서·선주전」에는 '장군 오자란'으로 기록되어 있다.

4   용괘龍挂: 회오리바람을 가리킨다. 멀리서 보면 비구름이 쌓여 밑으로 깔때기 형상을 띠고
     구름이 모이고 흩어지며 아래로 드리워지는 현상인데 옛날에는 비를 뿌리는 용이 아래로
     매달려 물을 빨아올린다고 여겼다.

5   우주宇宙: 『시자尸子』에 의하면 "상하上下(천지) 사방四方을 우宇라 하고, 예부터 지금까지를
     주宙라 한다"고 했다. 즉 우는 공간空間을 가리키고 주는 시간時間을 가리킨다.

6   오류. 『삼국지』 「위서·유표전劉表傳」 배송지 주 『한말명사록漢末名士錄』에 따르면 '강하팔
     준江夏八俊'이 아니라 '팔우八友'로 나와 있다. 또한 여기서의 구주九州는 적당하지 않다. 구
     주는 중국의 별칭으로 고대 중국인은 전국을 아홉 개 구역으로 나누어 '구주'라 불렀다. 구
     주의 구별은 서주, 기주, 연주, 청주, 양주, 형주, 양주, 옹주, 예주다. 여기서는 형주가 관할하
     던 '9군'이라는 표현이 적당한데 『후한서』 「군국지」에 따르면 형주는 일곱 개 군을 관할한
     것으로 기록되어 있다.

7   신뢰풍렬필변迅雷風烈必變. 출전은 『논어』 「향당鄕黨」으로 공자는 빠른 번개와 폭풍을 만
     나면 반드시 안색을 바꾸어 하늘에 경외의 뜻을 나타내야 한다고 했다.

8   홍문회鴻門會: 홍문의 연회라는 뜻으로 진나라 말엽 초와 한이 서로 다툴 때 항우가 홍문
     에 연회를 베풀었는데 항장이 검무를 추는 척하며 유방을 찔러 죽이려 했으나 항백이 함께

검무를 추면서 이를 방해했다. 즉 음모와 살기가 충만한 연회를 가리킨다.

9 홍문의 연회 때 장량이 번쾌를 시켜 칼과 방패를 든 채 연회석으로 들게 하여 유방을 위기에서 구했다. 관우와 장비를 이 일에 빗대어 말한 것이다.

10 오류. 『삼국지』 「촉서·선주전」에 따르면 조조가 유비에게 '주령과 노초路招'를 지휘하도록 하여 원술을 치려고 했다고 기록하고 있다. 기록에 따르면 노소가 아닌 '노초'다. 이하 동일.

11 십리장정十里長亭: 10리 간격으로 도로에 장정長亭(정자)을 설치했고 5리에는 단정短亭을 설치했는데 이는 여행객들이 쉬었던 곳이다. 성에 가까운 10리 장정은 항상 송별하는 장소로 이용되었다.

12 출전은 『좌전』 「희공僖公 33년」으로, 그러나 『좌전』에서는 소설과 조금 다르게 '하루 적을 놓아주면 몇 대에 걸쳐 근심거리가 될 것이다一日縱敵, 數世之患也'라고 했다.

13 오류. 서량주가 아닌 '양주涼州'라 해야 맞다.

14 오류. 『삼국지』 「위서·원술전」에는 '숭산嵩山'(허난성 덩펑登封 북쪽)이 아닌 첨산灊山(현 명칭으로 치소는 안후이성 훠산霍山 동북쪽)으로 기록되어 있다. 『후한서』 「원술전」 이현 주에 따르면 '첨현灊縣의 산'이라 했는데 훠산현霍山縣에 훠산이 있다. 즉 옛날의 첨산이다.

15 강정江亭: 예주 여남군 안양후국安陽侯國에 속했으며 허난성 시현息縣 서쪽이었다.

16 오류. 『삼국지』 「오서·손책전」 배송지 주 『강표전江表傳』에 따르면 '종제從弟(증조부가 같고 부친이 다른 자기보다 나이 어린 같은 항렬의 남자를 가리킨다)'로 기록되어 있다.

17 오류. 『후한서』 「서구전徐璆傳」에 따르면 헌제가 허현으로 천도한 후 고릉태수가 아닌 특별히 정위廷尉로 임명했다고 기록하고 있다. 고릉高陵은 현 명칭으로 진나라 때 설치되었다. 후한 시기에 좌풍익左馮翊의 치소였으며 산시陝西성 시안 서안西安 가오링高陵구 서남쪽이었다.

18 옹성甕城: 성문 밖에 축조한 반원형의 작은 성으로 성문을 보호하고 방어를 강화하기 위해 쌓은 성이다.

제22회 진림의 격문

1 모시毛詩: 전한 시기에 유행한 노나라 모형毛亨과 조나라 모장毛萇이 편집하고 주석을 붙인 고문 '시'로 바로 현세에 유행하는 '시경'을 말한다.

2 호위호니중胡爲乎泥中: 『시경』 「패풍邶風·식미式微」에 있는 시구로 '무엇 때문에 땅바닥에 무릎 꿇고 있느냐?'라는 뜻이다.

3 박언왕소薄言往愬, 봉피지노逢彼之怒: 『시경』 「패풍·백주柏式」에 있는 시구로 '사정을 말씀드렸다가 도리어 그분을 화나게 만들었네'라는 뜻이다.

4 이 이야기는 『세설신어』 「문학文學」에 실려 있다.

5 오류. 『후한서』 「정현전鄭玄傳」은 "후장군 원외가 표문을 올려 정현을 천거했고 시중으로 임명되었다"고 기록하고 있어 '영제 때 벼슬이 시중에 이르렀다'로 고쳐야 맞다.

6 『후한서』 「정현전」에 의하면 "황건이 청주 지구를 침략하여 약탈하자 정현은 서주로 피란 갔고 서주목 도겸은 사우師友의 예로 정현을 접대했다"고 기록하고 있다.

7   헌첩獻捷: 싸움에서 승리한 후에 획득한 포로나 전리품을 바치는 것을 말한다.

8   여양黎陽: 현 명칭으로 전한 때 설치되었다. 치소는 허난성 쉰현浚縣 동쪽으로, 후한 때 여양영黎陽營을 이곳에 설치했는데 당시 군사 요지였다. 기주 위군魏郡에 속했다.

9   하삭河朔: 황하 이북 지구를 가리킨다. 산시山西성, 허베이성, 허난성, 산둥성의 일부분. 여기서는 공손찬을 가리킨다.

10 통군統軍: 북위北魏(386~557) 말기에 통군이란 직분이 있었다. 당唐 후기에 용무龍武, 신무神武, 신책神策 각 군 대장군 아래에 각기 통군 1인 혹은 2인을 설치했는데 정삼품正三品이었다.

11 오류. 진림이 원소 밑에서 어떤 관직을 맡았는지는 기록이 없다. 『삼국지』 「위서·왕찬전」에 따르면 "태조(조조)는 동시에 진림과 완우阮瑀를 사공군모좨주司空軍謀祭酒로 임명하고 기실記室과 군국서격軍國書檄(서는 서신을 말하고 격은 소환이나 문책 등에 사용하는 군중 문서)을 관장하게 했는데 매우 많은 것은 진림과 완우가 쓴 것이었다"고 기록하고 있다.

12 오류. 『삼국지』 「위서·왕찬전」에 따르면 "영제 때 하진何進의 주부主簿로 있었다"고 기록하고 있다.

13 기실記室: 관직 명칭. 한나라 공부公府에 기실영사記室令史를 설치했는데 줄여서 기실이라 했다. 상주문과 원고 초안을 관장했으며 후세에 기실독記室督, 기실참군이라고도 칭했다.

14 격문의 제목은 '위원소격예주문爲袁紹檄豫州文'이다. 건안칠자建安七子 중 한 사람인 진림이 쓴 격문으로 중국 격문 명작 중에 하나다.

15 조고趙高: 진나라 환관. 진시황이 사구沙丘에서 죽자 조고는 승상 이사李斯 등과 함께 호해胡亥를 옹립해 2대 황제로 세운다. 그러나 오래지 않아 이사를 죽이고 스스로 승상이 되어 대권을 독점하게 된다.

16 진나라 2세가 조고를 총애하고 신임했으나 후에 조고에게 박해받아 망이궁에서 자살했다. 망이望夷는 진나라 궁궐 명칭으로 산시陝西성 징양涇陽 동남쪽이었다.

17 여태후가 정권을 장악했을 때 조카인 여산을 양왕梁王, 상국으로 임명하고 여록을 조왕趙王, 상장군으로 임명하여 남북 이군二軍을 장악하게 했으나 여태후가 죽자 두 사람 모두 피살되었다.

18 강후絳侯 주발周勃과 주허후朱虛侯 유장劉章: 여태후가 죽자 두 사람은 승상 진평陳平과 모의하여 여씨들을 주살하고 문제를 영접해 황제로 세웠다.

19 태종太宗: 한나라 문제 유항劉恒의 시호.

20 후한 시기에 권력을 장악한 세 명의 환관으로 조등, 좌관, 서황을 말한다.

21 도철饕餮: 탐욕이 많고 사람을 잡아먹는다는 전설 속의 흉악한 짐승으로 탐욕스럽고 흉악한 사람을 비유한다. 재물을 탐하는 것을 도饕라 하고 먹는 것을 탐하는 것을 철饕이라 한다.

22 휴양攜養: 고대에 환관들은 자식이 없었기 때문에 다른 사람의 아들을 입양하는 것을 '휴양'이라 한다.

23 후한 시기에 태위, 사도, 사공을 삼공이라 했는데 조숭은 태위를 역임했다.

24 췌엄유추贅閹遺醜: 조조에 대해 욕하는 말로 조조의 부친 조숭은 본래 하후씨인데 중상시 조등의 양자가 되어 조씨로 가장했다 하여 조조를 이렇게 헐뜯었다.

25 『삼국지』「위서·무제기」의 "태조(조조)는 어려서부터 민첩하고 임기응변의 기지가 있었으며 친구와 교제하고 친구 돕기를 좋아했고 성정이 방탕하여 품행의 수양과 학업에 종사하지 않았다"는 기록에 근거한 것이다.

26 막부幕府: 한나라 때 대장군부를 막부라 했다. 원소는 대장군이었으므로 원소를 막부라 칭했다.

27 헌제를 장안으로 옮긴 것을 가리킨다.

28 동하東夏: 중국의 동부로 발해군을 가리킨다. 원소는 발해군에서 군대를 일으켜 동탁 토벌에 나섰다. 하夏는 중국의 옛 칭호다.

29 춘추시대 때 진나라 대부 맹명孟明이 군사를 이끌고 정鄭을 습격하고 회군할 때 진나라 군사들에게 격퇴되어 포로가 되었다. 석방된 다음에 군사를 일으켜 원수를 갚겠다고 맹세한 다음 그는 정말로 진나라 군사를 격파했다.

30 구강九江: 군 명칭. 진나라 때 설치되었고 처음에 치소는 수춘壽春(안후이성 서우현壽縣)이었다. 후한 시기에 치소를 음릉陰陵(안후이성 딩위안定遠 서북쪽)으로 옮겼다. 양주에 속했다.

31 방백方伯: 은나라, 주나라 시기에는 한 지역 제후의 장長이었으나 후에는 일반적으로 지방 장관을 칭했다. 한나라 이래로는 자사를 칭했다.

32 종사중랑從事中郎: 낭관郎官의 일종으로 황제의 근시관近侍官이다. 전국시대에 설치되기 시작했고 광록훈에 속했다. 진, 한 초에는 낭중령郎中令에 속했다. 습관적으로 중랑中郎이라 부른다. 거기車騎와 문을 관리했으며 황제의 호위와 수행을 담당했다.

33 교묘郊廟: 제왕이 하늘과 땅에 제사 지내는 교궁과 선조에 제사지내는 종묘다.

34 삼대三臺: 한나라 때 상서를 중대中臺, 어사를 헌대憲臺, 알자謁者를 외대外臺라 하여 삼대라 했다.

35 오종五宗: 고조, 증조, 조, 부, 본인 5대를 말한다. 이현은 "오종은 위로는 고조부터 아래는 손자까지 이른다"고 했다.

36 이사二司: 태위, 사도, 사공을 삼공이라 칭하기도 하고 삼사三司라고도 부른다. 양표는 태위를 역임하기 이전에 사공과 사도, 즉 이사二司를 지냈다.

37 선제先帝는 한나라 경제景帝를 가리킨다. 양효왕의 이름은 유무劉武이고 경제의 친동생이다.

38 당랑거철螳螂拒轍: 『장자』에 나오는 말로 중국 제나라 장공이 사냥을 나가는데 사마귀가 앞발을 들고 수레바퀴를 멈추려 했다는 데서 유래한다. 제 역량을 생각하지 않고 강한 상대 혹은 되지 않을 일에 덤벼드는 무모한 행동거지를 비유하는 말이다.

39 중황백中黃伯, 하육夏育, 오획烏獲: 고대에 용맹하기로 유명한 용사를 말한다.

40 태항산太行山: 병주의 서남쪽에 위치해 있으며 산시山西성 고원과 허베이성 평원 사이에 있다.

41 제수濟水와 탑수漯水: 모두 황하의 지류로 청주 경내에 위치해 있다.

42 원현宛縣과 섭현葉縣: 원현은 형주 남양군 군치였으며 허난성 난양南陽이다. 섭현은 춘추시대 때 초나라의 섭읍葉邑이었고 전한 때 섭현을 설치했다. 형주 남양군에 속했으며 치소는 허난성 예현葉縣 서남쪽이었다.

43 방기方畿: 천자에 예속되는 사방 천리의 땅으로 후에는 경내境內라고 칭했다.

44 건충장군建忠將軍: 잡호장군 중의 하나로 5품이었다.

45 오류.『삼국지』「위서·무제기」배송지 주『위무고사魏武故事』와『위략魏略』그리고『자치통감』권63「한기 55」에 따르면 사공장사司空長史 유대와 중랑장 왕충이라고 기록하고 있다.

46 편장偏將: 편장군偏將軍을 말한다. 편장군은 편사偏師(전사全師의 일부분으로 주력군과 구별)의 장군으로 춘추시대에 시작되었고 장군 중에 비교적 지위가 낮았으며 대부분 교위校尉나 비장裨將이 승진했고 정해진 인원은 없었다. 5품이었다.

47 허장성세虛張聲勢: 실속은 없으면서 큰소리치거나 허세를 부리는 것을 말한다.

48 관도官渡: 관도官度라고도 한다. 사례주 하남윤 중모中牟(허난성 중머우中牟 동북쪽)에 속했다.

49 제기祭旗: 고대 미신의 일종으로 군대의 수령이 출정하기 전에 어떤 살아 있는 생물을 죽여서 신령에게 제사 지내는 것으로 신령의 도움을 구하는 것이다.

50 오류. 서주는 성 명칭이 아니라 주 명칭이기 때문에 여기서는 '팽성彭城'이라고 해야 맞다.

51 기각지세掎角之勢: '기'는 사슴을 잡을 때 다리를 잡는 것을 가리키며 '각'은 뿔을 잡는 것으로 원래는 양쪽 방향에서 적을 협공하는 의미였으나 현재는 병력을 나누어 적을 견제하거나 혹은 상호 지원하는 형세를 비유한다.

제23회 기인 예형과 들통난 옥대 속의 조서

1 오패五霸: 『맹자』「고자告子 하」에 의하면 "맹자가 말하기를, '오패라는 것은 모두 삼왕三王(삼대의 제왕, 하우夏禹, 상탕商湯, 주문무周文武를 말한다)의 죄인인데, 지금의 제후들은 오패의 죄인이며, 지금의 대부들 또한 모두 제후들의 죄인인 것이다'라고 했다." 하나라부터 주나라까지 패주霸主가 있었는데 후세 학자들이 삼대三代 이래의 패주를 총괄해서 그중 영향력이 컸던 다섯 명의 패주를 열거하여 오패라 했다. 또한 동주東周 시기에 세력이 강대한 다섯 개의 제후국을 '춘추오패春秋五霸'라 했다. 춘추오패에는 여러 학설이 있는데, 일반적으로 통용되는 것은『사기』의 '제齊 환공桓公, 송宋 양공襄公, 진晉 문공文公, 진秦 목공穆公, 초楚 장왕莊王'과『순자』의 '제 환공, 진 문공, 초 장왕, 오왕吳王 합려闔閭와 월왕越王 구천勾踐'의 두 가지 학설이 있다.

2 오류.『삼국지』「위서·가후전」에 따르면 조조가 표문을 올려 가후를 '집금오사執金吾使'가 아닌 '집금오'로 임명하고 도정후都亭侯에 봉했으며, 기주목에 오르게 했다고 기록하고 있다. 양무장군은 잡호장군 중 하나로 광무제光武帝 건무建武 연간(25~56) 초에 설치되었고 조조 또한 설치했다.

3 전설 속에 요임금 재위 기간에 발생한 대규모의 수해를 가리킨다.

4 세종世宗: 한 무제 유철劉徹의 시호.

5 기업基業: 토대가 되는 사업으로 대부분 국가 정권을 가리킨다.

6 사악四岳: 동악東岳 태산泰山, 서악西岳 화산華山, 남악南岳 형산衡山, 북악北岳 항산恒山을 가리킨다.

7　처사處士: 본래는 재덕이 있으나 은거하면서 벼슬하지 않은 사람을 가리켰지만 후에는 일 반적으로 관직을 지내지 않는 선비를 가리켰다.

8　육예六藝: 예禮, 악樂, 사射, 어御, 서書, 수數다.

9　상홍양桑弘羊: 전한시대의 대신으로 상인 가정에서 태어났다. 어려서부터 암산의 재능이 있어 13세 때 시중으로 임명되었고 후에 대사농大司農, 어사대부를 역임했다.

10　장안세張安世: 전한시대의 대신으로 서적의 내용 암기에 뛰어났다. 대장군 곽광霍光과 함께 선제宣帝를 즉위시킨 공이 있어 대사마에 임명되었다.

11　임좌任座: 전국시대 위魏나라의 대부로 품성이 고상하여 임금의 면전에서 임금의 잘못을 꾸짖었다고 한다.

12　사어史魚: 춘추시대 위衛나라의 대부로 직언으로 간언하기로 유명했다.

13　가의賈誼: 전한시대의 유명한 문학가이자 정치 평론가다.

14　선우單于: 한 시기에 흉노 최고 수령의 호칭. 흉노어로 전체 명칭은 탱리고도선우撐犁孤塗單 于다. 탱리撐犁의 의미는 '천天'이고, 고도의 의미는 '자子'이며 선우의 의미는 '광대廣大'다. 즉 광대하기가 하늘 같은 아들이란 의미다. 간략하게 줄여서 선우라고 부르는데 천자에 상 당하며 군정과 대외 일체의 대권을 장악했다.

15　종군終軍: 전한 사람으로 무제 때 간의대부를 역임했는데 남월南越 사신으로 가면서 긴 노 끈으로 남월의 왕을 묶어 한나라로 돌아오겠다고 하고는 결국 남월 왕을 항복시켰다.

16　남월南越: 광둥성, 광시성 지구를 관할했으며 한 무제 원정元鼎 6년(기원전 111)에 멸망했다.

17　배송지 주『전략』에 따르면 노수路粹의 자는 문울文蔚로 어려서 채옹에게 배웠고, 엄상嚴象 의 자는 문칙文則으로 양주자사를 지냈다고 했다.

18　격초激楚와 양아陽阿: 고대의 무곡舞曲 명칭이다.

19　비토飛免와 요뇨騕褭: 고대 전설 속의 준마다.

20　왕량王良은 춘추시대 때 진晉나라 사람으로 수레 끄는 말을 잘 몰기로 유명했으며 백락伯 樂은 춘추시대 때 진秦나라 사람으로 말의 좋고 나쁨을 잘 가려내는 것으로 유명했다.

21　복장福將: 복과 운이 있어 싸움에 늘 이기는 장수를 말한다.

22　부부賦: 『초사楚辭』에서 발전하여 『시경』의 풍자 전통을 계승한 것으로 시보다는 산문적인 요소가 늘어난 것이다. 부는 '펼친다鋪'는 의미로 문채를 늘어놓아 사물을 묘사하고 뜻을 표현하는 것이다.

23　완체장군完體將軍: 자신의 신체만 보전할 수 있을 뿐이라는 의미로 평범하고 무능한 사람 을 가리킨다.

24　삼교구류三敎九流: 삼교는 유교, 불교, 도교를 가리키고, 구류는 유가, 도가, 법가, 음양가, 명 가, 묵가, 종횡가, 잡가, 농가를 가리킨다.

25　오류.『후한서』「예형전」에 따르면 "조조는 예형이 북을 잘 두드린다는 소리를 듣고 그를 불 러 고사鼓史(북 두드리는 것을 관장하는 관리)를 담당하게 했다"고 기록하고 있다.

26　묘당廟堂: 태묘太廟(황제의 종묘)의 전당 혹은 조정을 가리킨다.

27　양화陽貨는 춘추 말기 노나라 귀족 계손씨의 가신으로 공자는 선비라 할 수 없다 하여 공 자가 연회에 참석하는 것을 거절했다.

28　장창臧倉은 전국시대 노魯 평공平公이 총애한 신하로 맹자를 이간질하여 노 평공이 맹자

를 만나는 것을 저지했다.

29 명왕지몽明王之夢: 은나라 고종高宗이 꿈을 꾼 후 부암傅巖에 가서 성을 쌓는 노역을 하고
있는 부열傅說을 찾아 재상으로 삼고 크게 나라를 일으켰다는 고사를 말한다.

30 오류. 『삼국지』「위서·유표전」과 『후한서』「유표전」에 따르면 '종사중랑장從事中郎將'이 아
닌 '종사중랑'이라고 기록하고 있다.

31 오류. 『삼국지』「위서·유표전」과 『후한서』「유표전」에 따르면 한숭과 유선劉先이 유표에게
"(조조의) 세력은 틀림없이 원소를 이길 것이고 그런 다음에 다시 군사를 일으켜 강한江漢
지구를 공격할 것이다'라고 말한 기록이 있다. 강동은 손책의 관할이었기 때문에 여기서는
강한, 즉 형주로 고쳐야 맞다.

32 영릉零陵: 군 명칭. 전한 원정元鼎 6년(기원전 111)에 계양군桂陽郡을 분리해 설치했다. 형주
에 속했으며 치소는 영릉零陵(광시성 싱안興安 동북쪽)이었다가 후한 때 치소를 천릉泉陵(후
난성 융저우永州 링링零陵구)으로 옮겼다.

33 앵무주鸚鵡洲: 지금의 후베이성 우한武漢 서남쪽 장강 가운데 있다. 강하태수 황조의 장
자 황사黃射가 이곳에서 크게 연회를 열어 손님을 초청했는데 어떤 사람이 앵무새를 바치
자 예형이 '앵무부鸚鵡賦'를 지었다고 하여 이름이 앵무주가 되었다. 후에 예형은 황조에게
피살당하고 이곳에 매장되었다.

34 오류. 『삼국지』「위서·무제기」에 따르면 성은 길吉이고 이름은 본本이라고 해야 맞다. 『후한
서』「경엄전耿弇傳」에 따르면 '길비吉丕'라 했고, 이현 주에 따르면 길비의 "비丕는 평平이라
고도 한다"고 했다. 「위서·무제기」의 '길본'과 같은 사람임을 알 수 있다.

35 오류. 서량이 아닌 양주涼州라 해야 맞다.

36 장가長枷: 범인의 머리와 팔을 함께 칼을 씌운 형구. 일반적인 칼에 비해 길고, 넓고, 무거웠
으므로 장가라 했다.

37 정위廷尉: 진한 시기의 중앙 최고 사법 행정 장관. 구경 가운데 하나로 형벌을 관장했다. 후
한 이후에도 계속 설치되었다.

38 오류. 길본이라고 해야 맞다.

제24회 원소에게로 도망친 유비

1 오류. 『후한서』「복황후기」에 따르면 "동승의 딸을 귀인으로 삼았다"고 기록하고 있다. 『후한
서』의 기록대로 '동귀인董貴人'이라고 표현해야 맞다.

2 오류. 상기 『후한서』「복황후기」에 따르면 누이동생이 아닌 '동승의 딸'로 기록되어 있다.

3 냉궁冷宮: 통속적으로 총애를 잃은 후비가 거처하는 쓸쓸하고 적막한 궁원을 말한다. 대부
분 희곡이나 소설에서 볼 수 있는 말이다.

4 오류. 허도許都다. 조비가 제위에 올랐을 때(221) 허창許昌으로 명칭을 바꿨다.

5 아기牙旗: 깃대 위를 상아로 장식한 큰 깃발. 대부분 주장主將을 위해 만들어진 것으로 의
장용으로 사용한다.

6 오류. 서주는 주이지 어떤 한 성이 아니므로 여기서는 '팽성彭城'이라고 해야 맞다.

7   오류. 청주는 주의 명칭이지 성이 아니다. 후한 때 청주의 치소는 임치臨菑(산둥성 쯔보淄博 린쯔구臨淄區 북쪽)로 여기서는 '임치성'으로 해야 맞다.

8   오류. 업현鄴縣(업성鄴城)이라 해야 맞다. 업현은 현 명칭으로 기주 위군魏郡에 속했으며 당시 기주의 치소였다. 허베이성 린장臨漳 서남쪽이었다.

9   오류. 조조 앞에서 적장의 이름이나 자를 칭하는 것은 괜찮으나 '관공'이라 부르는 것은 적절하지 않다. '관공'이 아닌 '관우'라고 표현해야 맞다. 이하 동일.

10   와궁窩弓: 사냥꾼이 풀숲에 은밀하게 감추고 쏘아서 맹수를 잡는 쇠뇌.

제25회 조조의 품으로 간 관우

1   경사經史: 경은 유가의 경전과 소학 방면의 책을 포함한 것이고 사는 각종 역사서와 약간의 지리서를 포괄한다.

2   예양은 전국시대 진晉나라 사람으로 처음에 범范씨와 중항中行씨를 섬겼으나, 뒤에 지백智伯의 신하가 되어 총애를 받았다. 기원전 5세기 중엽에 지백은 조양자趙襄子를 치려다가 조趙, 한韓, 위魏의 연합군에게 멸망했고(기원전 453) 예양은 양자를 죽여 지백의 원수를 갚고자 했으나 체포되고 말았다. 양자가 그에게 유독 지백에게만 충성을 하는 까닭을 묻자 예양은 "범씨와 중항씨는 나를 중인衆人(일반 사람)의 태도로 대접했기에 나도 중인의 태도로 그들에게 보답했으나 지백은 나를 국사國士(나라의 특별한 인재)의 태도로 대접했기에 나 또한 국사의 태도로써 그에게 보답했다"고 했다.

3   백마白馬: 현 명칭으로 진나라 때 설치되었다. 연주 동군에 속했으며 치소는 허난성 화현滑縣 동쪽이었다.

4   휘개麾蓋: 장수가 쓰는 깃발과 산개傘蓋(긴 자루에 원형 덮개의 우산 형태로 테두리 바깥쪽에 술이 드리워진 의장물)를 일컫는다.

제26회 조조의 곁을 떠나는 관우

1   연진延津: 옛 황하 나루터 명칭. 당시에 백마와 여양 두 성의 서쪽에 위치한 황하의 중요한 나루터였다. 고대에 황하는 허난성 옌진 서북쪽을 거쳐 화현滑縣 북쪽에 이르렀는데 중요한 나루터로 연진이라 했다. 당나라 이전에 허난성 신상新鄉에 연진관을 설치했다. 송나라 이후에 황하가 물길이 바뀌었기 때문에 연진은 결국 매몰되었다.

2   문맥상 '다시 건너올 수 있을까?'로 바꾸어야 확실하게 통한다. 『삼국지』 「위서·원소전」 배송지 주 『헌제전獻帝傳』에 따르면 "저수가 배에 오르며 탄식했다. '주장은 거만하며 우쭐대기만 하고 부하는 공적만 세우려 하니 유유히 흐르는 황하 내 다시 돌아올 수 있을까!' 마침내 병을 핑계로 하직을 고했다"고 기록하고 있으며 여기서 '돌아오다'는 의미의 '반反' 자로 기록되어 있다. 그러나 『후한서』 「원소전」과 『자치통감』 권63 「한기 55」에서는 소설과 같이 '물을 건너다'의 '제濟' 자로 기록되어 있다.

3 　서하西河: 연진 일대의 황하 서부 지구.

4 　치중輜重: 군사를 따라 운반하는 군용 무기와 군량, 마초 등을 가리킨다.

5 　잠영簪纓: 옛날에 관리의 관에 꽂는 장신구였고 후에는 고관대작을 가리켰다.

6 　오류. 한나라 때 무양이란 지명은 없고 동무양東武陽은 있었다. 『삼국지』 「위서·무제기」에 근거하면 "양무현陽武縣에 주둔해 지켰다"고 기록하고 있다. 양무는 허난성 위안양原陽 동남쪽으로 관도에서 40~50리 떨어져 있다.

7 　오류. 여남은 주가 아니라 군이다. 그러므로 '주현州縣'이 아닌 '군현郡縣'으로 바꾸어야 맞다.

8 　족하足下: 동년배나 친구에 대한 경칭으로 주로 서신에 쓰인다.

9 　양각애羊角哀와 좌백도左伯桃는 전국시대 사람으로 친한 친구 사이였다. 두 사람은 함께 초나라로 관직을 구하러 가다가 도중에 큰 눈을 만났는데 홑겹의 의복에 식량도 부족해 온전하게 살 수 없다고 짐작한 좌백도는 자신의 의복과 양식을 양각애에게 주고는 굶고 얼어 죽었다. 후에 초나라에서 고위 관리가 된 양각애는 좌백도의 시신을 찾아 예로써 장사 지내고 자결하여 먼저 죽은 벗에 보답했다.

제27회 다섯 관문에서 여섯 장수를 베다

1 　차수叉手: 양손을 가슴 앞에서 맞잡고 공경을 표시하는 것을 말한다.

2 　초당草堂: 초가지붕의 본채. 옛날에 문인들은 항상 기거하는 곳을 '초당'이라 부르며 품행의 고상함을 표시했다.

3 　오류. 형양榮陽은 현 명칭으로, 전국시대 때 한韓나라 형양읍榮陽邑이었고 진秦 시기에 현을 설치했다. 사례주 하남윤에 속했으며 치소는 허난성 싱양滎陽 동북쪽이었다. 현이기 때문에 장관은 '령令'이다. 내용으로 봐서는 '형양을 지키는 장수'가 타당하다.

4 　오류. 허구의 지명으로 삼국 시기에 이런 관문은 없었다.

5 　오류. 낙양은 현인 동시에 하남윤의 치소다. 장관은 '하남윤'이다. 여기도 '낙양을 지키는 장수'로 해야 옳다.

6 　아장牙將은 아문장牙門將으로 수하에 일정한 수의 사병을 거느리고 지휘와 방어의 임무를 담당했는데, 후에 점차적으로 주장 휘하의 편장偏將, 부장副將으로 바뀌었다.

7 　명제明帝: 이름은 유장劉莊이며 후한 제2대 황제(재위 58~75)다.

8 　향화원香火院: 개인이 건축하여 경문을 읽고 복을 기원하는 사찰이다.

9 　오류. 포동蒲東은 포주蒲州를 가리키며 16국 북주北周 시기에 설치된 행정 지역이다. 『삼국지』 「촉서·관우전」에 따르면 관우는 '하동군 해현' 사람으로 기록되어 있으므로 여기서는 '해현'으로 해야 맞다.

10 　계도戒刀: 비구가 늘 가지고 다니는 작은칼. 옷을 마르거나 머리 손톱을 깎을 때 쓰고 살생에 쓰지 말라고 계도라고 했다.

11 　의발衣鉢: 가사(승려가 장삼 위에 걸쳐 입는 법의)와 바리때(절에서 쓰는 공양 그릇).

12 　정방正房: 전체 건물에서 정중앙에 위치한 방.

13 오류. 관우는 도중에 태수를 죽인 적은 없다.

14 오류. 활주滑州는 수나라 때 설치된 행정 구역이며 치소는 백마였다. 백마로 해야 맞다.

제28회 고성에 모인 형제들

1 출전은 『관자』로, 『관자』 「대광大匡」에 따르면 "자식을 이해하는 것으로 아비만 한 사람이 없고, 신하를 이해하는 것으로 군주만 한 사람이 없다知子莫若父, 知臣莫若君"고 했다.

2 관서關西: 옛 지구 명칭으로 함곡관函谷關 혹은 동관潼關 서쪽 지역을 가리킨다.

3 녹림綠林: 지명으로 후베이성 징산京山 서북쪽이다. 이후에는 일반적으로 산림에 무리를 지어 모여서 정부에 반항하거나 혹은 재물을 약탈하는 집단을 가리키게 되었다.

4 고성古城: 후한 삼국 시기에 이런 현 명칭은 없었다.

5 『좌전』 「장공莊公 10년」에 따르면 다음과 같은 기록이 있다. "노 장공이 조귀曹劌에게 승전의 이유를 묻자, 그는 대답하기를 '이번 작전은 모두 용기에 의존한 것입니다. 첫 번째 북을 두드렸을 때 용기를 진작시켰고, 두 번째 북을 두드렸을 때 용기가 쇠미했으며, 세 번째 북을 두드렸을 때 용기가 소진되었습니다. 저들의 용기가 소진되자 우리 용기가 왕성해지고 충만해져 그들을 이길 수 있었습니다'라고 했다."

6 인기認旗: 깃발에 장수의 관직 명칭 혹은 성명이 적혀 있고 군대에서 대오를 구별하는 깃발이다.

7 오류. 기주는 주의 명칭이고 성이 아니다. 치소인 '업성鄴城'으로 해야 맞다.

8 형양구군荊襄九郡: 형양은 형주를 말한다. 남양, 남군, 강하, 영릉, 계양, 무릉, 장사, 양양, 장릉 모두 9군이다. 『후한서』 「군국지」에 따르면 형주는 9개가 아닌 7개 군(남양, 남군, 강하, 영릉, 계양, 무릉, 장사)과 117개의 현, 읍, 후국을 관할했다고 기록하고 있다. 양양은 현 명칭으로 전한 때 설치했다. 이 당시 형주 남군에 속했으나 후에 양양군 치소가 되었다. 후베이성 상양襄陽이다. 장릉은 전한 때 용릉후국春陵侯國을 설치했고 후한 때 장릉현으로 변경했다. 형주 남양군에 속했으며 후베이성 짜오양棗陽 남쪽이었다.

9 현랑賢郎: 다른 사람의 아들에 대한 미칭.

10 정程은 대략 계산한 도로의 노정으로 한 구간의 길을 가리킨다. 또한 하루의 노정을 가리키기도 하는데, 즉 하루 동안 갈 거리를 말한다.

11 용호회풍운龍虎會風雲: 영웅호걸들이 자신의 포부를 발휘할 기회를 만난 것을 비유한다.

12 삼강三江: 장강의 하류 지구를 말한다. 옛날에 장강은 팽려호彭蠡湖(장시성 포양호鄱陽湖)를 흘러간 다음에 세 길로 나뉘어 바다로 흘러들어갔으므로 '삼강'이라 했다.

13 육군六郡: 회계會稽, 오군吳郡, 단양丹陽, 예장豫章, 여릉廬陵, 여강廬江을 가리킨다.

제29회 소패왕의 몰락과 손권의 등장

1 오류. 헌제가 천도한 뒤이므로 '허도'라 해야 맞다. 조비가 제위에 올랐을 때(221) 허창으로

명칭을 바꿨다.

2 항적項籍: 항우를 말한다. '우'는 항적의 자고, 통상적으로 '항우'라 지칭한다.

3 외진外鎭: 도성 밖에 장관을 설치하여 감독 및 수비하는 요지를 말하며 또한 지방의 관원
   을 안위하는 것을 가리킨다.

4 단도丹徒: 현 명칭으로 진秦나라 때 설치되었다. 양주 오군吳郡에 속했으며 치소는 장쑤성
   전장鎭江 동남쪽이었다.

5 오류. 오회吳會는 오군과 회계군의 합칭이다. 이곳은 마땅히 오현吳縣(오군의 치소로 장쑤성
   쑤저우蘇州)을 가리킨다. 오회는 일반적으로 오군과 회계군이 관할하던 지구를 가리킨다.
   지금의 타이후太湖호 유역과 첸탕강錢塘江 동쪽에서 푸젠성에 이르는 지구에 해당된다. 진
   나라 때 회계군을 설치했고, 한나라 초기에 회계군을 오군과 회계군 두 군으로 나누었는데
   합쳐서 '오회'라 했다.

6 예양豫讓은 전국시대 진晉나라 사람으로 자신이 섬겼던 지백智伯을 죽인 조양자趙襄子에
   게 원수를 갚으려다 발각되어 칼로 자결했다.

7 부수符水: 도교 용어로 부적을 그리거나 혹은 물에 부적을 태우고 그것을 마시면 병을 치
   료할 수 있다고 한다.

8 오류. 『삼국지』 「오서·손책전」 배송지 주 『강표전』에 따르면 "이때 도사 낭야 사람 우길이
   있었는데"라고 기록하고 있어 낭야는 우길의 출신지이지 도교 사원이 아니다. 낭야는 도교
   의 성지로 산둥성 칭다오青島 황다오黃島구 서남쪽에 있다.

9 순제順帝: 유보劉保(재위 125~144)로 후한의 7대 황제다.

10 곡양曲陽: 상곡양上曲陽으로 인근의 하곡양下曲陽과 상대적이다. 진 시기에 곡양현이 설치
   되었고 한 시기에 상곡양현上曲陽縣이 설치되었다. 기주 중산국中山國에 속했으며 치소는
   지금의 허베이성 취양曲陽이었다.

11 『후한서』 「양해전襄楷傳」에 의하면 『태평청령서太平青領書』라 했다. 『태평청령서』는 『태평경
   太平經』의 별칭이다. 황로도黃老道의 주요 경전으로 사료에서는 170권으로 기재되어 있지
   만 57권만 현존하고 있다.

12 가쇄枷鎖: 가는 목에 씌우는 형구고 쇄는 손과 발에 채우는 형구다.

13 교주交州: 7개 군과 56개 현을 관할했다. 치소는 용편龍編(베트남 하노이 북쪽)이었는데 삼
   국 시기 손오孫吳가 치소를 반우番禺(광둥성 광저우廣州)로 옮겼다. 광둥성, 광시廣西 장족
   壯族 자치구 대부분과 베트남 일부 지구를 관할했다.

14 출전은 『중용』 16장으로, "鬼神之爲德, 其盛矣乎!"

15 출전은 『논어』 「술이」로, "禱爾于上下神祇".

16 설초設醮: 도사가 도량을 세워서 복을 기원하고 액막이하는 것을 가리킨다.

17 화개華蓋: 제왕 혹은 고관들 수레 위에 씌우는 일산日傘.

18 오월吳越은 장쑤성과 저장성 일대를 일컫는다.

19 삼강三江에 관해서는 의견이 다르다. 장강의 상, 중, 하류를 삼강이라 말하기도 하고, 우장강
   吳江, 첸탕강錢塘江, 푸양강浦陽江을 삼강이라고도 하며, 장강 하류 지구 강하江河의 통칭
   이라고도 한다.

20 인수印綬: 인신(도장)과 인신을 묶는 끈.

21 파구巴丘: 현 명칭으로 치소는 장시성 샤장峽江 북쪽에 있었다.

22 출전은 당唐 시인인 이관李觀의 「항적고리비명서項籍故里碑銘序」로 "得人者昌, 失人者亡".

23 임회臨淮: 군 명칭으로 한 무제 때 설치되었다. 치소는 서현徐縣(장쑤성 쓰훙泗洪 남쪽)이었다. 후한 영평永平 15년(72) 하비국下邳國으로 변경됐고 서주에 속했으며 치소를 하비(장쑤성 쑤이닝睢寧 서북쪽)로 옮겼다.

24 오류. 『삼국지』 「오서·노숙전」에 따르면 동천이 아닌 '동성東城(동성東成이라고도 한다. 현 명칭으로 치소는 안후이성 딩위안定遠 동남쪽)' 사람으로 기록되어 있다.

25 거소居巢: 현, 후국 명칭. 진秦나라 때 현을 설치했고 치소는 안후이성 퉁청桐城 남쪽이었다. 후한 시기에 후국으로 변경되었다가 후에 다시 현이 되었다. 양주 여강군廬江郡에 속했다.

26 소호巢湖: 호수 명칭으로 안후이성 중부에 위치해 있다.

27 마원馬援: 자는 문연文淵으로 후한 초기의 부풍扶風 무릉茂陵(산시陝西성 싱핑興平 동북쪽) 사람으로 복파장군伏波將軍에 임명되었고 신식후新息候에 봉해졌다.

28 『후한서』 「마원전」에 의하면 마원이 광무제에게 "오늘날 세상은 군주가 신하를 선택할 뿐만 아니라 신하 또한 군주를 선택할 수 있습니다"라고 말했다. 『공자가어孔子家語』에 "군주가 신하를 선택해 임용하고 신하 또한 군주를 선택해 섬긴다"고 했다.

29 그들은 모두 주나라 천자를 우러러 존경하는 구호를 이용하여 패권을 차지했다.

30 의제義帝: 전국시대 초 회왕懷王의 후손으로 초의 멸망 이후에 양을 키우며 숨어 지냈는데 항량項梁과 항우가 초를 다시 세운 뒤에 회왕으로 옹립되었다가 뒤에 의제로 개칭했다. 진秦이 멸망한 뒤에 항우에게 살해되었다.

31 오류. 낭야는 서주에 속하고 남양은 형주에 속했다. 『삼국지』 「오서·제갈근전」에 따르면 제갈근은 '낭야 양도陽都(현 명칭으로 치소는 산둥성 이난沂南 남쪽)' 사람으로 기록되어 있다.

32 시어사侍御史: 진秦 시기에 설치되기 시작했으며 어사대부御史大夫의 속관이다. 백관의 위법 행위를 감찰하고 사신이 되어 지정된 임무를 집행했다.

33 오류. 『삼국지』 「오서·오주전」에 따르면 조조가 표문을 올려 '토로장군討虜將軍'으로 봉했다고 기록하고 있다.

34 오류. 『삼국지』 「오서·장굉전」에 따르면 "동부도위東部都尉를 맡도록 했다"고 기록하고 있다.

35 오류. 채옹을 '채중랑'이라 부르는데 여기서 중랑은 '중랑장'의 약칭이므로 '중랑장'으로 고쳐야 맞다. 『후한서』 「채옹전」에 따르면 채옹은 "초평初平 원년(190)에 좌중랑장으로 임명되었다"고 기록되어 있다.

36 승丞: 관직 명칭으로 대부분 보좌관의 칭호다. 한 시기에 어사중승은 어사대부의 보좌였고 구경의 보좌관도 승이라 했다. 소속된 각 관서 또한 승을 영令의 보좌로 삼았고 지방 정부의 현령에도 승이 있었는데 바로 현승이다.

제30회 관도대전

1 관도官渡: 관도官度라고도 한다. 사례주 하남윤 중모현中牟縣에 속했다. 허난성 중머우 동북

쪽이었다.

2 양무陽武: 현 명칭으로 진秦나라 때 설치되었다. 사례주 하남윤에 속했으며 치소는 허난성 위안양原陽 동남쪽이었다.

3 절월節鉞: 부절符節과 부월斧鉞. 관원이나 장수에게 수여하는 것으로 권력을 더욱 증대시키는 표시다.

4 누로樓櫓: 고대에 군중에서 높은 곳에서 감시하거나 공격과 수비에 사용하는 천장이 없는 높은 망루식의 군사 시설.

5 발석거發石車: 고대에 성을 공격하던 기구. 기구로 돌을 발사하여 연속적으로 적을 타격하는 일종의 무기다.

6 운제雲梯: 고대에 성을 공격할 때 성벽을 타고 오르는 데 사용하던 긴 사다리.

7 벽력거霹靂車:『후한서』「원소전」이현 주에 따르면 "돌을 날릴 때 소리가 우레와 같이 커서 벽력이라 불렸는데 지금의 포거抛車다"라고 했다. 포거는 고대 군중에서 사용한 돌을 발사하여 적을 공격한 수레다. 수레는 큰 나무로 만든 평평한 판에 네 개의 바퀴를 장착하고 중간에 나무를 세워 끝에 돌을 가득 채우고 사람이 끌어당겨서 발사했는데 그 소리가 매우 커서 포뇌抛雷, 벽력거霹靂車라 불렀다.

8 존명尊命: 상대방의 부탁, 의뢰에 대한 경칭이다.

9 초한 전쟁 기간 중에 쌍방이 형양과 성고 일대에서 대치했는데 항우는 연승했으나 유방은 연패했다.

10 오소烏巢: 허난성 옌진延津 남쪽, 평추封丘 서쪽을 일컫는다.

11 오류. 업현鄴縣은 현 명칭으로 기주 위군魏郡에 속했으며 당시 기주의 치소였다. 건안 18년(213) 조조가 위왕으로 봉해진 다음에 업도鄴都로 칭했다. 여기서는 '업성鄴城'으로 해야 맞다. 업성은 춘추시대 때 제 환공이 축성했다고 전해지며 전국시대 때 위 문후가 현을 설치했다. 한 시기에 위군의 치소였고 후한 말에 기주, 상주相州의 치소였다. 건안 18년, 조조가 위왕이 되자 이곳에 도읍을 정했다. 두 개의 성이 있는데 남북이 서로 이어져 있다. 옛 터의 범위는 허베이성 린장臨漳 서쪽과 허난성 안양安陽 북쪽 교외 일대를 포함한다.

12 독장督將: 후한 말에 주州의 병사를 통솔하는 무관의 일반적인 칭호.『삼국지』「위서·유엽전」에 따르면 독장은 군사 수천 명을 통솔했다고 기록하고 있다.

13 오류. '업성鄴城'으로 해야 맞다.

14 '兵不厭詐'로 출전은『한비자』「난일難一」이다. "진 문공이 장차 초나라와 전쟁을 벌이고자 하여 구범舅犯을 불러들여 그에게 물었다. '내가 초나라와 전쟁을 벌이려는데 그들은 병사가 많고 우리는 병사가 적으니 어떻게 하면 좋겠소?' 그러자 구범이 이렇게 대답했다. '신이 듣자 하니 예절을 중시하는 군자는 자신이 충성스럽고 정직함이 충분하지 못하다고 느끼기 때문에 충성스럽고 정직함을 강구하고자 하나, 전장에서 양군이 대치할 때는 도리어 끊임없이 허위로 속이고자 합니다. 군주는 적들을 속이는 것만 시행하면 될 따름입니다.'"

15 우수牛宿는 북방 현무玄武 7수 중에 배열 순서가 두 번째인 별자리로 여섯 개의 별로 이루어져 있다. 두수斗宿는 남두南斗를 가리킨다. 북방 현무 7수 중에 첫 번째 배열의 별자리로 여섯 개의 별로 이루어져 있다. 북두칠성과 구분하여 남두라 하고 줄여서 두斗라고 한다.

16 유수柳宿는 남방 7수 중에 배열 순서가 세 번째인 별자리로 여덟 개의 별로 이루어져 있

고, 귀수鬼宿는 남방 7수 중에 배열 순서가 두 번째인 별자리로 네 개의 별로 이루어져 있다.

17 위위구조圍魏救趙: 위魏와 조趙는 모두 전국시대의 제후국이다. 기원전 353년 위나라가 조 나라 도성을 포위 공격하자 조나라가 제나라에게 구원을 요청했다. 제나라 왕은 전기田忌 와 손빈孫臏에게 군사를 이끌고 가서 구원하라고 명했다. 손빈은 위나라 도성을 포위 공격 하면서 조나라를 구원하는 책략을 채택했는데 위나라는 조나라 도성의 포위에서 철수하 여 본국을 구원하러 돌아갈 수밖에 없었다. 이로 인해 조나라의 포위는 풀리게 되었다.

18 오류. 앞의 내용에서는 손가락을 잘랐다고 했다.

19 미자微子는 은나라 주왕紂王의 형으로 이름은 계啓, 혹은 개開라고도 한다. 주왕이 포악하 고 무도했고 미자가 여러 차례 간언했으나 듣지 않자 마침내 떠났다. 주 무왕이 상나라를 멸한 다음 송에 봉해졌고 송나라의 시조가 되었다.

20 한신韓信은 원래 항우의 속관이었으나 신용을 얻지 못해 마침내 유방에게 귀의했고 대장 에 임명되었다.

21 폭건幅巾: 고대 남자들이 명주 한 폭으로 머리를 묶는, 일종의 학문이 깊고 품위가 있는 옷 차림새를 나타내는 것이다.

제31회 형주에 몸을 의탁한 유비

1 오류. 여양黎陽은 현 명칭으로 기주 위군魏郡(허난성 쉰현浚縣 동쪽)에 속했다. 그러므로 이 미 기주 경내에 있는데 기주로 돌아갔다는 말은 맞지 않으며 주의 치소인 업현으로 갔다고 해야 맞다.

2 별가別駕: 별가종사別駕從事라고도 칭하며 모든 주 장관 자사 속리의 장長으로 자사가 외 지로 순시를 나갈 때 별도의 수레로 모시며 인도했기 때문에 별가종사라 했다.

3 황성黃星: 토성을 말하는 것으로, 황제가 출생했을 때 황성이 출현한 적이 있어 옛날에는 상서로운 징조로 여겼다.

4 건상乾象: 천상天象. 옛날에 천체 현상의 변화는 사람의 일과 관계가 있다고 여겼다.

5 양국梁國과 패국沛國의 사이. 지금의 상추商丘와 화이베이淮北 사이를 말한다.

6 진인眞人: 진명천자眞命天子로 옛날에 천명을 받들어 탄생한 황제를 말했다. 후한 시기에 양과 패 두 왕국은 선진 시기의 초와 송, 두 국가의 옛 영토였기 때문에 은규는 초와 송 분 야에 황성이 출현하는 것은 양과 패에 진인이 나올 징조라고 여겼다.

7 창정倉亭: 창정진倉亭津을 말하며 후한 삼국 시기 때 황하의 중요 나루터였다. 산둥성 양구 陽谷 북쪽 옛 황하변이다. 창倉을 '창蒼'이라고도 한다.

8 양산穰山: 존재하지 않는 허구의 지명이다.

9 구리산九里山: 지금의 장쑤성 쑤저우蘇州 서북쪽에 위치해 있고 해발 134미터다. 초와 한 이 다툴 때 유방이 이곳에서 항우를 대패시켰다.

10 오류. 형주는 주 명칭으로 손건이 당도한 곳은 형주의 치소인 양양襄陽(후베이성 샹양襄陽) 에 당도했다고 해야 맞다.

11　오류: 형주의 치소인 양양襄陽이라 해야 맞다.

제32회 원소의 몰락과 자식들의 권력 다툼

1　오류. 기주는 주의 이름이고 치소인 업현(업성)이라 해야 맞다. 이하 동일.

2　양질호피羊質虎皮: 본질은 양이지만 호랑이 가죽을 걸치고 있다는 뜻으로, 겉은 위엄 있고 당당한 것 같지만 실상은 나약하고 무능하다는 뜻이다.

3　곤형髡刑: 고대의 형벌로 죄인의 두발을 전부 혹은 일부 밀어버리는 것으로, 일종의 치욕스러운 형벌이다. 주로 하, 상, 주와 후한 시기까지 유행했다.

4　오류. 원소의 당시 관직이 '대장군'이었기에 원소를 계승했으니 '대사마'라는 직책은 삭제해야 한다.

5　거기장군車騎將軍: 한나라 장군의 명호로 고조 초기에 실시되었다. 대장군과 표기장군 다음 직책이었고 위장군衛將軍과 전, 후, 좌, 우장군의 위에 있었으며 상경上卿의 다음이었다. 원정을 나가 토벌하는 일을 관장했다. 후한 말년에 상설 장군의 관직 명칭이었고 당나라 이후에 폐지되었다.

6　오류. 기주가 아닌 업성이라 해야 맞다.

7　오류.『삼국지』「위서·무제기」에 따르면 "가신賈信을 남겨두어 여양에 주둔시켰다"고 기록하고 있다. 가신은 조조의 부하 장수로『삼국지』「위서·정욱전」배송지 주『위서』에 따르면 "전은田銀, 소백蘇伯 등이 하간河間에서 반란을 일으키자 장군 가신을 파견해 토벌하게 했다"고 기록하고 있다.

8　서평西平: 현 명칭. 춘추시대 때 백국栢國이었고 전한 때 서평西平을 설치했다. 예주 여남군에 속했으며 옛 치소는 허난성 시핑西平 서쪽이었다.

9　기수淇水: 원래는 황하의 지류로 허난성 안양安陽의 서남을 흐르는 강을 말한다.

10　백구白溝: 본래는 시냇물로 허난성 쉰현浚縣 서쪽에 있다. 발원지가 기수에 접근해 있고 동북쪽으로 흘러 내황內黃 아래의 대청하大淸河로 유입된다. 기수와 백구는 모두 기주 남단에 위치해 있다. 조조가 원상을 공격할 때 수로 운송을 통하게 하기 위해 기수에서 황하로 유입되는 입구에 큰 나무로 제방을 쌓아 기수를 막고 동쪽 백구로 유입되게 했다.

11　무안武安: 전국 시기에 조읍趙邑이었고 한나라 때 무안현을 설치했다. 기주 위군魏郡에 속했으며 허베이성 우안武安 서남쪽에 위치한다.

12　모성毛城: 지명. 무안현에 속했으며 지금의 허베이성 서현涉縣 서남쪽이다.

13　한단邯鄲: 옛 현 명칭으로 전국시대 때 조나라의 수도였다. 진秦 시기에 현이 설치되었으며 한단군邯鄲郡의 치소였다. 한나라 때도 이어져 조국趙國의 치소였다. 허베이성 한단邯鄲 서남쪽에 위치한다.

14　돌문突門: 정식 성문 외의 비밀 출구.『묵자墨子』「비돌備突」에 의하면 "성안 100보마다 돌문을 설치했다. 매 돌문에 하나의 요조窯竈를 설치했다"고 했다. 요조窯竈는 기와 가마와 유사한 부뚜막으로 연기를 피워 적을 방어하는 군사 시설이다.

15　오류.『삼국지』「위서·원소전」에 따르면 "책문柵門(사립문)을 내리쳤다"고 기록하고 있다. 그

리고『후한서』「원소전」에서는 "문을 내리쳤다"고만 기록하고 있다. 갑문閘門은 문을 닫고 개방하면서 배수 통로를 통제하는 시설이다.

16 원수洹水: 옛 강 명칭. 발원지는 허난성 린저우林州 린뤼산林慮山이며 동쪽으로 흘러 웨이허衛河강에 유입된다. 여기서는 원하洹河 유역 안양安陽 일대를 가리킨다.

17 서산西山: 고산鼓山을 가리킨다. 업현의 서쪽을 가리키며 허베이성 우안武安 서남쪽으로 타이항太行산맥에 속한다.

18 부수滏水의 발원지를 가리킨다. 허베이성 츠현磁縣 서북쪽의 스구산石鼓山에 있다. 형세가 험준하여 고대에 업현 서쪽으로 나가는 요도였다. 부수滏水는 지금의 푸양강滏陽河으로 허베이성 린장臨漳 서쪽이다.

19 오류. 양평陽平은 곧 양평정이다.『삼국지』「위서·원소전」에 따르면 "서산을 따라 전진하여 동쪽으로 양평정에 이르렀다"고 기록되어 있다. 양평은 기주 위군 업현에 속해 있었다. 허베이성 린장臨漳 서남쪽이다.

20 휘개麾蓋: 장수가 쓰는 깃발과 산개傘蓋(긴 자루에 원형 덮개의 우산 형태로 테두리 바깥쪽에 술이 드리워진 의장물).

21 남구濫口: 지금의 허난성 안양安陽 경내에 있으며 업현과는 서로 인접해 있다.

22 오류.『삼국지』「위서·무제기」에는 "전 예주자사 음기"로 기록되어 있다. 음기陰夔는 건안 7년(202) 조조가 천거하여 예주자사가 되었다. 나중에 원소를 따랐고 원소가 죽은 후 원상을 섬겼다.

23 중산中山: 군, 국 명칭. 본래는 주나라 때 제후국 명칭이었으나 전국시대 때 중산中山國이 되었다. 한고조 때 군을 설치했다가 경제景帝 3년(기원전 154)에 제후국을 설치했다. 한나라 때 왕국은 군에 맞먹었다. 기주에 속했으며 치소는 노노盧奴(허베이성 딩저우定州)였다.

24 장하漳河: 웨이허衛河강의 지류다. 허난성과 허베이성이 맞닿은 곳에 흐른다.

25 오류.『삼국지』「위서·무제기」에는 '서문'이 아닌 '동문'을 열었다고 기록하고 있다.

26 『예기』「교특성郊特性」에 의하면 "국군國君이 남쪽을 향해 앉는 것은 태양 빛을 마주하기 위한 것이고 신하가 북쪽을 향해 배알하는 것은 국군을 마주하기 위함이다"라고 했다.

27 진림의 이 말은『태평어람太平御覽』권597『위서』에 기록되어 있다.

28 거개車蓋: 수레 위에 비를 막고 해를 가리는 덮개로 형상이 우산과 같고 자루가 있다.

29 망기望氣: 고대 도사의 일종으로 구름의 기운을 관찰하여 길흉화복을 예측했다.

제33회 마침내 북방을 평정하다

1 甄의 음은 '진'과 '견' 두 가지가 있는데 학자마다 의견이 다르다. 역자는『자치통감』의 호삼성胡三省 주석에 따라 '진'으로 표기했음을 밝혀둔다. 이하 동일.

2 경국지색傾國之色: 임금이 혹하여 나라가 기울어도 모를 정도의 미인이라는 말이다.

3 오류. 기주는 주의 명칭이지 어떤 특정한 성의 명칭이 아니다. 여기서는 기주의 치소인 업현(업성)으로 해야 맞다. 이하 동일.

4 연燕과 대代: 유주는 춘추전국시대 때 연, 대 두 나라의 땅이었다. 여기서는 당시의 기주,

유주를 가리키며 허베이성 북부와 산시山西성 동북부 일대를 말한다.

5 청하清河 동무성東武城: 청하는 군, 국 명칭으로 전한 때 거록군을 나누어 설치했다. 이후에 봉국이 되었다가 군이 되기도 하면서 여러 차례 변경되었다. 전한 때 치소는 청양清陽(허베이성 청허清河 동남쪽)이었다가 후한 때 국으로 변경되었고 기주에 속했으며 치소를 감릉甘陵(산둥성 린칭臨清 동북쪽)으로 옮겼다. 동무성은 현 명칭으로 치소는 산둥성 우청武城 동북쪽이었다.

6 구주九州: 중국의 별칭. 고대 중국인은 전국을 아홉 개 구역으로 나누어 '구주'라 불렀다. 구주의 구별은 서주, 기주, 연주, 청주, 양주, 형주, 양주, 옹주, 예주다.

7 풍속風俗: 『한서』 「지리지」에 따르면 "무릇 사람의 성정인 오상五常(인간의 다섯 가지 성정으로 희喜, 노怒, 애哀, 낙樂, 원怨이라 하는데, 혹은 인仁, 의義, 예禮, 지智, 신信을 가리키기도 한다)은 상통하지만 강유剛柔와 완급緩急의 구분이 있고 각지의 언어 또한 차이가 있으니, 이것은 물과 토양에 관련된 것으로 풍風이라 한다. 사람에게는 각기 좋고 나쁨, 취사선택, 동정動靜과 무상無常의 특징이 있는데, 이것은 군상君上의 성정과 욕망에 따라서 바뀌며 이를 속俗이라 한다"고 했다.

8 안평安平은 왕국 명칭으로 기주에 속했으며 치소는 신도현信都縣(허베이성 헝수이 衡水 지저우冀州구)에 있었다. 발해는 군 명칭으로 기주에 속했으며 허베이성 난피南皮였다. 하간河間은 왕국 명칭으로 기주에 속했으며 허베이성 셴현獻縣이었다.

9 원상은 기주의 목이었기에 기주는 원상을 가리킨다.

10 원담은 청주자사였기에 청주는 원담을 가리킨다.

11 출전은 『전국책』 「제책삼齊策三」으로 한자로 한로子盧(한로)는 천하에 가장 빨리 달리는 사냥개고 동곽준東郭逡(동곽)은 세상에서 가장 교활한 토끼로, 한자로가 동곽준을 쫓다 둘 다 기진맥진하여 산 밑에서 죽었다. 길을 자나가던 한 농부가 그들을 발견하고는 조금도 힘들이지 않고 주워갔다고 한다.

12 남피南皮: 현 명칭으로 진秦 시기에 설치되었으며 기주 발해군의 치소였다. 허베이성 난피南皮 동쪽이다.

13 대원對圓: 양군이 싸움에 임하기 전에 각자 대열을 반원형으로 진세를 이루는 것으로 서로 마주하면 원형으로 이루어지므로 대원이라 했다.

14 오류. 이후 내용에 등장하는 '오환촉烏桓觸'이 '초촉焦觸'이므로 여기서는 삭제해야 맞다.

15 오류. 초촉은 아직 등장하지 않았기 때문에 '두 장수'가 아닌 '장남'이라 해야 맞다.

16 흑산黑山: 산 명칭. 허난성 타이항太行산맥 중에 있다.

17 평북장군平北將軍: 후한 말기에 설치된 '사평四平' 장군 가운데 하나. 주부와 공조功曹 등의 속리를 두었다. 오와 촉에도 설치되었는데 촉에는 마대, 오에는 정봉이 평북장군이었다.

18 사금중랑장司金中郎將: 삼국시대 위나라 때 금속을 제련 및 주조하는 사무를 관장한 무관이다. 조조가 기주를 평정한 다음에 처음으로 설치했다. 촉蜀 또한 이 관직을 설치했는데 무기와 농기구의 주조를 관장했다.

19 오류. '초촉'이 아직 등장하지 않았으므로 삭제해야 맞다.

20 요서遼西: 군 명칭으로 전국시대 연나라 때 설치했다. 진, 한 시기에 치소는 양락陽樂(랴오닝성 이현義縣 서쪽)이었다. 유주에 속했다.

21 오환烏桓: 옛 부족 명칭으로 오환烏丸이라고도 한다. 동호東胡의 한 갈래로 진秦 말기에 동호가 흉노에게 격파된 후 일부가 오환산烏桓山(옛 산 명칭으로 지금의 네이멍구 아루커얼친기阿魯科爾沁旗 북쪽, 즉 대싱안링大興安嶺산맥 남단)으로 옮겼기 때문에 오환이라 했다. 한 초기에는 흉노에 귀의했다가 한 무제 이후에 한나라에 귀의했고 상곡上谷, 어양漁陽, 우북평右北平, 요서遼西, 요동遼東 등 다섯 변경 밖으로 옮겼다. 헌제獻帝 건안 12년(207) 조조가 오환 1만여 부락을 중원으로 옮겼고 일부만이 동북에 거주했으며 이후에 점차 한족과 기타 민족에 융합되었다.

22 오류. 『삼국지』 「위서·원소전」에 따르면 "원희와 원상은 자신의 장수 초촉과 장남에게 공격당하여 요서 오환에게 도망갔다. 초촉은 스스로 유주자사라고 불렀다"고 기록하고 있다. 그러므로 '유주자사 오환촉'이 아닌 '원희의 부하 장수 초촉은 스스로 유주자사라고 했는데'로 바꾸어야 맞다.

23 삽혈歃血: 고대에 동맹을 맺을 때 행하는 의식으로 맹약을 낭독한 후 참가자들이 희생물의 피를 마시는 것으로 성의를 표시한다. 일설에는 피를 묻혀 입 주변을 바르는 것을 가리킨다.

24 오류. 『삼국지』 「위서·원소전」에 따르면 '호관구壺關口'가 아닌 '호구관壺口關'으로 기록되어 있다. 호구관은 병주 상당군上黨郡 호관현壺關縣에 속했다. 산시山西성 창즈長治 동남쪽 후커우산壺口山 아래에 있었다.

25 오류. 『삼국지』 「위서·원소전」에 따르면 "흉노의 선우單于에게 구원을 요청하러 갔다"고 기록하고 있다.

26 오류. 상기 주석에 따라 '북번 좌현왕'이 아닌 '흉노 좌현왕'으로 고쳐야 맞다.

27 상락上洛: 현 명칭. 사례주 경조윤京兆尹에 속했으며 치소는 산시陝西성 상뤄商洛 상저우商州구였다.

28 오류. 오환은 병주의 북쪽이므로 '북쪽'으로 고쳐야 맞다.

29 오류. 역주易州는 수隋대에 설치된 행정 구역이다. 『삼국지』 「위서·곽가전」에 따르면 역현易縣으로 기록되어 있다. 역현은 현 명칭으로 치소는 허베이성 슝현雄縣 서북쪽이었다.

30 오류. 『삼국지』 「위서·전주전田疇傳」에 따르면 전주는 원소가 아닌 '유우劉虞' 사람으로 기록되어 있다.

31 노룡구盧龍口: 옛날 요새 명칭으로 노룡새盧龍塞라고도 한다. 허베이성 시펑커우喜峰口 부근이다. 토양 색깔이 검고 산의 형태가 용과 비슷하여 노룡盧龍이라 했다.

32 백단白檀: 현 명칭으로 전한 때 설치되었으며 치소는 허베이성 롼핑灤平 동북쪽에 있었다. 전한 때 어양군漁陽郡에 속했고 후한 때 폐지되었다.

33 유성柳城: 현 명칭으로 전한 때 설치되었으며 랴오닝성 차오양朝陽 서남쪽에 있었다. 전한 때 요서군遼西郡에 속했고 후한 때 폐지되었다.

34 답돈蹋頓(?~207)은 요서 지방 오환의 수령으로 무략이 있었으며 원소를 도와 공손찬을 격파했다. 조조가 그를 정벌하여 전쟁에서 죽였다.

35 오류. 후한 삼국 시기에 이러한 관직 명칭은 없었다. 『삼국지』 「위서·전주전」에서도 전주가 이러한 관직에 임용되었다는 기록은 없다.

36 백랑산白狼山: 옛 산 명칭으로 지금의 명칭은 바이루산白鹿山이다. 랴오닝성 카라친쭤이喀

喇沁左翼 멍구족 자치현 동쪽 경계에 있다.

37 오류. 『삼국지』「위서·전주전田疇傳」에는 유정후柳亭侯가 아닌 '정후亭侯'로 봉했다고 기록하고 있다. 후한 제도에 따르면 열후 중에 공이 큰 자는 식현食縣이고 작은 자는 식향食鄕, 정후이었다.

38 양평襄平: 현 명칭으로 전국시대 때 연나라 땅이었다. 유주 요동군遼東郡에 속했으며 군의 치소였다. 지금의 랴오닝성 랴오양遼陽이다.

39 비둘기는 자신이 둥지를 짓지 않고 까치가 짓기 기다렸다가 까치의 둥지를 차지한다고 전해진다.

40 범여范蠡: 춘추 말기의 유명한 정치가로 월나라 구천을 도와 오나라를 멸망시켰다.

41 진평陳平: 전한 왕조의 개국공신 가운데 한 사람. 유방을 도와 한나라를 세웠으며 지모와 계략이 뛰어났다.

42 오류. 기주는 주 명칭이지 성 명칭이 아니다. '업성'이라 해야 맞다.

제34회 단계를 뛰어넘은 적로

1 오류. 업현(업성)이라 해야 맞다. 업현은 현 명칭으로 기주 위군에 속했으며 당시 기주의 치소였다. 이하 동일.

2 둔전屯田: 봉건 왕조가 노동자를 조직하여 국가 소유지에 개간과 경작을 진행한 농업 생산 조직의 형식이다. 군둔軍屯, 민둔民屯, 상둔商屯의 구별이 있었으나 군둔 위주였다. 한 이후 역대 정부는 이러한 조치를 이용하여 군인의 급여 및 보급품, 상납미를 취득했다. 한 무제 원수元狩 4년(기원전 119)에 흉노를 격파한 후 국토의 서쪽 변경에 대규모의 둔전을 진행하여 변방군邊防軍(변경 수비군)의 보급품으로 했는데 이것이 바로 변방둔전邊防屯田이다.

3 남월南越: 고대 남방의 부족 명칭. 광시성, 광둥성, 푸젠성, 저장성 일대에 흩어져 거주했다.

4 고자성固子城: 허구의 지명이다.

5 오류. 양양襄陽이라 해야 맞다. 형주荊州는 주의 명칭으로 구체적인 성의 명칭이 아니며 주의 치소는 양양이었다. 양양은 현 명칭으로 전한 때 현이 설치되었다. 형주 남군南郡에 속했으나 건안 13년(208)에 설치된 양양군襄陽郡 치소가 되었다. 후베이성 샹양襄陽이다.

6 신야현新野縣: 현 명칭으로 전한 때 설치되었다. 형주 남양군에 속했으나 건안 13년(208)에 설치된 양양에 속하게 됐다. 치소는 허난성 신예新野였다.

7 장읍長揖: 두 손을 마주 잡아 눈높이만큼 들어서 허리를 굽히는 예로 일종의 경례다.

8 산양山陽: 군, 국 명칭으로 전한 경제景帝 중원中元 6년(기원전 144)에 양국梁國을 분리해 산양국山陽國을 설치했고 무제 건원建元 연간에 군으로 변경되었다. 연주에 속했으며 치소는 창읍昌邑(산둥성 쥐예巨野 남쪽)이었다.

9 오류. 신야는 형주에 속했으며 형주로 갔다는 말은 맞지 않다. 형주의 치소인 양양으로 갔다고 해야 맞다. 이하 동일.

10 반시反詩: 모반의 뜻을 표시하는 시로 봉건 사회에서 백성의 원망이 높을 때 항상 이러한 시가 출현했는데, 그 목적은 당시 정부의 위엄을 파괴하는 것이었다.

11   오류. 소설에서는 형주와 양양을 다른 장소로 묘사하고 있는데, 형주는 어느 특정한 성의
      명칭이 아닌 주의 명칭이고 양양은 바로 형주의 치소로 유표가 있는 장소는 형주의 치소인
      양양이다. 이하 동일.
12   오류. 주가 아닌 현으로 해야 맞다. 후한 때는 13주가 있었고 그 아래 군, 현으로 나뉜다.
      9군은 형주가 관할하는 9개 군이고, 42현은 양양, 남양, 강하 3군이 관할하는 현의 숫자다.
      형주 전체는 117개 현이었다.
13   효웅梟雄: 용맹하고 재능이 출중한 사람으로 대부분 횡포하고 야심 있는 사람을 가리킨다.
14   단계檀溪: 후베이성 상양襄陽 서남쪽이며 지금은 이미 물이 마른 상태다.
15   양강襄江: 한수漢水를 말한다. 한수가 양양 남쪽을 거쳐 장강으로 흘러 들어가는 한 갈래
      를 가리킨다.
16   함양화덕쇠咸陽火德衰: 함양은 진秦나라 도성이었고 한나라의 도성은 장안이다. 장안으로
      고쳐야 맞다. 화덕은 제왕의 기업을 말한다. 즉 한나라가 쇠약해짐을 말한다.
17   쌍룡雙龍: 적로마와 유비를 가리킨다.

제35회 은자를 만나다

1   오류. 남장南漳은 현 명칭으로 수隋나라 때 설치되었다. 치소는 후베이성 난장南漳이었다.
2   단적短笛: 가로로 부는 대나무로 만든 피리.
3   오류. 산민山民은 방덕공의 자가 아니라 방덕공의 아들 이름이다. 『삼국지』 「촉서·방통전」
      배송지 주 『양양기』에 따르면 "덕공德公의 아들은 산민으로 역시 명성이 있었다. 제갈공명
      의 작은누나를 아내로 맞아들였고 위나라에서 황문黃門, 이부랑吏部郎을 역임했으나 일찍
      죽었다"고 기록하고 있다.
4   백면서생白面書生: 백면은 희고 깨끗함을 형용하고 서생은 독서인을 말한다. 나이가 어리고
      지식이 천박하며 경험이 부족한 독서인을 가리키기도 하는데, 일반적으로는 용모가 비교
      적 좋고 희고 깨끗한 나이 어린 독서인을 가리킨다.
5   출전은 『논어』 「공야장公治長」이다.
6   오류. 형주는 주의 이름이고 주의 치소인 양양으로 해야 맞다.
7   갈건葛巾: 갈포葛布(칡베)로 만든 두건.
8   화욕조火欲殂: 한나라가 화덕火德이므로 여기에서 화는 한나라를 가리킨다. 조殂는 사망의
      의미이므로, 즉 한나라가 장차 멸망할 것이라는 뜻이다.
9   영상潁上: 영천군潁川郡을 가리킨다.
10   군사軍師: 관직 명칭으로 후한, 삼국, 진晉 시기에 모두 설치되었고 군사 사무의 감찰을 관
      장했다. 삼국 시기에 오나라는 주연을 우군사右軍師로 삼았고 촉나라는 제갈량을 군사장
      군軍師將軍으로 삼았다.
11   오류. 번성樊城은 신야의 남쪽에 있고 양양에 붙어 있다. 이치상 맞지 않다. 양성穰城으로
      해야 맞다. 이하 동일.

제36회 유비의 곁을 떠나는 서서

1 신풍信風: 원래는 정기적으로 불어오는 바람을 가리키는데, 여기에서는 모종의 징조를 예시하는 바람을 가리킨다.

2 나후羅侯: 제후국 명칭. 즉 나현羅縣을 말한다. 형주 장사군에 속했으며 후난성 미뤄泊羅 서북쪽이었다.

3 중평中平: 영제靈帝 유굉劉宏의 네 번째 연호로 184~189년에 사용되었다.

4 오류.『삼국지』「촉서·선주전」에 따르면 유비는 패군 사람이 아니라 '탁군 탁현' 사람으로 기록되어 있다.

5 장정長亭: 10리 간격으로 도로에 장정長亭(정자)을 설치했고 5리에는 단정短亭을 설치했는데 여행객들이 쉬었던 곳이다. 성에 가까운 10리 장정은 항상 송별하는 장소로 이용되었다.

6 저력용재樗櫟庸材: 가죽나무와 상수리나무의 재목이라는 뜻으로, 이 두 종류의 나무는 크게 쓸 만한 곳이 없기 때문에 쓸데없는 물건이나 무능한 사람을 두고 하는 말이다.

7 정程은 대략 계산한 도로의 노정으로 한 구간의 길을 가리킨다. 또한 하루의 노정을 가리키기도 하는데, 즉 하루 동안 갈 거리를 말한다.

8 융중隆中: 지명. 한나라 형주 남양군 등현鄧縣에 속해 있었다. 후베이성 샹판襄樊에 속한다.

9 여망呂望: 여상呂尙을 말하며 본래 성은 강姜이고 자는 자아子牙다. 주나라의 개국공신으로 속칭 강태공姜太公이라 부른다.

10 장량張良: 자는 자방子房으로 한나라를 개국하게 한 모신이다.

11 관중管仲: 춘추시대 제나라 정치가로 제나라 환공을 도와 천하의 패권을 차지하게 했다.

12 악의樂毅: 전국시대 연나라 상장군으로 오국(조趙, 초楚, 한韓, 위魏, 연燕)의 군대를 이끌고 제나라를 대파했다.

13 양도陽都: 현 명칭으로 치소는 산둥성 이난沂南 남쪽이었다.

14 제갈풍諸葛豐: 전한의 대신으로 원제 때 사례교위로 임명되었다. 성격이 강직하고 아부를 하지 않았으며 황제의 노여움을 사서 면직되어 평민이 되었다.

15 오류.『삼국지』「촉서·제갈량전」에 따르면 제갈규諸葛珪의 자가 자공子貢이 아닌 '군공君貢'이라고 기록되어 있다.

16 군승郡丞은 군수의 속관으로 군수를 보좌하거나 군수의 직무를 대행했다.

17 『삼국지』「촉서·제갈량전」 배송지 주『헌제춘추』에 따르면 "당초에 예장豫章태수 주술周術이 병으로 죽자 유표는 표문을 올려 제갈현을 예장태수로 임명하고 남창南昌을 다스리게 했다. 조정에서는 주술이 죽었다는 소식을 듣고 주호朱皓를 파견해 제갈현을 대신하게 했다. 주호는 양주자사 유요에게 구원병을 요청하고 제갈현을 공격했고 제갈현은 물러나 서성西城(장시성 난창南昌 서쪽)에 주둔했으며 주호는 남창으로 진입했다. 건안 2년(197) 정월, 서성의 백성이 반란을 일으켜 제갈현을 죽이고 수급을 유요에게 보냈다"고 하며 소설과는 다르게 기록하고 있다.

18 오류.『삼국지』「촉서·제갈량전」 배송지 주『한진춘추漢晉春秋』에 따르면 "제갈량의 집은 남양의 등현鄧縣에 있었으며 양양성 서쪽으로 20리 떨어져 있고 융중이라고 불렸다"고 기록하고 있다. 남양은 군 명칭으로 형주에 속했으며 융중은 당시에 남양군 등현에 속해 있

었다. 여기서는 '남양군 등현의 융중'이라고 고쳐야 맞다. 등현은 현 명칭으로 춘추시대에 등국鄧國이었고 진秦 시기에 등현이 설치되었다. 형주 남양군에 속했으며 치소는 후베이성 샹양襄陽 서북쪽이었다.

19 양보음梁父吟: 악부의 곡명으로 제갈량이 지었다고 전해진다. 양보음梁甫吟이라고도 하며 양보梁父는 산 이름으로 태산 아래에 있다.

20 오류. 남양은 군 명칭으로 어떤 구체적인 지명이 아니다. '융중隆中'으로 해야 맞다.

21 희생犧牲: 제사에 사용하는 제물용 가축으로 소, 양, 돼지 같은 것이다.

제37회 삼고초려

1 오류. 조비가 황제를 칭한 이후에 허현을 허창이라 불렀다. 여기서는 허도라 해야 맞다.

2 팽형烹刑으로 가마솥에 사람을 삶아 죽이는 혹형이다.

3 왕릉王陵은 유방의 부하 장교였는데 항우가 그 모친을 붙잡고는 그의 모친을 이용해 왕릉을 투항하게 하려 했다. 왕릉의 모친은 왕릉을 한마음으로 유방을 따르게 하기 위해 검으로 자결했다.

4 단기지계斷機之戒의 고사를 말하는 것으로 베를 끊는 훈계란 뜻이다. 맹자가 어렸을 때 학업을 중단하자 그의 모친이 베틀에 앉아 베를 짜고 있다가 칼로 베를 잘랐다는 고사로 학업을 중도에 그만두는 것은 짜던 베를 다 마치지 못하고 끊어버리는 것과 같아 아무런 이익이 없다는 훈계다.

5 거상居喪: 수상守喪, 치상値喪 혹은 정우丁憂라고도 하는데, 죽은 자에 대한 애도의 정을 표시하는 풍속으로 복상服喪 기간을 채우기 전에 오락과 교제를 중지하고 애도를 표시했다. 죽은 자의 친속 혹은 기타 관련된 사람들은 일반적으로 특정한 규범이나 금기 사항을 준수해야 했는데, 이러한 규범이나 금기 사항은 시대에 따라 내용이 달랐다.

6 선안仙顔: 선인의 용모로 공경을 표시하는 것이다.

7 박릉博陵: 군 명칭. 치소는 박릉博陵(허베이성 리현蠡縣 남쪽)에 있었다.

8 석수石髓: 종유석으로 옛사람들이 식용으로 사용했으며 약으로도 복용했다. 나중에 석수는 신선의 음식으로 복용한 다음 신선이 된다는 전고에 사용되었다.

9 소설 원문에는 "벽 사이에 걸린 보검에는 소나무 무늬가 반사된다壁間寶劍映松文"로 나와 있다. 송문은 고대의 보검 명칭으로 검 면에 소나무와 비슷한 무늬가 있어 '송문'이라 했다. 역자는 평황출판사와 런민문학출판사의 수정을 따랐다.

10 소요건逍遙巾: 송대 평민들이 쓰던 두건으로 처음에는 '화정두건花頂頭巾'이라 불렸으며 나중에 선비들과 심지어는 여성들도 모두 썼다. 두 발이 등에 드리워져 소요건이라 불렸다. 소요의 의미는 유유자적하며 아무런 구속도 받지 않는 모양이다.

11 애제哀帝, 평제平帝: 애제는 전한 11대 황제로 유흔劉欣이다. 정도공왕定陶共王 유강劉康의 아들로, 기원전 7~기원전 1년에 재위했다. 평제는 전한 12대 황제로 유간劉衎이다. 중산효왕中山孝王 유흥劉興의 아들로, 기원전 1~기원후 5년에 재위했다.

12 장읍長揖: 두 손을 마주 잡아 눈높이만큼 들어서 허리를 굽히는 예로, 상고시대부터 유

행했으며 나이와 지위를 구분하지 않고 모두 사용했으나 대부분은 동년배 사이에서 사용했다.

13 출전은 『맹자』 「만장萬章 하」다.

14 백어입주섭맹진白魚入舟涉孟津: 주나라 무왕이 상나라의 주왕을 정벌할 때 맹진에서 황하를 건너는데 흰 물고기가 배 안으로 뛰어들었고 무왕이 그 물고기를 주워 제사 지냈다고 한다. 맹진은 옛날 황하 나루터의 명칭이며 허난성 멍진孟津 동북쪽에 있었다. 주나라 무왕이 이곳에서 제후들과 회맹하여 황하를 건넜다고 해서 맹진이라고 했다. 일설에는 본래는 맹진盟津이었는데 나중에 맹진孟津으로 잘못 썼다고도 한다.

15 목야일전혈류저牧野一戰血流杵: 주나라 무왕이 제후들의 연합군을 이끌고 상나라 대군과 목야에서 결전을 벌여 대승을 거두었는데, 피가 흘러 강을 이루고 옷을 두드리는 나무 방망이가 떠다녔다. 목야는 허난성 치현淇縣 서남쪽이었다.

16 고양주도高陽酒徒: 유방의 책사였던 역이기酈食其를 가리킨다. 진류陳留 고양高陽(허난성 치현杞縣) 출신이다. 일찍이 유방에게 계책을 바칠 때 자칭 '고양주도(고양 땅의 술꾼)'라 했다.

17 융준공隆准公: 한고조 유방의 별칭으로 유방의 코가 우뚝하여 이렇게 칭했다고 한다. 융隆은 높다는 뜻이고 준准은 코를 의미한다.

18 역이기가 한고조 유방을 처음 만났을 때 유방은 두 여인에게 발을 씻기도록 하고는 쳐다보지도 않고 예로써 그를 대하지 않자 역이기는 장읍長揖만 하고 유방을 무례하다며 꾸짖었다. 역이기가 왕도와 패도에 대해 논하자 유방이 놀라 즉시 발 씻기를 그만두고 그를 상좌에 모시고 사과했다.

19 역이기는 제나라로 가서 유세하여 싸우지 않고도 72개의 제나라 성지를 항복받았다.

20 소설 원문에는 "두 사람은 연이은 시기의 성스러운 천자가 아니었으니, 지금에 이르러 누가 다시 영웅을 알겠는가?兩人非際聖天子, 至今誰肯識英雄?"로 나와 있다. 역자는 평황출판사와 런민문학출판사의 수정을 따랐다.

21 전한이 건국한 기원전 206년부터 후한 말까지 400년을 말한다.

22 읍揖: 인사하는 예의 가운데 하나로 두 손을 맞잡아 얼굴 앞으로 들어올리고 허리를 앞으로 공손히 구부렸다가 몸을 펴면서 손을 내리는 것이다.

23 시초蓍草(톱풀, 국화과의 여러해살이풀)를 사용하여 점을 치는 것으로 길흉화복을 예측한다. 여기서는 길일을 선택하는 것을 말한다.

제38회 융중 계책

1 춘추시대 때 제나라 환공이 동쪽 곽郭 밖에 사는 한 소신小臣(춘추시대 이후에 지위가 낮은 아전을 가리킴)을 만나려고 세 번이나 찾아갔으나 만나지 못했다. 제나라 환공은 다른 사람의 만류에도 불구하고 다섯 번 찾아가서야 비로소 만날 수 있었다. 여기에서 '동곽의 야인'은 바로 고사 속의 '소신'을 말한다.

2 대현大賢: 비상한 도덕과 재능이 있는 사람.

3 선동仙童: 선동仙僮으로도 쓰며, 고아한 은사의 아이종에 대한 미칭이다.

4 궤석几席: 사람이 앉을 때 몸을 기대고 앉는 기구인 안석案席과 자리를 말한다.

5 관옥冠玉: 머리를 장식하는 미옥美玉.

6 관건綸巾: 푸른색의 명주 끈으로 만든 두건. 제갈공명이 군중에서 사용했으므로 '제갈건諸葛巾'이라고도 한다.

7 학창의鶴氅衣: 소매가 넓고 뒤 솔기가 갈라진 흰옷의 가장자리를 검은 천으로 넓게 댄 윗옷이다.

8 한면漢沔: 한수이漢水강을 가리킨다. 면수沔水는 지금은 한수이강의 상류인 산시陝西성 경내의 한 구간을 가리킨다. 옛사람들은 한수를 면수라고도 불렀다.

9 남해南海: 광둥, 광시 지구를 가리킨다.

10 오회吳會: 오군吳郡과 회계군會稽郡의 합칭으로 두 군의 관할 지구를 가리킨다.

11 파巴와 촉蜀: 고대의 파국과 촉국의 관할 구역으로 지금의 쓰촨 지구를 말한다.

12 오류.『삼국지』「촉서·제갈량전」에 따르면 "그 주인이 도리어 지켜내지 못하고 있다"고 기록하고 있다.

13 제융諸戎: 익주 서부 지역의 각 소수 민족.

14 이彝와 월越: 이는 익주 남부의 소수 민족, 월은 형주 남부의 소수 민족이다.

15 진천秦川: 산시陝西성, 간쑤성의 친링秦嶺 이북 평원 지대를 가리킨다. 춘추전국시대 때 진秦나라에 속했던 지역이라 진천이란 명칭을 얻었다.

16 오류.『삼국지』「촉서·제갈량전」에 의하면 '패업霸業'이라고 했다. 패업은 패주霸主의 사업을 말한다. 패주는 제후 중 선두에 서서 천자를 옹호하고 사회를 안정시키는 영수를 가리킨다.

17 오류. 서천西川은 행정 구역 명칭으로 당나라 때 시작되었는데 757년 검남절도사劍南節度使를 검남동천절도사劍南東川節度使와 검남서천절도사劍南西川節度使로 나누었고 검남동천을 줄여서 동천東川, 검남서천을 줄여서 서천西川이라 했다. 한중漢中은 포함되지 않는다. 여기서는 익주를 가리키며『후한서』「군국지」에 따르면 익주는 한 무제가 설치한 13개 자사부 가운데 하나로 12개의 군, 국과 118개의 현, 도를 관할했다. 후한 초기에 치소는 낙현雒縣(쓰촨성 광한廣漢 북쪽)이었다가 중평中平 연간에 치소를 면죽현綿竹縣(쓰촨성 더양德陽 동북쪽)으로 옮겼다. 흥평 연간에 다시 치소를 성도현成都縣(쓰촨성 청두成都)으로 옮겼다. 쓰촨성, 충칭, 윈난성, 구이저우성 대부분 지역과 산시陝西성, 간쑤성, 후베이성의 일부에 해당된다. 여기서는 '서천 54주'가 아닌 '익주 54현'으로 바꿔야 맞다.

18 오류. 서천이 아닌 '익주'로 고쳐야 맞다.

19 정족지세鼎足之勢: 세 발 달린 솥처럼 삼각 구도를 이루어 세 방면이 병립하는 형세를 말한다.

20 피석避席: 옛사람들이 자리에 앉아 있다가 앉은 자리를 떠나 일어나는 것으로 경의를 표하는 것을 일컫는다.

21 오장원五丈原: 지명으로 삼국시대 조위曹魏 옹주雍州 미국郿國에 속했다. 산시陝西성 치산岐山 남쪽, 북쪽으로는 웨이허渭河강을 끼고 있고 동쪽으로는 무공수武功水(웨이허강 남쪽 연안의 지류)와 사곡구斜谷口에 의지하고 있어 지리적으로 중요한 위치다. 제갈량이 이곳에서 병사했다.

22 성락星落: 명인의 사망을 말하는데, 여기서는 제갈량의 죽음을 암시한다.

23 정기正奇: 정正은 용병술의 상법常法으로 진영을 갖추고 싸우는 것과 같으며, 기奇는 용병술의 변법變法으로 계책을 세워 기습하여 타격을 입히는 것과 같다.

24 삼구三九: 역사에는 제갈량이 산을 나갈 때 27세에 불과했다고 기록하고 있다.

25 경륜經綸: 국가 대사를 기획하고 손질하며 관리하는 것을 말한다.

26 보천수補天手: 보천은 『회남자淮南子』「남명훈覽冥訓」에 소개되는 고대 신화 '여와보천女媧補天'에서 나온 말로, 여와가 돌을 녹여 하늘을 메웠다고 한다. 시구에서 보천수는 쇠퇴해가는 시국을 만회할 수 있는 능력 있는 사람을 의미한다.

27 오류. 오회는 오군과 회계군의 합칭으로, 이 당시 손권은 오현吳縣(장쑤성 쑤저우蘇州)에 거주했다.

28 오류. 『삼국지』「오서·설종전薛綜傳」에 의하면 "설종은 자가 경문敬文이고 패군 죽읍현竹邑縣(치소는 안후이성 쑤셴宿縣 북쪽) 사람"이라고 기록하고 있어 '패현'이 아닌 '패군'으로 고쳐야 맞다.

29 오류. 『삼국지』「오서·정병전程秉傳」에 따르면 "정병은 자가 덕추德樞이고 여남군 남돈현南頓縣(치소는 허난성 상청項城 서남쪽) 사람"이라고 기록하고 있어 '여양汝陽'이 아닌 '여남'으로 고쳐야 맞다.

30 오상烏傷: 현 명칭으로 진秦 시기에 설치되었다. 양주 회계군會稽郡에 속했으며 치소는 저장성 이우義烏다.

31 하구夏口: 지명으로 한수이漢水강을 옛날에는 하수夏水라 했고 하수가 장강에 유입되는 곳을 하구夏口라 했다. 즉 후베이성 우한에 있었다.

32 단양丹陽: 군 명칭으로 전한 원수元狩 2년(기원전 121)에 장군鄣郡을 단양군으로 변경 및 설치했다. 옛 치소는 완릉宛陵(안후이성 쉬안청宣城)이었다. 후한 건안建安 25년(220), 손권이 군치를 건업建業(장쑤성 난징)으로 옮겼다. 양주에 속했다.

33 독장督將: 후한 말에 주州의 병사를 통솔하는 무관의 일반적인 칭호. 『삼국지』「위서·유엽전」에 의하면 독장은 군사 수천 명을 통솔했다고 기록하고 있다.

34 군승郡丞: 군수郡守의 속관으로 군수를 보좌하거나 군수의 직무를 대행했다.

35 오류. 당시 단양군의 치소는 완릉(안후이성 쉬안청)이었다. 『후한서』「군국지」에 따르면 단양군 안에 단양현(안후이성 당투當塗 동북쪽)이 있었다. 여기서는 단양군의 치소인 완릉으로 해야 맞다.

36 오류. 소설에서 오후吳侯는 손권을 가리키나 손권은 오후로 봉해진 적이 없다. 이때 토로장군討虜將軍 겸 회계태수였다.

37 아문장牙門將: 수하에 일정한 수의 사병을 거느리고 지휘와 방어의 임무를 담당했는데, 후에 점차 주장 휘하의 편장偏將, 부장副將으로 바뀌었다.

38 오류. 월중越中이라면 지역 범위가 너무 넓다. 『삼국지』「오서·손파로오부인전孫破虜吳夫人傳」에 따르면 '전당錢唐'으로 이사해 살았다고 했다. 전당은 현 명칭으로 치소는 저장성 항저우杭州 서쪽 링인산靈隱山 기슭이었다.

39 평북도위平北都尉: 건안 연간에 손권이 설치했고 여몽 한 사람만이 이 직책에 임명되었다.

40 용추龍湫는 저장성 옌당산雁蕩山의 유명한 큰 폭포이고, 수구水口는 강의 출입구 혹은 그

근방을 말한다.

41 파군巴郡 임강臨江: 파군巴郡은 군 명칭으로 전국시대 때 진秦이 설치했다. 익주에 속했으며 치소는 강주江州(충칭重慶 장베이江北구)였다. 임강臨江은 전한 때 현을 설치했고 치소는 충칭重慶 중현忠縣이었다.

42 주현邾縣: 현 명칭으로 진秦 시기에 설치되었다. 형주 강하군에 속했으며 치소는 후베이성 황강黃岡 북쪽에 있었다.

43 오류. 『삼국지』 「오서·주유전」에 의하면 "건안 13년(208) 봄, 손권은 강하江夏를 토벌하고 주유를 전부대독前部大督으로 임명했다"고 했다. 주유는 대도독에 임명된 적이 없었다.

44 몽동艨艟: 몽충艨衝이라고도 하며 고대의 전투 선박이다. 배의 형태는 좁고 길었으며 위를 소가죽으로 덮었고 양 측면은 구멍을 내어 노를 젓고 쇠뇌와 모矛로 적을 공격하기에 편리하도록 했다. 돌과 화살을 두려워하지 않고 자신을 보호하며 적을 습격하기 쉬운 공격적인 빠른 전함이다.

45 면구沔口: 하구夏口를 말한다. 후베이성 한커우漢口로 한수이漢水강은 양양襄陽 위쪽으로 면수沔水라 했고 아래쪽은 하수夏水라 불렀으므로 장강으로 들어가는 곳을 면구 혹은 하구라 불렀다.

제39회 박망에서의 첫 번째 공적

1 오류. 강하는 형주에 속한 군으로 형주로 달아났다는 것은 이치에 맞지 않는다. '양양襄陽'으로 해야 맞다.

2 오류. 오회吳會는 오군과 회계군의 합칭. 이곳은 마땅히 오현을 가리킨다. 오회는 일반적으로 오군과 회계군이 관할하던 지구를 가리키며, 지금의 타이후太湖호 유역과 첸탄강錢塘江 동쪽에서 푸젠성에 이르는 지구에 해당된다. 진秦 시기에 회계군을 설치했고, 한 초에 회계군을 오군과 회계군 두 군으로 나누었는데 합쳐서 '오회'라 했다.

3 오류. 앞의 내용에서 강하를 버렸다고 했다. 『삼국지』 「오서·감녕전」에 따르면 "감녕에게 일부분의 병사들을 주어 당구當口에 주둔하도록 했다"고 기록하고 있다. 당구는 안후이성 허현和縣 동남쪽이었다.

4 승렬도위承烈都尉: 건안 연간에 손권이 설치한 무관 명칭. 군사를 통솔했다.

5 시상柴桑: 현 명칭으로 전한 때 설치되었다. 양주 예장군에 속했으며 치소는 장시성 주장九江 서남쪽에 있었다.

6 파양호鄱陽湖: 호수 명칭으로 양주 여강군과 예장군 인접 지역에 위치해 있다. 장시성 북부다.

7 오류. '양양襄陽'으로 해야 맞다.

8 신생申生과 중이重耳는 모두 춘추시대 진晉 헌공獻公의 아들이었다. 진 헌공이 여희驪姬를 총애했는데 여희는 신생과 중이 두 사람을 모함하여 자기가 낳은 아들 해제奚齊를 태자로 삼으려고 했다. 신생은 달아나지 않다가 자살하게 되었고, 중이는 진晉나라로 도망갔다가 19년이 지나고 돌아와 임금이 되니, 이 사람이 바로 진 문공文公으로 춘추시기 오패五覇

가운데 한 사람이 된다.

9 현무지玄武池: 호수 명칭으로 허베이성 린장臨漳 서남쪽에 위치한다.

10 하내河內 온현溫縣: 하내군 온현으로 소성蘇城이라고도 한다. 허난성 원현溫縣 서남쪽이
   었다.

11 박망성博望城: 박망현을 말한다. 형주 남양군에 속했으며 치소는 허난성 팡청方城 서남쪽
   박망진博望鎭이다.

12 『삼국지』「촉서·제갈량전」에 의하면 제갈량은 처음에 군사중랑장軍師中郎將이었다가 성도
   成都를 평정한 후에는 군사장군軍師將軍(후한 초기에 설치되었다가 유비가 다시 설치한 관직)
   으로 임명하고 좌장군부左將軍府(건안 연간에 유비는 좌장군이었다)의 사무를 대리하게 했
   다고 기록하고 있다.

13 박망파博望坡: 이런 지명은 없었다. 박망현을 꾸며낸 산비탈 명칭이다. 또한 앞에 나오는 예
   산豫山, 안림安林과 뒤에 나오는 박망산, 나천구羅川口도 모두 삼국시기에 없던 허구의 지명
   이다.

14 오류. 번성은 신야의 남쪽에 있고 양양에 붙어 있다. 이치상 맞지 않다. 양성穰城으로 해야
   맞다.

15 출전은 『사기』「고조본기高祖本紀」로 유방이 장량을 칭찬한 말이다.

16 공로부功勞簿: 원래는 공훈과 공적을 기재한 장부를 가리켰고, 후에는 비유에 사용하여 대
   부분 과거의 공적을 가리켰다.

제40회 유표의 죽음과 불타는 신야성

1 절충장군折衝將軍: 고대 군사를 통솔하는 장군 명칭. 충衝은 고대 전차의 일종(공성攻城에
   사용)으로 절충은 적의 전차를 퇴각시킨다는 뜻이다. 적군을 쳐부순다는 의미의 관직 명칭
   이다. 삼국시대 위와 오에 설치되었다. 촉한에는 이런 장군 명칭은 없었다.

2 정위廷尉: 진한 시기에 중앙 최고 사법 행정 장관. 구경 가운데 하나로 형벌을 관장했다. 후
   한 이후에도 계속 설치되었다.

3 소설 속 원문은 "破巢之下, 安有完卵乎?"이다. 『후한서』「공융전」에 따르면, "두 자식이 바둑
   을 두고 있었는데 공융이 잡혀갔을 때 그들은 어떠한 움직임도 보이지 않았다. 좌우에서
   그들에게, '부친께서 잡혀가셨는데, 너희는 왜 모두 앉아서 움직이지 않는가?'라고 묻자, 그
   들이 대답하기를, '새의 둥지가 부서졌는데, 새알이 보전할 방법이 있겠습니까安有巢毁而卵
   不破乎!'라고 했다."

4 경조京兆: 경조윤京兆尹을 말한다. 전한 태초太初 원년(기원전 104) 우내사右內史를 변경 및
   설치하여 군급郡級 행정 구역이 되었으며 삼보三輔 중 하나였다. 속한 지역이 도성 부근이
   었으므로 군都이라 부르지 않았다. 사례주에 속했으며 치소는 장안長安(지금의 산시陝西성
   시안 서북쪽)에 있었다.

5 건안 원년(196)에 공융은 태중대부太中大夫로 임명되었다. 태중대부는 대중대부大中大夫라
   고도 하며 진秦나라 때 설치되었고 전한 때도 설치되었다. 황제를 좌우에서 모시며 자문과

응대를 관장했고 의정을 조언했으며 조서를 받들어 사신으로 파견되는 등 대부분 총애하는 신하나 귀족이 담당했다. 후한 말기에 와서 권력과 직책이 점점 약화됐다.

6 오류. 형주는 주의 명칭이다. 형주의 치소는 양양이므로 양양으로 고쳐야 맞다. 이하 동일.

7 고황膏肓: 심장 아래 부분을 '고膏'라 하고 심장과 횡격막 사이를 '황肓'이라 하여 약효가 도달할 수 없는 부분이다.

8 한양漢陽: 잘못 사용된 지명으로 후한 삼국 시기에 이런 지명은 없었다. 한양은 수나라 때 설치된 행정 구역 명칭으로 후베이성 우한 한양을 말한다. 여기서는 유표가 관할했던 형주 지역을 말한다.

9 빈신牝晨: 암탉이 울어 새벽을 알리다. 여자가 권력을 쥐고 정국을 어지럽힌다는 말이다.

10 치중治中: 전한 원제元帝 때 설치되기 시작했고 전체 명칭은 치중종사사治中從事史인데 치중종사治中從事라고도 한다. 주 자사의 보좌관으로 각 부서의 문서를 주관했고 별가別駕 다음 직위였다.

11 오류. 형주가 아닌 강릉을 지키게 했다고 해야 맞다.

12 오류. 채부인 자신은 유종과 함께 양양에 주둔했다고 해야 맞다. 여기서 '나아가'라는 말은 삭제해야 맞다.

13 고평高平: 후국 명칭으로 후한 때 탁현을 변경해 설치했다. 연주 산양군에 속했으며 치소는 산둥성 웨이산微山 서북쪽이었다.

14 오류. 『삼국지』 「위서·왕찬전」에 따르면 좌중랑장 채옹으로 기록되어 있다.

15 『삼국지』 「위서·왕찬전」 배송지 주 『문사전文士傳』에 따르면 "배송지는 건안 13년(208)에 형주를 정벌했고 유비는 수년이 지나고 비로소 촉으로 진입했으며 유비는 일찍이 관關(관중關中), 농롱(농서隴西) 지구를 간 적이 없었다. 형주를 정벌한 해에 농우隴右(농산隴山 서쪽 지구, 간쑤성 류판산六盤山 서쪽, 황하 동쪽 지구에 해당된다)에서 유비를 몰아냈다고 말한 것은 맞지 않는다"고 했다.

16 오류. 형양荊襄은 형주 전체를 가리키는 말이다. 여기서는 형주의 치소인 양양으로 해야 맞다.

17 애서哀書: 제왕의 유조遺詔(황제가 붕어한 후 후인들을 위해 남긴 유서, 유언)를 말한다.

18 백하白河: 후한 삼국 시기의 육수淯水와 한수漢水 지류를 가리킨다.

19 오류. 박릉博陵(군 명칭. 치소는 박릉으로 허베이성 리현蠡縣 남쪽)과 백하白河는 거리가 멀리 떨어져 있다. 여기서는 '백하 나루터'라고 해야 맞다.

20 뇌목擂木은 작전 시 높은 곳에서 아래로 밀어내 적과 부딪치게 하고 적을 막아내는 나무, 포석炮石은 포를 이용하여 발사하는 돌이다.

21 한천漢川: 한수 일대를 일컫는다.

22 풍백風伯: 신화 속 바람의 신.

23 축융祝融: 신화 속 불의 신.

삼국지 2

1판 1쇄 2019년 4월 26일
1판 3쇄 2022년 12월 23일

지은이 나관중
정리자 모종강
옮긴이 송도진
펴낸이 강성민
편집장 이은혜
마케팅 정민호 이숙재 김도윤 한민아 정진아 이민경 정유선 김수인
브랜딩 함유지 함근아 김희숙 고보미 박민재 박진희 정승민
제작 강신은 김동욱 임현식
독자모니터링 황치영

펴낸곳 (주)글항아리 | 출판등록 2009년 1월 19일 제406-2009-000002호
주소 10881 경기도 파주시 회동길 210
전자우편 bookpot@hanmail.net
전화번호 031-955-1936(편집부) | 031-955-2696(마케팅)
팩스 031-955-2557

ISBN 978-89-6735-615-6 04910
      978-89-6735-613-2 (세트)

잘못된 책은 구입하신 서점에서 교환해드립니다.
기타 교환 문의 031-955-2661, 3580

geulhangari.com